权威·前沿·原创

皮书系列为
"十二五""十三五"国家重点图书出版规划项目

传媒蓝皮书

中国传媒产业发展报告
（2019）

REPORT ON DEVELOPMENT OF CHINA'S MEDIA INDUSTRY
(2019)

主　编／崔保国　徐立军　丁　迈
副主编／杭　敏　周　逵

社会科学文献出版社
SOCIAL SCIENCES ACADEMIC PRESS（CHINA）

图书在版编目(CIP)数据

中国传媒产业发展报告.2019/崔保国,徐立军,丁迈主编.--北京:社会科学文献出版社,2019.7
（传媒蓝皮书）
ISBN 978-7-5201-4867-2

Ⅰ.①中… Ⅱ.①崔… ②徐… ③丁… Ⅲ.①传播媒介-产业发展-研究报告-中国-2019 Ⅳ.①G219.2

中国版本图书馆CIP数据核字（2019）第095241号

传媒蓝皮书
中国传媒产业发展报告（2019）

主　　编／崔保国　徐立军　丁　迈
副主编／杭　敏　周　逵

出 版 人／谢寿光
责任编辑／范　迎

出　　版／社会科学文献出版社·人文分社（010）59367215
　　　　　地址：北京市北三环中路甲29号院华龙大厦　邮编：100029
　　　　　网址：www.ssap.com.cn
发　　行／市场营销中心（010）59367081　59367083
印　　装／三河市东方印刷有限公司
规　　格／开本：787mm×1092mm　1/16
　　　　　印张：27.75　字数：422千字
版　　次／2019年7月第1版　2019年7月第1次印刷
书　　号／ISBN 978-7-5201-4867-2
定　　价／138.00元

本书如有印装质量问题，请与读者服务中心（010-59367028）联系

▲ 版权所有 翻印必究

中国传媒蓝皮书（2019）出品方

清华大学传媒经济与管理研究中心
央视市场研究股份有限公司
中国广视索福瑞媒介研究有限责任公司
清华—日经传媒研究所
中国新闻史学会传媒经济与管理专业委员会
清华大学文化产业研究中心
中国新闻出版研究院《传媒》杂志社

本书入选CSSCI（中文社会科学引文索引）来源集刊

传媒蓝皮书（2019）课题组

课题组组长 崔保国　徐立军　丁　迈

课题组副组长 杭　敏　段春卉　郑维东

课题组成员 （排名按姓氏拼音为序）
陈国权　陈媛媛　何丹嵋　李艺伟　林　杨
邵　鹏　孙　平　徐　佳　张　锐　周　逵

传媒蓝皮书编委会

编委会主任 柳斌杰

编委会副主任 喻国明 徐立军 丁 迈 崔保国

编　　　委 （按姓氏拼音为序）

卜　宇　陈昌凤　陈　刚　陈信凌　陈　永
程曼丽　崔保国　邓炘炘　丁汉青　丁和根
丁俊杰　丁　迈　段春卉　范以锦　杭　敏
郝振省　胡　钰　胡正荣　黄升民　姜　涛
江作苏　金兼斌　金　兴　李继东　李　声
陆　地　陆小华　吕尚彬　孟　建　彭　兰
邵培仁　史安斌　孙宝寅　孙立军　唐绪军
魏玉山　吴信训　肖　珊　熊澄宇　徐立军
严三九　姚　林　杨驰原　尹　鸿　喻国明
赵　梅　赵曙光　赵子忠　郑保卫　郑立波
郑维东　周鸿铎　周荣庭　朱春阳　朱鸿军

主要编撰者简介

崔保国 清华大学新闻与传播学院教授、博导，清华大学文化创意发展研究院副院长，清华大学传媒经济与管理研究中心主任，中国科技新闻学会副理事长，中国新闻史学会传媒经济与管理研究委员会副会长。从2004年开始历年担任"传媒蓝皮书"主编。主要研究领域为传播学理论、传媒经济与管理、互联网治理、文化传播等。近年来作为首席专家承担了"下一代互联网与国际传播新秩序研究"的国家社科基金重大项目、"构建全球化互联网治理体系研究"的教育部重大项目等。

徐立军 央视市场研究（CTR）执行董事、总经理，CTR媒体融合研究院执行院长。长期从事媒体实践与市场研究工作。曾在中央电视台的市场策略研究咨询工作中担任重要角色。在频道经营、受众研究及数据挖掘方面发挥重要作用，推动并参与了《电视收视率调查准则》国家标准（GB/T30350-2013）的制定出台。2015年发起成立国内第一家媒体融合研究院，2017年主导建立旨在覆盖全国所有智能电视机全量数据的智能电视大数据联盟，2018年创新研发CTR媒体融合效果评估体系。

丁 迈 中国广视索福瑞媒介研究（CSM）董事、总经理。中国传媒大学传播学博士。20余年市场研究行业实践经验，具有丰富社会调研和跨行业客户服务的经历，多篇论文和多部专著屡获省部级和行业大奖。在应用统计学、定性定量研究方法、数据处理与分析技术、测量体系以及传媒市场研究等领域具有高端专业知识。加入CSM前为中国传媒大学教授、博士生导师。

杭　敏　清华大学新闻与传播学院副院长、教授、博导，清华大学传媒经济与管理研究中心副主任，清华大学全球财经新闻项目主任，兼任瑞典延雪平大学传媒管理研究中心东亚所主任，*Journal of Media Management and Entrepreneurship* 副主编。获得瑞典延雪平大学工商管理与经济学博士，曾先后在美国哥伦比亚大学商学院和瑞典隆德大学商学院工作。主要研究领域为传媒经济管理、财经新闻与经济传播；主要出版著作包括：*Media Entrepreneurship: Theories and Cases*、《国际财经媒体发展研究》、《全球网播：新媒介商业运营模式》等。

周　逵　中国传媒大学新闻传播学部副教授、研究生导师，中央人民广播电台中国之声新闻评论员。担任"传媒蓝皮书"副主编。主持多项国家级、省部级网络视听研究媒体项目。第六届全国广播影视"十佳百优"理论人才。译著《群体性孤独》(*Alone Together*) 获 2014 年度文津图书奖。专著《融合与重构：中国广电媒体发展新道路》，编著《非虚构：时代记录者与叙事精神》，译著《群体性孤独》、《劝服动力学：21 世纪的传播与态度》。

摘 要

《中国传媒产业发展报告》自2004年开始立项，由清华大学传媒经济与管理研究中心牵头，联合国内外学术界众多专家学者共同编撰。本书在对本年度中国传媒各领域发展状况进行系统梳理的同时，也对未来中国传媒产业的发展走势进行分析与预测。《中国传媒产业发展报告》已经成为研究和分析中国传媒产业的权威工具书，并于2012年起被认证为"中文社会科学引文索引"（CSSCI）来源集刊。

《中国传媒产业发展报告》的作者队伍作为一个学术共同体，已经一起走过了15年，共同见证了中国传媒产业的高速发展和起伏跌宕。从2019年开始，我们这个学术共同体与央视市场研究院股份有限公司（CTR）和中国广视索福瑞媒介研究有限责任公司（CSM）形成更紧密的合作关系，共同打造更高水平和更高品质的《中国传媒产业发展报告》。

《中国传媒产业发展报告（2019）》从结构上分为总报告、特约报告、传媒核心产业报告、传媒投融资与传媒创新报告、国际传媒产业报告、传媒市场动态六大板块，内容上覆盖影视、报刊、图书、广播、互联网、新媒体、广告等近20个行业的发展报告，并结合全球各地区传媒产业发展状况进行综合对比研究。

2018年时逢改革开放40周年的重大历史节点。中国传媒产业的发展、传媒经济与管理等相关学科的兴起，也正是得益于改革开放政策之下中国传媒业的整体制度性设计的历史性变革。在40年的改革历程中，传媒体制的改革和媒介技术的进步形塑了中国传媒业的总体格局变迁，传媒业整体格局在保持稳健的同时进行深度的结构性调整。2019年，互联网进入下半场，在互联网科技和数字经济的助推下，人工智能、5G网络和区块链等技术赋能传媒业,将会带来传媒业的持续发展。

本书对传媒产业发展变化和发展趋势所做的解析,对政府主管部门、传媒管理和运营机构具有重要的参考意义;对国家信息传播体系的设计规划、传媒政策的制定、媒体组织的发展战略等有借鉴价值;对于从事新闻传播特别是传媒经济与管理研究的高校教师以及研究人员来说也是一本有帮助的参考书。

Abstract

Report on Development of China's Media Industry is an annual work edited by the Tsinghua University School of Journalism and Communication. The Center of Media Economy and Management Studies and many domestic and foreign media experts contributed articles. The contributors to the book offer extensive observations on all aspects of the development of the media industry, as well as scientific analyses of media trends. The report has now become one of the authoritative reference books on the study of China's media industry. *Report on Development of China's Media Industry* has been authenticated as a source periodical of Chinese Social Sciences Citation Index (CSSCI) since 2012.

Our team of the authors of *Report on Development of China's Media Industry*, as an academic community, has gone through 15 years together, witnessing the rapid development and ups and downs of China's media industry. Beginning in 2019, our academic community has formed closer cooperation with CTR and CSM to jointly create a higher level of *Report on Development of China's Media Industry* with higher quality.

Report on Development of China's Media Industry 2019 is structurally divided into six parts: General Report, Special Reports, Media Core Industry Reports, Media Investment & Innovation Reports, Media Industry Development Reports of Overseas and Media Market Trends. The report covers nearly 20 industries, including television & film, newspapers & periodicals, books, radio, the Internet, new media and advertising, etc., as well as the study on media industry in a global perspective.

The year 2018 present a historical point of China's Reform and Opening-up in its 40th anniversary. The development of China's media industry and the rise of media economy, media management and other related disciplines have also benefited from the historic changes of media systematical design under China's

Reform and Opening-up policy. During the past 40 years, media systematical reform and technical progress have reshaped the overall pattern of China's media industry, which has kept stable when the deeply structural adjustments occurred. In 2019, as Internet entered into the second half of play, China's media industry will be empowered by AI, 5G network, block chain and other technologies, and the Internet sciences and digital economy will contribute to its sustainable development.

Report on Development of China's Media Industry 2019, with systematic reviews and analyses of the media industry, is a useful reference for government designing of media system, and for setting development strategy by media enterprises. It is also valuable to researchers, teachers specializing in journalism and communication, especially in media economy and management studies.

目 录

Ⅰ 总报告

B.1 在挑战与调整中砥砺前行
——2018～2019年中国传媒产业发展报告
.... 崔保国 周 逵 / 001
  一 2018年中国传媒产业的新发展················ / 002
  二 2018年中国传媒行业发展特点················ / 006
  三 2019年中国传媒产业发展展望················ / 018

Ⅱ 特约报告

B.2 智能算法推荐：工具理性与价值适配············ 喻国明 耿晓梦 / 020
B.3 2018年中国电视媒体融合传播发展报告
.... 徐立军 胡春磊 / 029
B.4 2019年中国电视市场八大发展趋势·············· 丁 迈 / 041
B.5 短视频撬动电视传播变革······················ 郑维东 / 050
B.6 Digital Economy and International Governance ······ Jovan Kurbalija / 055

Ⅲ 传媒核心产业报告

B.7　2018年中国电视产业发展报告……………李继东　胡正荣 / 071

B.8　2018年中国电影产业发展报告………尹　鸿　孙俨斌　李天语 / 081

B.9　2018年中国电视剧市场发展报告………………………李红玲 / 099

B.10　2018年中国纪录片市场发展现状及趋势
………………………………姜　涛　万　强　罗宇鸣 / 108

B.11　2018年中国综艺节目收视分析………………………王　钦 / 116

B.12　2018年中国广播产业发展报告………………………黄学平 / 123

B.13　2018年中国报纸及期刊产业发展报告………姚　林　毛继萍 / 132

B.14　2018年中国图书出版产业发展报告……………………魏玉山 / 141

B.15　2018年中国图书零售市场发展报告……………………杨　伟 / 147

B.16　2018年中国数字出版产业发展报告………朱春阳　孙　宇 / 154

B.17　2018年中国新媒体市场发展报告………………………彭　兰 / 161

B.18　2018年中国网络游戏产业发展报告………陈信凌　张　兰 / 172

B.19　2018年中国在线视频产业发展报告………周　逵　栾睿安 / 184

B.20　2018年中国动漫产业发展报告………………孙　平　尹　冰 / 195

B.21　2018年中国电子商务市场发展报告……………………陈媛媛 / 201

B.22　2018年中国广告+互联网广告发展报告
………………………………………中关村互动营销实验室 / 208

B.23　2018年中国广告市场现状分析
………………………………黄升民　邵华冬　郑　萌 / 215

B.24　2018年中国广告市场趋势洞察…………………………赵　梅 / 225

B.25　2018年中国数字音乐产业发展报告……………………司　思 / 232

Ⅳ 传媒投融资与传媒创新报告

- B.26 2018年中国传媒上市公司表现及发展报告
  ································· 胡　钰　徐雪洁　王嘉婧 / 240
- B.27 2018年中国传媒企业资本运作发展报告 ················ 郭全中 / 251
- B.28 AI +"泛内容"：智能媒体的内容创意再定义
  传媒产业盈利模式 ························· 刘芳儒　范以锦 / 263
- B.29 穿越透明墙：短视频竞争中的电视媒体 ················ 张夭莉 / 274
- B.30 2018年 OTT 家庭观众收视观察 ············· 刘洁婷　陈　杨 / 279
- B.31 5G 移动通信技术对传媒产业的影响研究 ······ 张　锐　方　浩 / 289
- B.32 2018年媒体运用人工智能报告 ·························· 徐　佳 / 297
- B.33 智能化受众的媒介接触行为分析 ······················ 周欣欣 / 304
- B.34 2018年中国县级媒体融合发展报告 ············ 邵　鹏　童禹婷 / 312
- B.35 2018年全球数字经济发展报告 ······················ 刘金河 / 318

Ⅴ 国际传媒产业报告

- B.36 2018年全球传媒产业发展报告 ··············· 杭　敏　周长城 / 324
- B.37 2018年美国传媒产业发展报告 ··············· 史安斌　王沛楠 / 336
- B.38 2018年欧盟传媒产业发展报告 ··············· 张　莉　王凯峰 / 345
- B.39 2018年德国传媒产业发展报告 ··············· 吴璟薇　林子皓 / 353
- B.40 2018年英国传媒产业发展报告 ··············· 金文恺　韩　博 / 359
- B.41 2018年法国传媒产业发展报告 ······················ 张　伟 / 366
- B.42 2018年日本传媒产业发展报告 ······················ 林　杨 / 371

Ⅵ 传媒市场动态

B.43 2018年中国广告市场数据 …………………………… / 379
B.44 2018年中国媒介市场数据 …………………………… / 387
B.45 2018年中国快速消费品市场消费数据 ……………… / 396
B.46 2018年中国电视收视数据 …………………………… / 399

皮书数据库阅读 **使用指南**

CONTENTS

I General Report

B.1 Development Report on China's Media Industry 2018-2019
Cui Baoguo, Zhou Kui / 001
    1. Development of China's Media Industry 2018 / 002
    2. Characteristics of China's Media Industry 2018 / 006
    3. Propects for China's Media Industry 2019 / 018

II Special Reports

B.2 Intelligent Algorithm Recommendation: Instrumental Rationality and Value Appropriateness   *Yu Guoming, Geng Xiaomeng* / 020

B.3 Development Report of China TV Media Convergence and Communication 2018
Xu Lijun, Hu Chunlei / 029

B.4 Eight Trending Phenomena in China's TV Viewing Market 2019
Ding Mai / 041

B.5 Short Video Drives the Change of TV Broadcasting   *Zheng Weidong* / 050

B.6 Digital Economy and International Governance   *Jovan Kurbalija* / 055

Ⅲ Media Core Industry Reports

B.7   China's TV Industry Report 2018   *Li Jidong, Hu Zhengrong* / 071

B.8   China's Film Industry Report 2018
                                    Yin Hong, Sun Yanbin and Li Tianyu / 081

B.9   China's TV Drama Market Report 2018   *Li Hongling* / 099

B.10   Status and Trend Analyses of China Documentary Market 2018
                                    Jiang Tao, Wan Qiang and Luo Yumig / 108

B.11   Analyses on the Viewing of Chinese Variety Programs 2018
                                                            Wang Qin / 116

B.12   China's Broadcasting Industry Report 2018   *Huang Xueping* / 123

B.13   Development Report of China Newspapers and Periodicals
           Industry 2018   *Yao Lin, Mao Jiping* / 132

B.14   China's Book Publishing Industry Report 2018   *Wei Yushan* / 141

B.15   China's Book Retailing Market Report 2018   *Yang Wei* / 147

B.16   China's Digital Publishing Industry Report 2018
                                                   Zhu Chunyang, Sun Yu / 154

B.17   China's New Media Market Report 2018   *Peng Lan* / 161

B.18   China's Online Game Industry Report 2018 *Chen Xinling, Zhang Lan* / 172

B.19   China's Online Video Industry Report 2018   *Zhou Kui, Luan Ruian* / 184

B.20   China's Animation Industry Report 2018   *Sun Ping, Yin Bing* / 195

B.21   China's E-commerce Market Report 2018   *Chen Yuanyuan* / 201

B.22   China's Advertising + Internet Advertising
           Report 2018   *Zhongguancun Lab on Interactive Marketing* / 208

B.23   Status Analyses of China's Advertising Market 2018
                              Huang Shengmin, Shao Huadong and Zheng Meng / 215

B.24   Insight of China's Advertising Market Trend 2018   *Zhao Mei* / 225

B.25   China's Online Music Industry Report 2018   *Si Si* / 232

IV Media Investment & Innovation Reports

B.26 China Listed Media Companies Performance Report 2018
Hu Yu, Xu Xuejie and Wang Jiajing / 240
B.27 China's Media Capital Operations Report 2018　　*Guo Quanzhong* / 251
B.28 AI Plus "Ubiquitous Content": The Content Creativity of Intelligent Media Redefines the Profit Model of Media Industry
Liu Fangru, Fan Yijin / 263
B.29 Crossing the Transparent Wall: TV Media in Short Video Competition　　*Zhang Tianli* / 274
B.30 Insights on Audiences in TV Households with OTT Devices
Liu Jieting, Chen Yang / 279
B.31 Research on the Influence of 5G on Media Industry
Zhang Rui, Fang Hao / 289
B.32 Media Applications of AI Report 2018　　*Xu Jia* / 297
B.33 Analysis on the Media Consumption Via Smart Devices in China　　*Zhou Xinxin* / 304
B.34 China's Country-Level Media Convergence Report 2018
Shao Peng, Tong Yuting / 312
B.35 Global Digital Economy Report 2018　　*Liu Jinhe* / 318

V Media Industry Development Reports of Overseas

B.36 Global Media Industry Report 2018　　*Hang Min, Zhou Changcheng* / 324
B.37 Media Industry in American 2018　　*Shi Anbin, Wang Peinan* / 336
B.38 Media Industry in European Union 2018　　*Zhang Li, Wang Kaifeng* / 345
B.39 Media Industry in Germany 2018　　*Wu Jingwei, Lin Zihao* / 353

B.40　Media Industry in UK 2018　　　　　　　　　*Jin Wenkai, Han Bo* / 359

B.41　Media Industry in France 2018　　　　　　　　　*Zhang Wei* / 366

B.42　Media Industry in Japan 2018　　　　　　　　　*Lin Yang* / 371

Ⅵ　Media Market Trends

B.43　Data of China Advertising Market 2018　　　　　　　　　/ 379

B.44　Data of China Media Market 2018　　　　　　　　　/ 387

B.45　Consumption Data of China's FMCG Market 2018　　　　　　　　　/ 396

B.46　Data of China TV Rating 2018　　　　　　　　　/ 399

总 报 告
General Report

B.1
在挑战与调整中砥砺前行
——2018~2019年中国传媒产业发展报告*

崔保国 周 逵**

摘 要： 2018年中国传媒产业总规模达20959.5亿元，首次突破2万亿元大关。传媒产业增长率从上一年的16.6%继续下降至10.5%。传媒整体格局在保持稳健的同时进行深度的结构性调整。网络广告、网络游戏、网络视频等行业规模继续保持增长态势。传统纸质媒体方面，期刊与报纸市场继续萎缩。根据传媒蓝皮书课题组估算，2019年中国传媒产业规模预计将达到22887.8亿元。

---

* 本文为教育部哲学社会科学研究重大课题攻关项目"构建全球化互联网治理体系研究"（项目编号17JZD032）的阶段性研究成果。
** 崔保国，清华大学新闻与传播学院教授，清华大学文化创意发展研究院副院长，"传媒蓝皮书"主编；周逵，中国传媒大学新闻传播学部副教授。

关键词： 中国传媒产业 传媒产业规模 传媒产业结构

一 2018年中国传媒产业的新发展

根据国家统计局发布的数据，2018年我国GDP较上一年增长6.6%，比2017年6.8%的增速有所下降。2018年我国国内生产总值达900309亿元，首次突破90万亿元大关。

2018年，全球娱乐及传媒产业总产值首次突破2万亿美元，基于互联网的不断创新，预计到2022年，行业总产值将达到2.4万亿美元。①

根据传媒蓝皮书课题组的统计②，2018年中国传媒产业总规模达20959.5亿元，首次突破2万亿元大关。传媒产业增长率从上一年的16.6%继续下降至10.5%，但依旧保持两位数的增长，传媒产业整体格局在保持稳健的同时也在进行深度的结构性调整（见图1）。在本书的行业统计口径下，传媒核心产业的细分领域中，超过千亿元级别的细分市场有四项，分别为：（1）移动数据及互联网业务；（2）网络广告；（3）网络游戏；（4）广播电视广告。其中移动通信业务中移动数据及互联网业务收入为6674.6亿元，增幅达21.5%。网络广告收入从2017年的3828.7亿元增至4311.1亿元，增幅达12.6%，与往年超过25%的增速相比明显放缓，原因可能在于总体经济增长速度放缓对于广告行业的影响。但与CTR数据显示的2018年中国广告市场整体增长2.9%相比，网络广告增速依然保持两位数，依然是中国广告业整体增长的动力引擎。网络游戏方面同样遭遇寒冬，受资本市场及版号审核暂停等方面的影响，2018

---

① 数据来源：PWC，2018。
② 在统计口径方面，本书比照了2018年国家统计局发布的《文化及相关产业分类（2018）》，梳理了过去15年的研究历程和如今中国传媒产业的实际情况。根据《文化及相关产业分类（2018）》，文化核心领域包括新闻信息服务、互联网信息服务、内容创作生产中广播影视节目制作、数字内容服务、创意设计服务、文化传播渠道等内容。

年中国网络游戏市场规模为2144.4亿元,同比增长5.3%,是近年来最慢增速。广播电视媒体方面,广播电视广告收入从2017年的1518.75亿元增至1538.5亿元,小幅度增加1.3%(见图2),其中广播广告收入从2017年的155.9亿元增至165.1亿元,增幅达5.9%。而传统电视广告经营遭遇到较大压力,如传统广告大户湖南卫视2019年黄金时段资源招商额仅为13.09亿元,只占2017年同期50.69亿元招商额的1/4,同时2018年超过5亿元冠名费用的节目一共只有三档。

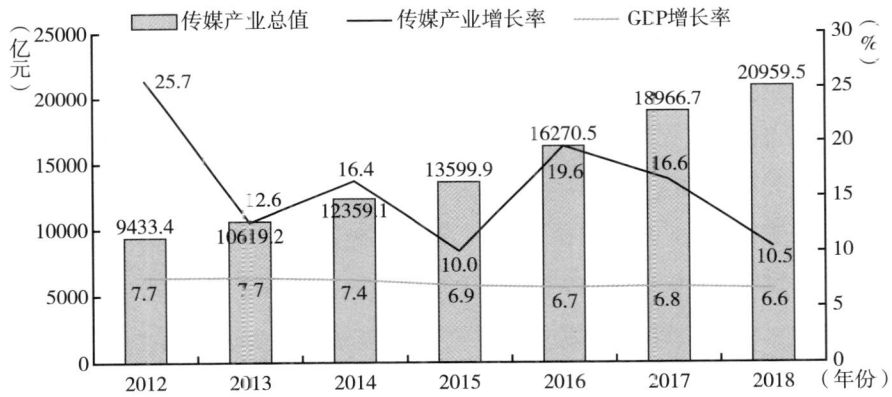

图1 2012～2018年中国传媒产业总值与年增长率

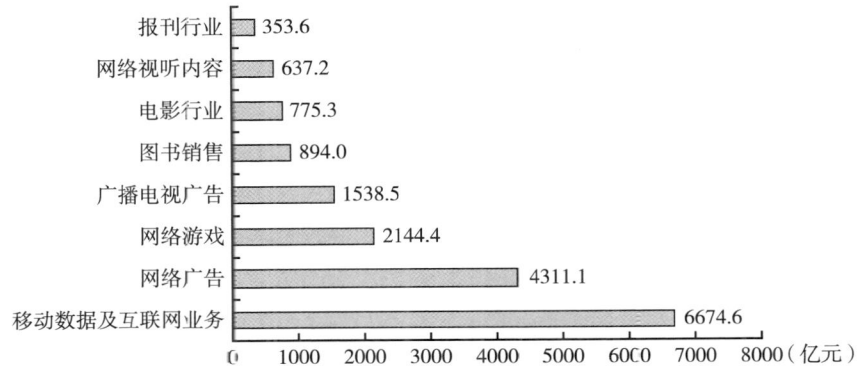

图2 2018年中国传媒行业细分市场收入

在百亿元级别的传媒细分领域中，电影放映收入从2017年的617.6亿元增至678.9亿元，增幅达9.9%，其中票房收入609.76亿元，比上一年559.11亿元增长9.06%，城市院线观影人次为17.16亿，比上一年16.2亿增长5.93%。电影广告收入从2017年的89.3亿元增至96.4亿元，增幅达7.95%。中国网络视听内容收入从2017年的489.5亿元增至637.2亿元，增幅达30.2%。网络视听内容收入增速超过三成，已经超过电影票房收入，中国网络视听内容付费近年来强劲的增长态势，充分说明中国网络视听行业在未来具有广阔的前景。

报纸期刊方面，报纸广告收入从2017年的110.1亿元下降至76.7亿元，跌破百亿元，降幅达30.3%，报纸发行收入从2017年的109.3亿元下降至102.2亿元，降幅达6.50%；期刊广告收入从2017年的18.3亿元下降至16.7亿元，降幅达8.7%，期刊发行收入从2017年的168亿元下降至158亿元，降幅达5.95%。传统纸质媒体方面，唯一逆势上扬的是图书行业，图书销售收入从上一年的803亿元增至894亿元，增幅达11.3%。其中，网络书店销售额增长迅速，近5年的复合增长率为近三成，而实体书店结合新零售与文创产业的政策红利也在进行总体升级转型。

具体细分领域市场及媒体数量如表1所示。

表1 2012~2018年中国传媒市场与媒体数量

项目 年份	2012	2013	2014	2015	2016	2017	2018
报纸种类（种）	1918	1821	1912	1906	1894	1884	—
期刊种类（种）	9867	9941	9966	10014	10084	10130	—
报纸出版数量（亿份）	482.26	482.41	463.9	430.09	390.07	362.52	—
期刊出版数量（亿册）	33.48	32.72	30.95	28.78	26.97	24.92	—
图书出版数量（亿册）	79.25	83.1	81.85	86.62	90.37	92.44	—
电影院数量（家）	2895	3903	4918	6373	7985	9504	10463
电影银幕数量（块）	13915	18195	23592	31627	41179	50776	60079
广告经营单位数量（家）	377778	445365	543690	671893	875146	1123059	1375892

续表

项目\年份	2012	2013	2014	2015	2016	2017	2018
手机用户数量(万户)	111215.5	122911.3	128609.3	130573.8	132193	142000	157000
固定电话用户数(万户)	27815.3	26698.5	24943	23099.6	20663	19400	13953
WWW站点数量(万个)	268.1	320.2	335	422.9	482	533	523
域名数量(万个)	1341.2	1844.1	2060.1	3102.1	4227.6	3848	3792.8
网民总人数(万人)	56400	61758	64875	68826	73125	77198	82900
手机上网人数(万人)	41997	50006	55678	61981	69531	75265	81700

2018年时逢改革开放40周年的重大历史节点。中国传媒产业的发展正是得益于改革开放政策之下中国传媒行业的整体制度性设计的历史性变革。在40年的改革历程中，传媒体制的改革和媒介技术的进步形塑了中国传媒产业的总体格局变迁。因此，如何在这个重要的时间节点去审视中国传媒产业从无到有、从小到大的历史进程，如何在新的历史条件和技术环境下，通过历史逻辑的梳理和提炼助力中国传媒产业改革再出发，具有重要的历史和现实意义。

传媒经济与管理学科的兴起也是得益于改革开放。在过去的一年中，传媒经济领域的学者从不同的角度对中国传媒业的发展历程进行了历史性的回顾与分析。柳斌杰回顾了"文革"结束后中国新闻出版业的改革发展历程，以及在此过程中如何寻求突破、如何在重要关口做出历史性抉择、如何成为改革开放的排头兵，以及如何在融合发展中谱新篇的历史逻辑和现实逻辑。① 喻国明将改革开放40年的传媒改革归纳为"增量改革"，即存量不变，通过新增的量、新增的功能和要素，以及结构的增补与扩容，来完善现有的社会结构和社会的功能体系，以适应时代和社会发展的变革要求。② 唐绪军、崔保国则从1978年财政部批复《人民日报》等八家媒体关于试行"事业单位，企业化管理"的报告开始，回顾了40年来中国报业从经济属

---

① 柳斌杰：《中国新闻出版业改革创新40年》，《中国出版》2018年第20期。
② 喻国明：《增量改革：中国传媒改革开放40年的实践逻辑》，《教育传媒研究》2018年第4期。

性的重新确立、信息功能的回归,到报业的大发展、结构调整、集团化经营、数字化尝试,直至如今遭遇瓶颈后的融媒体尝试。① 尹鸿认为,改革开放40年后的中国电影产业面临着深化改革和创新的挑战,其中突出表现在复杂的中国国情对电影价值观的挑战,现有的体制、机制对电影产业向纵深发展的束缚,传统的电影观念对电影发展的阻碍,以及商业性的电影娱乐与电影文化多样性的冲突。② 邵培仁则从世界电影工业化发展模式的比较研究中,提出了"华莱坞"的概念。

传媒产业随着媒介技术的变革发生了深刻的变化,传媒经济研究范式和路径也面临着不断的调整。杭敏认为,传统视角中传媒经济研究存在三种主要范式,即理论型范式、应用型范式与批评型范式。而随着世界传媒产业进入数据时代,传媒经济研究的范式和路径也随之发生改变。应用型范式研究和关注的议题越来越多元,紧密追踪产业和传媒组织发展的实际需求;使用经济学理论与方法来分析产业竞争和产品定价等经济金融问题的范式研究不断增加;批评型范式不断式微。③

二 2018年中国传媒行业发展特点

1. 作为国家战略的媒体融合发展

在传媒行业,媒介的技术和产品结构在不断地深化调整,媒体融合已经成为国家治理的战略目标。中国的"媒体融合"是传统主流媒体在网络技术革命之下引发的"本领恐慌",在巩固舆论主导权的政治逻辑驱动下,发起的一场针对传统媒体的组织架构变革和技术改造,为壮大主流思想舆论赢得了战略主动,为实现"两个巩固"根本任务提供了有力支撑。2018年8月的全国宣传思想工作会议上,习近平总书记发表重要讲话,县级融媒体中

---

① 唐绪军、崔保国:《中国报业四十年的改革发展之路》,《中国报业》2018年第13期。
② 尹鸿:《关乎人文 化成天下 改革开放40年的中国电影》,《北京电影学院学报》2018年第2期。
③ 杭敏:《数据时代传媒经济学研究的反思与前瞻》,《新闻与写作》2018年第5期。

心的概念首次在中央级会议上提出，由此掀起了县级融媒体中心建设热潮。2019年1月25日中央政治局集体学习在人民日报社举行，主题是围绕媒体融合的调研、讲解和讨论。

中央级媒体作为中国媒体产业中的中坚力量，在媒体融合发展的进程中一直发挥着重要的引领作用。中央级媒体在"中央厨房"、全媒体矩阵、内容聚合平台领域已经形成了具有自身特色的媒介生态系统。

"中央厨房"是媒体融合的核心工程。2014年，人民日报社推出"中央厨房"，通过建立总编调度中心、采编联动平台以实现统筹各方采访、整合编辑和技术力量等目的，"报、网、端、微"合体联动，实现采编发的全新模式。而且为适应多平台、分众化的趋势，在报社35个部门近300名编辑记者队伍的基础上，组建了40多个融媒体工作室，通过工作室的跨部门协作形成多样化的内容产品。

"内容聚合平台"是2018年中央级媒体在全媒体矩阵发展基础上努力推进的重要方向。《人民日报》在全媒体矩阵已经拥有7.8亿用户，客户端累计下载量达2.48亿次，法人微博总粉丝数近1.1亿人，微信公众号关注人数超2000万人。在此基础上，2018年6月正式推出全国移动新媒体聚合平台"人民号"。该平台的推出使得《人民日报》成为第一家敢于聚合UGC（用户生产内容）、打造UGC平台、尝试"智能+"的官方媒体。除了《人民日报》，新华社也推出"现场云"，着力为地方媒体打造内容生产及发布平台。截至2018年7月，各级机关共计2700多家机构入驻"现场云"平台。新华社更是借助"现场云"的推出切入到新媒体发展最为迅猛的短视频领域当中，通过记者现场拍摄，后期进行精编、精剪，打造更高质量的短视频内容产品。

2018年是中央级广电媒体融合发展的关键一年。中共中央印发《深化党和国家机构改革方案》，组建中央广播电视总台，完成了结构上的三台融合。成立后的中央广播电视总台目标是建设国际一流的国家级现代传媒航母，并以"台网并重、先网后台"的思路，持续推动"三台三网"加速融合。

从当前的国家期待看,媒体融合已不是是否需要推进的问题,而是必须推进且必须成功的战略定位。媒体融合不仅是中国传媒业的大命题,也是全球传媒发展的大趋势。从全球范围来讲,横亘在传媒、技术、电信等各行业间的边界逐渐消融,全球传媒业正处在新的媒介融合浪潮中。

2. 报刊行业继续寻路转型

报纸和期刊行业在媒体融合方面取得长足进展,影响力、传播力明显提升,但广告经营举步维艰,下降的状况并未好转。其中报纸广告收入降幅维持在30.3%,广告资源量减少34.1%;期刊广告收入下降8.7%,广告资源量下降14.0%。2018年,多家报纸停刊,12月1日,北京《法制晚报》宣布自2019年1月1日起休刊,现有采编团队将与上级单位北京青年报社的采编团队进行有机整合,集中精力打造北京青年报社融媒体平台"北京头条"客户端。8月底,《北京晨报》宣布2018年12月31日停刊。在2018年10月31日上午的新京报APP上线发布仪式上,北京市委常委、宣传部部长杜飞进透露,北京正积极推进《新京报》、《北京晨报》、千龙网三家媒体整合工作。

从历史数据来看,2008年到2018年的10年见证了中国报刊媒体由盛转衰的过程(见图3)。其中报纸广告收入于2011年达到了中国报业发展的历史顶点,此后进入下行区间,并且在2013年左右进入断崖式下行阶段,在短短数年间,报纸广告收入只剩下2011年的15.7%。期刊的广告和发行收入的巅峰在2013年前后,之后也逐步呈下跌状态。这个时间节点的可能原因与中国的移动互联网和智能手机移动终端的崛起有关。工信部数据表明,2012年8月中国3G手机出货量超过2G手机,意味着在这个时间节点前后,超过50%的新增用户开始使用3G智能手机,并且在此影响下逐渐地改变了媒体使用偏好。与报刊行业一片萧条的情形大相径庭的是,尽管同样面临电子内容挑战,但图书行业依然保持着两位数的增长。然而网络书店和实体书店的表现完全不同,2018年线上电商零售图书码洋规模达573亿元,增长速度为24.7%。实体书店零售图书码洋规模为321亿元,较2017年减少了6.69%,且码洋规模跌至近7年最低。实体书店如何借助城市空间结构改造升级、新消费和文创产业孵化的政策红利进行转型升级依然挑战艰巨。

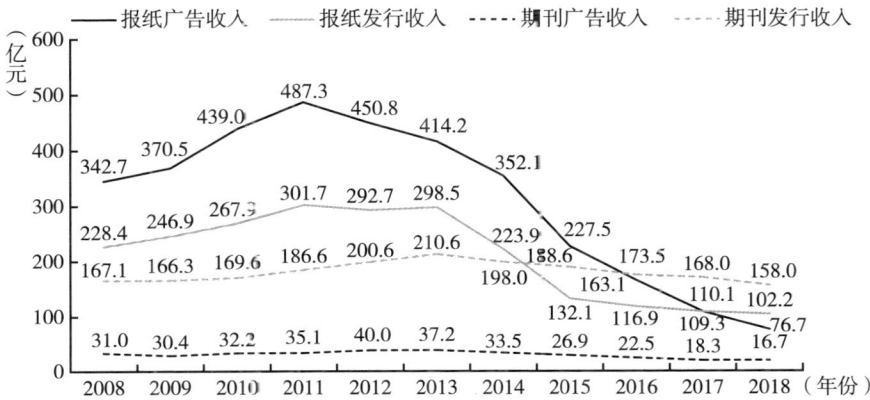

图3　2008~2018年中国报刊行业广告收入和发行收入

2018年，亦有诸多学者对中国纸媒的转型进行学术分析。陈国权通过数据分析发现，2018年中国报业广告市场中，党报广告投放逆势增长，但主要来源于非市场化的广告模式，如依靠部委办局的广告投放。一些都市报广告收入已经跌至归零的冰点，因此中国报业的广告已经不具备市场化运作的基本条件。① 胡泳、崔晨枫、吴佳健通过对国内外报业付费墙建立和经营实践的对比分析发现，国内多家中央和地方报纸从2010年开始尝试付费墙，但收效不佳，一城多报的媒体地域分布结构使得地方报纸不具备通过付费墙设定变现独家本地性内容能力。② 禹建强、马恩源对浙报传媒、博瑞传播、华闻传媒、《纽约时报》近5年的财务报表进行研究，发现国内的报业公司中报业发行和广告板块的收入逐年下降，其他新媒体板块业务盈利能力不断上升，并且逐渐成为主体，如浙报传媒2016年在线游戏运营毛利润达到5.3亿元；博瑞传播的网络游戏业务从2014年开始收入几乎与占比第一的

---

① 陈国权：《2018中国报业发展报告》，《编辑之友》2019年第2期。
② 胡泳、崔晨枫、吴佳健：《中外报业付费墙实践对比及省思》，《当代传播》2018年第5期。

广告业务收入相差无几。从国外看,《纽约时报》近10年总营收减少了超过50%,产品结构相对简单,发行收入占比从2012年的49.84%,上升至2016年的56.59%,数字化产品收益在总营收中的占比越来越大,截至2016年,数字化收益占总营收的1/4,达到28.42%。①

3. 广电与视听新媒体的交光互影

2008~2018年也见证了中国广播电视和网络视听行业的交光互影(见图4)。在这10年中,中国广播电视广告收入从702.09亿元翻了一番提升至1538.5亿元,并且在2015年左右开始进入平稳期。其中,电视产业在2016年前后开始遭遇广告收入的危机,而广播产业的逆势增长,勉强保持了广播电视行业广告收入的总体稳定。广播的忠实用户群在传媒中比较稳定。2018年广播的接触率为59.1%,广播媒体覆盖6.83亿现实听众,跟上一年基本持平。融媒时代,广播听众裂变为三大族群:第一个是传统广播收听人群,近年来在逐渐缩小;第二个是车载收听人群,成为最主要的广播受众群之一;第三个是智能终端收听人群,这部分听众在广播整个收听群体中占比越来越大。2018年广播车载覆盖人群为4.99亿人,车载广播用户为4.01亿人;用户手机上网收听网络直播的比例逐年上升,其中,移动电台用户4.16亿人,移动电台活跃用户1.23亿人。

而过去的10年也见证了中国网络视听行业从无到有、从小到大的变化全过程。从2013年中国网络视听节目服务协会开始发布行业数据来源至今,市场规模已从6年前的132.2亿元激增至2016.8亿元,增幅高达1425.57%。网络视听行业的市场规模也在2018年第一次超过广播电视广告收入,实现了相对数据的位置交叉,这对中国的网络视听行业来说是历史性的时刻。传统电视转型之路依然困难重重,除了如芒果TV等极少数卫视新媒体平台可以进入到商业类视频网站排名的第二梯队之外,其他传统媒体的新媒体平台在市场规模方面难以与新兴的网络视听平台等量齐观。网络视频

---

① 禹建强、马思源:《从利润权重解析报业上市公司盈利模式的转变——以浙报传媒、博瑞传播、华闻传媒、纽约时报(2012~2016年)为例》,《国际新闻界》2018年第5期。

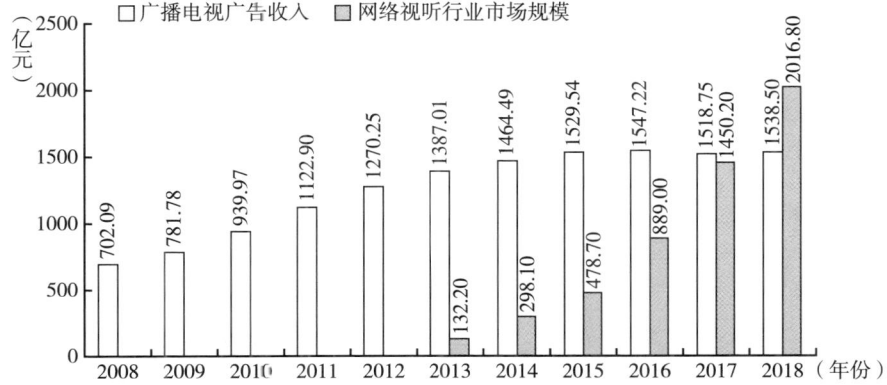

图4 2008~2018年中国广播电视广告收入与网络视听行业市场规模对比

及其衍生产品已成为整个网络娱乐产业内容消费领域的核心支柱，产业进入快速发展期。2018年，整个网络视听行业的市场规模为2016.8亿元，同比增长39.1%（见图5）。其中，短视频市场体量小、增速快，将达到118.1亿元，同比增长106.1%；在线视频市场规模预计达到1249.5亿元，同比增长31.2%；泛娱乐直播市场规模预计达到649.2亿元，同比增长47.3%。随着网络视听产业生态圈的形成，用户娱乐方式多样化，用户体验提升，活跃用户数量、用户使用时长以及用户ARPU值均进一步提升，未来网络视听行业规模仍将保持高速增长。2018年网络视听行业进入差异化竞争阶段，各网络视频平台围绕优质内容与高价值用户的争夺展开激烈竞争，但因版权、带宽投入巨大，多数视频平台盈利乏力。在差异化竞争探索中，部分视频平台通过强化在特定目标用户群体的品牌影响，不断完善专注领域的内容产品线及渠道布局，获得基于品牌的广告溢价优势；部分视频平台通过对头部版权IP的持续高额溢价投入，在流量、活跃会员数等数据指标上占据优势。未来进一步全方位多领域满足用户需求，不断扩大广告与会员业务量级，仍是网络视听行业成功的关键。①

---

① 中国网络视听节目服务协会：《2018中国网络视听发展研究报告》，2018年11月。

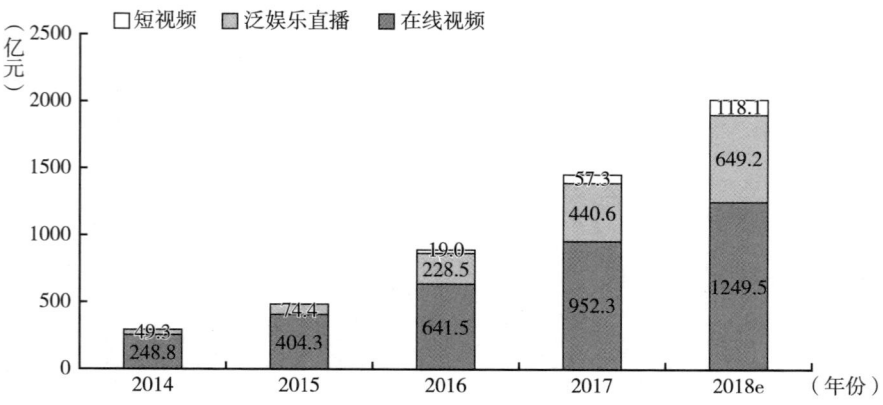

图 5　2014～2018 年网络视听行业细分市场规模

对于广电媒体在中央体制改革下的发展前景，亦有诸多学者在 2018 年进行了探讨。胡智锋认为"电视将死"的说法缺乏依据，也不符合中国电视发展所面临的全球化新契机、媒介融合的新可能、国家治理和意识形态安全方面的新需求，但亟须破解收入、收视和人才方面的三大困境。[1] 王菲根据中国电视台媒介融合的实践现状，对其内容生产进行分析，认为中国电视台在生产模式的历史变革脉络中，须从"制作+播出"、"制播分离"，重新定位为视频内容的生产商，并依此重新布局其内容生产体系。[2] 李舒东通过对中国电视主流媒体融合的探索进行分析，认为电视媒体融合呈现出区域性差异，具体表现在广电事业产业发展较好的地区，其主要任务是做大做强市场主体，打造具有强大市场竞争力的主流媒体集团；对于广电事业发展相对滞后的地区，现阶段主要任务之一是优先做强事业主体，优化主流媒体公共服务职能。但媒体融合过程中，依然存在着体制机制方面的挑战，传统媒体四级条块分割、事业属性，导致融合和产业化整合推进动力依然不足。[3] 张静通过深度访谈和田野式观察，深入到某广播电视集团组织

---

[1] 胡智锋：《新环境下中国电视的发展与创新空间》，《新闻与写作》2018 年第 3 期。
[2] 王菲：《中国电视台媒介融合中的内容生产体系构建》，《国际新闻界》2017 年第 12 期。
[3] 李舒东：《中国电视主流媒体融合的探索与创新》，《当代电视》2019 年第 2 期。

结构内部，观察其在融合实践战略执行过程中的组织调整困境，发现自上而下的强制性力量推动，虽然可以在短时间内完成组织架构的调整，但强制性力量推动下却造成人力资源、渠道业务、绩效制度等新旧二元组织元素的结构性困境。①

在广播研究领域，有多位学者从新中国成立70周年和改革开放40周年的历史维度观察中国广播事业到产业的制度性演进。雷伟、孙皖宁认为广播作为新中国成立后占据主导地位的声音媒介，经历了从作为公共行为的集体收听到个体行为的私人收听的现象级变化，也印证了中国从一个集体式、公社式的社会到一个以市场化、个人化和全球化为突出特点的社会的转变。②

在网络视听行业方面，周勇、何天平回顾了网络视听行业十余年的发展历程，认为行业经历了探索性的自我迭代，体现为其从内容集成到规模自制的逻辑转变，如今行业发展已经进入下半场，并表现为以下四种发展思路：以流量思维为主导的综合型商业视频网站，作为主流意识形态阵地的主流媒体型视频网站，兼具上述两种属性的兼容性视频网站，分众传播逻辑下的垂直型视频网站。③ 司若、洪宜分析了近年来中国网络视听行业网络剧产业的发展状况，认为网剧市场已形成了以腾讯视频、爱奇艺、优酷视频、搜狐视频、乐视视频、芒果TV六大视频网站为主体的竞争格局，并认为网剧发展经历了先台后网、台网同步、先网后台、只网不台的多样方式，未来受电视台"一剧两星"政策的影响，网剧在形式上的反输进程将从二线卫视非黄金档剧场和周播剧场逐渐转向一线卫视黄金档。④

4. 电影产业的10年激增与挑战

2018年，中国大陆的电影院数量突破1万大关，达到10463家；电影

---

① 张静：《媒体融合背景下广电媒体组织调整的困境及路径研究——以J广播电视集团为例》，《西南民族大学学报》（人文社科版）2019年第1期。
② 雷伟、孙皖宁：《中国的广播收听和变动的公众形构》，《新闻界》2018年第10期。
③ 周勇、何天平：《视频网站"下半场"发展观察：线索、路径与前瞻》，《新闻与写作》2018年第5期。
④ 司若、洪宜：《描述与分析：中国网络剧市场发展现状与趋势》，《当代电影》2018年第6期。

银幕数量突破 6 万块，达到 60079 块。而 10 年前的 2008 年，电影院数量仅为 1545 家、电影银幕数量仅为 4097 块（见图 6）。从中国电影票房与银幕数增长曲线上看，票房增速趋势与银幕增速趋势基本一致，银幕的增加带动了整体票房的增长。2008 年中国大陆电影票房冠军《非诚勿扰》总票房 3.25 亿元，总观影人数 950.59 万人，总场次 18.69 万场，票房前三名的另两部电影分别为《赤壁（上）》（3.21 亿元）、《画皮 1》（2.32 亿元），而 2018 年中国大陆电影票房冠军《红海行动》总票房 36.47 亿元，第二位《唐人街探案 2》（33.71 亿元）、第三位《我不是药神》（30.75 亿元），票房冠军额度增长约 10.2 倍。随着电影院数量和银幕数量的增加，电影广告收入也成为院线电影越来越重要的收入来源，从 2008 年的 3.3 亿元激增 28.2 倍达到了 2018 年的 96.4 亿元。

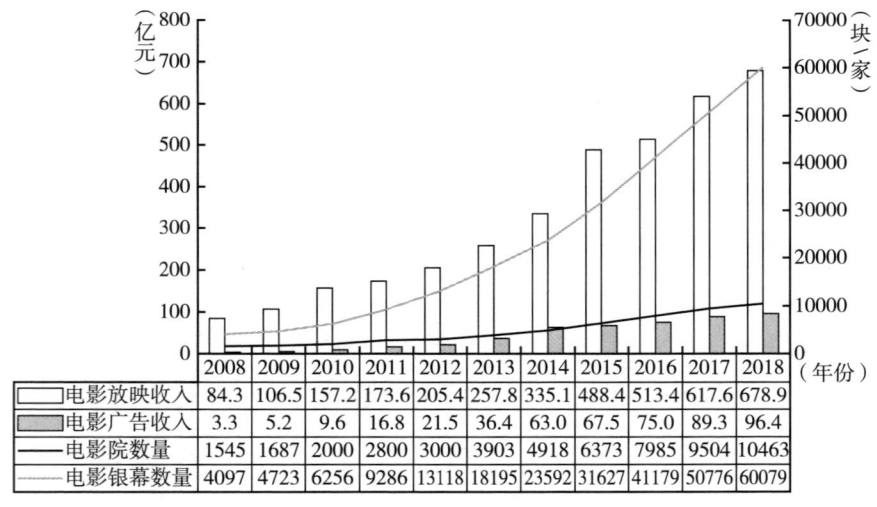

图 6　2008~2018 年中国电影产业发展趋势与收入规模

与此同时，激增的院线与银幕数量对影院的经营多元化提出了挑战。虽然银幕数量在不断增加，但单银幕票房却不断下降。亦有专业人士提出票房增长以及银幕数量"剪刀差"的概念。所谓的"剪刀差"，就是票房增长的速度远低于银幕数量增长的速度的现象。从数据上看这一现象也十分明显。

从 2015 年到 2018 年，如果剔除服务费的影响，电影票房的复合增速约为 29%，但是同时期影院的数量却增长了 61%，银幕数更是增加了 75%。换而言之，单银幕的效用正在逐步降低。①

电影产业研究方面，尹鸿、梁君健通过历时性文本分析发现，改革开放 40 年来，中国类型电影形成了武侠动作、城市喜剧和青春爱情这三大最具中国特色的范式，并发展出军事动作这一正在崛起的新范式。在这个过程中，我们能够看到类型电影与外部的产业和社会文化之间的丰富互动。② 张辉锋、孙晔对保底发行模式进行分析，从博弈论的角度看，不管制作方与发行方收益为何种情况，其和都不为零，可认定其为非零和博弈，因此在事件中会出现制作方与发行方发生共谋式的不正当乃至违法违规行为，如票房造假等。③ 姚武华基于理论模型建立 PLS 计量实证模型，并对三次回归结果进行对比分析。研究发现：演员、导演、发行公司、电影评价、上映时间、宣传力度对电影票房具有较为显著的正向影响；电影的前期宣传与后期宣传对电影票房具有不同的影响效果，且后期宣传对电影的总票房的影响力更大。④

5. 网络游戏产业

在过去的 10 年中，中国游戏行业在行业规模、行业结构和用户结构方面都发生了质变。10 年间，网络游戏市场规模从 185.6 亿元激增至 2144.4 亿元，成为中国传媒产业中第三大的细分市场。而 CNNIC 的数据显示，2018 年我国网络游戏（包括客户端游戏、手机游戏、网页游戏等）业务收入达 1948 亿元，同比增长 17.8%，收入增速较上一年呈高位回落态势。

---

① 界面：《万达电影票房增速高于行业，但它的单银幕收入却在下降》，https://www.jiemian.com/article/2790430_qq.html。
② 尹鸿、梁君健：《建构大众电影的叙事范式——改革开放四十年以来的电影类型演变》，《当代电影》2018 年第 7 期。
③ 张辉锋、孙晔：《博弈视角下中国电影保底发行的性质及策略选择》，《国际新闻界》2018 年第 11 期。
④ 姚武华：《中国内地市场国产电影票房特征及其影响因素研究——基于 PLS 模型的实证分析》，《价格理论与实践》2018 年第 2 期。

2008~2018年，中国游戏用户规模从0.67亿人激增至6.26亿人，增长幅度达8.34倍。其中，移动游戏占据整个游戏市场的62.6%，客户端游戏占据28.9%。根据CNNIC的报告数据，截至2018年12月，我国网络游戏用户规模达4.84亿人，占整体网民的58.4%，较2017年底增长4224万人。手机网络游戏用户规模达4.59亿人，较2017年底增长5169万人，占手机网民的56.2%。随着移动游戏成为中国游戏产业格局的主体，游戏空间（如网吧等）不再是男性主导的社会场域，移动化使得女性游戏用户及其游戏市场激增。2013年中国女性游戏玩家数量还不足百万，而到了2018年这个数据保守估计已经接近3亿人，2013~2018年复合增长率高达50%，而同时期男性玩家人数复合增长率仅有4.7%。《恋与制作人》、《旅行青蛙》等女性向游戏在2018年的爆红，也说明了女性游戏市场具有巨大的想象力，而《阴阳师》、《王者荣耀》等多款重度手游的数据也标志女性玩家开始攻占重度手游领域。

游戏研究方面，2018年也迎来了突破性的一年。有关游戏研究的系统性梳理与学术讨论在国内传播与媒介研究领域中习惯性被忽视，这与中国"游戏大国"的地位，以及围绕着游戏所展开的丰富的意义对话和实践不相匹配。2018年《国际新闻界》刊登了游戏研究专题的系列论文，从"游戏研究"的理论历史源流出发，尝试系统性地梳理作为传播学研究重要领域的"游戏研究"，在数字媒体时代研究其理论路径与核心议题，探求游戏与新闻传播学的学术场域的互动，试图提炼当下最受关注的主流话语与"游戏研究"的契合之处。其中何威、曹书乐研究了《人民日报》1981~2017年关于游戏报道的话语变迁，并且梳理出关于游戏报道的六大框架，分别为信息技术、文娱新方式、危害青少年、治安管理、产业经济和电子竞技。[1]黄佩、杨丰源以电子游戏的美术劳动为研究对象，选取5名具有不同经历的游戏从业者进行深度访谈，从美术劳动市场、企业劳动组织、个体劳动认同

---

[1] 何威、曹书乐：《从"电子海洛因"到"中国创造"：〈人民日报〉游戏报道（1981~2017）的话语变迁》，《国际新闻界》2018年第5期。

三个方面入手，考察当下电子游戏的美术劳动过程与弹性专业化的互动关系。① 王喆研究了多人在线游戏玩家的结盟合作行为。②

此外，亦有学者从电竞产业的产业特征出发进行研究，如杨越分析了中国电子竞技产业（E-sports Industry）发展的现状，认为电子竞技应属于竞技体育范畴，因为其具备一定范围内的高强度运动特征，规范的电子竞技运动同样可以体现体育精神。电子竞技产业链主要围绕以电竞游戏赛事整体运营为核心的框架运转，可以分为电竞核心产业和电竞衍生产业两个组成部分。其中，电竞核心产业包括赛事的主办方、选手、战队俱乐部、赞助商；电竞衍生产业包括直播平台、场地服务、经纪服务、主播薪酬等。③

6. **广告市场及资本市场表现**

2018年是中国广告市场调整与发展的一年，根据国家市场监督管理总局的统计，2018年中国广告市场规模达到8000亿元。2018年中国互联网广告总收入达到3694亿元，较上一年增长了24.2%，保持了较快的增长速度。④ 由于流量红利的消失，互联网广告市场整体增长较上一年减缓了5.76个百分点；占GDP比重约为0.42%，较上一年上升0.06个百分点，继续承载着全面拉升中国广告行业的重任。在传统媒体广告市场上，CTR媒介智讯的数据显示，2018年全年传统媒体广告花费同比下滑1.5%，广播成为传统媒体广告上扬的主要拉动力，同比上涨5.9%，电视和传统户外媒体的广告花费下滑影响了传统媒体的整体走势，最终呈现出整年微涨2.9%的趋势。一些独立的广告商由于缺乏媒体资源及数据资源，逐渐失去市场。在未来，数据及技术驱动的广告营销决策将是市场的主导。另外，内容付费成为近几年新的商业模式，相比传统的广告盈利模式，内容付费和用户付费将逐渐被重视。

---

① 黄佩、杨丰源：《"弹性"的创意：电子游戏的美术劳动》，《国际新闻界》2018年第5期。
② 王喆：《"为了部落"：多人在线游戏玩家的结盟合作行为研究》，《国际新闻界》2018第5期。
③ 杨越：《新时代电子竞技和电子竞技产业研究》，《体育科学》2018年第4期。
④ 中关村互动营销实验室：《2018中国互联网广告发展报告》，2019年1月。

2018年,传媒上市公司数达到138家,行业总市值为11853.38亿元,流通市值为7938.39亿元。从传媒细分行业来看,游戏版块的盈利能力最强,互联网、影视、数字阅读行业利润增长较快。腾讯是2018年互联网上市潮的主要受益者,据不完全统计,2018年以来在港股和美股提交上市申请的近40家互联网公司中,有14家属于腾讯系,包括腾讯音乐、B站、虎牙直播、映客直播、趣头条等。

三 2019年中国传媒产业发展展望

由于中美贸易战等因素,当前国际局势的不确定性较强,我国经济整体处在调整期。从大的社会经济发展因素看,政府工作报告中提出,2019年国内生产总值(GDP)计划增长达6%~6.5%。宏观经济增速预期进一步放缓势必将对传媒行业总体,特别是广告行业收入增速带来影响。但经济结构的深层次调整也将给未来传媒行业的结构性优化带来契机,尤其政府对于文创产业、人工智能产业、独角兽企业的政策帮扶,将进一步激发市场主体的活力,加速产业结构的升级。传媒蓝皮书课题组估算,2019年中国传媒产业规模预计将达到22887.8亿元,增长速度放缓到9.2%(见图7)。

其中传统电视仍将面临严峻转型压力,受广告市场的影响,2019年度电视广告收入极有可能迎来负增长,有可能会有持续的下行趋势、重蹈报业的覆辙。报刊行业在新一年度将继续下滑,报业将进一步面临关停并转的现实。对于电影产业来说,面对急速扩张的院线和银幕数量、下降的单银幕票房,部分院线将迎来经营挑战,2018年数百家影院倒闭或停业整顿的局面或将延续。技术因素方面,5G网络在2019年迎来商用化,这将再次重塑中国传媒产业格局,在此影响下,短视频行业被进一步看好,预计将有更多的资本投入到短视频行业内容生产和商业变现的竞争之中,同时短视频平台内容的长短综合发展也将成为趋势,对于网络视听产业总体发展的推动作用将进一步强化。虚拟现实产业在5G网络的技术升级之

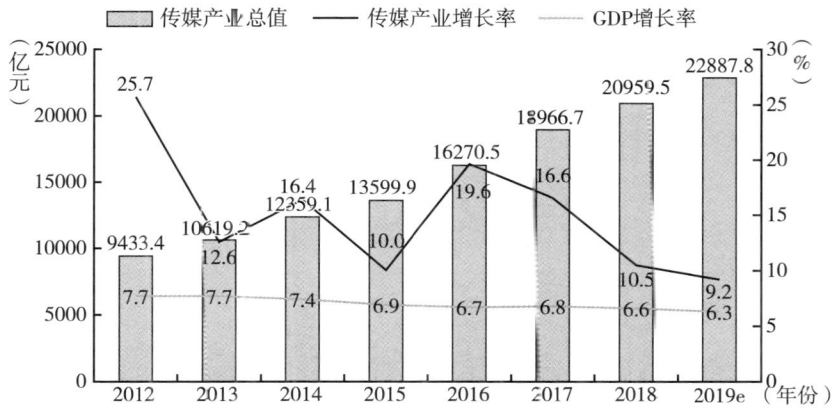

图7 中国传媒产业规模及增长率预测

下有可能迎来一波新的风口,网络带宽速度的大幅度提升为联网的虚拟现实内容行业带来全面利好,是否有可能在5G的网络之下迎来实时大规模在线的虚拟现实网络引人期待。

对于媒体内容和数据的监管,政府相关政策会更为严厉。个人信息保护与跨境数据流的监管也将成为各个国家和国际社会共同面临的挑战,成熟的、具有共识基础的规则正在博弈中形成。新技术的未来社会风险依然是全社会关注的重点,人工智能伦理逐步成为全球共同关注的议题,区块链技术经历加密货币泡沫之后将面临如何更有效利用的探索。

传媒系统内嵌于社会系统,传媒变革需要在适当的宏观社会环境下方能成就,中国传媒业的发展置于更广阔的网络空间语境中,与政治体制改革密切相关,需要从国际关系、国际政治经济、全球治理等更广泛的视角进行探讨。

特约报告

Special Reports

B.2 智能算法推荐：工具理性与价值适配

喻国明　耿晓梦*

摘　要： 在某种意义上，人工智能是一种算法，这种算法能够通过学习、判断和决策来解决问题。算法的定义可以说是为解决特定问题或为实现具体结果而采用的方法和步骤。算法在飞速发展的传播领域，已经成为重要的底层技术支持。对于内容分发的社会性的控制一直是政治权利表现的一种方式，智能算法的出现无疑是一种权利转型。本文从算法的技术逻辑、价值适配、算法信息分发的技术现实与伦理未来等方面来分析智能算法的工具理性与价值适配。

关键词： 智能算法　人工智能　技术逻辑　价值适配

---

* 喻国明，教育部长江学者特聘教授，北京师范大学新闻传播学院执行院长，中国人民大学新闻与社会发展研究中心主任；耿晓梦，中国人民大学新闻学院 2018 级博士研究生。

一 智能算法接管信息分发的工具理性

1. 信息超载是智能算法信息分发的发展动因

移动互联网时代，传统信息处理方式已经不能满足现实需要，智能算法型信息分发正适用于解决这种信息处理超载危机。

信息爆炸是过去60年以来人类社会信息化不断推进的必然结果。伴随互联网技术的进步，人类处于被数字信息所笼罩的数字信息世界。传统方式已经无法进行有效而准确的价值适配，传统信息处理范式危机一触即发。随着4G、5G信息技术的升级和应用、个人移动智能终端的普及以及移动应用平台的快速发展，个人化的传播时代已经到来。个人化的传播有别于过去标准化、规模化、内容生产类型化的大众传播，每一个受众个体在信息传播过程中都是一个独立的主体，在此基础上一个巨大的基于长尾需求的利基市场逐渐形成。信息的社会性流动形成以下三个基本的内容市场（见图1）。

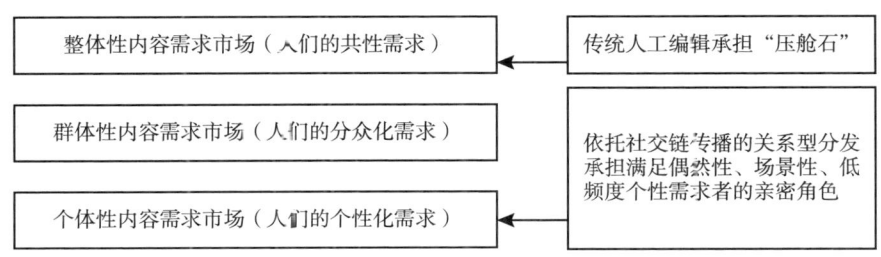

图1 信息社会三个基本的内容市场

在整体内容需求市场和个性内容需求市场，传统人工编辑和依托社交链传播的关系型分发承担着"压舱石"和满足个性需求的亲密角色。但在所有信息的适配方面，算法推荐承担主力军角色。在整体性、群体性、个体性需求与海量信息的供给对立下，内容市场被"扩容"，智能算法信息分发在这种新型市场下，通过算法模型将用户需求和内容信息进行匹配，实现内容的高效聚合和精准分发。

2. 内容、用户、场景的适配是智能算法型信息分发的基础逻辑

智能算法虽然形式复杂，但其原理非常朴素，归根结底是实现海量内容、用户需求、多维场景之间的相互适配，这也是智能算法型信息分发的基础逻辑（见图2）。

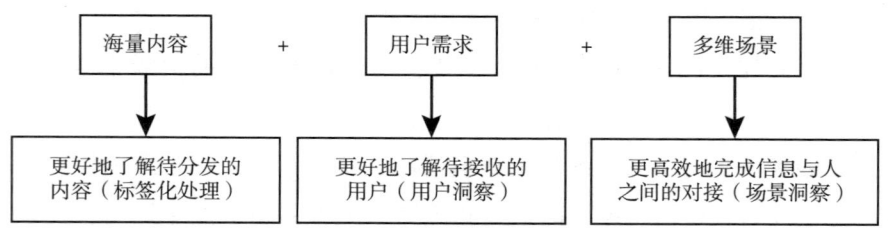

图2　智能算法型信息分发的基础逻辑

目前，业内较常用的推荐算法主要有基于内容的推荐（content-based）和协同过滤推荐（collaborative filtering）。前者适用于通过对文本内容的解析，为文本打上无数的标签，再通过标签集合对用户和内容分别进行标注，依此向用户推荐与历史阅读相关内容相似的信息。后者是基于用户的消费特征，进行物品相似性及用户相似性的计算，从而实现匹配。在现实应用中，由于场景的复杂性，很难产生一种适用于所有场景的算法模型架构，所以一个优秀的工业级推荐系统常常支持多种不同算法，并可进行模型结构的调整。

目前，各种平台的算法模型虽然各不相同，但主要的切入维度大致相同，其中用户历史数据、社交关系网、地理位置、热度等维度较为常用。以今日头条为例，今日头条输入的变量主要是内容、用户特征、场景特征这三个维度，结合这三个维度，算法模型会给出预估，推测推荐内容对用户的适配性。①

3. 内容（服务）爆发让智能算法成为必然

在内容（服务）爆发增长背景下，智能算法通过其手段的有效性解决

---

① 曹欢欢：《今日头条推荐算法原理全文详解》，36氪公众号，2018年1月16日。

了传统信息处理危机。主要体现在两方面，一是智能算法推荐提高了信息内容分发的生产效率，二是智能算法推荐优化了信息内容分发的配置效率。

传统时代通过编辑进行内容精选，提供服务的平均时间与人力成本较高，分发的生产效率比较低。如今互联网平台上的信息已是海量，人工编辑确实难以胜任。智能算法高效地自动过滤筛选，大大提高了信息分发的工作效率；同时，通过实现信息供需的快速匹配，大大降低了用户获取信息的时间成本。

在智能算法时代，所有信息的价值都被重估，长尾信息也由于其具有特定的受众群而具有了价值，正所谓"彼之敝草，吾之珍宝"。以往"以传者为中心"的传播模式被智能算法所改变，在这种改变中，用户成为中心，用户的主体性得以开发。基于个性化画像，用户有机会触达自己喜好的内容，也强化了个人的信息权利。

智能算法是互联网发展的一个必然产物。智能算法信息分发具有特殊的价值，我们要承认智能算法技术的必然性和合理性，这也是让其发挥自身特点为社会所用的基础。

二 智能算法在内容市场上的角色与影响

不同纬度的内容市场取决于大众在整体性、个体性以及群体性三个方面的信息需求。基于此，智能算法的"权利"在实施过程中所产生的效果也不同。所以，对于智能算法技术、政治、人文逻辑也要进行区别。

1. 智能算法价值适配实践方法：人机协作

由于智能算法在社会性变量价值判断模式上的不足，算法后续还需要人工进行加工和判断。所以，在内容市场上，人机协作是价值适配的实践路径。

人们的共性需求构成整体性内容需求市场，主要体现为主流意识形态导向、社会人文关怀及社会共同利益和基本共识等。在大众传播时代，整体性内容市场是媒体的主要方向。1922年《读者文摘》正式创刊，其"足迹"

曾遍布163个国家和地区，读者规模超过1亿人，而其成功离不开对整体性内容价值的定位和对深层价值的关怀。

"微粒社会"中，基于各种算法，形成了多种多样的评判、决策和自动区分等，人的主体性逐渐被数据取代。但是，人不是简单的数据集合，也不是电子痕迹的汇总。随着科技的发展，虽然可以对信息内容进行高效标注，但算法仍无法完全把握人的心理。在共性需求的预测方面，数据仍不足以为成功判断提供真正的价值。

因此，在整体性内容需求市场上，"弱智能"的算法只能提供共性辅助，即便算法分发占据了大半的信息处理市场，但其无法完全替代人的角色及作用。面对人的整体需求，平台应当坚持人机结合，重视人工编辑的作用。今日头条近期大幅增加了审核人员的数量，积极尝试"人工+算法"的模式。这种模式在算法中加强了人的主体性，通过人机协作，让算法推荐更好地体现人的主导性和价值观。

2. 算法价值适配基础：平台自律和用户自觉

虽然算法可以过滤社交分发的多余成分，但其负外部性却一直存在。所以，算法需要通过平台和用户的自律自觉，实现其与群体性内容需求的适配。

群体性内容需求市场由人们的分众化需求构成。作为个体的人，存在于各种群体之中，所形成的信息需求就带有各种群体的特征。关系型分发主要依托社交链进行传播，虽然可以对信息进行筛选、转发、评论等，但随着社交数量的增加，无效信息也必然随之增多，信息冗余依然不可避免。但是，算法却可以作为分众化信息筛选的"开关"，对社交分发进行二次过滤。"社交+算法"逐渐成为群体性内容需求市场的重要一环。

算法虽然对社交分发进行了二次过滤以达到更精准的分众化需要，但其带来的"负外部性"却依然不可避免。主要表现在两个方面（见图3）。

负外部性在群体性内容需求市场虽会一直存在，但其影响范围有限。就算法分发平台及用户而言，在一定程度上可以通过其本身的自律自觉解决，而无须行政部门处以强制性操作；就技术产品而言，虽然运用算法的平台只

用户身份被预设	加剧信息窄化
智能算法推送平台通过了解用户的消费能力、社会地位等信息,给每个个体划定边界,用户一旦被划归到一个群体,那么他在平台内获得的所有资讯都将符合他被预设的身份。用户的数字档案在趋于完备的状态下,其社会地位、消费能力、教育水平、政治立场等也被人工智能所了解,这就会产生社会不公的问题。	通过智能算法,用户可能只关注自己感兴趣的内容,"信息茧房"也因此形成,在这种信息环境中,用户不断地进行着自我肯定、自我重复、自我强化的过程,个体思想存在固化的风险。

图3 算法所带来的"负外部性"

是一家技术公司,但在聚合与匹配信息层面,技术公司应该承担与媒体公司相同的社会责任和道德义务。同时,社会公众也应该提高自身的算法素养[1],也就是认识、判断、运用算法的态度、方法、能力,更充分地了解智能算法的负外部性,才能在消费或决策过程中不盲从于信息分发平台。

3. 算法推荐信息:自由选择的同时严守法律红线

人们的个体化需求构成个体性内容需求市场。通过各种标签集合和模型,算法可以刻画出用户画像,并以此洞察用户的个体化需求。因此,智能算法在个体性内容需求市场是不可或缺的。

但是,算法带来的低级负面信息仍然无法避免。智能算法虽在一定程度上满足了用户的个性化需求,但是其规则仍是靠获取点击量为主要取向。也就是说,算法分发将会最大限度的凸显用户最普遍感兴趣的内容。所以,当用户群体普遍存在低级趣味时,智能算法所推送的信息也往往隐含着负面的价值取向。[2]

"投其所好"式的信息分发逻辑本身是没有过错的,但不能违背公共秩序甚至越过法律的红线。智能算法推送应该严守其底线,剔除违规违法、违背公序良俗的信息;同时,在合规、合法的前提下,也应该维护对"红线"

---

[1] 张超:《新闻生产中的算法风险:成因、类型与对策》,《中国出版》2018年第13期。
[2] 黄楚新:《破除"信息茧房",不以流量论英雄 重塑新媒体时代的吸引法则》,《人民论坛》2018年第17期。

之上、用户自由选择信息的空间。在内容和形态方面积极的引导不可或缺，但只有尊重用户自由选择信息的权利，个体性内容需求市场才能焕发活力。

4. 智能算法在整体、群体、个体内容需求市场上的价值适配

不同层次的信息需求构成基本内容市场，智能算法在不同的层次信息需求中的作用有所不同，其优化的方式也就不同：

——整体性内容需求市场影响力最广泛，强调共性需求，所以表现出规模性的特点。智能算法在这个层次中作为预测共性需求的工具仍有不足，只有人机协作，才能让算法推送更好地把握共性信息需求，体现人的主导性；

——群体性内容需求市场影响力次之，主要原因是分众化需求的规模大小不一，需要在异质中寻找共性。智能算法在这个层级的需求中，需要对信息的分发再次把关，用户身份预设及算法负外部性的影响都不可忽视，但纠偏还是要依靠平台自律和用户自觉；

——个体化内容需求市场的影响范围只存在于个体中，个体化需求因人而异，其异质性往往更为细微。智能算法则是满足个性化需求的必要手段，但关键在于不能越过法律的红线。而"红线"之上的种种信息，则需要平台积极引导，让用户自由选择的信息拥有充分的活力和流动的空间。

总之，无论是算法所发挥的作用，还是其风险与规制，都需要在不同层次的需求市场分层探讨。在面对智能算法的技术逻辑和社会主流逻辑时，既要让算法平台遵纪守法，又要让智能算法迸发活力。要做到这些，就不能只用法律法规这把"硬直尺"明确信息"红线"，还应该佐以传统编辑方法、平台自律、用户自觉等"软力量"，充分保障智能算法、信息分发的发展空间。

三　智能算法推荐的技术现状与伦理未来

1. 弱人工智能技术现实下以人为中心的算法推荐

在计算机领域，学者们较为普遍地认为人工智能技术是计算机科学的一个分支，是研究模拟、延伸和拓展人的智能的理论、方法、技术及应用系统

的新技术科学。① 在技术层面，人工智能又分为狭义人工智能（Artificial Narrow Intelligence，又称弱人工智能）和通用人工智能（Artificial General Intelligence，又称强人工智能）。弱人工智能主要指可以执行人类为其事先设定任务的人工智能，是不具备自主性的智能体。强人工智能指可以模拟人的大脑工作，具有认知意识和自主性的智能体。目前，我们主要实现并应用的是弱人工智能，主要应用包括自然语言理解、自动驾驶、虹膜识别、机器视觉等。强人工智能目前还仅仅是一种设想。

以数据驱动为主的算法信息分发属于弱人工智能，目前来看，其不足之处已经显现：一方面，算法方法具有局限性，目前算法信息分发的主要方法在本质上还是依托于经验和反馈，包括对数据的标注，也是依赖于人的既有经验及事先设定。这种方法适用于认知对象和环境具有接近性、相似性，对条件变化和外界干扰的对抗能力较弱，且经验的稳定性对结果的影响较大；另一方面，由于缺乏思辨能力、创造能力以及情绪表达能力，智能推荐目前能处理的变量数量和水平有限。

基于智能算法推荐还将长时间停留在弱智能的现实，以人为中心的算法信息分发仍是价值调试的核心，所以相关的约束及规则都是指向与算法相关的人。

2. 强人工智能技术下以机器为中心的算法推荐

随着人工智能技术的不断创新，其在信息分发领域的应用也不断升级，算法分发的伦理问题也被大众所关注。如果强智能技术下的算法推荐可以实现，那么信息传播将被更深刻地改变。当强智能算法推荐系统拥有与人类对等的思维和主动意识时，伦理危机将可能出现。

要解决伦理危机就要建立以智能体为核心的机器伦理。目前，针对机器伦理的构建已经有多种可能性的建构方式被提出，其中包括自上而下的伦理建构和自下而上的伦理建构（见图4）。

不论是哪种伦理构建方式，"驯化"智能系统都是核心，即将符合人类

---

① 党家玉：《人工智能的伦理与法律风险问题研究》，《信息安全研究》2017年第12期。

自上而下的伦理建构

将道德规范转化为逻辑演算，并计算与权衡实现的功利，使智能体能够从一般的伦理原则出发对具体的行为作出伦理判断

自下而上的伦理建构

通过机器学习和复杂适应系统的自组织发展与演化，使智能体能够从具体的伦理情境生成普遍的伦理原则，在道德冲突中学习道德感知与伦理抉择的能力

核心
对智能系统的"驯化"

图4　机器伦理的建构方式

价值的基模嵌入智能系统中，并打造智能系统底层规则。通过"驯化"，我们期望强智能算法推荐能够进行准确、公平、可解释的信息分发。

当弱人工智能逐渐走向强人工智能时，人机关系也将转变：在弱人工智能下，人主要是伦理风险的防范和解决者，而在强人工智能下，为保证人类利益，人将是原则、规则边界的制定者。

B.3
2018年中国电视媒体融合传播发展报告

徐立军　胡春磊*

摘　要： 2018年，以打造新型主流媒体为目标的媒体融合不断深化，基于互联网的内容传播能力已经成为媒体未来持续健康发展的核心竞争力。如何测量评估网络传播能力成为当下媒体关注的问题。从CTR网络传播力监测评估结果来看，电视媒体的网络传播力持续提升，但是拳头产品稀缺，与头部商业互联网企业相比依然面临较大的压力。本文重点分析了2018年38家省级以上电视台的网络传播现状和特点，为电视台媒体融合转型建言献策。

关键词： 网络传播力　媒体融合　省级以上电视台　融合传播

一　电视媒体加速改革　媒体融合走向纵深发展

2014年8月18日，习近平总书记在中央全面深化改革领导小组第四次会议上明确指出"推动传统媒体和新兴媒体融合发展……着力打造一批形态多样、手段先进、具有竞争力的新型主流媒体"，这标志着中国媒体融合顶层设计的确立，自此传统媒体纷纷加入媒体融合的大潮。到2018年，中国各类媒体加速推进融合，电视媒体改革也逐渐进入攻坚

---

* 徐立军，央视市场研究（CTR）执行董事、总经理，CTR媒体融合研究院执行院长；胡春磊，央视市场研究（CTR）个案集群副总经理。

阶段。

2018年3月，中央广播电视总台成立，明确提出"台网并重、先网后台"的发展战略，这一战略部署强调了台网一体化思维下的战略排布、资源调度的重要性与优先级排序；2018年6月，湖南广电旗下的芒果超媒完成重大资产重组，作为国内首家国有控股的视频平台，芒果超媒已实现对电视端的内容反哺，并从"生态矩阵、人才融合、内容整合升级、技术创新"等方面发力进行融合；2018年9月11日，国家广播电视总局职能配置、内设机构和人员编制的"三定方案"公布，专门增设的媒体融合发展司将重点推进解决涉及体制机制改革、三网融合、网络视听审批管理等电视媒体融合关键领域的问题，引起业内的广泛关注；此外，各地方媒体也纷纷进行了广播、电视和新媒体的融合，到2018年底，半数以上的省台完成了融媒体中心的布局，部分省市还出现了跨媒体和跨区域整合，如天津日报社、今晚报社、天津广播电视台合并组建了天津海河传媒中心；2018年底，中央审议通过《关于加强县级融媒体中心建设的意见》，县域媒体亦开始整合步伐，以打通媒体融合的"最后一公里"。总之，2018年中国电视媒体正在加速改革，已从初始的增量发展逐步过渡到存量改革的阶段。

二 中央电视台、湖南台与上海台位列网络传播力前三

2018年CTR发布媒体融合效果评估体系网络传播力榜单，从五大传播渠道（微博、微信、自有APP、官方网站和其他第三方平台）对38家省级以上电视台网络传播力进行测量，每个渠道下设两个指标（媒体覆盖规模相关指标、媒体实际到达人群相关指标）。在各渠道的权重分配上，通过德尔菲法（专家调查法）确定五个平台的权重依次为：微博18%，微信25%，自有APP22%，官方网站15%，其他第三方平台20%（入选测量的

其他第三方平台①共计21个）。

CTR监测数据显示，2018年38家省级以上电视台（包含5个计划单列市）在五大渠道正常更新的新媒体产品共6212个，2018年网络传播力前三位的电视台为：中央电视台、湖南电视台与上海电视台（见表1）。

表1 2018年38家省级以上电视台网络传播力TOP10

排名	评价对象	网络传播力	排名	评价对象	网络传播力
1	中央电视台	91分	6	北京电视台	55分
2	湖南电视台	66分	7	广东电视台	54分
3	上海电视台	57分	8	浙江电视台	54分
4	黑龙江电视台	56分	9	江西电视台	53分
5	江苏电视台	55分	10	辽宁电视台	53分

数据来源：2018年CTR融媒体监测数据。

说明：本文电视台两微及其他第三方平台的梳理仅包括台级、频道及栏目的数据，广播暂未纳入，下同。

1. 电视台微博传播力稳步增长，中央电视台和湖南电视台粉丝过千万

2018年，在38家省级以上电视台微博传播力排名中，中央电视台、湖南电视台和上海电视台排名前三（见表2）。

表2 2018年38家省级以上电视台微博传播力TOP10

排名	评价对象	排名	评价对象
1	中央电视台	6	浙江电视台
2	湖南电视台	7	山东电视台
3	上海电视台	8	安徽电视台
4	江苏电视台	9	河北电视台
5	北京电视台	10	广东电视台

数据来源：2018年CTR融媒体监测数据。

---

① 2018年其他第三方平台入选名单包括：五个新闻资讯平台——今日头条、搜狐新闻、网易新闻、新浪新闻和腾讯新闻；五个综合视频平台——爱奇艺、优酷视频、腾讯视频、哔哩哔哩和搜狐视频；六个短视频平台——抖音、快手、秒拍、西瓜视频、美拍和火山小视频；五个音频平台——喜马拉雅FM、考拉FM电台、企鹅FM、蜻蜓FM和荔枝FM。

38家省级以上电视台2018年正常更新的微博账号总量保持在1000个左右,其中中央电视台的"央视新闻"和"央视财经"微博账号粉丝量稳居各季度前两位。2018年底,38家省级以上电视台粉丝量超千万的微博账号由年初的6个扩至8个,其中中央电视台的"CCTV5"和湖南电视台的"湖南卫视"微博账号分别在第二季度、第三季度成为粉丝量超千万的账号。2018年全年粉丝增长量前三位的微博账号分别是中央电视台的"央视新闻"、"CCTV5"和湖南电视台的"快乐大本营"。

从2018年电视台微博账号粉丝量的分布来看,各季度粉丝量在10万以下的微博账号占比均超50%,且每个季度的占比在逐渐减少;粉丝量在百万级至千万级的微博账号占比从第一季度的9.2%提升至第四季度的12.6%(见表3),微博账号整体发展趋势明朗。

表3 2018年各季度电视台微博不同粉丝量级别账号占比分布

单位:%

账号级别	第一季度	第二季度	第三季度	第四季度
粉丝量千万级以上账号	0.7	0.6	0.8	0.8
粉丝量百万级至千万级账号	9.2	9.2	10.1	12.6
粉丝量十万级至百万级账号	31.2	31.9	32.0	32.1
粉丝量十万级以下账号	58.9	58.3	57.1	54.5

从互动效果来看,中央电视台的"央视新闻"各季度互动量[①]均在千万级以上,排名位列榜首;湖南电视台的"快乐大本营"第二、三季度互动量均过千万次,互动表现突出。在各季度互动量靠前的微博账号中,当季热播综艺账号表现优异,如浙江电视台的"奔跑吧"、上海电视台的"东方卫视极限挑战"在第二季度播出期间季度总互动量均达到千万次以上,远高于该季度38省省级以上电视台单账号互动量均值(17.5万次)。

---

① 微博互动量=转发+评论+点赞。

2. 电视台微信公众号整体数量保持稳定，黑龙江电视台表现突出

根据 2018 年融媒体监测数据，38 家省级以上电视台微信传播力前三名分别是：中央电视台、黑龙江电视台和上海电视台（见表 4）。

表 4　2018 年 38 家省级以上电视台微信传播力 TOP10

排名	评价对象	排名	评价对象
1	中央电视台	6	江西电视台
2	黑龙江电视台	7	北京电视台
3	上海电视台	8	贵州电视台
4	广东电视台	9	陕西电视台
5	辽宁电视台	10	浙江电视台

数据来源：2018 年 CTR 融媒体监测数据。

2018 年，38 家省级以上电视台各季度正常更新的微信公众号总量保持在 1400 个左右，其中中央电视台的"央视新闻"微信公众号总阅读量和总点赞量各季度均排名第一，黑龙江电视台的"新闻夜航"总阅读量在各季度均在前三以内，江西电视台的"都市现场"总点赞量在各季度均跻身前三。

从 2018 年各季度微信公众号总阅读量的分布来看，38 家省级以上电视台阅读量百万级至千万级的微信公众号占比在 9%～10%，阅读量 10 万次以下的微信公众号占比均超 60%，大部分的微信公众号亟须加大运营力度。

表 5　2018 年各季度电视台微信公众号阅读量级别分布

单位：%

账号级别	第一季度	第二季度	第三季度	第四季度
阅读量超千万次公众号	1.40	1.50	1.50	1.30
阅读量百万级至千万级公众号	9.51	9.40	10.70	9.21
阅读量十万级至百万级公众号	24.73	23.80	26.60	23.02
阅读量十万级以下公众号	64.36	65.30	61.20	66.47

从单篇文章来看，在38家省级以上电视台中，全年阅读量在10万次以上的文章近1万篇，平均每个季度2500篇，分布在29家电视台中。中央电视台、黑龙江电视台和北京电视台各季度10万次以上阅读量的文章数量均超过100篇，表现较好。

3. 累计下载量过百万的自有APP数量小幅增加，湖南电视台表现突出

2018年38家省级以上电视台自有APP传播力排名中，湖南电视台、中央电视台和上海电视台排名前三（见表6）。

表6 2018年38家省级以上电视台自有APP传播力TOP10

排名	评价对象	排名	评价对象
1	湖南电视台	6	山东电视台
2	中央电视台	7	江苏电视台
3	上海电视台	8	湖北电视台
4	广东电视台	9	河南电视台
5	浙江电视台	10	深圳电视台

数据来源：2018年CTR融媒体监测数据。

截至2018年底，38家省级以上电视台正常更新的自有APP有124款，累计下载量在百万次以上的APP数量占比由第一季度的18%增加至第四季度的24%。

从全年月均活跃用户数来看，湖南电视台的"芒果TV"达到1亿人以上（全年月均活跃用户数：1.07亿人），表现突出；中央电视台的"央视影音"（全年月均活跃用户数：1549万人）和上海台的"BesTV"（全年月均活跃用户数：1208万人）均在千万级以上，表现较好。

4. 官方网站各季度日均独立访客数缓慢增长，湖南电视台表现较好

2018年38家省级以上电视台官方网站传播力排名中，湖南电视台、中央电视台和北京电视台排名前三（见表7）。

表7 2018年38家省级以上电视台官方网站传播力TOP10

排名	评价对象	排名	评价对象
1	湖南电视台	6	浙江电视台
2	中央电视台	7	天津电视台
3	北京电视台	8	山东电视台
4	江苏电视台	9	广东电视台
5	上海电视台	10	甘肃电视台

数据来源：2018年CTR融媒体监测数据。

截至2018年底，38家省级以上电视台共70个官方网站各季度日均独立访客数均呈现增长趋势，但各季度间平均增长率不及1个百分点，增速较缓。全年来看，日均独立访客数超10万人次的官方网站共有32家，其中湖南电视台的"芒果TV"、中央电视台的"央视网"和北京电视台的"北京时间"表现较好。

5. 其他第三方平台头部账号数量明显增长，传播力稳中有升

2018年38家省级以上电视台其他第三方平台传播力排名中，中央电视台、上海电视台和浙江电视台排名前三（见表8）。

表8 2018年38家省级以上电视台其他第三方平台传播力TOP10

排名	评价对象	排名	评价对象
1	中央电视台	6	广东电视台
2	上海电视台	7	江西电视台
3	浙江电视台	8	湖南电视台
4	江苏电视台	9	海南电视台
5	北京电视台	10	青海电视台

数据来源：2018年CTR融媒体监测数据。

截至2018年底，38家省级以上电视台在其他第三方平台入驻并正常更新的账号数量为1665个，账号粉丝量平均在20万个左右；百万级以上粉丝量账号全年增长趋势较为明显，第四季度较第一季度增长11%。

三 38家省级以上电视台媒体融合传播发展特点

1. 新媒体渠道产品布局基本稳定,传播力持续增加

根据2018年CTR融媒体监测数据,38家省级以上电视台各渠道的新媒体产品数量基本稳定。从各季度来看,五大渠道的产品数量变化幅度不大,各家电视台已不再大量开设账号和新增产品,基本完成了在各渠道的新媒体产品布局。

从传播效果来看,2018年全年38家省级以上电视台在各个渠道的传播力均有增长。38家省级以上电视台的微博单账号粉丝量各季度平均增速为4.99%,微信季度总阅读量①平均增速为2.02%,自有APP月均活跃用户数平均增速为4.96%,官方网站日均独立访客数平均增速为0.41%,其他第三方平台季度总粉丝量增速为1.84%,其中微博和自有APP传播力增速明显,官方网站增速较缓。

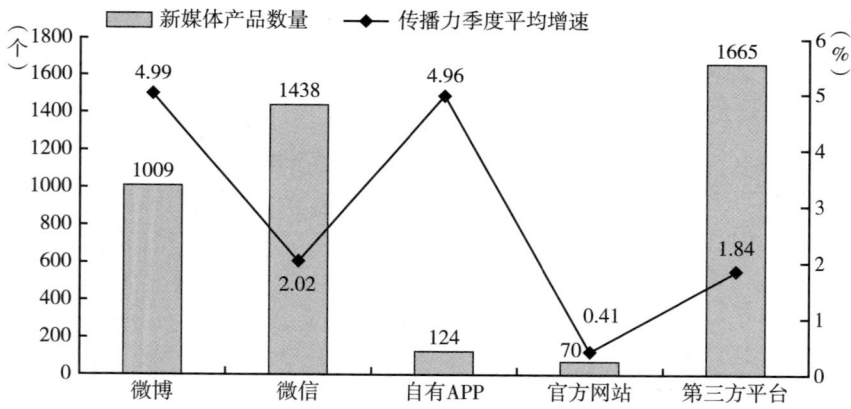

图1 2018年电视台新媒体产品数量及传播力季度平均增速

数据来源:2018年CTR融媒体监测数据。

---

① 因腾讯微信页面数据展示限制,阅读量最大显示为"10万+",文中数据涉及的"10万+"文章阅读量均按100001统计。

2. 传统电视台的各渠道拳头产品稀缺，头部产品主要集中在少数电视台

根据 CTR 融媒体监测数据，将粉丝量超百万的微博账号，季度总阅读量超百万的微信公众号，月均活跃用户数超百万的自有 APP，日均独立访客数超十万的官方网站，粉丝量超百万的其他第三方平台账号定义为拳头产品。截至 2018 年第四季度，38 家省级以上电视台在五大渠道上的拳头产品数量较少，且主要集中在少数头部电视台。具体如下：

官方微博账号中，38 家省级以上电视台粉丝量超千万的账号共 8 个，主要集中在中央电视台和湖南电视台。粉丝量超百万的账号数量为 135 个，占比 13%，其中中央电视台有 49 个，湖南电视台有 11 个，江苏电视台和上海电视台各有 8 个，这四家电视台超百万粉丝量的账号占超百万粉丝账号总量的 56%。另有 12 家电视台还未拥有超百万粉丝的官方微博账号。

在官方微信公众号中，2018 年各季度总阅读量超百万的公众号数量占比 10%。2018 年全年、季度总阅读量超千万的公众号有 26 个，主要分布在中央电视台（7 个）、北京电视台（2 个）、黑龙江电视台（2 个）、辽宁电视台（2 个）、内蒙古电视台（2 个）等 16 家电视台。另外，在 38 家省级以上电视台中，仍有 9 家电视台官方微信公众号在 2018 年全年没有单篇"10 万+"阅读量的文章。

在自有 APP 中，2018 年月均活跃用户数超百万的自有 APP 有 7 个，占比为 6%，分别为中央电视台的"央视影音"、"央视新闻"、"CCTV5"、"1905 电影网"，上海台的"第一财经"、"BesTV"和湖南电视台的"芒果 TV"；自有 APP 中，仍有 85% 的 APP 月均活跃用户数在 10 万人以内。

在官方网站中，日均独立访客数超 10 万人的网站数量占比为 17%，其中湖南电视台官方网站"芒果 TV"、中央电视台官方网站"央视网"、北京电视台官方网站"北京时间"表现突出。

截至 2018 年底，38 家省级以上电视台在其他第三方平台开设的账号中粉丝量超百万的账号有 51 个，占比仅为 3%，其中中央电视台有 30 个，上海电视台有 4 个，广东电视台有 3 个，占据超百万粉丝账号总量的 73%。

3. 各家电视台在新媒体渠道布局上逐步形成各自优势

各家电视台在新媒体渠道布局上逐步形成了各自的特色优势。具体来看，中央电视台在各渠道全面开花，各渠道网络传播力排名均进入前三位。到2018年底，"央视新闻"微博账号粉丝量超7000万人，微信公众号各季度总阅读量达1.52亿次，头条号粉丝近7000万人，均位列各渠道榜首；"央视影音"（APP）全年月均活跃用户数为1549万人，在电视台自有APP排名中位列第二。

2018年，湖南电视台在自有APP和微博上优势突出，其中"芒果TV"APP月均活跃用户数达到1.07亿人，位居第一。在微博平台上，湖南电视台拥有11个粉丝量超百万的官方账号，其中千万级粉丝量账号有2个（省级台中仅湖南电视台有千万级粉丝量账号）。湖南电视台微博单账号平均每季度总互动量为60万次，明显高于38家省级以上电视台均值（14.74万次）。

上海、黑龙江等电视台在新媒体传播渠道上也各有侧重，特色明显。上海电视台的自有APP"BesTV"2018年月均活跃用户数为1208万人，在电视台自有APP中排名第三。该APP拥有多数电视台自有APP不具备的高清播放功能，且拥有独家的体育赛事转播版权，可收看国内最全的NBA赛事转播，吸引了大量中国篮球迷使用。黑龙江电视台的"新闻夜航"微信公众号2018年各季度总阅读量均超6000万次，全年每季度平均阅读量在电视台微信公众号中排名第二。该公众号在所有文章开头会贴心提示全文字数和阅读所需时间，方便读者进行选择性阅读。

4. 季播节目在播出季大小屏联动，互动效果倍增

大型季播类综艺节目的微博账号活跃度与电视传播有着同步性，其发文量和互动量与节目是否在播出期间有着极高的相关性。季播类节目在节目播出期间，发文量是平时的3~6倍，同时带来大量互动，其互动量可达到平时的3~10倍。例如，浙江卫视的《奔跑吧》节目在2018年第二季度播出时，其官方微博账号"奔跑吧"发帖1200多篇，除了@嘉宾和主持人等常规操作外，还发起了如"微博故事挑战赛"等创意活动，通过"送福利"、

"领红包"等方式来引发网友关注和互动，官微总互动量达1700万次，较全年其他三个季度的平均互动量提升了7.3倍。

5.电视台微博账号和微信公众号的社交互动性、区域性和商业性特征表现明显

从传播内容来看，电视台微博账号和微信公众号仍以宣传节目内容为主，多是通过图文、短视频等形式来进行节目预告，利用二次及多次传播来强化传播效果。另外，电视台的微博账号和微信公众号在多种运营方式下呈现多元化特点：社交互动性——通过转发抽奖、话题讨论、投票等各种活动，与用户形成良性互动，提高用户黏性；区域性——通过发布本地资讯，不同账号在长期运营下形成区域性差异；商业性——通过与电商合作或自建网上商城来发布产品售卖信息、促销活动等，或打造电视品牌IP、开发衍生产品，实现商业价值最大化。整体来看，电视台微博账号和微信公众号的传播内容从电视节目内容扩充至活动、资讯以及衍生产品等内容，社交互动性、区域性和商业性特征表现明显，进一步加深了电视台和新媒体平台的融合。

四 电视媒体融合传播发展展望

2018年，中国电视媒体融合发展进入加速期，各家电视台都在媒体融合大潮中摸索转型的可行路径。技术驱动的变革也使得媒体面对的生态环境更加复杂，2019年，5G开始进入试商用阶段，给视听媒体带来的改变必将更加波澜起伏，中国电视的媒体融合已经进入关键期。面向未来，有以下3点展望：

第一，5G、4K、AI等新技术将催生"大视频时代"。其特征突出体现在：一方面，几乎所有的互联网内容都将以视频形式而存在，视频成为人类传播的最高形态；另一方面，所有介质媒体都不约而同地奔向视频业，整个产业链条上的各类市场主体（网络运营商、硬件生产厂家、渠道运营商）都将奔向视频内容。在这样的新时代，以视频为本业的电视人，能否抓住新

技术、新时代的战略机遇实现弯道超车，考验着电视业领导人的视野和格局、智慧和勇气。

第二，在广告营收逐年下滑的形势下，电视媒体的融合发展和网络传播如何拓展广告之外的收入来源，找到更多可持续发展的经营模式，是亟待解决的迫切命题。"优、爱、腾"三家商业视频网站每年几十亿元亏损额的运营模式是无法模仿复制的，如何"跳出电视救电视"，如何抓住消费互联网向产业互联网转变的契机，挖掘信息传播和文化娱乐服务当中的产业价值，是发展的命题，更是生存的命题。

第三，在媒体融合进入下半场，电视媒体改革也进入深水区的关键时期，新技术带来战略机遇，但电视媒体行业也面临着体制机制僵化带来的运行不畅、骨干人才流失、团队本领恐慌等问题。媒体融合没有前路可循，改革是中国电视必须要走的路，但只有将真改革进行到底，才是唯一的出路。

总而言之，从中国电视媒体网络传播力的现状可以窥到电视人应对变革付出的努力，也能从时代气息中感受到未来的融合发展并不是一条轻松之路，需要电视人走得更智慧、更坚定。

B.4
2019年中国电视市场八大发展趋势

丁 迈*

摘 要： 2019年传媒行业步入资本红利退潮、用户红利减少、政策红利收紧的"后红利"时代。在"最严"广电政策监管之下，内容生产端将面临新一轮的规范及调整。优质内容如何在渠道的加持下，迸发出新的潜能和影响力，成为摆在广电人面前的一道难题。本文基于2018年传媒领域的典型事件、重要变化和行业权威数据，对2019年中国电视市场在收视、节目、广告、营销等领域的发展趋势进行预判。

关键词： 电视市场 "后红利"时代 电视收视

一 电视收视：传统直播电视滞缓，垂直细分领域谋求突破

根据Zenith的预测，2019年全球人均每天花费在互联网上的时间（170.6分钟）将超越看电视的时间（170.3分钟）。① 根据CNNIC和CSM媒介研究的网民及电视观众调查数据，2018年中国电视直播收视时长进一步减少，网民规模和上网时长稳中有升，2019年传统直播电视在整体媒介

---

* 丁迈，中国广视索福瑞媒介研究（CSM）董事、总经理。
① 《Zenith：预计2019年全球人们每天看手机时间超过电视》，http://www.199it.com/archives/736895.html。

竞争中的步伐将进一步滞缓,互联网驱动节目跨平台、多渠道、碎片化传播,电视低收视率竞争时代到来。①

与这一趋势相伴的,是电视荧屏中超级节目不再,爆款节目难寻,更多的电视节目开始从垂直细分领域谋求突围。一次性契合多个圈层受众喜好的节目愈加稀少,深耕、细化某一垂直圈层的节目异军突起,这将成为未来1~2年国内电视节目创新的主导趋势。2019年,以音乐(《我们对唱吧》《青春票房》《来电了!唱吧》)、喜剧(《喜剧的荣耀》《段子家族》)、文化(《诗书画》《中国好诗歌》《对王之王》)、旅行(《青春环游记》《各位游客请注意》《不可思议的旅程》)、婚姻和爱情(《恋梦空间》《美好的遇见》《心动蜜语》)、生活/社交观察(《我家那闺女》《家有好先生》《我家有女初长成》《你会怎么花》)为主要创新领域的节目已然出现在各大卫视版面规划之中,以更精细的视角解构社会热点及生活话题,开辟挖掘垂直圈层受众的新阵地。不仅如此,在分众化需求和碎片化传播的驱动之下,深耕垂直圈层的节目,势必会在相对大众的歌舞、亲子传统领域之外,开辟出一些更具亚文化特色的创新视角和题材,开发出下一个拥有巨大空间的破圈内容品类。因此,看似爆款稀缺,或许也正是传统媒体酝酿未来转型与突破的关键之机。

二 真人秀:竞技类真人秀使用"加减法", 非竞技类真人秀添加纪实和观察元素

2018年,《创造101》《偶像练习生》《心动的信号》《奇遇人生》等网络综艺成为电视真人秀的有力竞争对手,但"综N代"真人秀依旧是电视平台上的主要收视来源,而《幻乐之城》《相声有新人》《同一堂课》等新生真人秀节目尚需培养。

真人秀节目是综艺娱乐节目中最主要的类型,我们以竞技份额的多少将

---

① 郑维东:《电视进入低收视率竞争时代》,《收视中国》2018年第4期。

其简单地区分为竞技类真人秀和非竞技类真人秀。2018年,《奔跑吧》、《极限挑战》、《王牌对王牌》、《歌手》、《最强大脑之燃烧吧大脑》等竞技类"综N代"真人秀收视表现虽不比之前,但凭借品牌积累的人气,在电视平台保证了一定收视量。"综N代"节目,面对观众审美疲劳和外部同质竞争的双重压力,在嘉宾阵容和赛制环节设计上,不断探索创新,通过"加减法"实现节目吸引力的提升和品质的升级。

2018年的非竞技类真人秀除了《朗读者》、《表演者言》、《向往的生活》等"综N代"口碑节目以外,也出现不少如《上新了!故宫》、《我家那小子》等形式新颖的新节目。这其中有不少主打观察类的真人秀,《巡逻现场实录2018》、《我家那闺女》、《女人有话说》等电视综艺和《幸福三重奏》、《超能幼稚园》、《奇遇人生》等网络综艺都有不错的表现。观察类真人秀,就是在为观众营造一个从角色冲突到情感升华,从场景变换到节目走向,具有完整链条的世界,其优势在于能更自然地唤起观众的情感共鸣。未来非竞技类真人秀节目将在节目中添加更多的纪实观察元素,人物关系和场景变化都会更贴近生活。

三 电视剧:IP改编更趋理性,电视剧向网而行

2018年,《甜蜜暴击》、《武动乾坤》、《斗破苍穹》、《天坑鹰猎》等诸多"IP+流量"剧在收视率、口碑、点击量、播放量上均未达到市场预期,伴随着天价片酬、抠图演戏、流量造假等负面新闻,"IP+流量"似乎正在失灵。缺乏流量明星的《延禧攻略》火爆市场,让我们看到观众对优质内容的需求。未来剧目制作方面的资金配比将更趋于理性,最终能够留住用户的,只有优质的内容。

过去一年,上星频道古装剧的数量明显减少,作为首部在卫视黄金档播出的古装剧,《香蜜沉沉烬如霜》于2018年8月登陆江苏卫视。在"网台同标"的规范之下,古装传奇题材剧的政策红利将进一步消退。相比之下,现实题材剧将在政策倾斜下迎来繁荣。2019年五大卫视招商会上公布的片

单中，现实题材剧有21部，古装剧仅有4部。三大互联网平台也相继推出现实题材剧剧场，如爱奇艺"忆英雄"剧场、腾讯"献礼剧场"、优酷"改革开放40周年"专题，积极响应国家广电总局对主旋律题材的要求。随着网络视听内容的社会功能愈加完善，网剧与电视剧的审查政策将逐步趋同，未来具有社会意义的都市题材剧仍是市场主力，同时，会出现更多垂直细分的剧集类型。

2018年《延禧攻略》在网络平台收官两个月内登陆浙江卫视，《天坑鹰猎》更是在网络平台未收官时就已在上海东方卫视播出。两剧虽然均未进入卫视黄金档，但这是网剧迅速反向输出至卫视的新信号。"一剧两星"政策实施4年以来，电视台用于购买剧目的成本不断上升，同时网络平台支付的剧集版权费也在不断攀升，且在编排方式上网络平台较电视台更为灵活，制作公司出售剧目进一步向网络平台倾斜。为契合用户碎片化的观剧习惯，网剧剧集和剧长的双向缩短、微剧、竖屏剧和互动剧等新视频内容的尝试将更频繁地出现。在排播方式上，视频网站业已推出一些全新的尝试，如《琅琊榜之风起长林》的"网络付费会员抢先看一周"，《为了你我愿意热爱整个世界》的"会员一次性看全集"等，这标志着视频网站对内容的竞争开始升级为对用户时间的竞争，这对传统电视台的剧目排播将形成新的挑战。

四 广告和营销：流量广告进一步分化电视广告，直击产品交易的视频内容将赢得先机

移动流量资费全面下降后，移动内容整体正在趋于视频化。未来流量广告将进一步分化电视广告，更新、更完善的技术和算法正在渗入视频内容推荐和相关场景营销的方方面面。

视频内容分发由电视台"编辑决定你看什么"的单一中心分发，发展为微信、微博社交带来的"你关心的人决定你看什么"的去中心化分发，现在更是以不断进化的"机器算法决定你看什么"为发展方向，去中心化

的"长尾理论"将让视频更能满足大众个体的细化需求。由此，视频内容的生产、消费和分发将伴随人们对视屏内容的天然需求而在更多场景中得到释放。虽然，互联网广告2017年就已超越电视广告，但电视仍是一个存量巨大的市场，所以电视广告依然占据广告市场的主要位置。

在未来视频流量的变现道路上，无论是对传统电视，还是视频平台，都将面临品牌广告投放增长趋缓、效果广告投放占比提升的趋势。如今，视频的消费在时间和空间上都更加碎片化，视频消费人群和消费场景都在发生变化。这便要求广告商不断寻找打破圈层的方法，寻找更多新的广告增长点。例如微信的15秒竖屏视频可以对接微信小程序，从而实现电商破圈尝试。

未来，结合当地文化背景、让产品和时间从更细微的切入点产生联系的视频将会逐渐增多，这类视频既可以实现大众的社交目的，又能完成最终的购买，如《上新吧！故宫》、《锋味2018》、《铁甲雄心》等。

五 媒体融合：政策和资本促进网络视频发展以及媒体融合进程

政策和资本两大力量将继续对整个视频行业的发展及媒体融合的进程产生影响。2018年11月9日，国家出台《进一步加强广播电视和网络视听文艺节目管理的通知》，强调了台网同标、同尺度，网上网下统筹管理，统一执行标准，加强题材把关，加强对播出平台的监管，确保节目网上网下执行同样标准。从政策层面限定了统筹台网，市场价值服从社会价值的硬标准。这在网络综艺和网剧以大投入、精制作为发力点迅猛崛起，传统电视内容发展遭遇瓶颈的当下，为来年台网节目的平衡发展奠定了基调，台网节目在同一水平线上的竞争与融合在2019年正式拉开帷幕。

2018年，大文娱退潮。资本加速退出大文娱产业。但业内则普遍认为，"大文娱寒冬"所引发的系列结构优化，会为日后文娱产业向更为良性的方向发展做铺垫。而平台从发行端向产业上游的深入，"内容+产业"的深度融合也将成为未来媒体融合的必由之路。互联网平台中，以"优爱腾"、B

站等为代表的视频平台,已经将触角深入内容生产与内容制作环节,不断打造自身的优质内容,并且尝试在数据、评分之外,拓展内容评价维度,以确保平台有稳定增长的用户和DAU①。传统电视平台中,从2017年北京卫视与阿里巴巴以《跨界歌王》为切入点展开"电视+电商"的深度合作,到2018年更多的节目采用如《上新了!故宫》的模式,旨在打通上下游产业链的融合探索,"内容+产业"仍将是从内容流量到商业变现之间的主要载体和途径。2019年,媒体融合在资本层面的发展将进一步被推进,拥有牌照优势的传统媒体与拥有资本、流量的互联网企业,在资本、资金、资源等各种生产要素融合的基础上,在平台共建、产品共生、生态共造等方面发力,推进更高水平、更深层次的融通和融合。

六 视频消费:IP成为价值高地的同时集聚风险,竖屏短视频渐成新的市场热点

2018年,尽管大IP、大制作、大流量的作品表现不佳,但不可否认的是,在未来的一段时期内,版权和IP仍将继续作为价值高地而存在于视频的制作和竞争中,影视创作中IP改编仍占据主导地位。简单梳理2019年各家影视公司公布的IP改编剧目名单,《紫川》《斛珠夫人》《斗罗大陆》等头部IP包含其中,玄幻、言情、冒险题材仍居主导。② 在丰富的IP内容供给之下,影视剧市场上IP热度犹在。当然,从IP版权交易始现高峰的2014年至今,随着市场及受众对于追逐IP热度的降低,IP改编剧市场开始由"唯IP论"的盲目追求逐步回归到理性选择,对于IP作品的考量维度也更加多元。融合更具丰富价值主题的优质IP与优质制作,凭借好的内容与口碑打破圈层限制,可能是未来IP改编进一步发展的新出路。

2019年,短视频平台将逐步从野蛮生长时代过渡到技术赋能下的生态

---

① 茉小莉:《大文娱的溃败、挣扎和新生》,https://36kr.com/p/5170875.html。
② 剧研社:《梳理20部重点IP待拍剧,看2019年IP市场状况如何》,https://www.jiemian.com/article/2685642.html。

化进阶阶段,"内容为王"同样将成为短视频行业的发展方向。而与短视频的内容形态相适应,竖屏传播短视频无疑是未来一段时间内的市场热点。在国内,竖屏短视频应用发展已经步入快车道,2019年1月初,主打竖屏短视频应用的抖音APP宣布其月活跃用户人数破5亿人①;"优爱腾"在推出多款短视频APP未激起市场浪花后纷纷进军竖屏剧;主流卫视和视频平台也都将竖屏短视频合作纳入自己跨屏互动的战略之中。2019年,竖屏短视频、竖屏短剧、竖屏广告均将迎来新一轮的发展,在下一轮的竖屏视频内容竞争中,从UGC到PUGC再到PGC将会渐成市场趋势,具有专业水平且"小而美"的内容才能在激烈的竞争中脱颖而出。

七 国际化:版权卖出去和平台走出去,中华文化国际影响力将进一步增强

过去10年时间里,大量的国外模式节目登陆中国荧屏,中国电视人不断消化吸收,积累了丰富的经验,并开始将自己创新研发的节目模式反向输出。2018年,中国影视节目及电视媒体"出海"取得了不俗的成绩,国际化程度进一步提升。

2018年4月,在法国戛纳电视节上,中国原创节目模式推介会"WISDOM in CHINA"成功举行。九大中国原创节目模式(《朗读者》、《国家宝藏》、《经典咏流传》、《天籁之战》、《声临其境》、《跨界歌王》、《明日之子》、《功夫少年》、《好久不见》)亮相春季戛纳电视节。10月,戛纳秋季电视节上,中国首次以主宾国身份举办了系列活动,向全世界展示我国优质的影视内容。11月,原创节目《我就是演员》与美国IOI公司签署模式销售协议,授权其在英语地区国家制作《我就是演员》国际版《I AM THE ACTOR》。除了电视节目,包括《延禧攻略》和《这就是街舞》在内的许多网络视频

---

① 《抖音月活跃用户破5亿 推出多闪布局短视频社交》,https://baijiahao.baidu.com/s?id=1622711038818605298&wfr=spider&for=pc。

传媒蓝皮书

平台制播的内容也在加快国际传播的进度。未来也将有更多优秀的中国原创节目模式走上国际舞台，这些模式既包含了深厚的中国文化，也符合国际市场的传播要求。

除了影视节目模式的"出海"，电视媒体也在努力打造国际传播的新局面，从单个内容的"走出去"到传播平台的"走出去"，由点到面地让文化"出海"才能让影响力具有持续性。湖南广电旗下的芒果TV在充分运营优质内容的同时，致力于构建国际化平台并向全球用户传播中国文化。截至2018年3月，芒果TV平台海外覆盖用户规模已超1450万人，覆盖240个国家，芒果TV运营的湖南卫视YouTube官方平台总订阅用户已超过295万人，点击量达55.4亿次，累计观看时长突破530亿分钟。① 庞大的用户基础为芒果TV国际版的运营提供了坚实的基础。主要面向海外用户的芒果TV国际版APP也在中国香港国际影视展上启动上线。

八 收视测量：同源跨屏测量技术获得新突破，引领内容及营销市场变革

伴随着媒体融合传播的不断推进，视频内容与传播界面之间的组合更加丰富，受众的媒介接触行为变得更加多样化与碎片化，业界也在呼唤同源跨屏测量技术的升级。CSM（兼容性支持模块）媒介研究与时俱进，不断为市场提供更多维度的规范视频传播调查数据，引领内容与营销市场变革。

时移收视数据：电视节目在电视端的7天时移回看数据已经成为许多电视媒体及影视节目制作机构日常关注的重要数据。以《奔跑吧》为代表的部分热门综艺节目的电视端7天时移回看数据与首播收视率的比值甚至超过70%。随着时移收视的增多，CSM媒介研究不断拓展时移收视测量的范围，由最初的"12城市"扩展至"15城市"，2018年已可提供"52城市"的时

---

① 方硕：《覆盖1450万海外用户 芒果TV宣布上线国际APP》，http://www.ebrun.com/20180320/268714.shtml。

移收视数据；2019年，时移收视测量将进一步扩展至"55城市"，观众非线性收视行为所产生的传播价值得以明确呈现。

OTT大屏收视数据：基于电视端的网络内容传播测量也不断有新进展。2018年CSM媒介研究联合爱奇艺、腾讯视频TV端共同开启了电视大屏TV+OTT同源收视测量，并首次发布了"TV+银河奇异果收视率数据"及"TV+云视听极光收视率数据"，市场能够对互联网平台在电视端的传播效果有更清晰的认识。

跨屏收视数据：在电视节目的跨屏传播方面，新的规范收视率调查方法正在得以实践。2018年是CSM媒介研究中标2018~2023年中国香港收视研究服务后为香港地区提供收视数据的第一年。香港全视频受众测量采纳了Kantar Media的互联网收视测量仪（Focal Meter）和ComScore的流标签技术，在电视端传播监测的基础上，增加了通过PC、平板电脑、智能手机等终端设备收看电视节目的行为测量，为市场提供了更为广阔的同源跨屏收视数据。这种在中国香港实践的新的统一多屏同源测量体系，也将是CSM未来在内地逐步推行的新解决方案。

短视频数据：在媒体融合过程中，短视频是电视媒体进入移动互联网端的重要突破口。随着更多电视媒体进入移动互联网端的短视频领域，CSM媒介研究也开展了短视频及直播的连续监测与研究，短视频查询与管理工具V^+scope可以帮助电视媒体更好地了解这一领域，并占领移动传播新阵地。

B.5
短视频撬动电视传播变革

郑维东*

摘 要： 视界革新，趋势赋能。电视和互联网正处在一个所谓的"共价值"时代，即都以视频传播为其核心价值区间，短视频为当下视频行业发展演绎新趋势。本文从时代背景、技术发展、受众变化等几个方向，分析短视频发展火热的必然性，同时也对未来趋势进行预测和判断。

关键词： 短视频 传媒变革 电视传播 智能化

一 背景分析：智能电视与短视频

进入"万物智联"的时代，智能化不是一个单纯的概念，更是一种路径、方案和体验。智能电视，是电视传播领域向着智能化迈进的一个具象。

智能电视的英文表述是"SMART TV"。"S"（Sharing）意为共享，代表智能电视必须连接社交功能，满足社交化传播的需要；"M"（Measurable）意为可测量，递进的含义是数据化，回路大数据是智能电视应有的组分；"A"（Addressable）表示可寻址，智能电视的个体终端可识别以及具备双向互动能力；"R"（Reforming）表示智能电视的内容长短可变、样态灵活，以满足不同端以及不同场景传播的需要；"T"（Targeting）表示可定向、可细分，能够按目标人群运营和组接智能电视新业态。新传播环境下，电视产业

---

* 郑维东，凯度媒介受众中国区资深数据研究员。

重组的五要素为内容、渠道、终端、用户和营销。对照来看，Reforming 解释了内容的变化即由长而短，Sharing 说出了渠道的变化即由单向变分享，Addressable 重新定义了终端即可寻址，Targeting 重组了用户即特征聚合与画像，Measurable 则说清楚了新营销的要义。

社交电视样态已几经演变，从最早的手机电视到后来的微博电视、微信电视以及现在正在风口的"短视频"。这样的时序有其深刻的内在逻辑：社交需要激发了电视社会化发展；技术进步提供方案，互联网接入让电视寻址成为可能；然后基于大数据的电视新业态显现；现在则推进到了事物的源头——内容变革必将创造新势能。

电视节目主要以长视频形态呈现。按照对观众收视行为的监测和数据分析，10～15 分钟是观众观看电视节目的基本时间节奏，可以界定节目时长超过 10 分钟的即长视频，小于 10 分钟的即短视频。关于短视频业内还有另外两个不同的表述，分别是小视频和微视频：5～10 分钟的节目称为"小视频"，1～5 分钟的节目称为"短视频"，1 分钟以内的节目称为"微视频"。抖音以 15 秒界定其视频时长，是典型的微视频。

"S－M－A－R－T"对智能电视的重新定义让其内涵更丰富、外延更扩展，远远超出了"等同于智能电视机"的传统理解。从电视到互联网，智能电视正在重塑视频业态。短视频是智能电视的新物种代表，长视频智能电视正在遭受短视频智能电视的挑战。

二 推动力量：年轻人和短视频改写电视

2018 年，手机网民规模已占到电视观众人数的 62%，短视频用户已占到电视观众人数的 46%。相对于互联网用户，电视观众作为分母的意义更加突出。被互联网化的分子数量越大，电视观众们被互联网影响和剥夺的成分就越大，而这种相对剥夺感已经深刻影响到电视行业发展。

锁定暑期档的若干综艺节目或者电视剧，尽管有互联网热议，但并没有电视屏幕的热播。时代的变化看起来应该是渐进的，实际上未然。1995 年

传媒蓝皮书

以后出生的一代人一出生就被互联网包围,注定了他们会以互联网的消费方式审视电视。这逼迫电视走上互联网化的道路,互联网就是电视的新存在方式。关于媒体融合最早的设想是"你中有我,我中有你",其实现在的媒体融合必然升级为"你即是我,我即是你"。

三 影响深化:短视频将持续改写电视

随着媒体融合进程持续深入,短视频发展正在进入新阶段。CSM发布的《短视频用户价值研究报告2018~2019》显示,短视频将以其视觉上的强参与性、社交传播的强互动性、"短视频+"的连接延展性重构视频生态的演化图景。

报告指出29.7%的网民会选择短视频作为"未来三天的唯一性视频媒体",而相应选择电视作为"未来三天的唯一性视频媒体"的比例则只有13.6%。

根据CSM全国网收视率调查数据,电视观众3天内收看电视的平均到达率水平约为70%,换言之,3天内没有接触过电视的观众比例约为30%。这意味着,如果观众选择不看电视,那么他们会转向看短视频,短视频构成对电视的直接竞争。报告数据显示,57.3%的网民通常会组合观看电视和短视频,如果加上只观看电视的13.6%的网民比例,则网民中电视的接触度即是70.9%,这和基于收视率调查的电视到达率水平也极为接近。

由此可见,网民与电视观众的边界既相融合也更清晰。以上数据揭示出网民和电视观众不断增强的内在互动逻辑:网民和电视观众在大屏电视使用行为上更加趋同,同时在(手机屏)短视频使用上则进一步区隔和分化。

电视内容的主体是长视频,自然与短视频相对立。短视频对电视边界的侵蚀与消解也激起电视平台寻求发展自身短视频业务的动力。长视频平台发力短视频业务,成为当下媒体融合与转型的标志事件。

报告数据显示,73.2%的网民会"因为看了电视节目发布的相关短视频而对该电视节目产生关注",其中就包括:46.1%的用户会进一步了解该电视节目信息，34.7%的用户会考虑收看该电视节目，23.5%的用户则会激发与他人讨论该电视节目的兴趣。这解释了短视频对电视节目的"牵引效应"。

电视平台从媒体融合视角发展的短视频业务，既是对短视频市场价值提升的一种观照，也是稳定电视平台传统业务的一份努力。

四 未来趋势：是变量更是增量

对于电视而言，互联网是最大的变量。受社会时代条件总制约，无论内容、用户还是营销资源，客观上都有总量天花板。天花板之下，电视和互联网之间存在着阶段性此消彼长的过程。当前阶段，是互联网主导下的视频生产、交换和分发，这对于电视而言，就是最大的变量。

一方面，电视和互联网也正处在一个所谓的"共价值"时代，即都以视频传播为其核心价值区间。电视的核心是视频，而视频在互联网内容传播中的主体地位也已全面确立。Sandvine发布的《全球互联网现象报告》显示，在全球整体互联网下行流量中，视频已占到58%。思科公司则发布报告称，预测到2021年，在线视频所产生的互联网流量将占到互联网总流量的82%。

另一方面，"共价值"也可以诠释为"共同价值"。同一个视频内容，对于电视或者互联网而言，其实是具有"共同价值"的。"共同价值"一般凝结于版权，但是其市场定价却取决于不同传播平台的价值交换和变现能力。

电视所采购的视频内容版权（播出权）主要依靠广告进行价值交换和变现，网络采购的视频内容版权（播出权）在广告之外还有流量价值的直接变现即用户付费。"优爱腾"纷纷启用制作方合作分账模式，其中包含流量分成、广告分成。

基于此，视频内容（包括短视频）的价值实质上外化为三个基本要素，即版权、用户和广告。用户即流量，包括人数和时间。版权的潜在价值是既定的，但是版权的市场价值取决于播出平台之间的竞争和盈利模式（即用户和广告）：相比电视，网络的流量变现能力往往可以赋予视频版权更高的定价。

事实上，除了会员付费给网络视频带来流量收入之外，广告也是流量变现的一个通道，流量对于网络视频而言是具有乘数效应的，但是我国的电视并没有走上订户付费和广告经营并举的复合运营模式。在观众分流和广告市场不景气的双重作用下，传统电视的生存和发展面临空前挑战。

电视与互联网融合发展的内涵之一即是化变量为增量。互联网是电视发展的最大变量，也是重塑电视未来的最大增量。围绕版权、用户、广告三要素，打通电视收视率测量与互联网流量稽核，实现视频市场的通用数据货币统一化，必将是推动电视化变量为增量并实现融合发展的重要一环。

B.6
Digital Economy and International Governance

Jovan Kurbalija*

Abstract: As the development of digital technologies, digital economy has become a new economy, and brought new technologies and business models, but in the meantime, it is also facing some challenges. This article mainly discusses how to deal with these challenges through international governance.

Keywords: Digital Economy; International Governance; Economic Policies; Trading Rules

Digital economy has power and potential to expand innovation, increase consumer choices and enhance human well-being. Digital economy experienced exponential growth. New possibilities will arise with new technologies and business models.

At the same time, there are cautionary voices. The World Bank's 2016 World Development Report, Digital Dividends, noted that the benefits of Internet growth were neither as huge nor as evenly distributed as it has often claimed. According to the report, the gap between the commitments of digital technology and its real

---

* Jovan Kurbalija, Director of Diplo Foundation and Head of the Geneva Internet Platform.

impact was widening. For example, increase of productivity was only 2% in the digital era compared to 6% in previous innovations of electricity and transportation.

Similar warnings were found in other publications, such as the World Economic Forum's Global Competitiveness Report 2018, which recognized that the fourth industrial revolution has made the pathway to development less certain. One of the most concerning findings in the report was the relative weakness across the board when we came to master the innovation process. 77 out of the 140 economic studies showed, innovation ability-an imperative skill to thrive in the digital economy-was the weakest pillar.

With the increasing penetration of digital technologies in societies worldwide, digital economy has gradually become just "economy". For example, WTO's definition of e-commerce covers a wide range of economic transactions, from paying for a dinner electronically with a credit card, to ordering a book online and having it delivered by mail, and to subscribing in Spotify music platform.

The growth of inclusive digital economy requires policies and regulations to simulate solutions. Governance of digital economy is a mixture of applying existing rules and developing new ones. It also needs to provide the necessary support for the key drivers of innovation boom. This includes strengthening institutions-for example, through promoting the public sector and corporate governance-to foster diversity of thinking and reskilling among the workforce, and to promote the integration of those who are still on the fringes of the banking system into the financial system.

A challenge for governments worldwide is that they need to become multi-taskers: the needed policies for the digital economic boom cannot be set in sequence, but in parallel. A country that lacks sufficient broadband infrastructure, for example, cannot focus all its resources in this area, and completely abandon development in other areas, such as cloud computing. The exact allocation and distribution of resources in different policy areas will be unique to each country, reflecting its needs and stages of development. Nevertheless, all elements of this digital equation are inseparable from attention and investment.

Potential tensions lie between traditional economic policies that include financial transactions between consumers and service producers, and technology advertising models where there is no direct financial transaction between service users and technology companies. Instead of money, users contribute his or her data, which are processed by technology companies and sold to advertising agencies.

This tension was evident in the case of Best Maps Ever, a French mapping provider, versus Google Maps for below-cost pricing. Best Maps Ever argued that Google did not charge for maps as it does, but the French Competition Authority argued that Google did not provide services below-cost because it is compensated from advertising revenues. The case was dismissed. ① Similar economic policy strains exist in the fields of consumer protection and taxation.

Additional tensions lie between the global nature of most digital businesses and national or regional digital policies and governance. For example, antitrust remedy decisions in one region may force technical or policy adjustments in other regions. Privacy regulations, such as GDPR, forces other regions to adjust their policies. Taxation is another example of the state trying to tax the profits of thatch companies on their territories.

In this globalized economy, policy makers usually focus on big technology companies and internet giants. However, the digital economy is dominated by small-and medium-sized enterprises (SMEs). They represent more than 90% of companies and employ more than 70% of the workforce in most countries. The health of the SMEs sector is a litmus test for the vitality of any economy, including

---

① Autorité de la Concurrence: Avis n° 14 – A – 18 du 16 décembre 2014 rendu àla cour d'appel de Paris concernant un litige opposant la société Bottin Cartographes SAS aux sociéteés Google Inc. et Google France.

the digital one. Therefore, the theme of this section is policies and solutions to ensure market space for SMEs.

Ⅰ) Diversified digital business models

While the most obvious parts of the digital economy are technology giants such as Facebook, Apple, Amazon, Netflix and Google①(FAANG), as shown in table 1, the digital economy includes a wide range of business types and models. Each type has specific value chain, organisational and regulatory impacts. In the same time, most technology giants are moving horizontally into different markets. Google relies on a data-based advertising model, but it also plans to sell goods and services, such as driverless cars. Another dynamics is the shift from "old industry" to the digital economy. Like retail chains and manufacturers, bricks-and-mortar companies are making the digital transition by developing data-driven services and investing in AI development.

Table 1　Survey of Digital Business Models *

Business Model	Source of Revenue	Companies (examples)
Hardware and software provider model	Cost, fee, and subscription for use of hardware and software	Microsoft, Oracle, SAP, Symantec, TOTVS
Internet access model	Subscription for access to the Internet	Internet service providers worldwide (e.g., Verizon, Telefonica, Swisscom, China Telecom)
Cloud service model	The cost of renting the cloud server space and services.	Amazon, Salesforce.com, Microsoft
Trade digitalisation model	The digitalization of traditional commercial transactions. Some of these services sell goods (eBay, Amazon). Others, such as Spotify and Netflix, generate revenue through subscriptions and visits.	Netflix, eBay, Amazon, Marketplace (Facebook), Spotify

---

① Google is used here. Although the exact name of the company is Alphabet.

续表

Business Model	Source of Revenue	Companies (examples)
Brokerage Model	The seller pays the transaction fees; the seller pays the advertising fees on the platform.	eBay, Alibaba Taobao
Internet data model	Monetization of user-provided data	Facebook, Google, Twitter Flickr, Tencent
Internet platform model	The cost of connecting customers and providers or underutilized resources (cars, bedrooms, etc.), a business model is realized by the internet	Uber, Airbnb, RelayRides Amazon Mechanical Turk, TaskRabbit Handy

* This survey of digital business models is based on comparative analysis of writings and research in policy documents and academic writings.

Ⅱ) Holistic Governance of the Digital Economy

The sustainable and inclusive growth of the digital economy depends on overall policy and cooperation. As shown in the following chart, the overall approach involves an inclusive digital society, economic policies to promote the digital economy and, in the central part, digital commerce as the primary means of economic activities online. The holistic approach also requires the simultaneous development of building blocks for the digital economy, thus enabling the multitasking of many policies.

1. Digital Governance

Digital economy is anchored in the broader digital ecosystem. Without the internet, for example, there would be no digital economy. Network security directly affects people's trust in digital commerce. Privacy protection affects data flows in the digital economy. More detailed coverage of other policy issues is available in other clusters. The following are three issues that have the most direct impact on the digital economy.

Access to the Internet is the fundamental assumption of digital economy

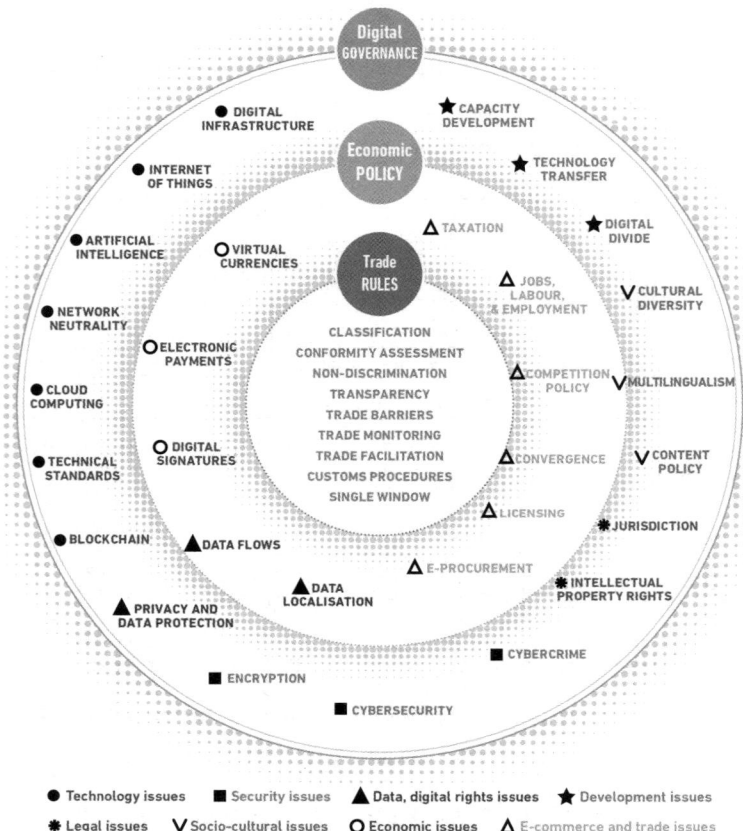

Chart 1　Holistic governance of the digital economy

growth. Many developing countries have weak internet access. The broadband gap exists particularly wide between major urban and rural areas. Mobile phones have improved access to the internet, especially for African citizens in rural areas. Yet, the promise to leverage technology to achieve leapfrog economic development remains largely unfulfilled. The level of internet access is still very low for the rapid growth of digital commerce.

Cybersecurity is a prerequisite for digital growth. When consumers become the victims of cybercrime without any form of compensation, they tend to avoid e-commerce. Some cybersecurity threats, such as ransomware, have particularly strong impact on trust in digital transactions and e-commerce. [1]

Data protection and privacy have a direct and profound impact on the digital economy. It is almost impossible to complete a digital commerce transaction without providing private information. Privacy and data protection regulations can affect industries that rely heavily on data, such as the data-intensive internet industry. Data exchange standards can also affect digital commerce. For example, data portability—the possibility of moving data from one social network to another—directly impacts the internet industry. The cross-sectoral impact shown in the data can be identified in other policy fields (competition rules, consumer protection, etc.).

2. Economic Policy

Most economic policies are regulated at national level. At the regional level, economic policy is typically regulated by the regional free trade agreements. More than half of the WTO's members have signed at least one regional trade agreement (RTA) containing provisions for independent digital commerce. Nowadays, 60 RTAs worldwide have separate digital commerce chapters, and more than 10 RTAs have digital trade-related provisions in their texts.

(1) Competition and Anti-monopoly Policies

There is no denying that the digital economy is showing signs of consolidation. This phenomenon spans the layers that make up the internet, from infrastructure to applications. Consolidation produces mixed results. On one hand, more efficient and cheaper services can be offered due to economies of scale. On the other hand, consolidation can stifle competition and future innovation, and bring about security problems because failure will have a wider impact. The challenge for regulators is to walk this fine line, ensuring that the positive aspects of consolidation are

---

[1] Ransomware is performed by a type of malware that blocks access to a computer system or data, usually by encrypting it, and demands a payment to release the files.

retained while constraining harmful anti-competitive behaviours.

To ensure the competitiveness of the digital economy, competition authorities often have to weigh pros and cons of anti-competitive policies. In the digital domain, they face some specificities that are primarily caused by network effects of the digital economy (also known as network externalities or demand-side economies of scale). The more users a digital business has, the more value it will grow exponentially. For instance, the more users connect to Facebook, the more useful and relevant Facebook becomes to each user.

In addition, "data network effects" were triggered. In other words, companies use data to attract more users, and users generate more data, which helps improve services and attract more users. This dynamic creates new market distortions, especially through the use of AI data.

The main potential challenge is that the "data network effect" creates natural monopolies that can lead to the consolidation and concentration in the digital economy and distort market competition. In turn, monopolies can undermine innovation as one of the main drivers of digital growth.

Monopolies and distortion of competition are typically caused by the following factors:

AI and Tacit Price Collusion

Price comparison websites have been considered as one of the improvements to promote competition, providing consumers with more information and reducing information asymmetry in economic exchanges.

However, the data collected for price comparisons and powerful algorithms are increasingly being used in what can be seen as price collusion practices. For example, according to EU Commission's e-commerce survey, 53% of retailers indicated that they have tracked online prices of their competitors, 67% said they have tracked them through software, and 78% adjusted their prices based on

Digital Economy and International Governance

online price tracking results. ①

Another challenge for competition authorities is to use new "deep learning algorithms" that can make price collusion decisions without direct human instructions. Because anti-trust measures require action or direction to reach a conclusion, it is very difficult for competition authorities to do anything on AI-driven price collusion

Hub-and-spoke Collusion

The Apple (e-Books) case is an example of the hub-and-spoke collusion where Apple's standard model for selling e-books has been imposed on major US book publishing companies. The US Department of Justice declared this a cartel of horizontal price manipulation.

Geo-blocking Rules

Geo-location can lead to price discrimination for consumers. Some practices prevent consumers from shipping products abroad or rerouting them to local websites in the country of residence. Because of the risk of price discrimination in this approach, EU has adopted a geo-blocking regulation. ②

"Bottleneck Effect"

The expansion of the technology giants' role from their core areas to transportation, taxi services, home security systems and other traditional economic sectors could create the risk of a "bottleneck effect" that reduces consumers choice

Tying and Bundling

Tying and bundling cases are the most common in EU's competition policy. The last time Google was fined 4.34 billion euros, it was sanctioned for bundling Google

---

① Philippe Brusick, Competition concerns in Cross-Border E-commerce, Implications for Developing Countries, CUTS International, p. 34
② Regulation (EU) 2018/302 of the European Parliament and of the Council of 28 February 2018 on addressing unjustified geo-blocking and other forms of discrimination based on customers' nationality, place of residence or place of establishment within the internal market and amending Regulations (EC) No 2006/2004 and (EU) 2017/2394 and Directive 2009/22/EC, OJ L 60I, 2.3.2018, p. 1 – 15.

search with Google Chrome pre-installed on mobile devices to prevent competition. ①

Merger and Concentration

Merger and concentration cases will become increasingly important as the technology industry grows economically. In Fackbook's WhatsApp takeover deal, one of the most prominent examples of merger and concentration, EU competition authorities ruled that there was no risk for concentration of market forces. Nevertheless, large platforms are becoming a hub for providing many different types of activities to end users, such as accessing information, communicating with peers, and enjoying entertainment. Many users experience the internet through these platforms, rarely leaving their walled gardens to venture across the wider public internet. The purchase of start-ups by tech-giants could create more problems and prevent potential market competition. It also allows them to venture into new fields that were not initially part of their core businesses, such as AI.

Main Challenges for Competition Authorities

When dealing with digital antitrust cases, many competition authorities are entering uncharted territory. They have to develop a "trial and error" approach that includes fast feedback loop and adjustments to approaches and policies to reflect the rapidly changing digital economy. They face the following specific challenges:

First, current competition mechanisms are very slow. In an industry growing at the speed of light, it is timeless to take five years or more to judge.

Second, the evidence requirements imposed on competition authorities are very strict, although there is a need for them to act responsibly. A case in point is a pre-emptive merger, in which dominant companies may swallow their future rivals. Because the latter often do not sell anything or operate in very limited

---

① EC Press release 18 July 2018 *Antitrust: Commission fines Google €4. 34 billion for illegal practices regarding Android mobile devices to strengthen dominance of Google's search engine*. http://europa.eu/rapid/press-release_IP-18-4581_en.htm.

market niches, they cannot make decisions based on data; so, such mergers cannot be challenged. No wonder, even in Europe, where antitrust policy is most active, pre-emptive mergers have never been challenged in the technology or pharmaceutical industries.

Third, the company is global, and antitrust is national or regional. In the matter of competition policy, as in other matters, a decision in one region impacts another region's decision. Cases of this are antitrust, where remedies in one region may force technical or policy adjustments in others.

Challenges for Small and Developing Countries

Many developing countries have neither legislation nor institutions dealing with general competition policies, let alone in the digital field. With the fast development of digitalization, developing countries are likely to have more requirements for competition protection in the following main areas:

● To protect local bricks-and-mortar businesses that will face competition from tech-giants. Dealing with this challenge will ensure that economic development is of the greatest significance to small and developing countries;

● Global tech-giants acquire or merge local online platforms;

● To ensure that SMEs have access to the foreign network markets have been dominated by other major network platforms and companies.

Small and developing countries can use the following governance mechanisms and approaches:

● Coordinate international investigation procedures (dawn raids, subpoenas, information requests);

● Develop regional cooperation through FTAs and regional competition authorities, especially in developing countries (COMESA, ESCWA, APEC, COMESA);

● Harmonize competition policies at the international level to make the policy environment more predictable, especially for SMEs;

(2) Consumer Protection

Three main stages of consumer protection, from pre-purchase (confirmation of identity and guarantee of information symmetry) to purchase (guarantee of fair contract terms, online payment security, and data protection) to post-purchase (return of product policy, refund of purchase price and liabilities), have increased consumers' trust in e-commerce. Jurisdiction and dispute resolution in judicial cases is the essential way to protect consumers.

In the past, consumers rarely needed international protection. They bought locally and therefore needed protection from local consumers. With the development of e-commerce, an increasing number of cross-border transactions are emerged.

Harmonizing national consumer protection laws is one of the ways to promote international cooperation. The OECD has developed the main principles for consumer protection in two guidelines (1999 and 2003) and one recommendation (2007). The UN 2015 revision of Guidelines for Consumer Protection cover digital trade with focuses on privacy, security and cross-border cooperation. International cooperation in consumer protection is also coordinated by business associations, including the International Chamber of Commerce (ICC) and the Council of Better Business Bureaus. A number of private associations and NGOs also address consumer protection issues online, including Consumers International, the International Consumer Protection and Enforcement Network, and Consumer Reports WebWatch.

(3) Taxation and Customs

The more the Internet becomes central to the modern economy, the more attention is paid to tax issues. Austerity measures in the aftermath of the 2008 financial crisis required many governments to start looking for extra revenue. The digital economy is supposed to be taxed. Fast digitalization puts extra pressure on the budgets of developing countries, which are more dependent on revenues for education, social security and health care than the developed countries.

Online payments can also improve tax collection and reduce the black economy by providing immutable evidence of transactions and reducing transaction costs in tax administration.

While there is growing tax pressure in all aspects of digital economy, there are many regulatory loopholes. In the spirit that offline rules apply online, the OECD's 1998 Ottawa Principles specified that taxing digital commerce should be the same principles as those of taxing traditional commercial activities: neutrality, efficiency, certainty and simplicity, effectiveness and fairness, and flexibility.

One of the main open questions is the location of taxation. Should it be a "destination" or a "place of origin" for transactions, as France, Germany, Italy, and Spain have proposed in EU, or should it impose a "equalisation tax" like them? EU aims on turnover instead of profits in technology industries. In the United States, important changes were introduced in 2018 when the Supreme Court issued a long-awaited decision in South Dakota v. Wayfair, and overturned a 1992 ruling that prevented states from requiring online retailers to collect sales taxes in the state where no physical business existed. With regard to tariffs on e-commerce, the suspension of tariffs on e-commerce was introduced in 1998 by WTO and has been extended to this day on a regular basis. However, a few countries have questioned the WTO suspension as customs revenue shift from traditional goods and services to digital ones.

(4) Inclusive Finance

Inclusive finance refers to the participation of individuals outside the banking and financial systems in economic activities. It relies on mobile phones, block chain technology, and other digital tools.

While technology provides tools, government policies are decisive in the deployment of inclusive finance in the global economy. For example, Kenya's M-

Pesa mobile banking system succeeded because of the supportive policies of Kenya's telecoms and banking regulators.

Most policy instruments for inclusive finance are available at the national level (telecoms and financial regulators and strategies). Here are a few international instruments.

- G20 "Innovative Financial Inclusion Principles" (2010).
- In 2013, the Basel Committee on Banking Supervision approved the establishment of the Workstream on Financial Inclusion to improve understanding of the financial inclusion context in different countries.
- The Financial Action Task Force (FATF) carries out financial inclusion work through the guidance document Anti-Money Laundering and Terrorist Financing Measures and Financial Inclusion.
- G20 Global Partnership for Financial Inclusion (GPFI).
- The UN's Sustainable Development Goal 10 aims to reduce the cost of remittances to 3%.
- In 2012, the World Bank developed the "Findex" (financial inclusion index) to monitor global financial inclusion.
- The GSMA has extensive research and guidelines for mobile banking (see resources available here as a tool).

(5) Jobs, Work, and Labour

One of the main challenges of the digital economy is its relatively low contribution to job creation. The digital economy reinforces the paradox that economic growth does not necessarily result in job growth. For example, in USA, the ICT economy (excluding manufacturing and telecoms) contributed only 2.5% of the labour force, while it only contributed about 6.8% of the total value of all American private industries in the past few years (Klein, 2016). Quantifying the efficiency and productivity benefits of ICTs is also a challenge, which is not always included in current official national statistics.

With the spread of the sharing economy, also known as gig economy, access economy or cooperative economy, the labour problems have also arise. These types of businesses have three main features in common: the ubiquity of contracts and temporary employment, digital platforms/applications for (quasi) peer-to-peer transactions, and rating systems for evaluating the quality of the services provided (Radu and Psaila, 2017). Courts around the world face the challenge of deciding whether they are information services or traditional services using only information technology.

Another policy and regulatory issue has to do with the protection of workers' social welfare and labour rights, and the discussion has been particularly intense in the case of Uber. It has been estimated that if Uber drivers were employees, Uber would owe them $852 million. Uber disputed this estimate, pointing out that the figure was $429 million (Levine and Somerville, 2016).

The job market will also be affected by automation, which will erode jobs made up to routine tasks, usually performed by highly educated workers, while also create jobs that require higher cognitive skills.

Intermediary liability

Intermediaries are an important part of the e-commerce value chain, from Internet service providers to major social media and e-commerce platforms. They are often used to enforce legal rules on content, copyright and other digital policy issues. Intermediary liability and governance of platforms have a direct impact on the digital economy (intermedia responsibility).

Trade Policies

While the current WTO mandate in the area of e-commerce remains the Work Programme established in 1998, some members have expressed a willingness to consider developing multilateral frameworks in this field, and others have argued that WTO should focus on other priorities, such as access to infrastructure and

digital skills, before discussing the regulatory frameworks. Faced with this disagreement, more than seventy member states decided to explore the possibility of future WTO negotiations on the trade-related aspects of e-commerce and promised to hold regular consultations. The group decided to launch multilateral negotiations on e-commerce in the first quarter of 2019.

Based on national position papers raised in WTO in recent years, issues could be part of the negotiating agenda that have been focused on five key areas: rules and regulatory frameworks, market access and market opening, transparency and facilitation, support factors, and other issues.

传媒核心产业报告

Media Core Industry Reports

B.7
2018年中国电视产业发展报告*

李继东　胡正荣**

摘　要： 2018年广播电视业可用"守正创新、价值引领","全面融合、智慧广电","整治乱象、强化治理"三组核心关键词来概括，而电视产业表现为：一是传统电视无论是广告费还是观众收视时长乃至电视剧、综艺节目等收视率均难以改变下降的趋势，二是中央级频道新闻/时事、综艺等节目收视份额持续上升，三是智能电视、网络综艺和网剧等电视新业态保持增长势头。

关键词： 电视产业　守正创新　智慧广电

---

* 说明：本文没有标记出处的数据均来自于国家广播电视总局官方网站、办公厅、规划财务司、传媒司、科技司、电视剧司等的最新统计数据。本文受中国传媒大学中央高校基本科研业务费专项资金资助。

** 李继东，中国传媒大学国家传播创新研究中心研究员、博导、副主任；胡正荣，中国教育电视台总编辑，中国传媒大学教授、博导。

2018年是中国电视产业乃至整个广电业全面突围的一年，这不仅表现在广电机构改革上升到国家层面以及守正创新时期的到来，还表现在媒体融合的全面展开、治理力度加大，以及电视剧等收视市场格局调整等层面上，电视业态呈现蓬勃发展态势。

一 电视生态：守正创新、全面融合、强化治理

1. 守正创新、价值引领

经过5年多的发展，全国宣传思想工作已由正本清源步入了守正创新的新阶段。2018年广播电视界以习近平新时代中国特色社会主义思想和党的十九大精神为指导，增强"四个意识"、坚定"四个自信"，自觉承担起"举旗帜、聚民心、育新人、兴文化、展形象"的使命，统一思想，凝心聚力，推出了一系列有利于促使全国人民在理想信念、价值理念、道德观念上紧紧团结在一起的政策措施、节目内容，强化了正面价值引领，坚守正确的舆论导向。国家广电总局重拳整治网络直播、自媒体中存在的不法行为，关停了一大批违规账号，促使媒体加强自律和提高创新创优能力。各级广电台坚持"小成本、大情怀、正能量"的方向，不仅创作出《国家宝藏》、《经典咏流传》、《我们在行动》、《幻乐之城》、《声临其境》、《声入人心》、《我就是演员》等一批弘扬主旋律、正能量的原创节目，而且通过全媒体传播将社会主义核心价值观深入人心，促使全社会的正面价值观继续上扬，舆论空间也日渐晴朗气正。

2. 全面融合、智慧广电

2018年媒体融合全面深化，不仅表现在机构改革等传统媒体体制改革与存量融通方面，还表现在融媒产品的研发以及智慧广电建设方面。首先，2018年旨在促进媒体融合的机构改革开启，从中央级媒体到县级媒体，媒体融合全域推进。2018年3月21日中共中央印发的《深化党和国家机构改革方案》指出，组建国家广播电视总局，隶属国务院直属机构；同时，整合中央电视台（中国国际电视台）、中央人民广播电台、中国国际广播电

台,组建中央广播电视总台。8月21日,习近平总书记在全国宣传思想工作会议上指出:"要扎实抓好县级融媒体中心建设,更好引导群众、服务群众。"11月14日中共中央出台的《关于加强县级融媒体中心建设的意见》指出:"要深化机构、人事、财政、薪酬等方面改革,调整优化媒体布局,推进融合发展,不断提高县级媒体传播力、引导力、影响力。"随后,国家广播电视总局编制完成了《支撑县级融媒体中心省级平台规范要求》和《县级融媒体中心建设规范》,县级融合媒体中心建设全面展开。按照中宣部要求,2018年先行启动600个县级融媒体中心建设,到2020年底基本实现在全国的全覆盖。① 其次,媒体融合机制不断完善,融媒产品大量涌现。中央广播电视总台提出了"台网并重、先网后台"理念,加速"三台三网"融合,建构新媒体"一键触发"机制,全面推进生产流程、内容产品等的融合创新。随着人工智能、虚拟现实等新技术的蓬勃发展,媒体融合不仅对信息传播进行了整合,而且开启了人机融合、人物融合与万物联结的智能媒体生态建设期。由此,2018年全国广电大力推进智慧广电建设。国家广播电视总局出台的《关于促进智慧广电发展的指导意见》,提出了深化智慧广电的发展理念,加快智慧广电内容生产体系、传播体系和科技创新体系建设,以进一步推进深度融合,实现广电突围。

3. 整治乱象、强化治理

2018年监管部门通过专项治理和强化日常监管,大力治理广电、网络视听领域乱象。一是国家广播电视总局下发了《关于进一步加强广播电视和网络视听文艺节目管理的通知》,组织召开全国广播电视与网络视听文艺节目管理工作会议,并采取相关专项治理行动,有力地整治了影视明星过多、追星炒星、泛娱乐化、高价片酬、收视率(点击率)造假等不良现象。8月,总局会同全国"扫黄打非"办公室等六部门联合发文明确规定,直播平台需落实用户实名制,并强调"对网络接入服务提供者、应用商店未尽

---

① 传媒内容:《"县级融媒体中心"最新进展:今年启动600个,2020年基本全覆盖》,https://www.sohu.com/a/255333756_351788。

到许可、备案手续审核及监管义务造成有害信息传播的,有关主管部门将按照相关法律法规予以严肃查处"。二是强化对商业广告播出的管理,2018年9月29日总局印发了《关于开展广播电视广告专项整治工作的通知》,同时还加强日常监管,全年共下发65份整改通知单,清理50多个频率频道播出的200余条违法违规广告。

二 电视业态:广告回落,收视比重增长,央视频道领跑

1. 传统电视广告花费回落,智能电视家庭渗透率超过普通电视

2018年传统电视广告花费并未延续2017年回升的势头,而是回落了0.3%,可见传统电视广告整体上难以突破式微的局面(见图1)。但这并不意味着电视趋于消亡。近年来智能大屏用户数量持续增长,智能电视家庭渗透率为63.2%,是普通电视的1.7倍[1],这可能是电视发展的一个新转机。

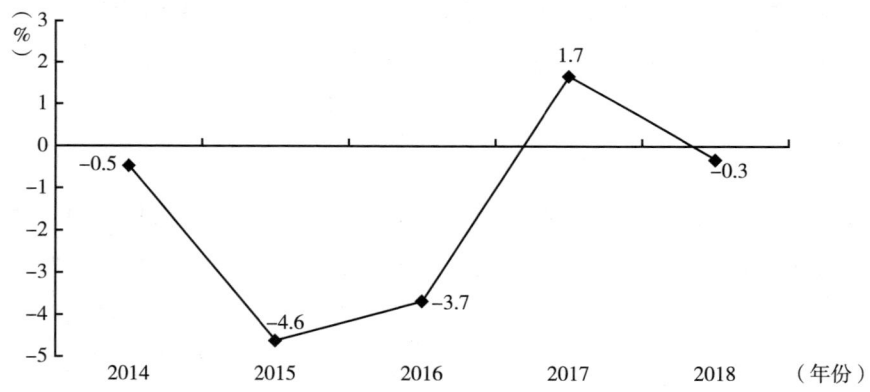

图1 2014~2018年电视广告花费情况

数据来源:CTR媒介智讯,电视广告统计时段17:00~24:00。

---

[1] CTR:《传统电视广告花费在2018年回降0.3%》,微信公众号-TV大数据洞察。

2. 电视人均收视时间持续下降，65岁及以上观众是唯一收视时长回升的群体

CSM 全国测量仪收视调查网统计数据表明，截至 2018 年 6 月，电视观众数量为 12.87 亿人。① 2018 年全国电视观众人均每天收看电视时间持续下降，比 2017 年同期少了 10 分钟（见图 2）。65 岁及以上的观众是唯一收视时长回升的群体，其他年龄段收视时长均在下滑，其中，35~54 岁的降幅最大，减少将近 14 分钟，人均仅为 77 分钟（见图 3）。

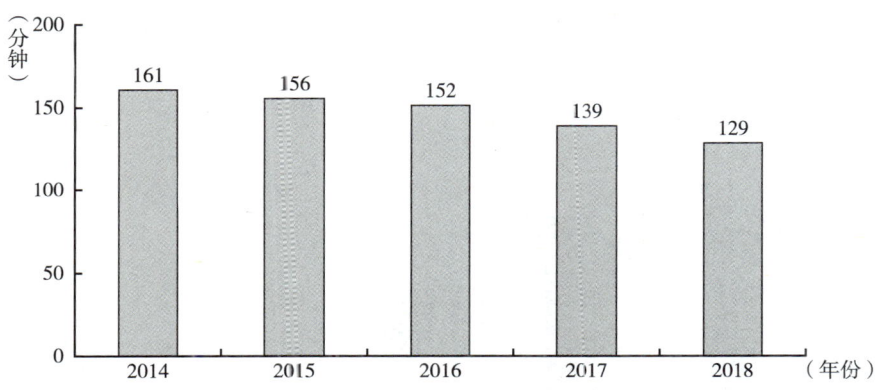

图 2　2014~2018 年全国观众人均每天收视时长

数据来源：CSM 媒介研究。

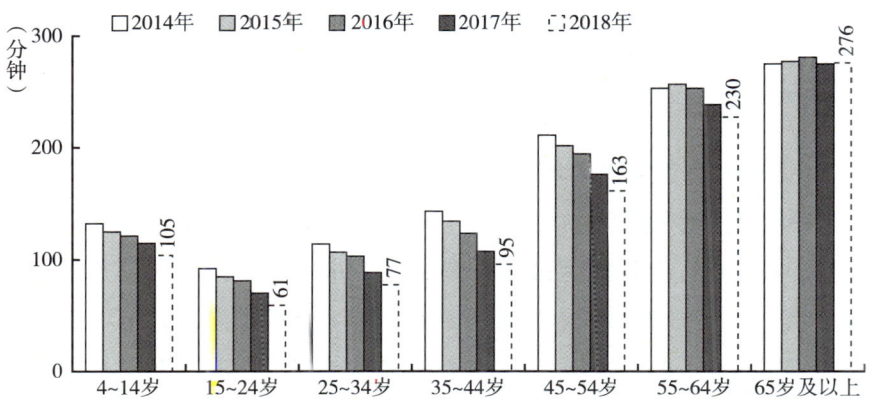

图 3　2014~2018 年全国观众各年龄段人均每天收视时长

数据来源：CSM 媒介研究。

---

① CSM：《中国电视收视年鉴（2018）》，微信公众号 - TV 大数据洞察。

3. 电视收视新业态市场份额保持增长势头，省级频道继续下滑

近年来电视频道收视市场份额呈现出中央级频道相对稳定、省级频道持续下滑、数字收视等新业态不断增长的态势。2018年中央级频道收视市场份额比2017年回升了0.3%，为30.3%；省级上星频道和非上星频道却分别下降了2.3%和1.4%。电视新业态收视比重持续增长，2018年数字收视、直播收视和点播收视等其他频道市场份额持续增长，占比达18%，比2017年增长了3.4%①，已大幅超过市级频道，逼近省级非上星频道（见图4）。

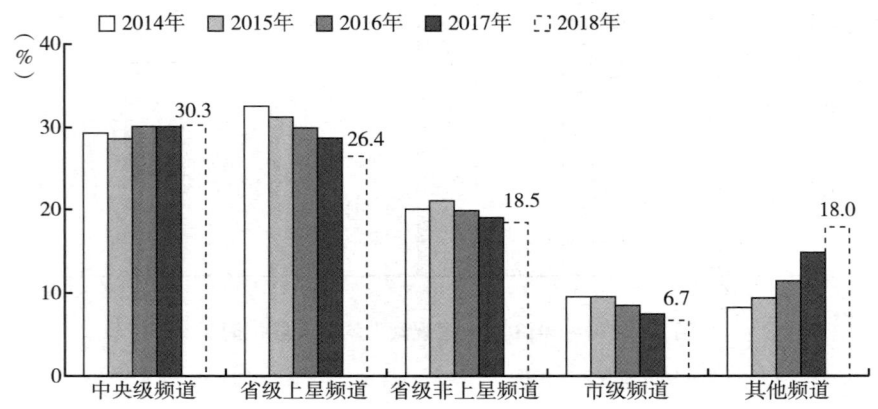

图4 2014～2018年各级频道市场份额

数据来源：CSM媒介研究。

4. 电视剧市场份额继续增长，新闻/时事和综艺类节目所占比重微降

2018年电视收视的三大主力仍是电视剧、综艺和新闻时事，合计占比56.3%，其中只有电视剧保持增长势头，比重已达31.8%，同比增加0.9个百分点；而新闻/时事和综艺类节目则微降，分别下降0.6个和0.8个百分点。值得注意的是，2018年青少类和体育类节目收视比重较上一年有增长（见表1）。

---

① CSM等机构习惯上把数字频道、境外卫视等直播频道和IPTV、外接智能电视及OTT设备等的回看点播收视以及游戏使用等非直播统称为"其他频道组"，这实际上是电视收视的新业态，这是随着智能设备和应用迅猛发展改变了人们的收视行为而新生的。

表1 2017~2018年主要节目类型全天收视比重对比

单位：%

节目类型	2017年		2018年	
	播出比重	收视比重	播出比重	收视比重
电视剧	25.7	30.9	28.1	31.8
新闻/时事	10.5	13.9	10.5	13.3
综艺	5.9	12.0	5.6	11.2
生活服务	14.6	7.2	13.3	7.1
专题	8.3	6.6	8.7	6.2
青少	4.5	5.4	4.6	5.5
电影	3.1	4.8	3.1	4.7
体育	2.4	3.0	2.5	4.2
法制	1.5	1.4	1.5	1.3

数据来源：CSM媒介研究。

5. 中央级频道新闻/时事类节目收视份额保持增长，地面频道持续下滑

近4年来，中央级频道新闻/时事类节目收视份额持续增长，2018年达到44.8%，超过了省级频道的总和，其中，新闻评述类节目收视份额最大，达64.3%。省级上星频道市场份额相对稳定，2018年略有增长。省级非上星频道收视份额开始回升，但市级频道的份额仍在下降。

6. 中央级频道综艺节目收视份额持续增长，网络综艺播放量逐年攀高

2018年，电视观众人均综艺节目总收视时长为4466分钟，较2017年同期（5384分钟）有所下降。从频道收视结构上看，省级上星频道与中央级频道收视情况逐年上扬，而省级非上星频道则持续下滑，2018年省级上星频道收视份额比2017年增长了0.7%，中央级频道收视份额增长了2.3%，省级非上星频道的收视份额减少了1.6%，其他地面频道相对平稳。

近3年来，电视（特别是卫视）综艺节目的产量和收视率逐年下降，而网络综艺节目却节节攀升。卫视综艺节目产量从2016年110档下降到了2018年的93档，降幅首次超过两位数，同时收视率破2的综艺节目为零，破1的也由2017年的25部降到了8部；而网络综艺节目却风景独好，2018

年视频平台播出网络综艺节目124档，比2017年增加了11档，比2016年增加了46档，同时2018年首次出现两部播放量破50亿次的网络综艺节目。①

三 海外市场：原创节目走出国门，中国影视品牌影响力不断提升

1. 原创电视节目模式出口时期开启

2018年，中国原创电视节目"走出去"取得新突破，开启了中国从电视节目消费大国向原创内容输出大国转型大幕。2018年4月，一台名为"WISDOM in CHINA"（中国智造）的首场中国电视原创节目模式专场推介会在戛纳春季电视节举行。中国中央电视台、东方卫视、湖南卫视、北京卫视、腾讯视频、恒顿传媒和千足传媒等出品的《国家宝藏》、《朗读者》、《经典咏流传》、《天籁之战》、《声临其境》、《跨界歌王》、《明日之子》、《功夫少年》、《好久不见》等节目模式受到全球节目模式巨头EndemolShine集团、法国Hubert公司等国际大公司的高度关注。这些基于中国深厚文化底蕴的丰富多样的创意模式，不仅具有适合复制的国际模式特点，而且开创了讲述生动、立体的中国故事的高端途径。② 同时，2018年中国现实题材电视剧实现了出口模式，比如，华录百纳在越南成功发行出售了《职场是个技术活》电视剧改编权，新丽传媒的《辣妈正传》自主IP翻拍权由印尼和日本分别购得。

2. "荧屏里的大使"彰显中国文化魅力

近年来，国家广播电视总局、中央广播电视总台等联合组团在"一带一路"沿线相关国家电视台、世界国际顶级影视展播节集体亮相，展示中国影视品牌的力量，"中国剧场"、"影像中国"和"中国联合展台"等品

---

① 《2018腾讯娱乐白皮书－综艺篇》，http://www.199it.com/archives/823238.html。
② 《全球模式市场来了中国原创节目团队》，《光明日报》2018年4月12日。

牌的国际影响力显著提高。"中国剧场"在继老挝、越南、柬埔寨、印度尼西亚等东南亚国家开播之后，2018年6月13日，国家广播电视总局、中央广播电视总台与菲律宾国家电视台在马尼拉举行了开播仪式，并在其国家电视台"中国剧场"播出菲律宾语版电视剧《鸡毛飞上天》、电影《北京爱情故事》等影视作品。7月14日，中央广播电视总台与阿联酋中阿卫视在迪拜举办"中国·阿联酋'中国剧场'签约暨影视剧开播仪式"，由中央广播电视总台译制的阿拉伯语版中国电视剧《欢乐颂》、《北京青年》和《金太狼的幸福生活》在阿联酋中阿卫视播出。"中国剧场"通过在国外主流媒体定期播出本土化配音译制的中国优秀影视节目，以更好地讲好中国故事、传播好中国声音。据不完全统计，截至2018年6月，全球已有30多个国家和地区开设"中国剧场"，基于属地国观众实际情况，还开发了"中国时间"、"丝路剧场"，"Hi-Indo"、"Hi-Cambo"等多样形式节目。①

2018年国家广播电视总局策划推出了"影像中国"播映活动，从9月开始先后在葡萄牙、菲律宾、巴拿马等三国主流电视台播出了《鸡毛飞上天》、《青年医生》、《粉墨宝贝》、《温州一家人》等一批高品质的中国影视葡萄牙语、英语和西班牙语等译作，受到当地观众的好评。2018年6月25~28日，国务院新闻办公室和国家广播电视总局联合在法国阳光国际纪录片节和NATPE匈牙利电视节推出了"中国联合展台"，展播了《鸟瞰中国2》、《精彩中国》、《极致中国》、《航拍中国》、《超级工程Ⅲ》、《辉煌中国》、《莫言》、《了不起的匠人》等一批优秀纪录片。此外，国家广播电视总局推动实施了"中非影视合作工程"、"丝绸之路影视桥工程"、"当代作品翻译工程"等重点工程和译制项目，带动全国影视机构把近1600部中国优秀影视剧译制成36种语言，在全球100多个国家和地区实现播出。② 这不仅加强了中外影视深度交流合作，有效提升了中国影视的国际影响力，而且更加有效地讲好中国故事、传播好中国声音，增强了中外人文交流的效力。

---

① 牛梦笛、蒲成：《"荧屏里的大使"架起友谊之桥》，《光明日报》2018年6月15日。
② 朱新梅：《"影像中国"打造影视作品走出去亮丽名片》，《光明日报》2018年12月23日。

2019年1月25日,中共中央政治局就全媒体时代和媒体融合发展在人民日报社举行第十二次集体学习,习近平总书记指出:"全媒体不断发展,出现了全程媒体、全息媒体、全员媒体、全效媒体,信息无处不在、无所不及、无人不用,导致舆论生态、媒体格局、传播方式发生深刻变化,新闻舆论工作面临新的挑战。"这为中国电视产业的发展指明了方向,也预示着建构智能全媒体传播体系成为电视业全面突围、赢得引领主流舆论话语的关键所在与核心发展趋势。同时,创新电视内容"走出去"的方式,采取融合化、集群化的方式在国际市场讲好中国故事、传播好中国声音,以彰显中国品牌的整体实力,也是电视业全面突围、增强国际话语权的一种趋势。

B.8
2018年中国电影产业发展报告

尹 鸿 孙俨斌 李天语*

摘 要： 2018年的中国电影产业在经过十几年的高速发展之后逐步进入低速发展时期。电影产业的市场规则和商业规则在电影环境与产业格局的动态调整下正在重构。国产电影品质水准的提升是不容忽视的；电影市场主体经过几年的变动出现了独立制片公司与平台公司互补的格局，加之电影现实题材的回归，市场需求的进一步分化，行业内竞争随着互联网公司对电影产业链的深入而变得日趋激烈，与此同时，海外市场与版权开发的潜能还有待进一步挖掘和提高。在诸多不确定性因素的存在中保持住电影产业发展的决心与活力，将成为中国电影新一年的重要主题。

关键词： 电影产业 电影产业链 电影市场

一 2018年中国电影产业概况

2018年，中国电影产业稳定发展，整个市场继续保持增长状态。但从票房、观影人次等相关数据来看，增速明显放缓。

2018年全国电影总票房共609.76亿元（约合90亿美元），较上一年有

---

* 尹鸿，清华大学新闻与传播学院教授、北京电影学院未来影像高精尖创新中心特聘研究员；孙俨斌，北京电影学院管理学院讲师；李天语，清华大学新闻与传播学院博士研究生。

9.06%的增长，票房增长的总体速度呈现下滑走势，但依旧位列全球第二，与北美电影市场的差距并没有明显缩小（见图1）。

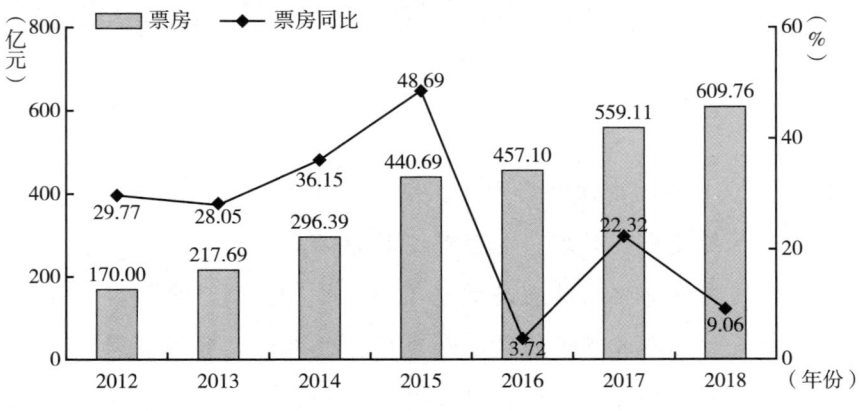

图1 2012～2018年全国电影总票房趋势

2018年，中国内地故事片产量共902部，比2017年增长13.03%（见图2），另外，还有动画电影51部、科教电影61部、纪录电影57部、特种电影11部，共计1082部，影片总量增长11.54%。

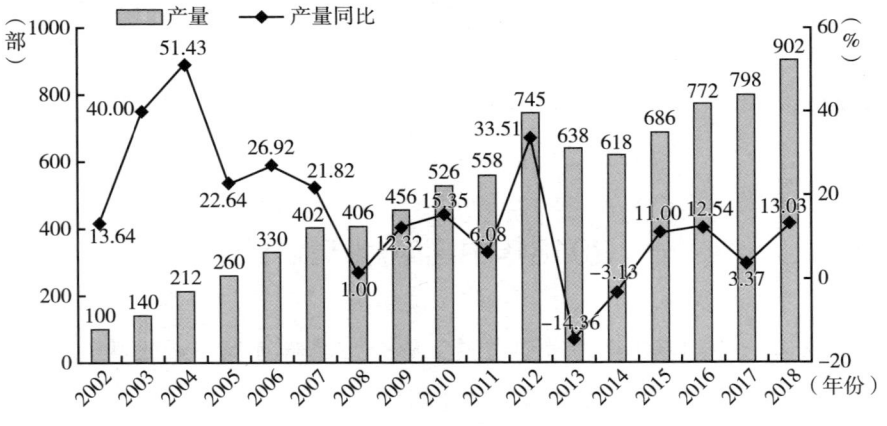

图2 2002～2018年中国内地故事片产量及同比

国产电影表现出色，电影市场更为丰富。2018年共引进124部国外电影，数量创历史最高。进口电影票房占总票房37.85%，共230.8亿元。国产电影票房占总票房62.15%，共378.97亿元（见图3）。国产电影《红海行动》成为市场年度票房冠军，共36.51亿元。

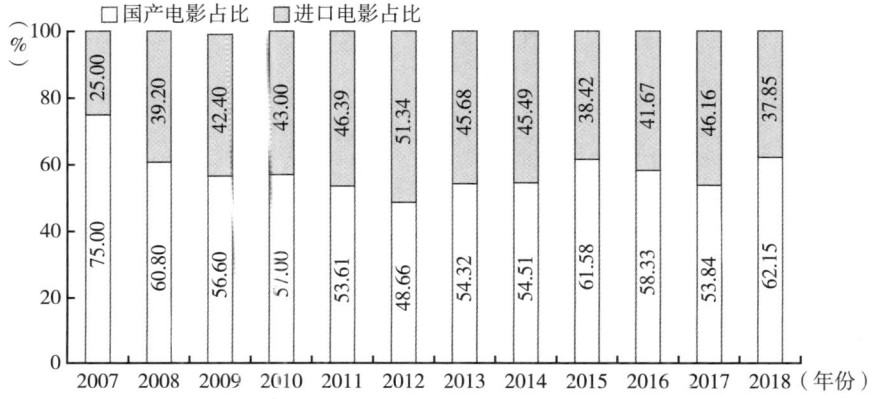

图3　2007~2018年国产电影与进口电影市场份额

2018年，中国内地观影人次仍位列全球第一，院线观影达17.16亿人次，增长5.93%（见图4），增速为近10年最低。以总人口计算，人均年观影1.23次，其中，城市人口人均观影超过2.1次。

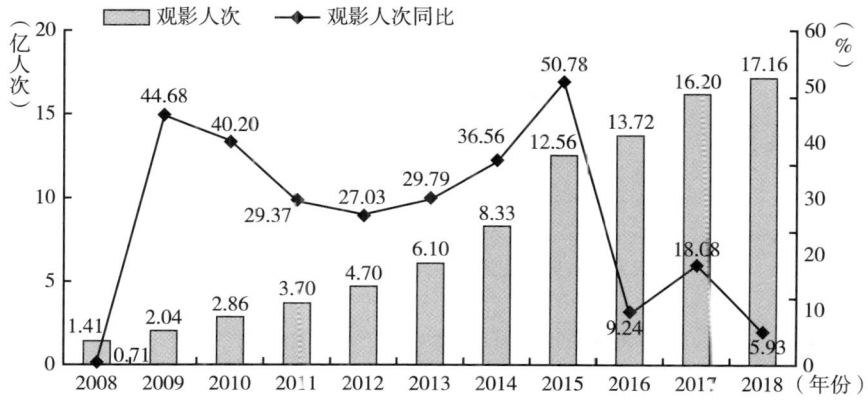

图4　2008~2018年中国内地电影观影人次总趋势

2018年中国内地影院银幕总量为60079块,银幕新增9303块,较上一年增长18.32%。院线数48条,影院新增1519家,总数达9504家。中国电影银幕、影院总数稳居全球第一,3D银幕数占89%,数字化银幕标准达100%,放映技术水准世界领先。

二 产业环境

2018年电影产业大环境产生了诸多不确定性。电影的生产和流通由于时间差的缓冲并没有及时地在电影市场上有所反应。新的电影政策环境正在规范中,商业规则亟须重建。预计在未来两三年,伴随电影投资热情的下降,电影市场热度将会受影响。

1. 法规政策

在2018年的电影机构改革中,原国家新闻出版广电总局对电影的管理职责被划入到中宣部,中宣部对外加挂国家电影局牌子,此次主管部门的变更是自1986年由文化部划归到广播电影电视部之后的再一次调整,对电影行业意义深远。2018年,在《电影产业促进法》实施的第二年头里,针对市场出现的问题,国家出台相关规范、政策以完善对电影市场的监管(见表1)。

表1 2018年电影产业规范及政策

规范对象	规范及政策内容
规范票务市场	控制最低票价。各大制片方联合提出春节档票价需高于19.9元,单片补贴票数少于50万张;中国电影发行放映协会发布《关于电影票"退改签"规定的通知》,并明确支持电影票"退改签"
规范电影复映市场	国家电影局于11月8日发布《国产电影复映暂行规定》,其中规定距离首次公映超过2年的影片通过复审,并满足规定条件方可复映
规范点播市场	3月发布《点播影院、点播院线管理规定》,明确点播院线对旗下点播影院应"实施运营管理"职责

续表

规范对象	规范及政策内容
规范明星片酬	国家广播电视总局于11月9日下发《关于进一步加强广播电视和网络视听文艺节目管理的通知》，明确规定全部演员片酬不超过制作总成本的40%。爱奇艺、腾讯视频、优酷三大视频平台联合六大影视公司声明：单个演员最高片酬不超过5000万元（含税）、单集片酬不超过100万元（含税）。横店影视协会及400余家影视公司发布《关于"加强行业自律、规范行业秩序、促进影视精品创作"的倡议》，支持遏制天价片酬
规范税收秩序	10月，国家税务总局发布《关于进一步规范影视行业税收秩序有关工作的通知》，要求影视单位、从业人员开展自查自纠

2018年，政府依旧加大了对电影行业的扶持和支持力度，主要体现在发行和放映环节。国务院办公厅于12月25日印发《文化体制改革中经营性文化事业单位转制为企业的规定》，明确免收电影发行收入增值税。12月11日国家电影局下发《关于加快电影院建设 促进电影市场繁荣发展的意见》，提出城市电影银幕建设目标，预计在2020年总数超8万块。同时，针对院线建设不平衡等问题给出具体的解决措施。

2018年电影行业的急需规范与整治缓冲并行，影视发展的促进保护与行业内部管制调控同步展开。保持电影发展的持续性与平衡性，是妥善规划"促"与"管"成为电影行业发展的重要路径。

2. 资本市场

2018年，中国电影资本市场面临"市值缩水"、"股价暴跌"、"业绩下滑"等严峻考验。2017年中国电影市场的总市值高达5034.96亿元，而2018年则为3253.68亿元[①]，共蒸发了1781.28亿元，跌幅达35.38%。其中，通过成龙IP资源进军影视业的文投控股跌幅最高，达到80%，另有10家公司跌幅超过50%。华谊兄弟、光线传媒、华策影视、唐德影视、北京

---

① 数据说明：国内A股，Wind概念－文化传媒板块，共117家，其中主营业务产品包含影视制作的港股企业共计37家；Wind港股概念类－HK影视传媒，共51家，这51家主营业务中包含影视制作的企业共计15家。国内新三板概念板块，Wind新三板概念类，共计59家，其中主营业务产品包含影视制作的企业共计15家。

文化、欢瑞世纪等在A股市场中平均股权质押率高达80%。① 两家国有电影企业中，中国电影市值跌幅略低于2017年；上海电影2018年市值只有45.68亿元，已连续3年下跌。此外，2018年度无一家影视公司新上市。

2018年新三板有13家影视公司摘牌②，开心麻花、顶峰影业、南广影视等影视公司表现稳定；2012年成立的新片场在2018年市值实现389%的增长，其主营业务为新媒体影像的出品、制作、发行及衍生业务。

港股方面，阿里影业在2018年度实现32%的增长，市值从2017年的223.55亿元涨到294.79亿元。与之相反，星美控股市值下跌了约40%。红星美凯龙公司收购德纳影业并实现上市。另有4家影视公司中止了IPO，分别是华视娱乐、新丽传媒、开心麻花、和力辰光。③

资本与电影市场之间的"安全阀"亟须建立。在2017年"资本绑定明星"被监管部门关注后，明星资本不再被视为高收益的保障，而成为公司手中的"不定时炸弹"。2018年，华谊兄弟、光线传媒和唐德影视因与明星的紧密捆绑，遭遇滑铁卢。前几年以扩张并购方式跨界进入影视行业的公司也面临一系列的业绩承诺不够带来的危机。随着行业成熟与监管完善，以资金密集型为主导的影视行业将持续被资本所青睐。

3. 影视企业

虽然各类影视企业命数有别，但2018年大多经历了相似的波折和困境。面对电影项目，影视公司显得更为谨慎，多家公司共同参与联合出品已成为一种常态。2018年度票房排行榜前十位的国产电影，项目制作参与的公司均达到20家以上。《西游记·女儿国》、《红海行动》、《一出好戏》的参与公司分别达到46家、38家、36家。此种单个电影项目参与公司如此之多的情况放眼世界也是极为罕见的，却也是中国电影市场尚未稳定格局之下抱团

---

① 周驰：《野蛮生长后遗症：今年5家电影公司易主，100余家新三板影视公司只有9家成功融资》，《镜像娱乐》2018年11月26日。
② 周驰：《野蛮生长后遗症：今年5家电影公司易主，100余家新三板影视公司只有9家成功融资》，《镜像娱乐》2018年11月26日。
③ 庞李洁：《25个关键词复盘2018年娱乐产业大事件》，《镜像娱乐》2019年1月8日。

取暖、分散风险和资源操盘的必然外在表征。

内容一直是企业发展的王牌法宝。从游戏业跨界进入影视行业的完美世界因拥有导演、制片人引领的5大制作团队、10多个子公司及工作室,其影视业务发展迅速,2013年度已能与原有的游戏业务比肩。完美世界通过与环球影业合作拓展国际业务,2018年度参投了《侏罗纪世界2》(全球票房13亿美元、国内票房17亿元)、《妈妈咪呀2》(全球票房3.9亿美元)等电影;奥斯卡奖热门电影《至暗时刻》、《维多利亚与阿卜杜勒》、《魅影缝匠》也有该公司的参与。北京文化继《战狼2》后,2018年度产出《我不是药神》、《无名之辈》等票房与口碑皆佳的电影,体现出其对优质产品的掌控力。

2018年度有互联网背景的影视企业凭借其逐步完善的产业链及信息数据的分析能力,经过几年的摸索,找到在电影行业更适合的定位。凭借作品数量和优质片单,阿里和腾讯已经跻身影视第一梯队。其中,阿里影业的《我不是药神》、《西虹市首富》获暑期档冠亚军,而《无双》则获得国庆档冠军,以占股5%~10%参投电影积累经验之后计划重回制作端。① 2018年度阿里影业则继续做好电影行业的"水电煤",搭建了淘票票观影决策平台、灯塔电影宣发平台、阿里鱼IP衍生平台、娱乐宝影视金融工具四大平台。万达影业7.66%的股份被阿里影业出资46.8亿元收购,阿里影业成为万达影业第二大股东。2018年,腾讯影业在国内文化娱乐类企业投资44起,其旗下的阅文集团全资收购新丽传媒②;成立子公司腾影发行,负责腾讯影业相关影视项目的发行工作;在国际上,以超过1/3的投资比例成为《毒液》的唯一中国资方,收益超1亿美元。③

---

① 锡安:《阿里影业亏损缩窄64%,宣发扭亏为盈,锦橙合制计划牵手小猪佩奇》,《AI财经社》2018年11月9日。
② 《2018年资本寒冬中哪些文化行业迎来新"风口"?》,《经济日报》2019年1月7日。
③ 郭雅琼:《2018年影市回眸:取消不了的票补、更难忽视的口碑》,《数娱梦工厂》2019年1月7日。

传媒蓝皮书

三 电影生产

随着观众价值观、审美观、信息判断力等的综合提升，电影行业对内容、质量为王的共识已经逐步形成。2018年，虽然电影产业发展不尽如人意，但对于中国电影来说，却是迎来了一个期待已久的暖春。

1. 制作机构

在互联网大背景下，传统电影生产格局似乎已经被"颠覆"，"国有与民营"、"五大+N小"格局被逐渐打破。

中影、华夏和上影作为国有电影公司，凭借资源优势和品牌影响，积极参与优质商业大片的投资，坚持创新主旋律电影制作。传统五大民营电影公司进一步出现了分化。博纳、万达、光线凭借积累的各种资源与对项目熟练的掌控力，2018年度表现稳健。

互联网电影公司经过两三年的探索磨合，加深了对电影行业的理解，凭借微影猫眼和淘票票的数据和宣发平台加持，越发显示出其发展潜能。2018年，阿里影业有《我不是药神》、《来电狂响》等7部电影；腾讯旗下的腾讯影业有8部，包括《影》、《熊出没》、《动物世界》等；企鹅影视总票房为31.4亿元，有《无问西东》、《捉妖记2》等5部电影，累计达到13部；百度旗下的爱奇艺影业有《幕后玩家》、《我是你妈》等6部。这几家公司均参与了《无名之辈》的制作。互联网企业的产业链整合态势呼之欲出。

2018年度国产电影票房排行榜的前十位中有不少电影公司的名字并不为行业所熟知。然而深究这些公司背后捆绑着的导演和演员等，却是可称为"电影人中心"的独立制片公司。例如，《我不是药神》背后是宁浩的坏猴子和徐峥的真乐道；《西虹市首富》背后是闫非和彭大魔的西虹市影业；《狄仁杰之四大天王》背后是陈国富的工夫影业；《无名之辈》背后是饶晓志的少年派影业；《邪不压正》、《狗十三》、《暴裂无声》背后是与曹保平、忻钰坤等导演合作的和和影业等。① 据统计，2016~2018年的131部过亿元国产片中，由电影人为核心的新锐独立制片公司参与主出品的便有64部。②

2. 电影人

2018年，电影主创梯队依旧保持老中青三代的格局。

中国电影人的换代进程在迅速到来。在44部票房过亿元的国产电影中由"80后"导演执导的电影就有16部。年初获得成功的商业片《前任3》和文艺片《无问西东》的两位导演田羽生和李芳芳均为"80后"。苏伦凭借《超时空同居》获得第21届上海国际电影节电影频道最受传媒关注新人导演奖和第31届东京国际电影节"中国电影周"最佳新人导演奖。韩延在《滚蛋吧！肿瘤君》之后，2018年又执导了《动物世界》。文牧野凭借首部长片《我不是药神》获得第55届金马奖最佳新导演与最佳原创剧本两个奖项，其中编剧钟伟和韩家女也同样是"80后"。《西虹市首富》的导演闫非、彭大魔和《李茶的姑妈》的导演吴昱翰，以及《无名之辈》的导演饶晓志等都属"80后"。除这些已经获得主流市场认可的电影人之外，《暴裂无声》的导演忻钰坤和《地球最后的夜晚》的导演毕赣，以及凭借《大象席地而坐》获得第55届金马奖最佳影片与最佳改编剧本两项大奖的胡波，也属"80后"。青年电影人大放异彩、全面崛起，成长为中国电影的中坚力量，他们对电影故事、视听语言、影像节奏、新兴技术、观众心理、美学规律的理解和掌握，更具有时代感和现代性。

此外，2018年度跨界现象依旧瞩目。如黄渤、刘若英、郭德纲、包贝尔、小沈阳、落落、肖央、吴君如、冯巩等均是从演员、歌手、作家等转型为导演，其转型之作有成功也有不足。

2018年度基于国家对"德艺双馨"的倡导和对明星天价片酬的整顿，加之中国观众群体的趋于成熟和理性，前几年炒作流量明星和鲜肉IP、靠

---

① 魏建梅：《2018院线电影Top100票房榜出炉，国产片称霸、新势力崛起、马太效应加剧》，《一起拍电影》2019年1月4日。
② 魏建梅：《2018院线电影Top100票房榜出炉，国产片称霸、新势力崛起、马太效应加剧》，《一起拍电影》2019年1月4日。

粉丝电影抢市场的现象已然褪去，实力派演员再次得到市场的高度认可，由郭富城和周润发出演的《无双》以黑马姿态跑赢国庆档便是最好的例证。《我不是药神》中的徐峥、《红海行动》中的张译、《西虹市首富》中的沈腾、《一出好戏》中的黄渤、《唐人街探案2》中的王宝强、《无名之辈》中的陈建斌和任素汐等"非偶像演员"都凭借其在电影中的演技获得观众和电影奖的青睐。

3. 电影产品

2018年中国内地电影市场票房过亿元的电影有82部，包括国产电影44部。票房超过5亿元的国产影片有20部，票房超过10亿元的国产影片有9部。票房排行榜Top5中，国产片占了4部。年度票房前15%的电影为总票房贡献了约85%的票房。但也有众多被淹没的影片，单片票房1000万元以下的影片有232部影片，其票房比例仅为0.9%（见表2）。

表2　2018年电影票房体量分布表

票房体量	影片数量（部）	票房合计（亿元）	单片平均票房（亿元）
10亿元以上	16	314.1	19.63
5亿~10亿元	16	108.1	6.76
1亿~5亿元	50	113.8	2.28
0.5亿~1亿元	31	21.9	0.71
0.1亿~0.5亿元	64	16.1	0.25
500万~1000万元	32	2.3	0.07
500万元以下	200	2.8	0.01
总　　计	409	579.2	1.42

2018年度是现实题材电影的爆发之年。《我不是药神》、《找到你》、《无名之辈》等电影凭借好故事、高质量受到观众青睐。另外，《悲伤逆流成河》、《快把我哥带走》、《狗十三》等影片基于对社会现实的反应，也颇受好评。

就电影类型而言，动作电影仍最受市场认可。2018年度54部动作片创造了237.1亿元票房。喜剧片数量稳定，67部共产出票房143.3亿元。爱情片32部，单片平均票房0.65亿元，占据票房排行前十位中两席名额。①

奇幻电影在2015年备受行业追捧之后，热度并未能持续到2018年。备受期待的《捉妖记2》最终仅以22亿元票房位列春节档第三，《西游记·女儿国》也未能达到预期。《祖宗十九代》（16984万元）、《云南虫谷》（14773万元）、《天气预爆》（12359万元）、《武林怪兽》（7956万元）、《新灰姑娘》（6014万元）、《阿修罗》（4984万元）、《战神纪》（3808万元）、《冰封侠时空行者》（3449万元）、《古剑奇谭之流月昭明》（1412万元）等奇幻电影均遭遇市场"滑铁卢"。2018年度奇幻电影的遭遇说明仅有IP和流量明星是不够的，好故事、好人物以及与当下中国观众亲近的好界面才是电影在市场立足的根本。

另外，文艺片、纪录片等市场也趋于成熟，也正在与市场、与观众建立需求连接。文艺片《无问西东》以7.5亿元的票房取得艺术和市场的双丰收。

以人为本、讲好故事、关注现实、提升视听强度，是2018年度电影生产的喜人现象。而电影的重工业化与重幻想性，则需要调整创作生产模式，寻找到与观众和市场更佳的情感联系点。

4. 网络大电影

2018年网络大电影数量减少、成本增加、质量进一步提高，网络大电影与院线电影之间的界限更加模糊。2018年网络大电影数量为1562部，申请并获得"电影公映许可证"的有146部，是2017年的4.5倍。② 网络大电影《驯兔记》、《爹地》在豆瓣上的评分分别达到了8.2分和8.1分，表明部分网络大电影艺术水平有明显提升。

网络电影市场趋于成熟，头部效应更加明显。2018年度单片分账最高额度达到了5078万元，这相当于在院线要取得超过1.5亿元的票房。类型上，动作、悬疑、爱情、奇幻类影片的市场占比高达77.8%。值得一提的

---

① 贺炜：《2018中国电影市场年报：影片篇》，《画外hoWide》2019年1月8日。
② 刘景慕：《从淘梦大丰收，看网络电影公司如何崛起》，《娱乐资本论》2019年1月1日。

是，网络大电影中动作元素颇受观众喜爱，尤其是西游大圣、狄仁杰、济公、黄飞鸿成为被系列化开发的"网大神兽"。

网络大电影市场的变化来自三方主体：监管部门、视频播出平台和网络大电影制作公司。2018年度针对网络大电影内容和市场的监管尺度进一步缩紧。5月，中国电影家协会成立了"网络电影工作委员会"，从行业角度和组织架构方面展现出肃清行业毒瘤、提升网络电影品质的决心。4月16日，首例网络电影侵权案判定，从法律的角度上确立了"网络电影也是电影"这一事实。

视频播出平台中的爱奇艺、优酷、腾讯，各具特色，市场地位稳固。在1030部网络大电影中（截至2018年10月31日），有92.6%的影片选择独播，而选择在三大平台上进行播放的影片的占比高达95%。① 其中，爱奇艺有1018部，优酷有337部，腾讯有127部。② 有30部网络大电影的票房分账超过1000万元，其中，爱奇艺有20部，优酷有9部，腾讯有1部。

2018年网络大电影的出品公司达2892家。其中有2449家公司只参与出品过1部影片，只有19家公司参与出品的网络大电影数量在10部以上。部分网络大电影公司经过几年的稳定发展，具有了持续生产能力，在网络大电影市场中占有日趋稳固的地位，如淘梦、奇树有鱼、新片场等公司已经位居第一梯队。头部网络大电影公司加大投资成本，提高网络大电影质量，如淘梦公司的网络大电影投资成本平均在600万~800万元，制作周期从7~10天延长到20~25天③，营销方式和发行渠道也有进一步的突破和创新。

网络大电影以低廉的价格、迅捷的时效、方便的接受和智能的推送，对某些影院品质追求较低的观众具有一定的吸引力，这也可能是电影影院观众

---

① 《2018网大成绩单：超30部网络大电影票房分账突破1000万》，《网络大电影》2019年1月4日。
② 作者注：1. 2018年的网络大电影总数，并不是优爱腾三个平台网大数量相加，因为这里面有少部分作品为全网发行；2. 上线后又因为某些原因被下架的网络大电影并没有统计在内。
③ 刘景慕：《从淘梦大丰收，看网络电影公司如何崛起》，《娱乐资本论》2019年1月1日。

增速放缓的原因之一。因此，影院电影如何稳固并提升其"影院性"，避免受到网络大电影的进一步冲击，将会是一个重要课题。

四 电影市场

2018年的电影市场并没有延续过去十几年大幅上扬的态势，市场的需求增长似乎接近了天花板。然而，《我不是药神》《无名之辈》等电影的出现增强了观众对国产电影的好感。

1. 影院及院线

2018年，万达院线以82亿元的票房产出继续在全国48条院线中脱颖而出、独占鳌头；大地院线连续3年位居第二。十强院线的名单和位次未发生变化，市场集中度有一定提高。星美和金逸是仅有的两条票房同比下跌院线。

2018年全国影院数达到10463家，银幕数达到61071块。单影院年均票房540.4万元，同比下降20.3万元，单银幕年均产出94万元，同比下降9万元（见图5）。影院效益有所降低，反映当前影院竞争日趋激烈，影院亟须多元化经营转型。

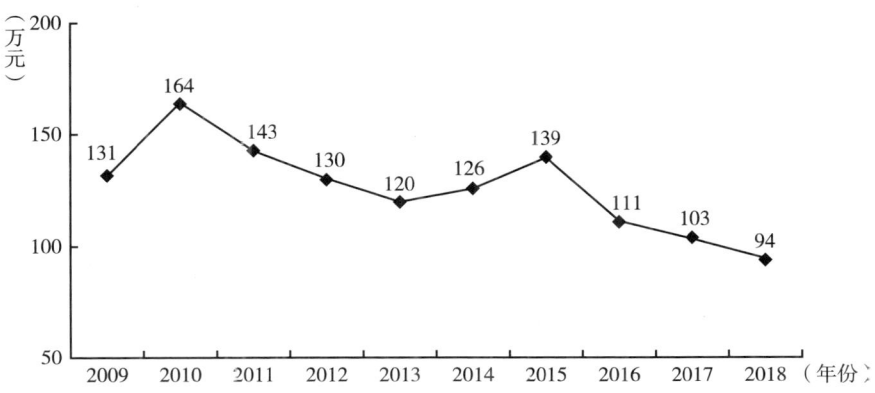

图5 2009~2018年单银幕票房产出

在现有的48条院线中,约有50%的院线票房产出还不足8亿元,这进一步表明我国放映市场亟须增强资源的优化整合。针对此问题,国家电影局明确提出要深化院线改革,鼓励跨区域并购重组并实施年检制度。这一举措将进一步深化国有电影院线的股份制、混合股份制改造。

面临正在发生以及即将到来的淘汰和整合,各放映主体都致力于提高非票收入,提供多元增值服务,升级影厅,改善技术水平和服务体验,拓展线下消费场景、向产业链上游出击等。

2018年度政府和行业着力完善电影票的"退改签"和"限制票补"等制度,可看出其在维护观众权益、改善观众体验、调整市场规则等方面的努力。

2. 电影观众

2018年中国内地电影市场逐渐向口碑市场转换。互联网在改变观众获取信息方式的同时,也改变了电影发行和排片方式。《爱情公寓》、《地球最后的夜晚》、《李茶的姑妈》高开低走,以高预售、大宣发,以及断崖式下跌的票房走势说明口碑对市场的重要性。《无问西东》、《无名之辈》、《找到你》等影片则凭借好口碑一路逆袭,成为市场最重要的信号。观众用"口碑"进行了颠覆前几年由IP、流量明星被过度放大的商业价值,票房与口碑"倒挂"现象减少,越来越多的佳作赢得了与之匹配的成绩。

视频网站的原住民"95后"成长为电影市场最重要的消费力量,24岁以下观众占比已从2016年的32%上升到39%。① 电影观众的分层、分龄、分圈、分地带来的分众现象也更为明显。

2018年最受欢迎的题材类型前三位分别是动作、喜剧与剧情。科幻和剧情题材的影片更加受到一二线城市喜欢,爱情题材的影片在四五线城市更有市场。小众类型如纪录片在一线城市更受欢迎。② 一二线城市市场趋于饱

---

① 江宇琦:《除了不想看烂片,2018年的中国电影观众还有什么变化?》,《毒眸》2018年12月28日。
② 卢扬、郑蕊:《一二线城市电影市场份额回落 票房向四五线下沉》,《中心经纬》2019年1月4日。

和，三四线城市和农村等下沉市场成为电影市场待开发的重点。根据艺恩统计，全国观影总人次从2017年的16.2亿人次增长至2018年的17.2亿人次，其中三四五线城市观影人次所贡献的增长比例相对较高，增长率分别为6.48%、9.02%、12.17%，远超一二线城市观影人次同比增长的3.33%、4.26%。三四五线城市观影人次增长为主力，一二线城市总体呈现持续性饱和状态。

3. 进口电影

2018年中国内地共进口电影124部，比上一年增加5部，数量创历史新高，其中，分账片40部，批片78部（较2017年多出29部），但市场成绩不如预期，总票房230.8亿元，占比仅37.85%。进口片仍然是美国电影唱主角。《复仇者联盟3：无限战争》以23.9亿元票房成为进口片第一名。印度电影《神秘巨星》挤进前10，除此之外，其他票房排名前10位的全部为美国电影。在对好莱坞大片的观影口味上，中国内地市场表现有明显差异，多部好莱坞大片由于水土不服而遇冷，如北美票房冠军《黑豹》在中国仅取得6.6亿元票房，蝉联北美票房三周冠军的《摘金奇缘》在中国内地市场口碑票房双失利，仅有1148万元票房。好莱坞大IP电影由于过高的观影门槛，目前还难以被近几年新培养出的电影观众所理解和接受。

2018年批片数量大幅增加。美国电影在中国内地取得了11.1亿元票房，印度电影以8部9.4亿元票房位列第二，日本电影有14部进入中国，数量达到历史最高，但仅取得7.3亿元票房。其他国家有法国（1.4亿元）、俄罗斯（1.1亿元）、英国（0.8亿元），仅有11.5%的"批片"取得过亿元票房。[1] 斩获金棕榈大奖的《小偷家族》以近1亿元的票房成绩创造了日本真人电影在华票房纪录。

中国电影市场日趋开放，进口影片并没有夺走国产影片的空间，反而刺激了国产影片提高质量和水平。实际上，进口片由于文化差异和水土不服，很难成为现象级影片。

---

[1] 数据来源：猫眼研究院，2018。

4. 动画市场

2018年，动画电影总票房44.73亿元，比2017年下降9.6%，这是自2012年以来首次出现的连续两年下滑。① 上映动画电影数量超68部，其中有67部票房超百万元。

国产动画有51部，上映38部，累计票房18.49亿元，占动画片票房份额41.3%；进口动画30部，累计票房26.24亿元，占比58.7%。② 排名前10位的动画电影中有8部为进口电影。在动画电影上，相对国产动画，进口动画有明显优势。进口动画主要来自美国和日本，其中美国有7部，日本有5部。另外，俄罗斯、西班牙、泰国的动画电影各有1部，进口动画电影国别结构丰富。

"熊出没"已成为国产动画最赚钱的IP，《熊出没·变形记》以6.06亿元夺得2018年度动画电影冠军，这也是该系列五部作品中的最佳成绩。38部国产动画电影中有4部票房超过1亿元，8部票房超过了5000万元，其余19部动画电影票房未超过千万元。③ 放眼世界，尤其在北美市场上，每年票房前十位的影片中，一般有3部以上的动画电影，而在中国市场中则一部都没有，说明我国动画电影业有巨大的发展潜力。

5. 放映档期

2018年度各档期由于电影品质的差异，票房起伏较大，但春节档依然是最具含金量的档期。2018年春节档6天累计57亿元票房，成就了史上最热春节档，票房同比上升58.9%。大年初一（2月16日）取得12.64亿元票房，成为全球单月市场票房冠军；2月，中国内地票房产业超101亿元，观影人数突破2.66亿人次，创造全球单月市场票房纪录。此外，2018年中国内地市场票房冠军《红海行动》和季军《唐人街探案2》均出自春节档；

---

① 数据来源：猫眼研究院，2018。
② 《说成绩太早！中国动画电影的2018：已有5部票房上亿，近50%票房不足千万》，《三文娱》2018年1月2日。
③ 《说成绩太早！中国动画电影的2018：已有5部票房上亿，近50%票房不足千万》，《三文娱》2018年1月2日。

春节档上映的《捉妖记2》以首月5.4亿元的票房刷新了中国内地单片单日票房成绩。

暑期档以174亿元的票房创下历史同档期纪录。在2018年暑期档上映的影片中，《我不是药神》、《西虹市首富》、《侏罗纪世界2》、《一出好戏》、《巨齿鲨》5部电影票房均超过10亿元。与春节档相比，2018年暑期档增长不及前者，市场下行趋势初现。

6. 电影宣发

互联网宣发快速崛起，中国电影正式进入新媒体宣发时代。阿里影业继续深耕电影行业的基础设施建设，启动灯塔平台，联动用户运营平台淘票票，以支付宝、手淘为两大核心用户入口，用10亿级别的用户覆盖进行影视宣发，为《我不是药神》、《西虹市首富》等多部影片定制营销方案。①今日头条投入200亿元推进"闪耀计划"，以扶持影视宣发与内容创作，抖音也成为多部影片的营销重地，在票房排名前20电影中有14部与其合作。②

线上购票市场格局稳定，猫眼微影和淘票票线上购票占比达到84.5%。③其中，猫眼微影以超过60%的市场份额，成为中国最大在线电影票务服务平台。

7. 后影院市场

2018年中国电影的海外市场表现不佳。北美市场上，国内票房排名第一的《红海行动》仅获得154.3万美元的票房，《唐人街探案2》获得198.3万美元票房。《妖猫传》凭借与日本文化的亲和性加之东宝公司的加入，在日本大范围的宣发，该片票房增长颇为显著，取得了17亿日元（约合1.06亿元人民币）票房，位列日本年度票房榜第三十。

视频平台已经成为电影版权收益的重要来源。越来越多的影院电影和网络大电影以更短的窗口期登录视频平台。小众却口碑较好的电影依托长尾效

---

① 庞李洁：《25个关键词复盘2018年娱乐产业大事件》，《镜像娱乐》2019年1月8日。
② 庞李洁：《25个关键词复盘2018年娱乐产业大事件》，《镜像娱乐》2019年1月8日。
③ 数据来源：猫眼数据、猫眼研究院，2018。

应更容易在互联网上获得更有效的传播,许多关注电影的营销推广视频节目更是扩大了电影的版权影响力,延伸了版权价值。

实景娱乐也逐渐成为各大传统公司进行版权开发的重要方式。华谊兄弟电影世界(苏州)已开业,长沙、南京和郑州的华谊电影小镇也将陆续开业。目前华谊兄弟已完成20个实景娱乐项目的布局。光线传媒与扬州市合作,计划在扬州建设中国第一个集影视拍摄制作、教育培训、旅游度假、休闲娱乐等多元业态于一体的影视产业综合体。乐创文娱被融创收购后,宣布成立合资公司,取名为乐创文景,进军文旅实景业务。建设近5年的万达青岛东方影都于2018年4月28日开业。万达、融创与青岛政府联合设立50亿元的影视产业发展专项资金,用以支持影视项目,这些项目也有望成为新的影视文旅大工程。

从整体看,中国电影的发行放映市场竞争愈发激烈,互联网平台由于集用户、数据、信息、消费、传播于一体,越来越体现出新媒体平台的优势地位。随着票房市场的逐渐饱和,维护市场公平竞争的秩序,提高市场集中度,提升电影各窗口的版权价值,对于行业发展的意义会越来越重大。

B.9
2018年中国电视剧市场发展报告

李红玲*

摘　要： 2018年既是中国电视文艺诞生60周年的里程点，也是电视剧市场富有转折意义的关键期。对于传统广电行业，传统广告业务萎缩，观众持续流失，资金短缺、无钱购剧成为常态。资本大规模撤离影视，电视剧制作量整体紧缩，影视公司更加倾向于资金实力雄厚的平台，视频网站成为影视节目重要分流渠道；网台格局逆转，大流量、大IP、大投资的押宝公式频频失灵；口碑收视流量三位一体的爆款剧缺席，大量热门剧出现收视与口碑倒挂现象。

关键词： 电视剧市场　收视率　网台格局

一　电视剧需求旺盛，但数量被严控

从全国所有调查城市各类节目的播出和收视比重看，2018年电视剧收播比重均较往年有提升，创2015年来的新高，收视比重达到31.8%，播出比重达到28.1%（见表1）。

政府持续严控生产源头，继续"挤泡沫、去虚火"。一方面控制过审总量，近年来我国电视剧总集数申请量处于下滑通道，2018年全年全国生产完成并获得"国产电视剧发行许可证"的剧目共323部，13726集，尽管较

---

* 李红玲，中国广视索福瑞媒介研究（CSM）客户服务部研究经理。

2017年略有增长，但过审率已连续三年不足1/3；另一方面控制电视剧注水行为，杜绝无节制拉长剧集长度，2018年通过审批的电视剧平均集数是42集，同比2017年减少了1集，比2016年减少了3集。这些信号一定程度上说明近两年电视剧市场虚热局面已有所扭转，步入理性发展轨道（见表2）。

表1 近年我国电视剧收播比重（全天，CSM所有调查城市）

单位：%

年份	播出比重	收视比重	资源使用效率
2015	26.2	30.0	15.0
2016	27.1	29.6	9.2
2017	26.7	30.9	15.7
2018	28.1	31.8	13.2

数据来源：CSM媒介研究，2018。

表2 近年我国申报公示和通过审批发行的电视剧数量

年份	申报公示部数（部）	申报公示集数（集）	通过审批发行总部数（部）	通过审批发行总集数（集）	平均每部集数（集）	通过审批的部数比例（%）
2015	1146	43077	394	16540	42	34%
2016	1207	47760	334	14912	45	28%
2017	1170	46517	314	13470	43	27%
2018	1163	45731	323	13726	42	28%

数据来源：国家广播电视总局，2018。

各级频道中，省卫视对新剧的需求量越来越旺盛，占比不断提升，2018年省卫视播出新剧82部，占比突破42%，成为新剧最大需求方（见图1）。而省地面和省会台等地面频道整体萎缩严重，省地面仅瓜分新剧58部，省会台更低至7部。2015年新修订的《中华人民共和国广告法》实施后，地面台烟草类、健康类等广告受限，广告收入下降，不少地面台捉襟见肘甚至入不敷出，更遑论购买新剧。

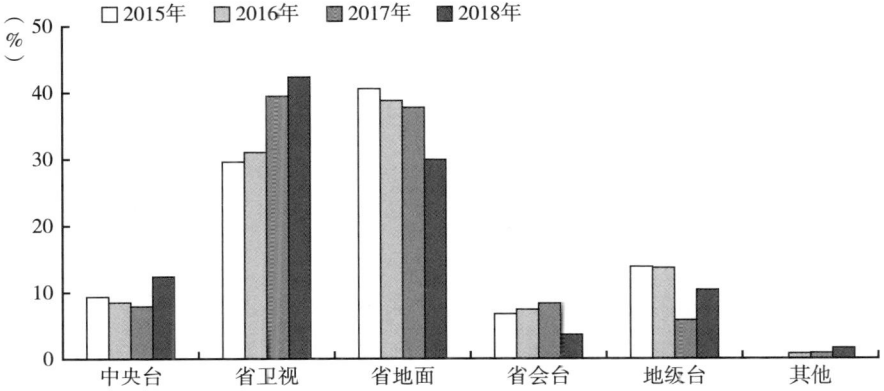

图 1　近年来我国新剧在各频道组的部数分布（全天，100 城）

数据来源：CSM 媒介研究，2018。

二　当代现实题材挑大梁，古装剧萎缩

2018 年现实题材延续上升势头，成为年度主流题材。2018 年，现实题材剧目共计 204 部 8270 集，分别占总部数、集数的 63.16%、60.25%，其中当代剧共 186 部占比近 60%。2018 年古装剧"流年不利"，播出上处于被压缩状态，但从政府层面看并未减少古装剧的供应量，近年来其部数占比一直稳定在 11%～12%，2018 年更是上升到 14.6%。

晚间黄金时段播出量的年度变化，呈现出当代剧稳定、近代剧提升、古装剧下滑的整体特征。相对于其他剧种，近代剧更具冲突激烈、情节曲折、节奏紧张的特点，播出部次超过当代剧，显示出整个电视播出市场对于电视剧可视性的强烈需求。2018 年全国卫视晚间黄金档共播出首轮剧 146 部，其中现实题材（106 部）占比 73%，近代剧（33 部）占比 23%，古装剧（7 部）仅占比 4%。

不同频道组晚间黄金档题材已经形成较为明显的区隔。中央台两个电视剧主播频道"抓大不放小"，一方面主打社会伦理剧，题材占比达 18.3%，另一方面则深耕小类题材,时代变迁(8.4%)、农村(8.3%)、奋斗励志(5.9%)等成为当年深挖题材。

省卫视则主推都市情感剧,都市生活和言情题材占比14.5%、13.2%,占比领先于其他频道组。除此之外也推出大量的时代变迁剧(11.7%),比重甚至超越了往年的军事斗争、反特/谍战等大类题材,而以古装宫斗为主的戏说演绎剧数量低到冰点。

省级地面频道和市级频道延续往年策略,高度依赖军事斗争、反特/谍战等传统硬剧题材,省级地面频道的军事斗争题材占比近25%,市级频道也超过了20%,二者的反特/谍战题材占比保持在17%以上(见图2)。

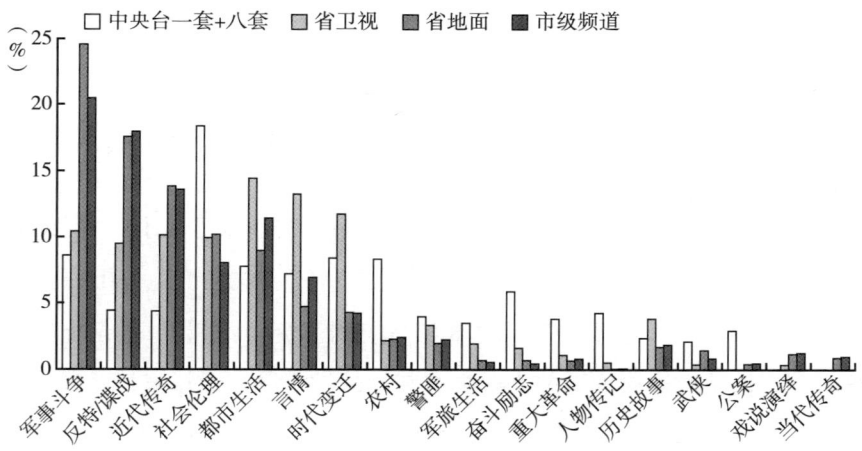

图2　2018年不同频道组晚间黄金档各类题材播出比重

(中央台一套+八套:19:00~22:00,省卫视:19:30~21:30,省地面/市级频道:18:00~24:00,100城)

数据来源:CSM媒介研究,2018。

三　首播剧紧缩,独播剧泛化

2018年,好剧一直处于稀缺状态,现象级大剧更是"可遇不可求"。

2018年全国100城电视剧单频道收视率超过2%的大剧"颗粒无收"。收视率在1%~2%的优势剧目有30部,连续两年比例持平(占4.7%);收视率在0.5%~1%的剧目缩减到84部,占比下滑近1个百分点(13.2%);收视率不足0.5%的剧目比例进一步上升到82%。

在这样的形势下,卫视对于剧目的争夺结果,直接影响到其排位和竞争力。从传统几大卫视的年度电视剧平均收视率的成绩单来看,2018年只有中央台一套和北京卫视这两家一线卫视收视得以提升。中央台一套依托诸多主旋律大剧成为年度赢家,收视率突破1%,尽管仍未恢复2015~2016年的高度,但已重新夺回市场龙头老大的地位。北京卫视凭借一系列颇具竞争力的作品,一举获得0.91%的收视率,逆袭成为众省卫视之首。

2018年其他卫视电视剧收视不同程度下滑。湖南卫视下降最为明显,从1.43%下滑至0.87%,下降0.56个百分点。2017年排众直上的东方卫视也止步不前,以0.86%的收视率收官,同比下滑0.31个百分点。江苏卫视和浙江卫视自2015年以来连续三年电视剧收视率突破0.8%,2018年江苏卫视仍维持在0.8%的水准,而浙江卫视却出现失守,仅获0.58%(见图3)。

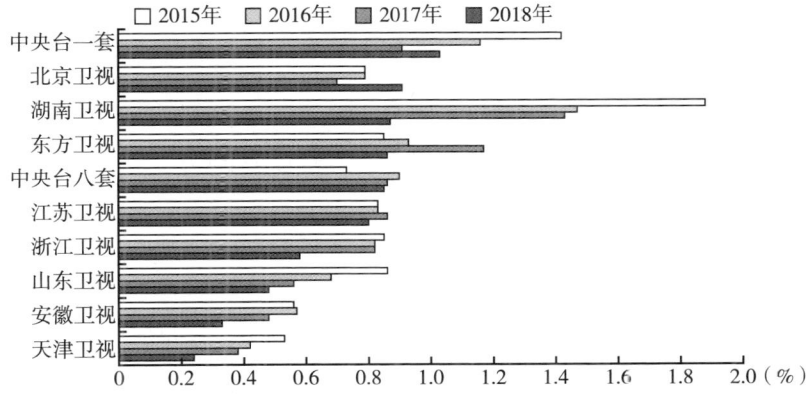

图3 近年来主要卫视频道电视剧平均收视率(19:30~21:30,100城市)

数据来源:CSM媒介研究,2018。

首轮剧是卫视最为重要的节目储备。一线卫视首轮剧储备量基本充足且保持稳定，二三线卫视则浮动较大：中央台八套以27部首轮剧高居榜首；浙江卫视、东方卫视、北京卫视、湖南卫视、江苏卫视、安徽卫视、山东卫视、中央台一套均不低于12部，处于第二梯队；其他省卫视基本没有增量甚至有所降低（见图4）。卫视更加重视电视剧资源的独占性和稀缺性，独播剧相对于联播剧，在营销上可以进行精耕细作，编排更加机动灵活。2018年，73%的首轮剧采用独播模式，较之2017年的65%有飞跃式提升。

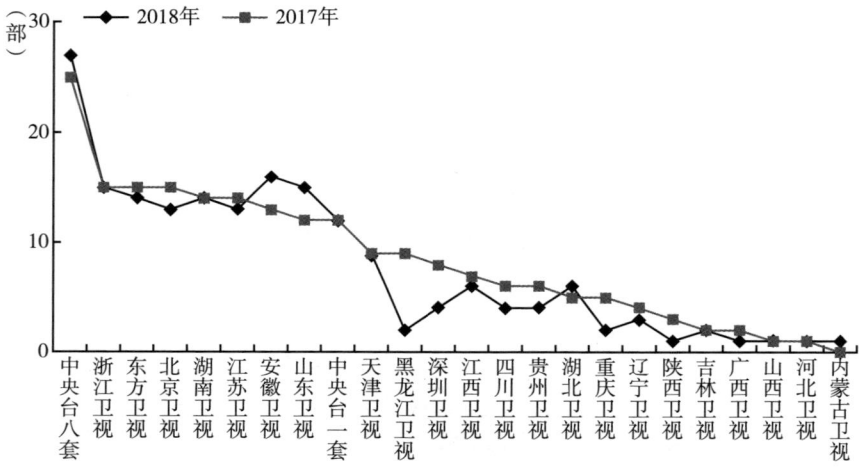

图4 2017~2018年卫视首轮剧频道分布对比
（19:30~21:30，100城市，内地剧）

数据来源：CSM媒介研究，2018。

2018年，卫视在电视剧领域的竞争更加激烈。晚间黄金档首轮剧单频道收视率超1%的剧仅30部，较之2017年减少4部，分布的频道数从2017年的7席减少到6席。其中，湖南卫视仅占6部，占比从1/3跌到1/5；中央台八套从9部减少到6部；中央台一套和北京卫视分布从2部激增到6部、7部，成为最大赢家；东方卫视则从7部腰斩到4部，江苏卫视从2部降到1部；浙江卫视从2部到颗粒无收。

独具慧眼的选剧眼光已经成为决定卫视生死的重要考验尺度。收视率破1%的剧在卫视频道内的占比（达标率）浮动和其收视排位浮动共损共荣。2018年湖南卫视好剧达标率从2017年的67%降到40%，《远大前程》、《如果爱》、《天盛长歌》、《凉生，我们可不可以不忧伤》等大阵容或大制作电视剧收视不如预期；中央台一套从17%猛增到46%，得益于其对小类题材电视剧的选择成功，农村剧《岁岁年年柿柿红》、重大革命剧《换了人间》、奋斗励志剧《最美的青春》、人物传记剧《初心》等剧收视强劲；北京卫视从2017年的13%爆发式增长到47%，几乎将市面上最热剧目一网打尽，包括《风筝》、《娘道》、《正阳门下小女人》、《大江大河》等剧。相比之下，其他卫视选剧眼光忽高忽低，收视地位也随之忽上忽下。

资源争夺战的结果在收视走势上立竿见影，然而缺乏现象级大剧也导致竞争层次无法大幅度拉开，因而相比2017年，2018年主要卫视收视率走势更为胶着。

四 各类电视剧题材逐鹿卫视

2018年全国市场现实题材剧收视继续领跑，卫视晚间黄金档总收视率超过1%的37部电视剧中，当代剧有22部（占近六成），古装剧仅3部（不足2017年的一半），近代剧占6部。值得注意的是，现实题材中时代跨越长的现当代剧占了5部，联播剧《正阳门下小女人》获得1.93%的总收视率，而央视独播剧《最美的青春》、《娘亲舅大》、《初心》、《灵与肉》表现亦非常突出。

2018年共有4部剧总收视率超过2%，冠军是跨年剧《风筝》（2.73%），其次是首轮剧《恋爱先生》（2.34%）、《娘道》（2.29%）、《美好生活》（2.14%）。

总收视率破1%的好剧中，言情、谍战、都市生活等大类剧居多。言情剧有10部之多，反特/谍战和都市生活剧各4部，近代传奇剧2部，社会伦理剧仅1部；同时，小类题材在本年度大放光彩，时代变迁、警匪、青春、

奋斗励志、农村题材各有2部；人物传记、重大革命、历史故事、神怪玄幻、公案题材各有1部。

大体量电视剧是市场关注的重点。体量较大的市场热门剧，平均官宣集数46.4集，远超42集的平均审批集数，例如联播剧《娘道》实际播出量有76集之多。有些独播剧鸿篇巨制，如湖南卫视三部独播剧《知否知否应是绿肥红瘦》、《凉生，我们可不可以不忧伤》、《天盛长歌》官宣集数均达到了70集。然而体量不等于收视率，对于优质内容，篇幅徐徐展开令观众有追剧的愉悦感，也让电视台赚得盆丰钵满，然而对于收视惨淡的电视剧而言，体量反而成为一种掣肘和痛苦。

2018年卫视晚间黄金档首轮剧中，独播剧共计106部，联播剧共计40部；总收视率超过1%的首轮剧中，独播剧、联播剧各占17部，数量上二者平分秋色。收视上，联播剧依托收视合力通常能取得更大的"+1"效果，更容易实现总收视率破2%。2018年首播剧中，联播形式共吸引了19家卫视参与，其中东方卫视占14部，浙江卫视、北京卫视、江苏卫视各占8部，安徽卫视、天津卫视、山东卫视各占7部，湖北卫视占6部，前四家卫视囊括了绝大部分破1%的联播剧。以东方卫视为例，2018年东方卫视首轮剧全部采用联播模式，除了《橙红年代》，剩余13部剧总收视率均超过1%，其中，与北京卫视联播的《美好生活》总收视率破2%，与浙江卫视联播的《月嫂先生》、《你和我的倾城时光》，与江苏卫视联播的《恋爱先生》、《猎毒人》，总收视率均超过1.5%。

2018年，独播剧呈现出平台高度集中化的趋势。19家卫视中，中央台八套和一套及湖南卫视共瓜分近一半额度，而北京卫视、江苏卫视、浙江卫视等一线卫视也分别购置了5~7部，二三线卫视中安徽卫视、山东卫视、江西卫视较为积极，购置了5~9部，深圳、四川、天津、贵州、陕西、吉林、广西、重庆、辽宁、内蒙古等卫视也各播出1~3部。

首播剧品相在强势卫视和普通卫视之间相差非常大，强势卫视能获取大量热门剧，而普通卫视则需要依靠慧眼识珠选择获批发行两三年乃至更久而未上星播出的"次新剧"（本文中指2016年及以前获批发行的剧）。2018年卫视晚间黄金档"次新剧"约39部，在首轮剧中占比26%，单频道收视率超过1%的有2部，收视率在0.5%~1%的有11部，收视溢出率为正值的超过四成，成效可圈可点。有实力青年演员加盟的次新剧是重点挖掘对象。此外，强情节的军事斗争和传奇等次新剧效果也不错，如广西卫视的《胜利之路》、山东卫视的《魔都风云》、贵州卫视的《绝密任务》等，均对平台起到了正向拉动作用。

近两年"献礼剧"（包含政府推荐播出参考剧目及2018~2022年百部重点电视剧）渐成气候，2018年晚间黄金档播出27部，收视率超过1%的有8部（约占1/3）。第四季度是改革开放40周年节点，有8部献礼剧密集播出，由侯鸿亮制片，孔笙、黄伟执导的《大江大河》，豆瓣评分8.9，甚至超越2017年度冠军《那年花开月正圆》和黑马剧《人民的名义》。

历经市场检验的二轮剧已经成为无力购买首轮剧卫视的不二选择，2018年晚间黄金档一个非常显著的现象是大量首轮剧"重播化"，146部首轮剧中超过1/3（46部）的剧目在当年二轮播出，有23部在两个及以上卫视重播，其中社会伦理剧《养母的花样年华》在山东、天津卫视首播后，陆续在其他4家卫视重播，《远大前程》、《脱身》、《岁岁年年柿柿红》、《恋爱先生》等剧在3个卫视重播。不少首轮剧具有较高的重播性价比，79部次中有30部次（约占38%）收视溢出率为正向。《魔都风云》、《归去来》、《战天狼》、《决胜》、《你和我的倾城时光》、《下一站别离》在相关卫视重播后，二轮收视溢出率非常高，甚至超越了首轮溢出率。近代传奇《魔都风云》在山东卫视首播后成为拉动收视的第一功臣剧，在河南卫视重播后又创造出67%的高溢出率。

结　语

2018年的电视剧市场步入了紧缩时代，传统广电正遭受着宏观经济、新媒体、观众和人才流失的多重冲击。然而2018年也是影视产业升级的关键窗口期：政府重拳整治演员天价片酬，税务局锁定阴阳合同，设立现金奖励鼓励优质原创剧本等一系列政策相继推出，至于后效如何，期待2019年市场表现。

B.10
2018年中国纪录片市场发展现状及趋势

姜涛 万强 罗宇鸣*

摘　要： 2018年我国共有超过12亿观众收看过纪录片，纪录片已经逐渐成为被大众接受的视频品类。在收看渠道方面，央视纪录频道作为最大的专业纪录片频道，共吸引超过10.7亿观众；同时，新媒体强势入局，电视渠道和新媒体渠道选择收看比例基本相当。纪录片头部市场效应明显，市场产能水平较低，精品内容匮乏成为制约国内纪录片发展的重要因素。

关键词： 纪录片　媒体渠道　中国纪录片市场

一　中国纪录片市场发展现状

1. 纪录片已逐渐成为大众化的视频品类

从电视端数据来看，2018年我国共有超过12亿观众收看过纪录片，其中央视纪录频道（CCTV-9）作为最主要的专业纪录片频道，共吸引超过10.7亿观众。

纪录片核心用户群体整体呈现"男性精英"特点。以央视纪录频道为代表，相比于整体的电视观众，纪录片频道的观众主要为男性及35~

---

* 姜涛，央视市场研究（CTR）个案集群总经理，CTR媒体融合研究院执行副院长；万强，央视市场研究（CTR）个案集群研究部研究总监；罗宇鸣，央视市场研究（CTR）个案集群研究部研究员。

54岁人群。同时，纪录片频道观众中高学历人群占比及集中度都大幅高于所有频道整体，且纪录片频道高收入人群的占比及集中度优势明显（见图1）。

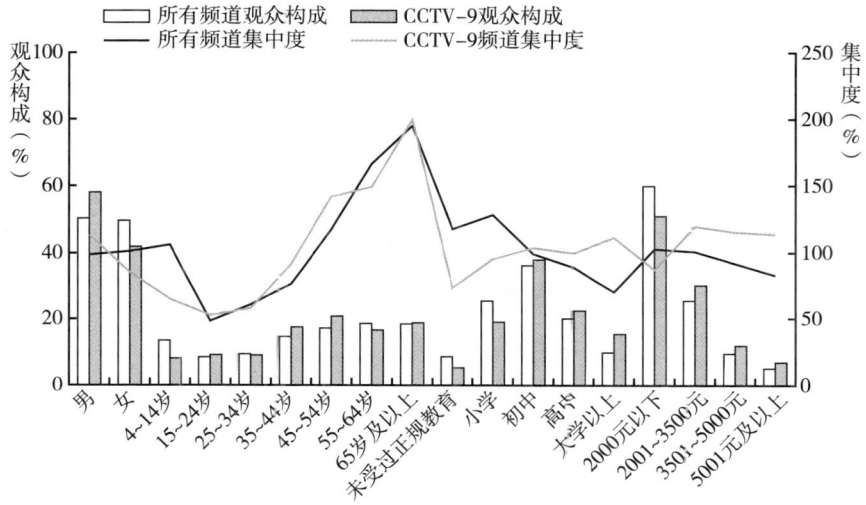

图1　2018年CCTV-9观众构成及集中度

数据来源：CSM收视数据，2018。

说明：观众构成指标代表目标人群在全体观众人群中的占比情况，最高不超过100%；集中度（%）指标代表目标人群收视/全体人群收视率，以高于100%为高，反之成立。

2.电视渠道和新媒体渠道收看比例相当

根据2018年CTR针对纪录片受众的调研，偏好新媒体收看纪录片（仅使用新媒体+主要通过新媒体）的人群占比为32.5%，与偏好电视收看者（仅使用电视+主要通过电视）31.3%的占比接近，剩余约36%的受众选择电视和新媒体的时长基本相当（见图2）。

3.纪录片市场头部效应明显

在爱奇艺、优酷不公布播放量前，各网站纪录片播放量每月榜单中，头部作品变化甚微，新作难出爆款，优质的老纪录片影响力不减，具有持续性的影响力。《舌尖上的中国第三季》及《生门·纪实剧网络版》两部作品几乎每月均排在榜单前五位，《舌尖上的中国第二季》、《蓝色星球Ⅱ》及《纪

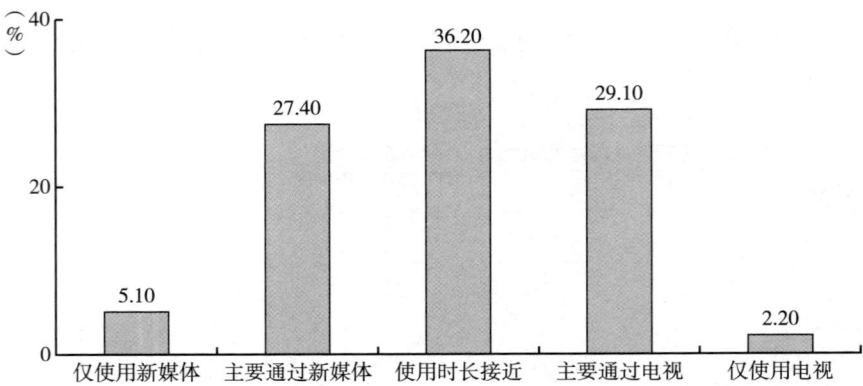

图 2　2018 年全国重点城市纪录片受众收看渠道选择占比

数据来源：2018 年 CTR 纪录片受众调研数据。

实 72 小时》（中国版）出现次数较多。另外在 2018 年底播出的《风味人间》，一经播出反响热烈（见表 1）。

表 1　登录热播榜前五超过 2 次的作品列表

单位：次

名称	上榜次数	出品年份
《舌尖上的中国第三季》	6	2018
《生门·纪实剧网络版》	6	2017
《舌尖上的中国第二季》	4	2014
《蓝色星球Ⅱ》	4	2018
《纪实 72 小时》（中国版）	3	2018
《这！就是舞者第一季》	2	2018
《舌尖上的中国第一季》	2	2012
《风味人间》	2	2018

CSM 收视数据显示，央视纪录频道作为纪录片旗舰频道，在 2018 年的 258 部首播纪录片中，仅有《舌尖上的中国第三季》1 部作品收视突破 0.4%；收视率在 0.3%~0.4% 区间的作品仅有 2 部；收视率在 0.2%~0.3% 区间的作品有 11 部；剩余 244 部上新作品的收视率均不足 0.2%。

4. 产量不足成为制约国内纪录片发展的重要因素

以央视纪录频道为例,在2018年晚间首播时段全年播出的996部作品中,有258部为新作品,其中仅80部为国产。根据时长换算,在全年晚间首播时段中的全部作品中,国产上新作品仅占8.7%(见表2)。

表2 2018年CCTV-9晚间首播时段节目播出时长

播出时段	国产首播节目数量(部)	首播时长(分钟)	总节目时长(分钟)	国产首播率(%)
17:30~20:00	6	1119	47364	2
20:00~22:00	28	4842	38280	13
22:00~23:30	46	4032	29855	14
总 计	80	9993	115499	8.7

数据来源:CSM收视数据,CCTV-9,2018。

5. 追求高品质作品成为大型制作机构的主流做法

在头部效应逐渐加剧的情况下,全球主流制作机构开始加大纪录片创作投入力度,力求打造精品内容。随着文化消费的不断升级,用户对高品质视频节目特别是纪录片的需求在逐渐增加,但精品化力作匮乏的现实导致纪录片领域亟待加大投入以及供给侧改革。

二 中国纪录片市场发展趋势

1. 新题材:自然类、历史类题材为突破发展的主要方向

2018年,中国上新的纪录片题材主要为社会纪实、自然地理、历史档案、人文、人物及科学技术6大类。其中引进国外纪录片的题材分布相对均衡,社会纪实类作品占比最高,约为39%,自然地理、历史、人文和人物等领域都有不同程度的涉及。反观国内作品,题材发展相对欠缺均衡,主要集中在社会纪实与人文类,二者瓜分了近8成的市场。

在纪录片的全部题材中,由于自然地理及历史档案两个题材所需的资金投入较高,所以作品数量相对较少,但这两类题材的收视表现却是最为突出

的，加之中国的纪录片发展还处于追赶欧美的状态，这两个题材亟待受到市场重视。此外，中国具有丰富的人文历史以及富饶的地理条件，自然地理及历史档案题材的潜力巨大，或将成为中国纪录片未来发展的方向。

2. 新内容："纪录+"成为常态

跨界纪录片已成为纪录作品中的重要一极，其中"纪录+综艺"、"纪录+影视剧"、"纪录+体育"以及"纪录+新闻"类纪录片较受观众偏爱。

"纪录片+文体"的结合越发流行。在网络端表现优异的10部纪录片中，与娱乐相关的作品占据半数以上。在研究的全部作品中，"纪录+综艺"方面，有《这！就是舞者》、《灌篮吧！兄弟》、《梦想的路上，要有光！》3部网生综艺的衍生纪录片；"纪录+影视剧"方面，有《生活在古代·乾隆与如懿》、《宁弈天下》2部与电视剧内容相关衍生纪录片，以及1部与电影幕后相关的《我不是药神》衍生纪录片。而在"纪录+体育"方面，有亚马逊为法国队世界杯夺冠后推出的《法国队，俄罗斯世界杯之心》等6部赛事回顾类纪录作品，以及NBA热点人物史蒂芬·库里的《三分信条》等3部体育人物类作品。在国内外制作机构的探索下，为综艺节目、影视剧和体育赛事打造的衍生纪录片已逐渐成为标配，最大化利用明星资源，延长主体节目热度。

"纪录+新闻"正成为新的内容方向。CTR纪录片受众调研结果显示，有73.3%的受众希望看到新闻时事的还原及解读类纪实节目，该类节目在纪实节目创新类型中排在首位。美国探索频道跟进了国际上热度较高的"泰国洞穴救援事件"，在事件结束后的第9日推出了还原整个事件始末的《泰国洞穴救援揭秘》，在优酷播出的当日就获得142.6万次的播放量；同时，日本NHK的《中国姐妹杀害事件》，于案件凶手定罪当日的新闻播出后，通过该纪录片还原整个事件的全过程。可见，针对与伦理道德、人性关怀相关的国际热点新闻，打造事件还原及解读的纪录片，有助于作品的国际化传播。

3. 新形态：纪录片短视频化，内容开发系列化、IP化

融合创新已成为各种媒体发展的首要命题，而短视频作为打通融媒体

传播的主要形式之一，在纪录片市场中也有作品尝试。在所研究的纪录片当中，出现了介绍各类植物进化史的《植物有话说》、展现我国改革开放40年来农村变化的《三湘巨变》等4部微纪录片。然而，上述微纪录片的创作手法单一、缺乏创新，试图表达的观点在时长限制下难有足够深度，加之视觉上呈现的内容大多聚焦一件物品的特写或人物受访、讲解的画面，最终的市场表现也不尽如人意，2018年内均未能突破集均百万次的播放量。而由腾讯视频出品的美食类微纪录作品《早餐中国》，同样以5分钟的时长，呈现了各地特色早餐。截至2019年5月30日，该作共获得1.4亿次的专辑播放量，完成了在纪录片短视频化发展之路上的突破。

除具体内容表现形态上逐步短视频化外，纪录片也在尝试作品整体布局的新形态，不仅可以系列化、季播化，还横向开发不同类型、不同视角的作品矩阵，完成新的形态布局，获得市场良好反馈。在电视端，中央台四套播出的季播化纪实片《国家记忆》，在2018年迎来播出的第三年；系列化纪实节目《记住乡愁》在2018年播出至第四季，两档节目均取得不俗的收视表现。网络端，腾讯视频在2018年发布了"风味"IP后，先后制作出谈话类作品《风味实验室》、主作品《风味人间》及细化至潮汕地区并以具体食材为题的《风味原产地·潮汕》。截至2019年5月30日，三部作品在腾讯视频分别获得1.5亿次、9.6亿次及7500万次的专辑播放量，在纪录片整体"叫好不叫座"的市场环境下，可谓大获成功。

4. 新表达：优秀的故事及情感表达更易打动用户

针对上新纪录片的盘点发现，故事性的表达手法成为国外作品新的突破口，即从某一情感点切入，通过曲折的故事打动观众。如BBC的纪录片《王朝》，该片讲述动物族群中某一只动物的故事，通过情感切入，用曲折的故事设计逐步升华，使观众受情感的牵引，沉浸在作品内容之中。故事性的表达为作品带来不俗的播放表现，在腾讯视频平台上，该片单集均播放量约为4800万次。同样运用故事化表达手法的还有《大猫》、《你这个坏怂》、《假如动物会摄影》等一系列海外作品，在腾讯视频均有数千万次的专辑播放量。

5. 新技术：新技术被广泛应用从拍摄到播放的各个环节

纪录片对真实的追求，使得技术革新往往首先应用于纪录片领域，有助于还原真实场景，为受众提供极致的视觉体验和沉浸式观感，在扫描、拍摄以及呈现技术上均有所突破。

扫描技术上，《抽干大海》为还原海底沉没的遗迹、《神秘的古城》为展示古城内部结构，均在拍摄前使用了声呐、红外线等扫描设备。拍摄技术上，《蓝色星球Ⅱ》动用了诸如微光摄影机、探头摄影机、吸盘式摄影机、高速摄影机和6K高清数码摄像机等。摄像机改造方面，《假如动物会摄影》中通过轻量化以及功能性改造，将摄像工具安装在动物身上；此外，《秦始皇和他的地下王国》也是首部采用8K拍摄技术的3D纪录片。呈现技术上，《揭秘西夏陵》还原西夏陵的整体原貌，《南京事件2——检验历史修正主义》动态展现南京大屠杀中"鱼雷营"事件，这两部作品均使用了CG技术以还原真实影像或场景；国家地理频道也尝试推出宇航员头盔状VR设备，增强观众对于《宇宙奇石》中太空奇景的欣赏体验。

三 中国纪录片发展展望

1. 亟待建立纪录片领域的国家级中长期发展规划

文化产品兼具对外传播和对内传播的双需求。伴随着"一带一路"的建设、国家经济战略的部署，对外输出的文化首先会在影视领域率先破土，在外销与译制上会有较大突破；对内而言，包括影视、动漫、游戏、出版、数字艺术、网络视频、民间艺术、特色小镇在内的各方力量，只要在这一大势上顺应而为，则有可能得到较大的扶持与增长。从规划层面考虑，中国纪录片产业亟待建立国家级的中长期发展规划，其中应重点加大对于自然、历史题材作品资金以及时间的投入。在顶层设计上，以宏观微观结合、长期短期并重的规划思路，科学制定纪录片的发展体系，形成国家级的发展规划。

2. 加大纪录片领域的资金投入

纪录片领域的投资呈现多元化趋势，除了电视台和政府机构，大型企业和新媒体也逐渐成为纪录片产品的投资方。纪录片各生产主体在争取市场化资金的同时，也可拓展思维，多争取国家、电视台等层面的资金支持。此外，国家各级媒体也应该加大对纪录片的扶持力度。纪录作品对于时代的意义价值重大，合理、有效地扶持纪录片项目，有助于推进我国纪录片行业的进一步发展。

3. 打造顶尖的职业纪录片团队

国内纪录片市场的繁荣有赖于职业纪录片团队。目前国际知名内容生产商在制作团队上都呈现高配置，而国内在专业人才上还存在着短板。为此，可从以下几方面考虑人才的培养：增加跨学科交流，培养跨界人才；通过社会合作、学术机构加入等形式摸清纪录片人才基本状况，并进行人才库建设；通过体制内的职务职称、项目评审以及体制外的扶持资金、项目孵化等手段进行激励。特别注意人才培养与项目孵化相结合，在育养中达成项目的酝酿和展开，并构建机制化、长期化的人才国际通道，让人才培养一开始就站在国际化的起点上。

B.11
2018年中国综艺节目收视分析

王 钦*

摘 要： 2018年电视综艺节目收视普遍低迷，王牌"综N代"节目虽仍为市场主力，但也面临着收视下滑的情况，而众多满足观众细分需求的垂直类节目，以收视和流量为考量，也未出现超级节目。与此同时，随着"跨圈"综艺逐渐流行，观众收视取向更为繁杂，这对电视综艺形成了巨大挑战。本文依据CSM媒介研究2018年所有调查城市收视数据，对综艺节目的收视表现、竞争格局与节目特征进行回顾分析。

关键词： 电视综艺节目 城市收视表现 节目特征

一 综艺节目整体收视状况

1. 综艺节目收视总量降幅减缓

2018年所有调查城市观众全年人均综艺节目总收视时长为4466分钟，较2017年下降17.1%，综艺节目收视总时长虽然仍在下滑，但降幅减缓（见图1）。从综艺节目分月收视时长变化来看，除春节所在的2月综艺节目收视时长同比有所提升外，全年其他月份收视时长较上一年同期均有所下滑，上半年同比降幅较为明显，8~10月暑期及前后收视量同比降幅则相对较小（见图2）。

---

* 王钦，中国广视索福瑞媒介研究（CSM）客户服务部研究经理。

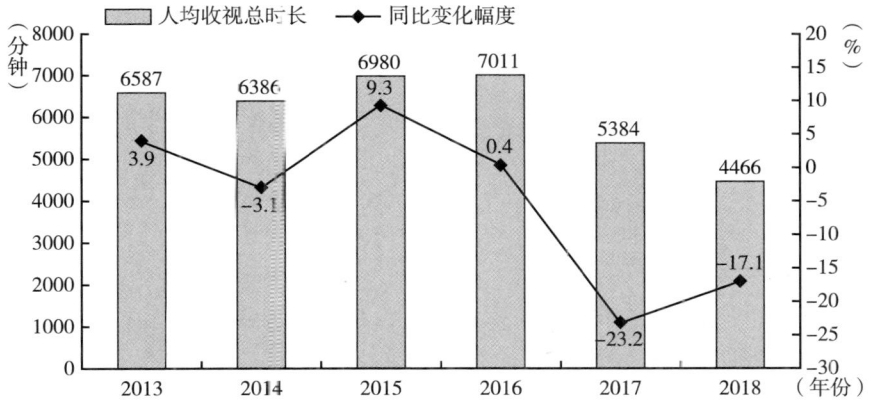

图 1　2013～2018 年综艺节目全年人均收视总时长及同比变化幅度
（历年所有调查城市）

数据来源：CSM 媒介研究，2018。

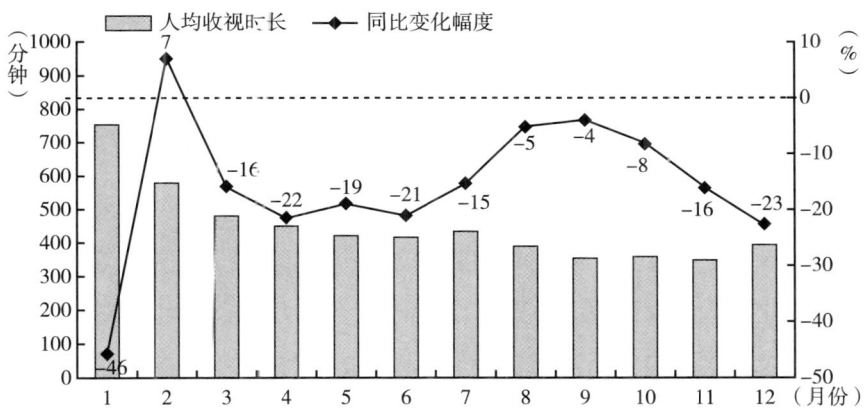

图 2　2018 年综艺节目分月人均收视时长及同比变化幅度（历年所有调查城市）

数据来源：CSM 媒介研究，2018。

2. 综艺节目收视量仍主要集中在周末

2018 年，周一至周四综艺节目人均每日收视量在 9 分钟上下波动；周末综艺节目人均收视量较大，其中周六的人均收视量最高，达到 18 分钟，周五和周日的人均收视量也分别达到 13 分钟和 16 分钟。周一至周四综艺节目人均收视量同比降幅为11.9%,周末人均收视量同比降幅为20.5%(见图3),低于2017年的同比降幅(23.4%)。

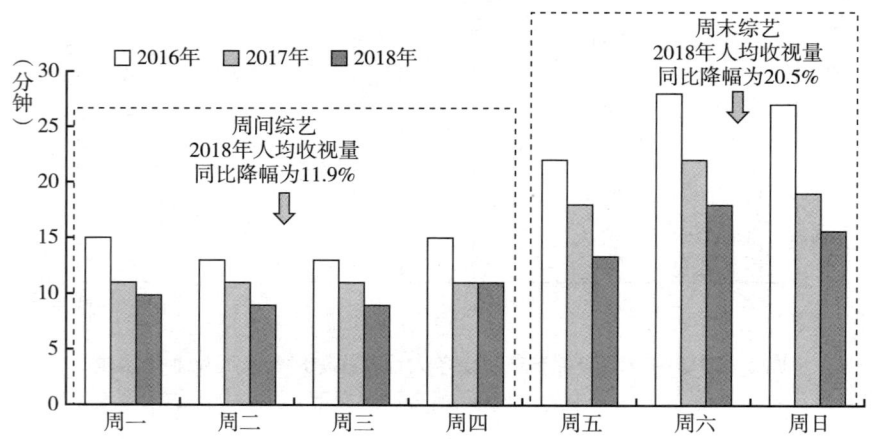

图3 2016~2018年综艺节目人均收视量比较(历年所有调查城市)

数据来源:CSM媒介研究,2018。

3. 综艺节目观众趋向"老龄化",年轻观众收视习惯发生改变

从综艺节目各年龄段观众集中度来看,各级频道综艺节目的观众"老龄化"趋势明显。与2017年相比,2018年44岁及以下的观众在各级频道收看综艺节目的集中度均有不同幅度的减少,其中省级上星频道综艺节目对15~34岁年轻人的吸引力下降更明显。而65岁及以上的老年人对中央级频道、45岁及以上的中老年人对省级上星频道、55岁及以上的中老年人对地面频道的收视集中度较2017年均有较大幅度的提升。

随着技术的发展,年轻观众收视习惯正在发生变化,综艺节目点播、回看的时移收视方式正在被更多年轻观众接受。观察2018年52城市综艺节目的时移收视情况,电视综艺节目的观众目前仍以直播收视为主,其中55岁及以上观众直播收视保持稳定,各级频道组的直播收视贡献都在95%以上。相比之下,年轻观众更多选择时移方式收看电视综艺节目,对中央级频道而言,4~14岁和25~54岁的年轻观众中时移收视贡献较大;对省级上星频道而言，44岁及以下年轻观众中时移收视贡献较大；对地面频道而言，4~14岁和25~44岁观众中时移收视贡献较大。

二 2018年综艺节目特征

1. "综N代"日趋成熟，综艺节目类型日趋丰富

从2018年上星频道晚间综艺季播节目的收视率来看，综艺节目市场整体表现平淡，收视率破2%的节目仅有《奔跑吧2》一档，收视率破1%的有16档，其中老牌综艺节目居市场前列。在节目形式上，综艺节目依旧是游戏、竞赛、体验、盲选、观察等"合家欢"传统品类当道（见表1），这主要是因为相比移动设备，电视屏幕是一个半公开的环境，节目题材和内容更倾向于老少皆宜，如综艺节目《奔跑吧2》、《中国好声音7》、《欢乐喜剧人4》、《新相亲时代》等均得到观众认可。

表1 2018年晚间收视率较高的季播综艺节目（71城市）

单位：座，%

节目名称	季别	开播日期	形式	进入当地收视TOP20的城市数	首播档71城收视率
奔跑吧	第2季	20180413	游戏	61	2.02
中国好声音	第7季	20180713	盲选	50	1.62
挑战不可能	第3季	20171119	竞赛	59	1.60
向往的生活	第2季	20180420	体验	36	1.27
极限挑战	第4季	20180429	体验	20	1.26
我要上春晚	第3季	20171104	竞赛	49	1.22
欢乐喜剧人	第4季	20180114	竞赛	26	1.19
王牌对王牌	第3季	20180202	竞赛	32	1.16
我要上春晚	第4季	20181117	竞赛	42	1.15
歌手	第2季	20180112	竞赛	40	1.12
最强大脑	第5季	20180105	竞赛	25	1.12
新相亲时代	第1季	20180325	观察	25	1.12
欢乐中国人	第2季	20180128	竞赛	43	1.07
喜剧总动员	第2季	20171028	竞赛	27	1.01
舌尖上的中国	第3季	20180219	观察	57	1.00
声临其境	第1季	20180106	竞赛	29	1.00
跨界歌王	第3季	20180505	竞赛	11	1.00

数据来源：CSM媒介研究，TVprisRS，71城市，晚间18:00~24:00时段，上星频道，4岁及以上所有人。

2018年71城晚间新开播的常态新节目中有三成以上来自上星频道，这些节目类型丰富，覆盖相亲、配音、演技、亲子观察、篮球PK、民宿经营等多个领域，但在收视表现上与"综N代"节目仍有一定差距。历数收视率破1%的17档节目，仅有2档新节目，分别是《新相亲时代》和《声临其境》。

2. 分众喜好推进节目垂直细分，N种看法提升观众红利

受碎片化娱乐需求影响，综艺节目观赏需求进一步细分，一批主打"小而精"的垂直类电视节目应运而生，从文化、家装、美食、亲子、相声选秀、足球解说等题材入手，将创新着力点深入到更为精准的垂直领域。面对特定观众的节目如果找到其相对稳定的需求特征，就会催生更多的节目投入到这个更加个性化的市场，虽然收视率不一定高，广告收益也不一定大，但因为差异化表现、精准的人群、细腻的表达，反而能赢得稳定的受众关注。

垂直细分的各式综艺节目能通过切中"小众"喜好，有效实现直播观众和时移观众互补合流，最终展现节目内容的多重价值。另外，还有一部分观众因为更爱其中的某一期而重复地多次点播、回看。直播观众和时移观众形成互补，除了节目中植入的广告以外，直播中的广告和点播、回看中的广告完全可以触达两类不同人群，从而为节目的内容价值多重赋能。

3. 节目元素流行混搭，记录和观察成为新风向

借鉴国外综艺并结合国内网综特点之后，不同的流行元素在综艺节目的内容和形式中也在不断混搭出新：一方面不少节目尝试通过独有的情怀、各式怀旧经典和喜剧笑点来充盈节目内容；另一方面竞争、科技和推理等元素在综艺节目中也以不同方式展现，成为节目新"标配"。除此以外，2018年的综艺节目还出现不少如《上新了！故宫》、《我家那小子》、《我家那闺女》、《女人有话说》等形式丰富的观察纪录类新节目，这类节目最突出的特点就是"共情"。相比早期单纯只为快节奏生活寻找出逃点的慢综艺，加入记录和观察元素的观察类真人秀则离"真实世界"更近一步。

4. 综艺节目进行多场景营销，积极开发创意剧情广告

随着逐渐细化的消费场景，综艺节目也在不断寻找打破圈层的方法，寻找更多新的广告增长点。例如，相比中央台综合频道2018年12月9日开播的《国家宝藏2》，北京卫视2018年11月9日开播的《上新了！故宫》的观众更倾向于日用品的购买。据产品合作方反馈，节目播出40分钟内，百雀羚"雀鸟缠枝美什件"彩妆礼盒售罄；小米黑科技耳机众筹期间预约出了15万套；科大讯飞的阿尔法蛋供不应求[①]。《上新了！故宫》对故宫IP进行创新运营，通过文创实现消费落地，将现有用户规模、线上流量和广告营销结合在一起，进行商业变现。

面对观众一到广告就换台的习惯，综艺节目开始利用网综、网剧的方式，结合年轻人喜欢的二次元元素，用单独成段的"情景短剧"式广告和游戏合作吸引年轻人。这些广告区别于传统的广告类型，与节目内容更为贴合，广告语言更为年轻化，为节目营销提供了更多途径。

5. 多方联动办晚会，偶像破圈消费与文化娱乐IP成为新赋能方向

大型晚会具有广泛的群众基础，老少皆宜，所以作为区别于常态综艺节目形式，综艺娱乐性晚会是综艺市场的主要支撑力量。如果仅以节目名称作为区分标准，并且多频道播出同一名称的晚会算一台晚会，那么2018年所有调查城市各级频道在晚间18:00~24:00时段播出的综艺娱乐性晚会共有756台，有714个频道参与其中，累计共有75.3%的城市观众收看过。

但是为了满足观众日益增长的各式收看需求，2018年的综艺娱乐性晚会开始依靠"联"进行制播创新。首先是"多面联创"，就是联合不同创作团队，集百家之长共同制作一台晚会；其次是"多渠道联播"，通过不同播出渠道，客观上扩大了晚会的观众规模；最后还有"多方联动"，实现跨产业联合，开拓综艺节目产业链多触角发展。

在2018年的资本寒冬中，文娱产业正在进行新一轮的结构优化。在偶

---

① 茉小莉：《大文娱的溃败、挣扎和新生》，2019年1月7日，https://36kr.com/p/5170875.html。

像消费大潮下，以综艺娱乐性晚会为代表的综艺节目大批引进SNH48、火箭101类依靠粉丝"吸金"的偶像参与表演，二次元的虚拟歌姬洛天依也已连续两年参与江苏卫视的跨年晚会。此外，除了偶像破圈消费，2018年TeamLab、万娱引力、OUTPUT等为代表的几十家创业机构和文创特展以新娱乐形式出现，与电视频道一起不断探索节目内容与产业的深度融合方式。

结　语

2018年包括《国家宝藏》、《朗读者》、《经典咏流传》、《天籁之战》、《声临其境》和《跨界歌王》等在内的九大中国原创节目模式亮相法国春季戛纳电视节，伴随版权卖出去与平台走出去，中华文化的丰富内涵和独特魅力将通过更多的方式传播出去。

国内综艺节目市场传统观众带来的红利逐渐衰减，获取非线性直播新观众也变得紧要起来。为了能更好满足观众各种场景需求，综艺节目要混搭科技、访谈、记录、喜剧、推理等多种元素，既在屏幕前做规模，又在屏幕外做跨界融合变现，多方联动办节目，迎接重塑的开放型产业链。

B.12
2018年中国广播产业发展报告

黄学平*

摘　要： 2018年在整体经济下行的大环境下，广播电台经营也遭遇困境。随着网络音频市场升温，音频APP和广播电台争夺受众资源，广播地位被削弱，广播电台面临着融媒体转型和广告经营下滑的双重压力。目前我国5G发展的部署正在升级，未来5G商用将开启万物互联、媒介智联、跨产业融合创新的新时代，届时或将为广播媒体发展带来新思路与新契机。

关键词： 广播市场　融媒体　广播收听

一　逆势而行，广播市场竞争激烈

1. 广播逆势而行，撬动听众新增点

根据赛立信2017～2018年的媒体用户基础调查数据，在经常接触媒体的用户中，互联网用户依然以数量优势独居榜首①，占比超过90%；传统媒体用户占比继续呈下滑趋势，在气氛焦灼的媒体生态中，广播用户占比相对稳定（见图1）。

2018年广播覆盖6.83亿听众，媒体接触率为59.1%，跟上一年基本持平。广播媒体对于传播环境变化具有最强的适应力，经多年的创新求变，在

---

* 黄学平，赛立信媒介研究有限公司总裁。
① 我们称经常接触某媒体的受众为该媒体的忠实用户。

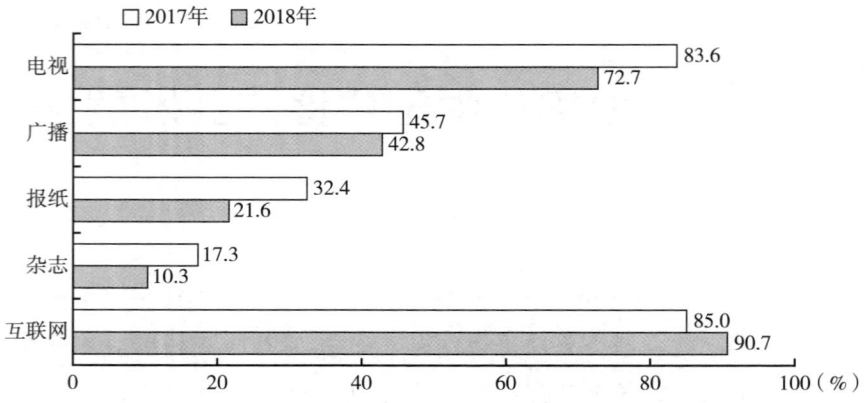

图1　2017～2018年媒体用户经常接触的媒体比例

数据来源：赛立信媒体用户基础调查，2017～2018。

技术、内容、平台等方面深度融合，重构广播新生态系统。面对媒体市场的变化，广播通过"车载收听"方式撬动听众新增点。赛立信的调查数据显示，2018年广播车载覆盖4.99亿听众，车载广播用户超过4亿人；用户通过手机上网收听网络直播的比例逐年上升（见图2），其中，移动电台用户4.16亿人，移动电台活跃用户1.23亿人。在媒体格局发生深刻变局的一年，广播逆势而行，平台辐射作用日益凸显。

2.广播新生态下听众社群裂变

2018年，广播多元立体化融媒传播成为常态，呈现出"传统广播电台＋移动网络电台＋自营APP＋微信公众号＋小程序＋官网"的总体布局，广播听众裂变呈现新特点。

"70后"、"80后"、"90后"是广播听众的中坚力量，其中，"90后"的听众数量增长最多，移动互联网的传播渠道令不少"90后"回流到广播市场，而"50后"的听众数量下降幅度最大（见图3）。

车载收听及智能收听的人群有较高的重叠率和群体共性。车载收听、智能收听与传统收听人群的重叠率相对较低，特别是车载收听与传统收听，受众人群重叠率极低（见图4）。

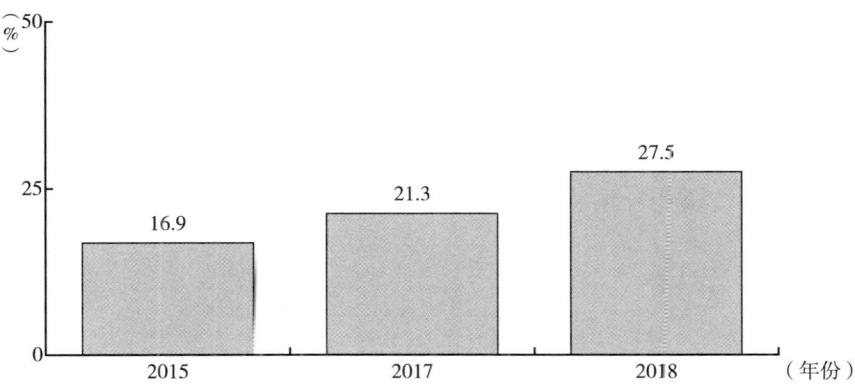

图 2　用户手机上网收听网络直播的比例

数据来源：赛立信媒体用户基础调查，2015~2018。

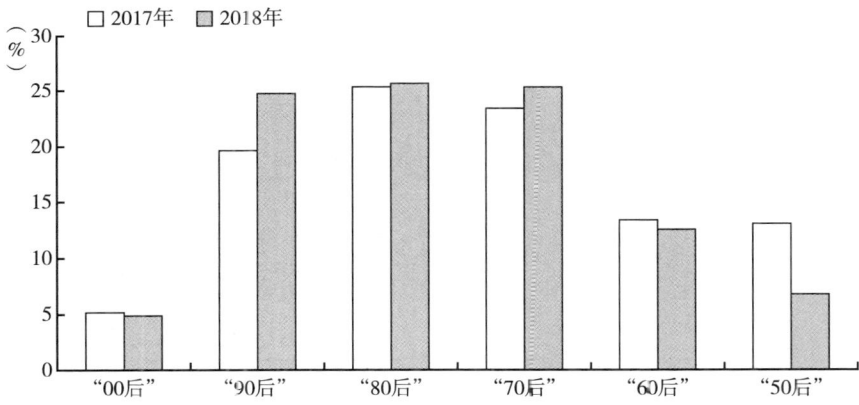

图 3　2017~2018 年广播听众的年龄构成

数据来源：赛立信媒体用户基础调查，2017~2018。

3. 广播竞争日趋激烈

2018 年全国广播收听市场三级电台依旧呈现金字塔竞争格局，各级电台市场占比如图 5 所示，广播市场区域化趋势明显。与上一年同期相比，城市电台的份额上升了 2.1 个百分点，中央级电台和省级电台均有不同程度的下滑。

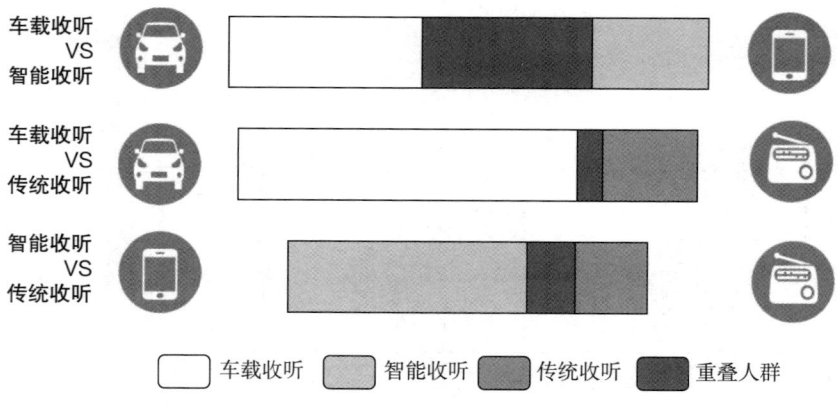

图 4　2018 年不同终端的广播收听情况

数据来源：赛立信媒体用户基础调查，2018。

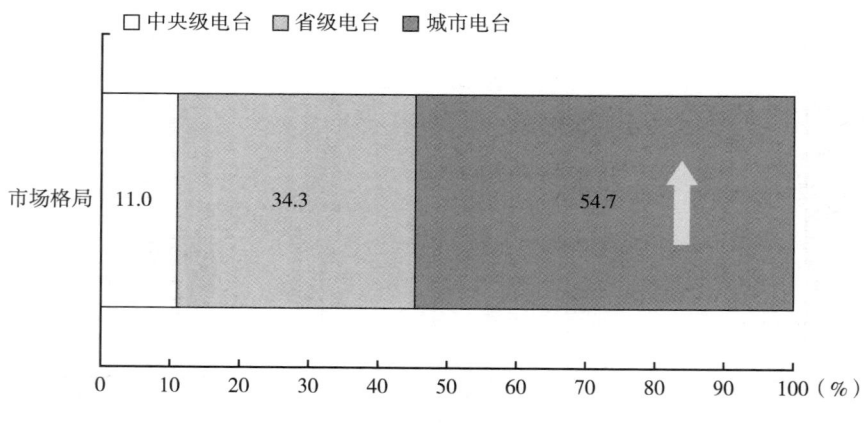

图 5　2018 年中国广播收听市场格局

数据来源：赛立信收听率调查，2018。

从各类频率的竞争格局来看，交通、音乐、新闻依然是受众较为喜爱的三类频率。在移动互联网平台上，累计点播量较大的频率主要是新闻和音乐两类，交通类频率的优势并不明显。在传统渠道，交通类频率虽然高居首位，但各类地图软件给交通广播带来极大冲击，其路况垄断资源日渐式微，竞争优势被削弱。新闻类频率的市场份额连续三年轻微下滑（见图6）。在互联网大背景下，新闻类频率的节目必须改变一贯的"高冷"风格，利用融媒体的即时传播与互动方式，增强节目的趣味性和新鲜感，让节目更加亲民接地气，充分发挥本地化和权威优势，以保持其竞争力。从数据方面来看，新闻类频率移动互联平台累计点播量近3.5亿次，占比接近40%，位居各类型频率之首（见图7）。

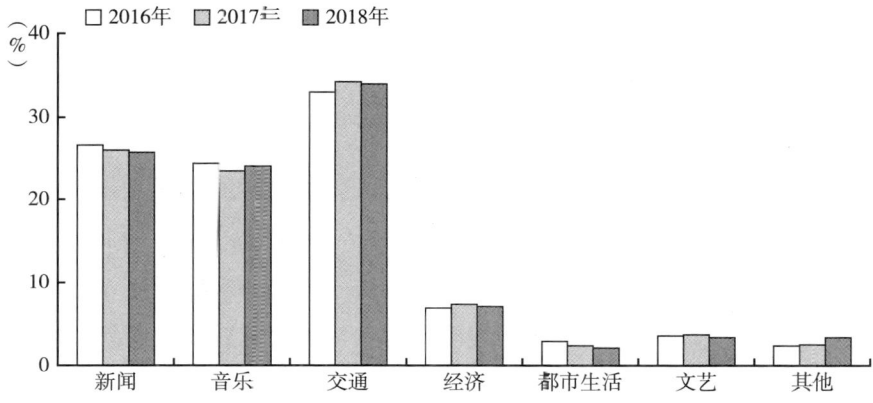

图6　2016~2018年各类广播频率的市场份额

数据来源：赛立信收听率调查，2016~2018。

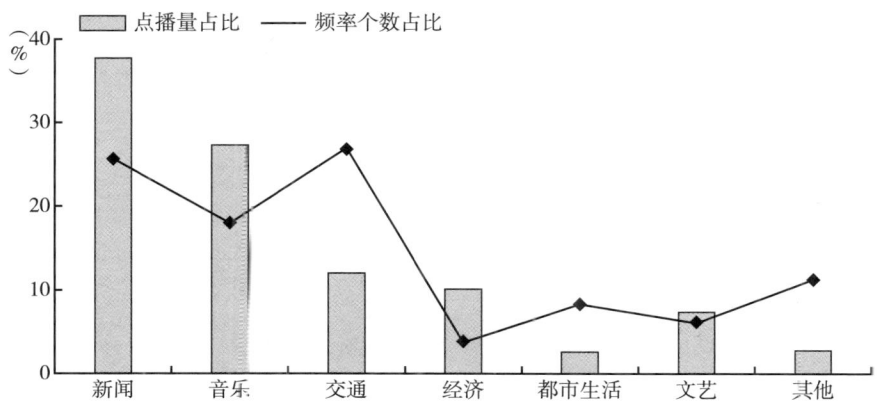

图7　2018年各类广播频率在移动互联网平台的点播量占比

数据来源：广播融媒体云传播效果数据，2018。

音乐类频率虽然市场份额略有上升,但面对 QQ 音乐、网易云音乐等专业平台的竞争,其优点已经不再突出。从移动互联网平台的点播量看,音乐类频率仅次于新闻类频率,占比排名第二。

一些新兴的频率,凭借对现代人爱好的把控,如旅游资讯、旅游攻略等,收获了不少听众,从而使其他类频率的市场份额有一定程度的上升。

二 精耕细作,细分市场竞争火热

1. "2+1" 收听格局雏形初显

在新媒体生态下,广播收听终端升级迭代。广播从原来的自上而下单向传播,发展成拥有传统频率、互联网平台的多渠道传播格局,收听终端逐渐多元化。便携式收音机、手机自带 FM、传统收音机三大收听终端鼎立的格局被打破,"2+1"(车载收听、智能收听+传统收听)的收听格局雏形初显,车载收听及智能收听成为两大收听主流(见图 8)。

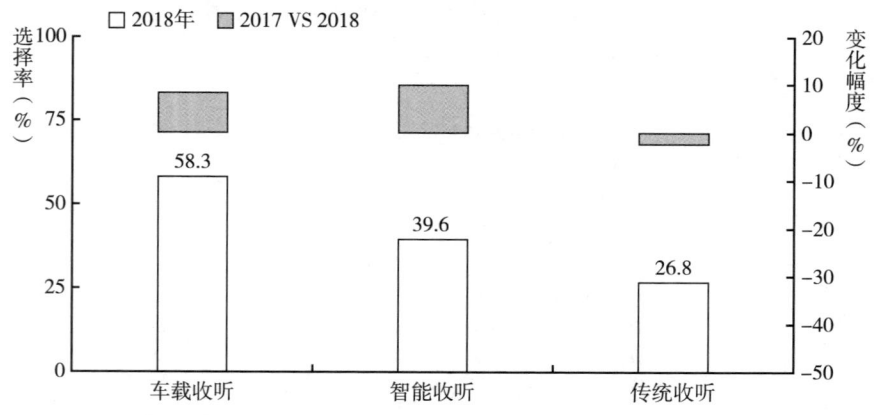

图 8 2017~2018 年广播收听终端对比

数据来源:赛立信媒体用户基础调查,2017~2018。

2. 智能收听引爆用户新风口

随着互联网的发展以及智能手机的普及,智能终端成为广播收听重要的入口。2018年，选择通过智能终端收听广播的用户占39.6%，增幅最大。目前智能收听已经大幅超过传统收听，成为第二大收听方式。随着网络流量资费降低，尤其是未来5G的商用将极大提升网络能力，基于移动互联网的智能收听将可能引爆用户收听新风口。

3.收听终端功能升级带动细分市场的火热

广播的收听终端功能升级，为听众提供个性化服务，所想即所得式的媒体服务带动细分市场的火热。不同收听终端用户，有不同的广播节目收听需求。

获取新闻资讯和音乐欣赏是三大收听终端用户收听广播的共同需求，其中，传统收听终端用户对新闻资讯的需求比车载收听和智能收听端更大。车载收听用户的收听需求以"实用"为主，倾向于获取交通路况信息、法律知识、金融理财和汽车资讯等；而智能收听用户则聚焦于娱乐和知识方面，他们收听小说连播/广播剧，关注明星八卦和潮流时尚资讯。广播频率通过分析不同收听终端用户的个性化收听需求，进行重组关联，走精细化、特色化道路，适配不同终端的细分市场需求，才能提高听众的黏性与内容的到达率。

三 广播广告逆境中求发展

2018年，传统媒体广告市场继续被新媒体蚕食，广告经营陷入冰冻期，面对硬广严重饱和、广告单价（折扣后）持续下滑等尴尬局面，经历内容和营销的洗礼，广播广告营销逐步走向多元化，特别是在拥抱互联网的实践中，找到不少广告营销的突破口。

1.场景营销，节目内容更精准

场景化营销是借助消费者所处的场景及特定的时间和空间，营造特定的场景氛围，与消费者形成互动体验、完成消费行为的过程。广播听众收听时间的碎片化带动收听内容的碎片化，同一个听众在不同场景下对收听内容的需求度都有所不同。广播根据场景进行节目内容精细化营销，在满足听众随时随地、多元场景下的收听需求之同时,实现对广播听众在特定场景氛围下的多元化营销。以"浙江之声"为例,频率定位于满足听众的新闻、文化和娱乐需求的浙江广播主频率,根据听众可能处于的不同场景,频率在不同时段分别编排具有较强目标消费者针对性的节目,上午的《大医生来了》,面对的是在休闲散步场景下的听众,下午的《我们是汽车人》,主要针对汽车发烧友。贴近用户、贴近场景的节目内容,容易引发广播听众的情绪或者情感共鸣,实现收听率、广告经营双丰富。凭借品牌节目及场景化节目,"浙江之声"实现9000多万元的创收,广告涉及旅游、房产、家装、财经、汽车、健康、时尚等行业。

2. 内容营销,建立节目营销链

从目前的发展状况来看,内容营销是解决频率时间资源紧缺的最好方式。在信息爆炸的今天,广告信息往往会一闪而过,节目内容营销则是"左手金主,右手听众",将广告融入节目内容,结合线下活动、互动环节、新媒体平台等,构建节目营销链,从不同维度放大广告的效益,最终三方共赢。

"上海动感101"的早间节目《音乐早餐》,年创收过亿元,除了节目不断创新、用优质的内容吸引人气以外,节目营销也做得相当成功。2017年光明乳业是节目的总冠名商,频率在对该节目进行宣传推广时总会巧妙地将"光明乳业"品牌渗透其中,长久来看,节目与"光明乳业"品牌产生链接效应,从而起到品牌宣传的效果;结合冠名厂家的特点设置节目互动环节,《爱回收站》就是为专业的电子产品回收平台设置的一个互动环节,在节目互动过程中传递广告主的品牌内涵,从而建立听众与广告主的情感连线,达到更强的广告效果。节目衍生的短音频节目同步登陆阿基米德FM、微信公众号、微博等平台,打造"听见快乐"的网络爆款音频。

经过多年的实践探索,节目营销链构建日趋成熟,除了广告内容的嵌入、线下活动和互动环节,节目的线上营销也已见雏形,打开了广播媒体融合"变现"之路。湖南人民广播电台"FM893音乐之声"的微信公众号增加"粉丝打赏计划"活动,火热程度可见一斑,该节目在新媒体平台采用付费方式吸引了不少线上粉丝。随着广播听众线上消费观念的转变，线上付费节目有着广阔的空间。

广播新生态日趋成熟，节目利用移动互联网平台进行的线上线下营销均有不错的效果，而效果较为明显的多为生活服务类节目。例如，《逛街》是湖北"楚天交通广播"的一档生活资讯服务节目，听众通过节目跟着主持人走进武汉老街的特色小店，频率的商城平台同期展示小店的图片介绍、老字号小店的介绍，节目内容呈现视觉效果，节目中的小店也因图文并茂显得更为立体。该节目在斗鱼平台的场外视频直播平均点播量累计突破40万次，如此线上线下的联合营销方式为节目带来300万元创收。

3. 事件营销，带动广告花费节节攀升

2018年6月世界杯期间，国内体育广播的收听数据飙升。"北京体育广播"借势营销，将世界杯受众作为原点，具体刻画世界杯听众画像，通过消费者是谁、消费者在听什么、如何在广播中互动等维度，直敲客户心门，同时还进行场景营销，迎合球迷喜欢在酒吧等娱乐场所一起看球赛的特点，大力挖掘娱乐休闲场所的个性方案，实现精确营销。有计划的借势造势，是突破广播创收的一个契机。

结　语

习近平总书记强调："全媒体时代是个大趋势，媒体融合发展是篇大文章。""终端随人走，信息围人转"成为信息传播的新态势，广播凭借"公信力＋稀缺性＋大流量＋场景化＋转化率"在移动互联时代求得新发展。2019年5G渐行渐近，广播如何有效地将云计算、大数据、移动互联网等新技术运用到广播的生产与运营中，是广播媒体融合发展的重要课题。

B.13
2018年中国报纸及期刊产业发展报告

姚 林 毛继萍*

摘 要： 2018年是传统媒体砥砺前行的一年。一方面媒体融合取得长足进展，媒体影响力、传播力明显提升；另一方面广告经营举步维艰，仍处在下降通道。报纸及期刊广告的下降持续不止，虽然与前两年相比降幅有所收窄，但仍然没有见底的迹象。报刊业新媒体传播取得进展，但新媒体经营却严重滞后。

关键词： 报刊产业经营 报纸广告 期刊广告

一 传统媒体广告市场全年下降1.5%

CTR媒介智讯广告趋势数据显示，2018年传统媒体广告市场增长率前高后低、由正转负，下半年广告增长率逐月下降，且降幅不断扩大。自11月下降13.8%后，12月降幅又高达12.1%，使传统媒体广告全年下降1.5%。在各类传统媒体中，只有电台广告刊登额保持增长，其他媒体均处下降状态。电视广告下降0.3%，资源量减少8.1%；电台广告虽然刊登额增长5.9%，资源量却下降了5.1%；报纸广告降幅维持在30.3%，资源量减少34.1%；期刊广告下降8.6%，资源量下降14.0%；户外广告下降14.2%，资源量减少了19.1%（见图1）。

---

* 姚林，央视市场研究（CTR）资深研究顾问；毛继萍，央视市场研究（CTR）战略发展部研究总监。

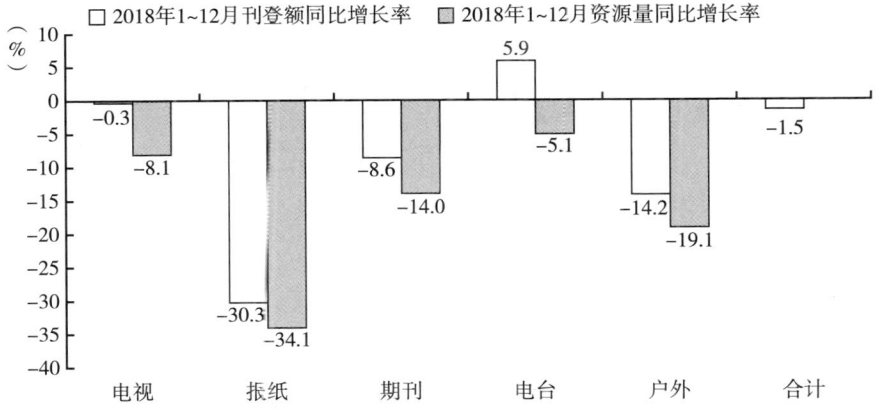

图1　2018年传统媒体广告市场增长率

数据来源：CTR媒介智讯，2018。

二　2018年中国报纸产业经营趋势

1. 报纸到达率持续下滑，读者构成有所改善

2018年报纸日到达率继续下滑，降至历史新低的25.4%，与2013年相比，报纸读者减少了近一半，报纸读者向互联网转移的趋势仍在继续（见图2）。

但是，在报纸读者减少的过程中，读者构成却有所改善。从年龄结构看，25~44岁读者占比达到52.8%，成为报纸最主要的读者群体。从学历来看，大专以上的高学历读者占比则从2013年的不足半数提高到71.0%。数据显示，报纸读者规模虽在减少，但社会主流人群依然对报纸有需求。

2. 报纸广告继续下降，全国性报纸广告恢复增长

2018年报纸广告额降幅虽然有所收窄，但下降的趋势依然没有改变，降幅仍维持在高位的30.3%。2018年报纸广告额有五个月月度环比增长，其中3月环比倍增，11月和12月出现连续两个月环比增长。但月度同比都在下降，其中降幅最小的是1月，下降了16.6%，而第四季度各月降幅都低于年度平均降幅。如果能够保持降幅收窄的趋势，2019年报纸广告降幅

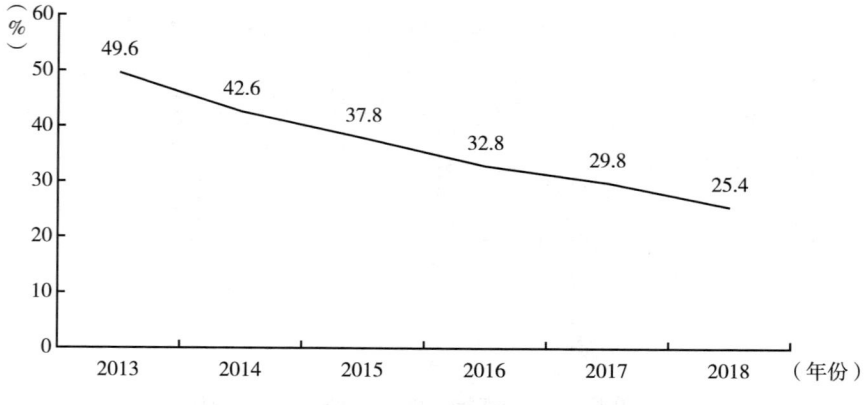

图2 2013~2018年全国报纸日到达率变化趋势

数据来源：CTR-CNRS全国城市居民调查，2013~2018。

将有可能回落到30%以下。

全国性报纸广告恢复增长是2018年报业广告市场的亮点。在报纸广告下降不止的趋势中，全国性报纸广告增长了10.2%，这得益于在广告经营方面媒体融合的深化。以《人民日报》为代表的全国性报纸在媒体融合方面取得的实质性进展，终于反哺到广告经营。

2018年，党政机关报广告经营总体呈现下降趋势，但也有个别几家的广告逆势增长。根据在2018年全国报刊广告经营总结大会上党报论坛所提供的信息，有近20家省级党报恢复了广告增长，其中，《南方日报》、《湖北日报》、《河南日报》、《湖南日报》等多家省级党报广告收入均创历史新高。2018年，全国党报广告合计降幅为9.5%，其中省级党报降幅大幅收窄至6.7%，市级党报降幅为20.3%。

3. 2018年报纸广告前20位品牌投放状况

2018年报纸广告的前20位品牌投放与2017年相比依然升多降少。广告投放增加的5个品牌分别是中国电信、中国平安人寿保险、格力、中诺、美观天下（见图3）。而这5个品牌，均是2018年增加了投放量而新进入前20位的。

2018年广告投放前20位的品牌构成，在一定程度上反映了报纸广告的品牌趋向。在前20位中最多的是银行品牌。虽然这几家银行的投放都存在一定幅度的减少,但却成为报纸广告最稳定的广告主。再加上保险公司的投放,使得金融业成为报纸广告的第一大行业。

房地产品牌中仅有恒大和碧桂园两家,其广告投放均呈下降趋势,房地产已经不再是报纸广告的第一大支柱行业。而在前20位中,汽车品牌也只剩广汽传祺一家,且投放也在减少,汽车行业也很难再恢复报纸广告支柱的地位。

前20位品牌广告投放合计同比下降了14.0%,其他品牌投放同比降幅为32.6%。

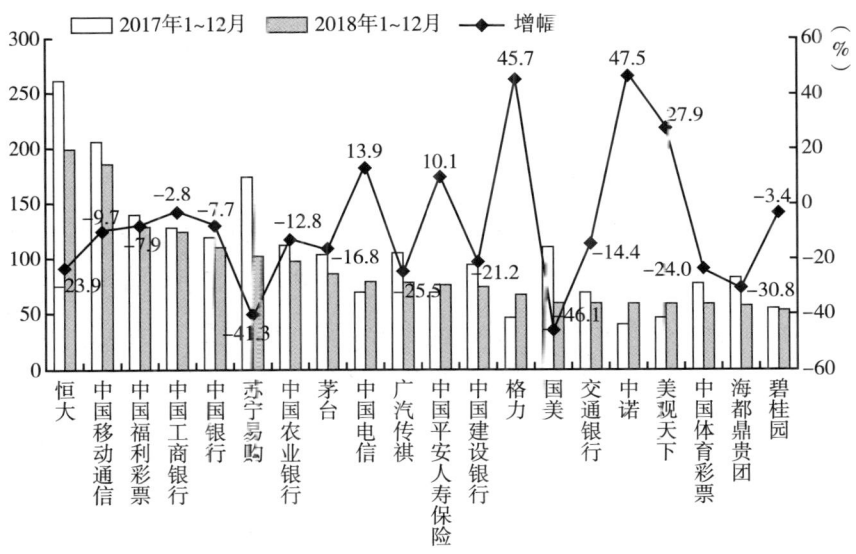

图3　2018年报纸广告前20位品牌投放状况

数据来源:CTR媒介智讯,2018。

三　广告互联网化趋势下,报业的"互联网+"经营之路

2019年,距中共中央首次提出媒体融合已有5年时间。在此期间,报业在融媒体的建设上收获颇丰,许多报业衍生出的新媒体产品用户规模庞大,甚至远超其高峰时期的读者规模。但在其发展过程中也暴露出许多问

题，尤为明显的是：报业新媒体产品发展迅速，但其经营方式却稍显滞后。广告经营作为媒体经营的核心，其发展却显得愈发艰难。究其原因，主要是传统媒体及其衍生的新媒体产品难以适应互联网广告的环境和经营方式。

1. 广告互联网化

2018年，在中国传统媒体广告规模持续下滑的同时，互联网广告的规模迅速增长至超3600亿元，占中国广告市场的67%。广告市场的互联网化趋势，会随着移动互联网的飞速发展而愈发明显。

随着互联网的深入发展，广告市场的互联网化主要显示出两个基本特征：第一，互联网广告成为广告市场的主要增量；第二，创新广告形式是互联网广告的关键。互联网广告主要有电商广告、分类信息广告、社交广告等多种形式。这些广告形式在不断满足广告主营销需求的同时，也推动了互联网广告的发展，加深了广告市场的互联网化。

在众多互联网广告形式的创新中，电商广告、社交广告、搜索广告等成为小微广告主的最优选择。互联网广告形式的创新激发了小广告主的营销需要，许多小微企业甚至个体经营者，都通过不同的互联网广告形式，找到了产品推广的良好途径。互联网广告发展的长尾效应特征由此产生。

2. 报业经营应在互联网广告的发展中寻找启示

传统的报纸版面广告经营与互联网化的广告难以兼容，新形势下报业广告难保不会被边缘化。在互联网时代遵循互联网的经营规律，融媒体经营紧跟互联网化形式，报纸广告的经营必须要在新媒体经营的创新中寻找出路。

"好的内容带不来流量增长，面对用户群体没有数据监测统计也无法实现精准投放，效果测评跟不上投放频率"，这些都是传统报业在新媒体经营中需要直面的困境。这些困境出现的最主要原因就是传统媒体依然沿用传统的广告经营方式来经营互联网广告，而这种问题在传统媒体中是普遍存在的。

互联网经营的一个核心要素是流量。流量红利的产生主要归因于互联网用户的快速增长，但在中国，网民增长和用户上网时长的增长均已接近饱和，互联网市场的竞争也将由争夺流量转入争夺存量。当更多报业新媒体还在致力于提升流量时，流量红利已经成为过去时，流量的争夺变得更加困难。

大数据和算法是互联网经营的核心要素，大数据和算法推动了互联网经营和互联网广告的发展。如何凸显流量的价值、如何精准投放各种新形势的广告，都需要以大数据和算法为基础。算法技术的应用也是目前报业在新媒体建设方面的一个短缺、薄弱环节。大多数报业新媒体产品都存在一个现象：有用户数据却没有大数据和算法，也就无法实现精准的价值营销。

在广告互联网化的大环境下，报业新媒体的经营也必然要走"互联网+"的道路。在向互联网广告经营的转型过程中，报业应该学习和应用互联网广告经营的方式，向广告互联网化过渡，开拓新的经营之路。

四 2018年中国期刊受众止跌回升

2018年纸媒中的期刊和报纸呈现出相反的趋势变化，受众的到达率止跌且微升。连续下跌4年后止跌，说明期刊的到达率基本稳定（见图4），最终留住了那些长期阅读期刊的忠实读者。

在纸介期刊到达率止跌的同时，数字期刊发展在2018年呈现出快速向上的趋势，数字期刊出版已经成为区别于传统出版的重要出版方式。在2016年数字期刊到达率超过纸介期刊后，2017年、2018年持续快速增长。这表明，读者并没有放弃期刊，只是阅读方式发生了变化。

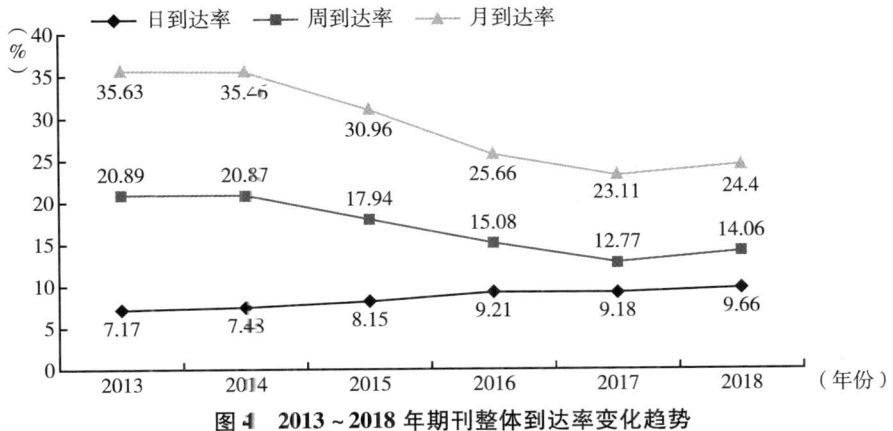

图4 2013~2018年期刊整体到达率变化趋势

数据来源：CTR中国城市居民调查（CNRS-TGI），2018。

五 期刊广告市场仍在下滑，但降幅明显收窄

2018年中国期刊广告市场仍然不太理想，整个广告市场稳中略降。自2013年中国期刊广告市场转入下降通道后，相较于2016年的大幅下降，2018年下降8.6%，已经相对缩窄很多。

1. 各行业期刊广告投放降幅普遍收窄

2016年各个行业的期刊广告投放遭遇全面下滑，2017年各行业普遍出现跌幅收窄，2018年则延续了收窄趋势。部分行业虽然在期刊上投放量不大，但实现了正向高增长，主要是酒精类饮品、食品、药品和家用电器。

期刊广告资源的集中度非常高，前三个行业的广告集中度高达70%左右，分别是：个人用品行业、化妆品/浴室用品行业和交通行业。这三个行业广告投放下降幅度已经没有2016年和2017年那么明显，个人用品从前两年23.4%、16.1%的降幅收窄到2018年的6.1%，化妆品/浴室用品从前两年的38.4%、26.5%收窄到2018年的8.3%，交通从前两年的34.5%、22.3%收窄到2018年的19.7%。其中，化妆品/浴室用品收窄幅度最大。

2018年房地产市场出台了诸多新政，影响了期刊广告投入，下降幅度从2018年的20.8%扩大到的34.1%。除房地产/建筑工程行业出现了更大的跌幅外，其他行业跌幅都有所减少（见图5）。

2. 前20位品牌广告投放普遍稳定

从前20位广告投放品牌来看，国际奢侈品牌依旧是投放主力，贡献额最大，尤其是日化和服装奢侈品品牌。

期刊投放前4位位序变化不大，投入也基本保持稳定。头部品牌中，变化最大的是雅诗兰黛，2018年期刊投放量大幅下降，与之相反，阿玛尼和欧米茄却加大了投入。处在11~20位的品牌中，一汽大众奥迪、圣罗兰、蒂芙尼三个品牌投入增加较多，其中圣罗兰投放增幅高达99.2%。除此之外，其他品牌基本趋于止跌（见图6）。

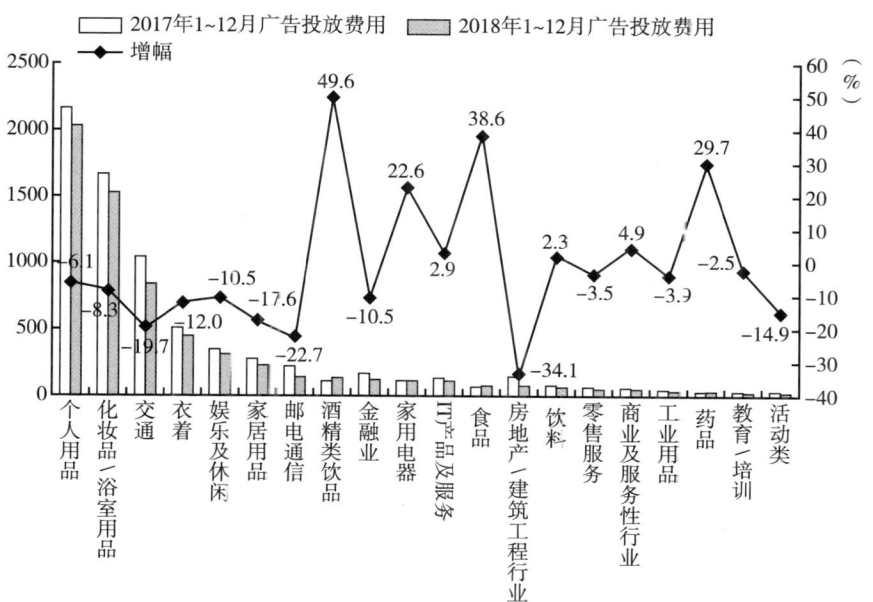

图 5　2018 年期刊主要行业广告投放趋势

数据来源：CTR 媒介智讯，2018。

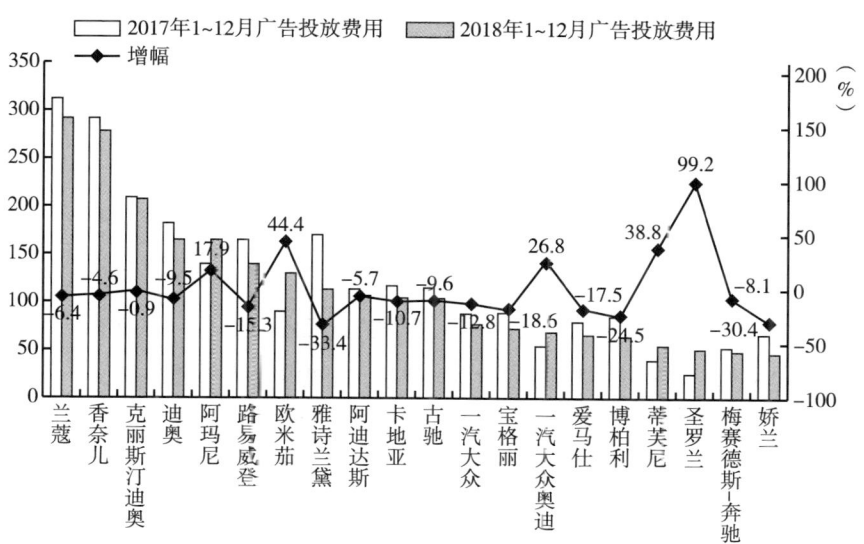

图 6　2018 年期刊广告前 20 位品牌投放情况

数据来源：CTR 媒介智讯，2018。

六 受众媒体内容减法时代，专业性内容更具有生命力

观众开始进入做减法的时代，他们需要的不是所有内容，而是好的内容。如果不能提供更好更精致的内容，传统媒体的优势地位将面临暂时衰微的尴尬。如何根据碎片化时代信息流动方向，结合媒体自身独特性，为用户提供更有价值的信息是期刊媒体面临的重要问题。

1. 受众偏好基本稳定

受众偏好的期刊类型变化不大，健康、文学文摘类、财经管理、旅游、新闻时政类依然是主体。但是同时，文学文摘类和健康类杂志的地位近几年逐年衰微，一方面与数字媒体时代、自媒体时代此类内容信息获取渠道简单，同质化较多，重复转载率较高有关；另一方面，碎片化时代人们注意力有限，且向移动端数字化媒体倾斜。在圈子文化和社群效益的同时影响下，人们对此类刊物的关注率下降。

2. 专业性更强的刊物生命力会得到延续

专业性和灵敏性是期刊的生命力。期刊留存读者的忠诚度逐渐提升、受众的稳定也能说明专业性是他们选择期刊的一个重要原因。因此，不管大环境如何变化，深度报道、专业性强的文字，或者最新趋势和潮流信息的分享，才是期刊生命力的保证。

3. 未来期刊的传播应有效突破单点信息支撑

期刊在为受众提供专业内容的同时，还应当以用户为核心，进行社交化运营并为用户提供垂直服务，提升媒介依赖度，突破单点信息支撑。同时也要充分利用技术，用技术赋能内容生产和内容增值；用技术加强内容传输方式，加强与外部平台的合作。随着信息共享和 UGC 迅速崛起，人人成为生产者，媒体的编辑功能被颠覆。技术潮和算法也影响到媒体运营和广告运作的各个环节，信息需要重新聚拢，信息的管理也随之发生变革。这些变化都将对期刊运营的未来形成挑战和考验。

B.14
2018年中国图书出版产业发展报告

魏玉山*

摘　要： 2018年，管理体制的改变、供给侧结构性改革的深化、出版社公司制改革等一系列举措，对出版业的发展产生了深远的影响。新技术的运用对出版业的促进是全方位的，传统图书与技术的融合进一步加快，出版内容服务将更加丰富。实体书店通过对业态的丰富吸引更多的年轻消费者。

关键词： 图书出版　出版改革　技术融合

一　图书出版业总体向好①

1. 图书出版社微增

2017年全国图书出版社共有585家，比2016年增加1家。新增加的出版社名为人民天舟（北京）出版公司，由人民出版社、中国少年儿童出版总社与民营的湖南天舟文化股份有限公司联合创办，是以面向海外市场、出版外文图书为主营业务的混合所有制企业。

2. 新书出版下降，重印书出版增长

2017年，全国图书出版出现了两个明显的结构性变化：一是新书品种

---

* 魏玉山，中国新闻出版研究院院长、研究员。
① 主要数据来源：国家新闻出版署，《2017年新闻出版产业分析报告》《2017年全国新闻出版业基本情况》。截至本文结稿，2018年相关图书出版统计数据尚未公布，所以引用2017年数据进行分析说明。

与印数多年来首次下降，全年出版新图书255106种，与上一年相比降低2.79%，总印数22.74亿册（张），较上一年降低5.58%；二是重印书的品种与印数首次超过新书，全年出版重印书257381种，与上一年相比，品种增长8.39%，总印数53.87亿册（张），与上一年相比增长5.25%。新书与重印书比例的变化，是出版业加快供给侧结构性改革的结果。

3. 图书价格小幅提升

受多种因素影响，2017年图书价格小幅增长。其中书籍平均定价22.95元/册、2.5元/印张，较上一年分别上涨了7.9%与4.6%；课本的平均价格为10.95/册、1.38元/印张，较上一年分别提升1.1%和2.2%。

在书籍的各门类当中，由于用纸、印刷及人工的成本不同，其平均定价差别很大，比如社会科学类图书平均43.36元/册，哲学类图书平均42.10元/册，医药卫生类图书平均50.05元/册，文学类图书28.27元/册，文化、科学、教育、体育类图书平均仅为13.08元/册，因此不同的读者群体对图书价格的感受是不同的。

4. 图书零售小幅增长

2017年全国图书零售总量为70.21亿册，零售总金额为850.84亿元，与上一年67.09亿册、795.56亿元相比，分别增长4.65%和6.95%，中国图书市场仍然具有一定的活力和潜力。

5. 图书版权输出与引进数量一增一降

2017年全国输出图书版权10670项，比2016年增加了2342项，引进图书版权16587项，比2016年少了567项。中国出版"走出去"战略的效果越来越明显。从图书版权贸易总体情况来看，美国、英国、法国、德国、日本、韩国是与中国进行版权贸易最多的国家，另外，随着"一带一路"倡议的提出和影响力的不断扩大，中国对越南、泰国、印度尼西亚、印度、尼泊尔、吉尔吉斯斯坦、阿联酋、黎巴嫩、埃及等"一带一路"沿线国家和地区的版权输出也逐年增加。

6. 图书出版产业平稳增长

2017年全国图书出版实现营业收入879.6亿元，较上一年增长5.7%，实现利润总额137.5亿元，较上一年增长2.4%，在所有新闻出版产业门类当中，其增速低于数字出版（23.6%）、电子出版物出版（13.29%），但是高于期刊出版、报纸出版、出版物印刷复制、出版物发行等门类，这表明图书出版受数字化、网络化的影响比报刊业小。但是从新闻出版产业总体来看，如果不包括数字出版产业，新闻出版业产业营业收入的增长仅有4.5%，低于同期国民经济的增速（据国家统计局数据，2017年全国GDP增速6.9%），这表明传统出版产业的发展已经受到限制，增长空间越来越小，图书出版如果不加快转型升级，其未来的增幅可能继续会收窄。

二 图书出版改革进一步深化

2018年是中国发展的关键一年，党和国家对结构改革的总体推进，不仅重构了中国出版业的管理体系，也对出版市场体系、出版产业体系等产生了深远的影响。

1. 建立党政合一的出版管理机构

新中国成立以来，国家对出版业的管理一直是由党的部门与政府部门分别设置、共同管理的模式，即在各级党委宣传部内设出版管理机构，又在各级政府部门内设立出版管理机构。这种模式一直沿用至2017年。2018年第一季度，中共中央先后印发了《关于深化党和国家机构改革的决定》和《深化党和国家机构改革方案》两份重要文件。将国家新闻出版广电总局的新闻出版管理职责划入中宣部，中宣部对外加挂国家新闻出版署（国家版权局）牌子，加强了党对新闻舆论工作的集中统一领导和对出版活动的管理。各省、区、直辖市的新闻出版机构改革参照中央机构改革方案进行。把党的出版管理机构与政府出版管理机构合二为一，由党委宣传部统一管理出版工作，这是出版管理体制的一次重大改革，其历史意义深远。

2. 出版单位公司制改革基本完成

2018年，由财政部和中宣部联合发布的《中央文化企业公司制改制工作实施方案》提出：2018年年底前，国家财政部代表国务院履行出资人职责的中央文化企业,全部改制为按照《中华人民共和国公司法》登记的有限责任公司。按此要求,已经转企尚未完成转制的中央部委所属出版社,开启了第二轮的改革工作。公司制改造为出版社的未来发展与改革奠定了基础。

3. 延长与扩大出版业税收优惠政策

为支持文化体制改革,国家对出版业实施了一系列的财税优惠政策,包括出版物出版、发行的增值税,出版发行企业的所得税等。2018年第二季度,财政部、税务总局发布了《关于调整增值税税率的通知》和《关于延续宣传文化增值税优惠政策的通知》两个文件,这是继2017年发布《关于简并增值税税率有关政策的通知》后,国家在税率优惠方面的延续。在新政策下,图书、音像制品和电子出版物等的销售/进口税由13%降至11%,增值税由11%降至10%,同时还把2017年底到期的文化企业增值税优惠政策延续至2020年年底。

4. 出版业的改革与发展受到中央深改委的关注

2018年11月,《关于加强和改进出版工作的意见》和《关于深化改革培育世界一流科技期刊的意见》两个与出版业相关文件在中央全面深化改革委员会第五次会议审议后通过。中央一次会议同时出台两个出版方面的文件,在历史上是不多见的,这表明中央对出版工作的高度重视以及继续推进出版改革的决心。

5. 国务院出台出版改革与发展的政策

2018年12月18日,《国务院办公厅关于印发文化体制改革中经营性文化事业单位转制为企业和进一步支持文化企业发展两个规定的通知》发布,从公司制股份制改革、国有文化资产管理、分配制度、财政收入、法人登记、党的建设等11个方面,对国有文化事业单位转制为企业的若干具体问题做出明确规定。通知所涉及的内容很丰富,对出版单位的发展具有重要的政策引导与保障作用,特别是免征5年企业所得税,其含金量非常高。

6. 加大书号调控力度，引导出版业高质量发展

在党的十九大提出我国经济由高速发展转向高质量发展以后，出版界就如何实现高质量发展进行研究，其中一个方面就是提高出版质量、控制图书品种。2018年，国家出版管理部门对书号发放数量进行了调控。2018年上半年，全国共申报各类图书选题141527种，比上一年同期减少9406种，同比下降6.23%。① 书号调控政策使不少中小出版社感到压力，尤其是以教辅为主的民营书业企业。当然，出版业的高质量发展并不是减少图书出版数量就能解决的，需要解决的是在创作源头和科技应用等方面出现的问题。

三 图书出版业热点与亮点

1. 主题出版引发阅读的新趋势

2018年1月，相关部门联合印发《关于做好2018年主题出版工作的通知》，在文件内容精神的引导下，确定了当年出版主题。2018年度，《习近平新时代中国特色社会主义思想三十讲》、《习近平谈治国理政（第二卷）》、《党的十九大报告辅导读本》等一大批图书成功出版，并且受到了读者的追捧，许多图书进入畅销书排行榜。

2. 图书编校质量检查力度加大

2018年，国家继续加强对图书质量的检查。3月，国家新闻出版广电总局印发了《关于开展出版物"质量管理2018"专项工作的通知》，此后各省、自治区、直辖市重点围绕社科、文艺、少儿、教材教辅等类别的出版物开展编校质量检查。除各出版单位开展自查外，国家新闻出版广电总局共组织抽查出版物355种，核查后认定其中65种出版物编校质量为不合格，涉及41家出版单位。②

3. 纸张价格上涨引发热议

2017年下半年开始，纸张价格持续上涨，到2018年第二季度，纸价上

---

① 参见 http://dy.163.com/v2/article/detail/DOI191FP0512DFEN.html。
② 参见 http://www.pqsi.org.cn/ZJWebAdmin/Html/20181130111118.html。

涨对书价的拉动已经成为行业和社会热议的话题之一。① 由于环保压力加大，一些小型造纸厂关闭，一些造纸厂减产，加之国家对废纸进口的控制和国外纸浆的涨价，国内印刷用纸价格持续提高。纸张价格的提高对出版单位的影响极大，出版社、报社、期刊社等纸媒企业的利润空间被大大压缩。

4. 听书行业快速增长引起关注

在书报刊阅读不景气的情况下，听书这种特殊的阅读方式却发展迅速。2017 年，中国 18 岁及以上公民的听书率为 22.8%，同比提高 5.8 个百分点；18 岁以下公民的听书率为 22.7%，与成年公民听书率基本持平。其中，14~17 周岁青少年的听书率最高，达 28.4%。听书的快速发展得益于听书平台的发展和出版社对听书的重视。许多出版社把优质的图书制作成可听的电子书，一些公司还邀请著名的播音员录播图书，许多听书平台如懒人听书、喜马拉雅、蜻蜓 FM、听书网等吸引投资，共同助推听书行业的发展。

---

① 参见 http：//baijiahao. baidu. com/s？ id = 160484801973；http：//www. chinapaper. net/news；http：//ent. cnr. cn/zx/20180927/t20180927_ 524371571. shtml。

B.15
2018年中国图书零售市场发展报告[*]

杨 伟[**]

摘 要： 2018年是中国图书零售市场稳步发展的一年，虽然新书品种数量小幅收缩，但整体图书零售码洋规模继续保持两位数以上增长，线上渠道对整体零售市场的带动作用依然非常强劲。虽然实体书店渠道零售码洋规模在2017年的正向增长之后再次出现负增长，但是全国范围内的新开实体书店浪潮已然开始，各种新型实体书店不断涌现，整体市场正在酝酿新的变化。

关键词： 图书零售市场 实体书店 畅销书

一 全球纸质图书零售普遍回暖，中国市场增速稳定

2018年，中国纸质图书零售市场继续保持快速增长，码洋规模达到894亿元，年度增长率为11.3%。虽然增长速度与前几年相比稍有回落，但整体说来，中国图书零售仍旧处于稳定发展的阶段（见图1）。全年首次动销的新书品种数达到20.3万种，与上一年度新品出版规模基本持平。

与全球多个国家相比，中国纸质图书零售的整体发展速度仍旧是非常可观的。根据NPD集团和Nielsen BookScan的数据观测，全球主要英语国家图

---

[*] 特别说明：本文数据除特别标注外均来源于北京开卷信息技术有限公司自1998年建立的"全国图书零售市场观测系统"。截至2019年1月，开卷全国图书零售市场观测系统采样已经覆盖全国6000余家实体书店和网上书店。

[**] 杨伟，北京开卷信息技术有限公司副总经理。

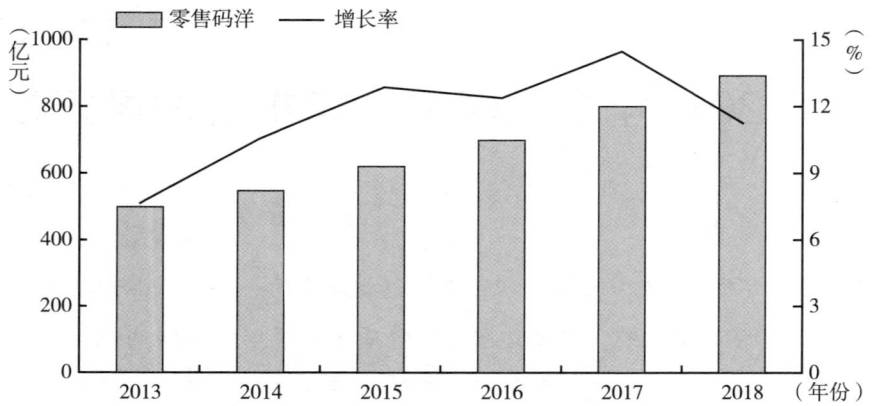

图1　2013～2018年中国图书零售年度码洋规模与增长速度对比

数据来源：开卷，2018。

书零售市场在2010年之后经历了电子书分流影响纸质书销售的过程之后，多个国家都在近几年陆续迎来了纸质图书销售的复苏。2018年，美国和英国市场分别实现了1.3%和0.3%的销售增长，爱尔兰、意大利、印度、澳大利亚、新西兰等国家也分别实现了不同程度的销售增长。在NPD集团和Nielsen BookScan跟踪观测的市场当中，只有南非市场在2018年出现了负增长。

二　图书零售线上线下探索不同模式创新

近10年来，在图书零售整体规模不断增长的同时，实体书店渠道的增速下降与网上书店渠道的快速崛起一直是我国图书零售渠道格局变化的主要表现。

1. 折扣售书是线上渠道图书零售持续增长的重要推动力

电子商务对社会零售业影响力不断加大，而科技发展推动的技术应用创新无疑也是整个图书零售行业快速发展的重要原因。网上书店渠道的持续快速增长很大程度上得益于线上零售在科技手段和经营模式方面的不断创新，从"自营电商为主"到"平台电商快速崛起"，以及自媒体电商、社群电商的出现，在不同的阶段给图书线上零售持续注入动力，也促成了线上渠道销售规模的扩展。到2018年，我国线上图书零售的码洋规模达到570亿元，年度增长率接近25%。

2018年国内主要电商平台以标注售价反映的全年折扣水平为"62折"，也就是说平均来看网上书店渠道销售的图书按照62折进行销售，而这一指标还没有包含各类"累加促销"的影响。相比于实体书店"会员日"、"会员价"的促销力度，网上书店渠道常态化的打折幅度对读者非常有吸引力。而在售价基础上不定期的"满减"、"返现"等促销形式更是成为刺激读者在网上书店渠道购书的重要原因。

2. 实体书店转型升级推动新开书店热潮

随着实体"智慧书城"和新型书店建设的不断推进，以及与传统零售有别的"新零售理念"被不断引入书业，越来越多的实体书店在面貌变化和经营创新方面不断尝试，这也带动越来越多的顾客回流到实体书店。近两年来新开实体书店爆发式增长，一方面，新华书店推进各种类型的发行网点建设，校园书店、社区书店、商场书店等不同类型门店网点不断丰富；另一方面，民营连锁品牌也纷纷加快了新开实体书店的节奏。截至2019年初，西西弗门店数量突破200家；言几又、钟书阁、中信书店的门店数量也在近一两年之间大幅增长。从这一轮新店开业的热潮来看，既有书店行业内部转型升级的需要，也有商业地产丰富业态组合的需求带动，更有行业主管部门政策引导的原因。众多实体书店开启的背后，代表了更多书业人的思考和尝试，在这一过程中，也一定会为图书零售市场带来更多新的可能。

三 少儿、社科、教辅教材三类是图书零售市场发展主力

2018年，少儿图书占图书零售市场码洋的比重达到25.19%。少儿图书市场在过去近10年的持续、快速增长，使得该细分类自2016年开始超越社科类成为码洋规模最大的类别。除了少儿类以外，社科类、教辅教材类和文艺类这三个类别也一直是图书零售市场上码洋规模较大的细分类（见图2）。

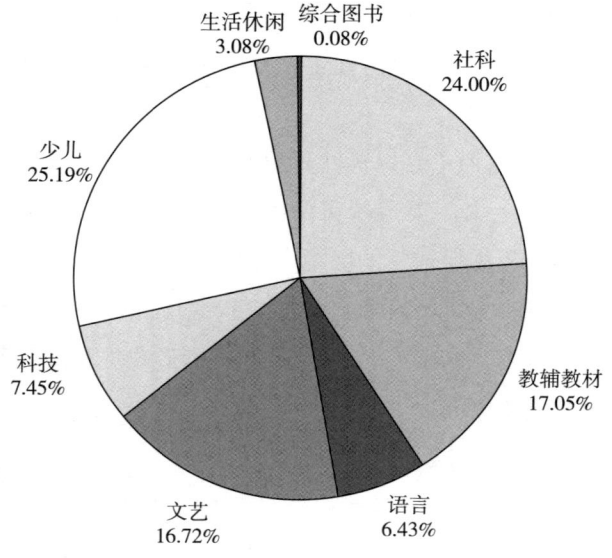

图 2　2018 年全国图书零售市场码洋结构分布

数据来源：开卷，2018。

2018 年图书零售市场中增长最快的类别分别是教辅教材类、社科类、科技类和少儿类。其中教辅教材类图书年度增长率达到了 21.1%，远远超过整体市场平均水平（见表 1）。少儿类、社科类和教辅教材类不仅在码洋规模上明显大于其他细分类，而且在各个细分市场的年度增速方面，这三个类别的优势同样也非常突出。2018 年这三类图书的年度增长贡献率都超过了 29%（见图 3）。

表 1　2018 年图书零售市场中各分类市场规模比较

单位：%

一级市场	码洋比重	码洋比重同比变化	品种比重	品种比重同比变化	同比增长率
少儿	25.19	+0.54	14.23	+0.56	13.7
社科	24	+0.64	24.24	-0.33	14.4
教辅教材	17.05	+1.38	18.13	+0.90	21.1
文艺	16.72	-1.86	16.41	-0.09	0.2

续表

一级市场	码洋比重	码洋比重同比变化	品种比重	品种比重同比变化	同比增长率
科技	7.45	+0.17	17.57	-0.51	13.9
语言	6.43	-0.13	4.91	-0.33	9.1
生活休闲	3.08	-0.72	4.48	-0.2	-9.8
综合图书	0.08	-0.01	0.04	0.00	—
整体市场合计	100	—	100	—	11.3

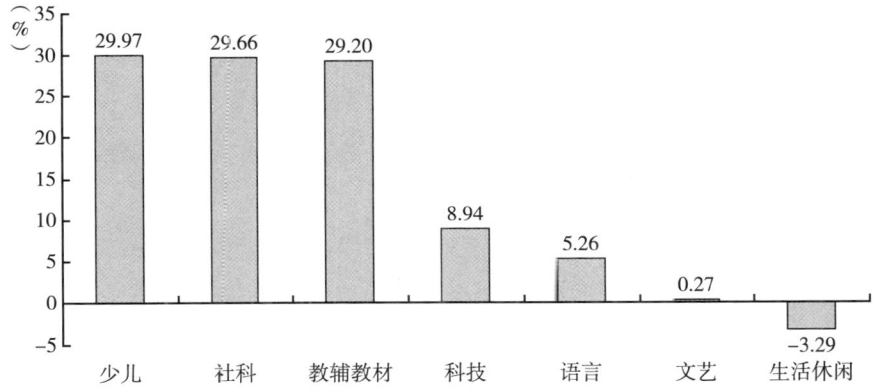

图3 2018年各细分类对整体市场增长贡献率

数据来源：开卷，2018。

四 新书畅销热度不足，经典老书仍是畅销主力

1. 新书畅销热度不足，老话题仍是榜单主力

2018年，热度最高的畅销话题仍旧主要聚集在经典著作、主题出版、治愈暖文、传统文化等方面。

从畅销书角度来看，图书市场中依然没有出现超级火爆的大众畅销书，新书的表现相对缺乏活力。在零售三大榜前十名中只有3本是2018年上市新书，分别是大冰的新作《你坏》，主题出版《梁家河》以及"笑猫日记"系列最新册《又见小可怜》，即使是新上市的图书，也是以

往畅销书作者或畅销系列新作。虚构类、非虚构类和少儿类年度TOP100榜单中，当年新书的数量均不足20种，尤其是虚构类榜单中当年新书只有6种。

从作家销售统计数据来看，2018年在大众阅读三个方向（虚构/非虚构/少儿三大类）的统计当中，排名第一的作家和2017年完全相同，依然是东野圭吾、大冰和杨红樱。

2. 媒体热点带动阅读，新生代明星对大众畅销榜单影响明显

无论是从年度畅销榜单还是从畅销作家来看，"老面孔"成为榜单最大的特点。但是作为永远站在"阅读晴雨表"潮头的畅销书榜单也仍旧留下了这个时代的痕迹，这其中媒体和名人的影响不容小觑，尤其是新媒体、新传播渠道的热点也在某些热点话题方面影响着我们的阅读。

2018年情感主播蕊希、"奇葩说第五季"导师李诞推出新作，网文改编的图书《无羁》、《撒野》以及受热播网剧《镇魂》影响的《默读》等均在开卷月度虚构类畅销书榜单中。"网红经济学家"薛兆丰的《薛兆丰经济学讲义》不仅在APP平台上大火，其在线课程内容成书之后的图书产品也受到了读者青睐。

与此同时，娱乐明星也开始给畅销书话题带来突出的影响。一方面，这些明星凭借自己的影响力，使其直接出版的图书销售表现优秀——TFBOYS组合关于"十年之约"的《2023非虚构成长》和王俊凯的《十九岁的时差》成功进入开卷非虚构类年度畅销榜单；另一方面，明星的一言推荐可能让成名多年的常销书一时纸贵，年度虚构类榜首书《活着》在2018年热度大幅提升就与此有直接关系。

3. 线上线下畅销结构有差别，年度最畅销图书TOP10仅重合两本

线上渠道与线下渠道的畅销书话题结构也与往年类似，实体书店畅销书以小说和少儿文学为主，而在线上渠道，少儿绘本的影响力则进一步放大。

从最畅销的图书来看，两个渠道的热点差异也非常明显。实体书店渠道最畅销的图书是《梁家河》和《习近平的七年知青岁月》；而在网上书店渠

道当中,排在前三甲的畅销图书依次是《活着》(作家社版)、《别输在不会表达上》和《三体》。在两渠道的 TOP10 榜单对比中,完全重合的图书仅有一本——《解忧杂货店》。另外,《活着》在两渠道榜单都有上榜,但是却是不同的版本。

畅销榜单的渠道差异,一方面固然可以反映出不同渠道读者的阅读偏好差异,另一方面也与不同产品销售策略以及线上营销力度的差别直接相关。

B.16
2018年中国数字出版产业发展报告[*]

朱春阳 孙宇[**]

摘　要： 2018年，中国数字出版产业政策转型升级，"提质增效"导向进一步强调；知识付费渐入佳境，有声阅读市场爆发式增长；版权环境日益优化，版权市场持续繁荣。但同时，中国数字出版产业发展的数字化转型仍待提高，人才成为制约产业发展重要因素，侵权问题困扰产业发展。行业必将面临重新洗牌，用户细分将进入深耕阶段，数字教育将成为产业发展重要增长极。

关键词： 数字出版　知识付费　人工智能　有声阅读

一　近年来数字出版产业发展基本情况

1. 数字出版产业整体保持高速增长

中国数字出版产业整体收入规模从2006年开始，保持着年均30%以上的增长速度，2017年首次突破7000亿元大关，总收入为7071.9亿元，同比增长率为23.62%（见表1）。板块方面，2017年互联网广告和移动出版仍然占据收入榜前两位（分别为2957亿元和1796.3亿元，占总收入的

---

[*] 本文为国家社科基金重大项目"中国文化走出去'提质增效'研究"（项目编号17ZD06）阶段性成果之一。
[**] 朱春阳，复旦大学新闻学院教授、博导；孙宇，复旦大学新闻学院博士研究生。

41.8%和25.4%），在线教育板块发展迅速，2017年首次突破1000亿元大关，超过网络游戏位列收入榜第三。但是，传统的图书、报纸、期刊数字出版收入却差强人意。

表1 中国数字出版产业收入规模及增长率

单位：亿元，%

年份	2006	2007	2008	2009	2010	2011	2012	2013	2014	2015	2016	2017
整体收入规模	213	362.42	556.56	779.4	1051.8	1377.9	1935.5	2540.4	3387.7	4403.9	5720.9	7071.9
同比增长率		70.15	53.57	40.04	34.95	31.00	40.47	31.25	33.35	30.00	29.91	23.62

数据来源：《中国数字出版产业年度报告》，中国书籍出版社，2006~2017。

2. 数字出版占出版产业比重快速上升

数字出版产业整体收入占出版业整体收入规模持续提升，纵览2010年以来我国出版业整体收入规模，从12375.2亿元上升到25191.1亿元，增长约100%，但同比增长率呈下降态势；而与此同时，我国数字出版产业从1051.79亿元，上升到7071.9亿元，增长近600%，数字出版产业总营收占出版业总营收的比重从8.5%上升到28.07%（见表2）。在技术的驱动下，数字出版产业作为出版业发展趋势和核心驱动力的地位日益增强，出版业数字化变革的转型升级工作在持续推行。

表2 数字出版产业占出版业整体收入规模比率分析

单位：亿元，%

项目	2010年	2011年	2012年	2013年	2014年	2015年	2016年	2017年
出版业整体收入规模	12375.2	14569	16635	18246	19967	21656	23596	25191.1
数字出版产业整体收入规模	1051.8	1377.9	1935.5	2540.4	3387.7	4403.9	5720.9	7071.9
数字出版产业占出版业整体收入比率	8.50	9.50	11.64	13.92	16.97	20.34	24.25	28.07

数据来源：《中国数字出版产业年度报告》，中国书籍出版社，2010~2017。

传媒蓝皮书

二 2018数字出版产业关键词

1. 知识付费渐入佳境，有声阅读市场爆发式增长

艾瑞咨询发布的《2018年中国在线知识付费市场研究报告》显示，2017年中国知识付费产业规模约为49亿元，预计2020年将达到235亿元。2018年，"国家知识服务平台与知识资源服务中心"建设进入新阶段，自2016年1月正式批复筹建该机构以来，已经遴选知识服务模式试点单位110家，研发的知识服务产品已经超过200个，一个以专业出版单位、科研院所为主体的知识服务平台即将对外提供服务。

在线教育、在线音视频等知识付费模式持续发力，IP生产和运营能力提升。根据CNNIC发布的数据，截至2018年6月，国内有声阅读用户已达2.32亿人，占网民总数的28.9%。有声阅读已经成为便捷、高效、丰富和优质的新型阅读形式之一，社会接受度和市场吸引力都有明显提升，2018年度出现了爆发式增长。例如，2018年第三届喜马拉雅"123知识狂欢节"内容消费总额超过4.35亿元，是2017年的2.2倍，成为知识付费类第一大节目。2018年各出版社进一步加强与一些著名的音频平台合作，加大了对有声读物和有声读物平台的开发与投资力度。例如，人民文学出版社推出了《围城》音频版，纵横文学与蜻蜓FM达成战略合作，蟋蟀童书、心喜阅童书、盖世童书三家儿童内容出版商将独家音频版权上架到本牛科技的"牛听听"平台。

2. 人工智能方兴未艾，算法推送应用领域日益广泛

2018年，人工智能、大数据、云计算、区块链、人脸识别等技术被更进一步地应用于新闻出版业。利用机器算法实现内容的精准化、个性化推送，已成为数字内容平台的重要发力点。2018年6月，中文在线与快手达成战略合作，借助快手短视频的算法分发，将不同种类的内容作品精准触达目标用户，以期形成作者与用户之间的良性互动。7月举办的第八届中国数字出版博览会上，咪咕数字传媒有限公司展示了基于人工智能、大数据与输出深度融合的七大技术成果。科大讯飞建成全国规模最大的学业数据采集平

台，包括智慧课堂采集、教师作业扫描、区域数据中心等产品，全国已有8500所学校使用，累计用户达到1500万人。方正电子深耕数字出版领域，编辑方面实现智能审校、智能排版，出版大数据方面实现全网抓取、热点选题分析和读者特征分析等关键信息的计算功能。

3. 版权环境日益优化，版权市场持续繁荣

2018年1月7日，全国百家名社数字出版物交易平台战略合作暨"中国近代文献保护工程"推进仪式举行，拟总投资1亿元，2年内打造中国最大的数字出版物资源交易平台。日益明朗的版权保护环境为出版商纸电共同出版带来了信心，2018年5月，《百年孤独》简体中文电子版首次在国内上架并全球首发。8月23日，"中国出版协会少儿数字出版维权联盟"在北京成立，维权联盟将针对少儿数字出版面临的版权问题，通过搭建举报平台、组建律师团队、建立信息共享机制等一系列举措打击侵权行为，维护少儿数字出版产业的健康发展。

4. 多种模式推进数字出版"走出去"，探索有效国际传播新途径

2018年9月28日，图书版权输出奖励计划办公室公示了"图书版权输出奖励计划三期奖励名单"，初步确定32家单位80种图书获得图书版权输出奖励计划三期重点奖励，91家单位583种图书获得普遍奖励。自2003年开启出版"走出去"工程以来，我国先后推出了"中国图书对外推广计划"、"经典中国国际出版工程"、"丝路书香工程"等一系列"走出去"项目。近年来，又陆续推行了"'一带一路'数字文化工程项目"、"中华文化数字化全球传播计划"等数字出版"走出去"项目。在这些项目工程的支持下，我国出版企业积极践行数字出版的国际化发展，推动中华文化的全球化传播。

三 数字出版产业发展面临的问题和趋势

1. 数字出版产业发展中存在的突出问题

（1）产业结构依然不均衡

2017年12月，习近平总书记在中共中央政治局就实施国家大数据战略

第二次学习中提到加快建设数字中国的重大战略部署；2018年4月，习近平总书记在全国网络安全和信息化工作会议上指出要自主创新推进网络强国建设。在"数字中国"和"网络强国建设"的重大战略部署下，出版业的数字化转型再次迎来崭新的发展机遇。

产业层面，我国传统出版单位主营的互联网期刊、电子图书、数字报纸产业在数字出版产业总收入中所占比例仅约2%，且有逐年下降的趋势（2014年占2.06%，2015年占1.69%，2016年占1.37%，2017年占1.17%）①，这从侧面反映了传统出版单位在数字化转型和融合发展方面仍存在速度慢和融合不足的问题。中国出版集团2017年数字出版业务收入为17.2亿元，占集团总收入的14%；2017年，凤凰传媒数字出版收入为9.06亿元，占集团总收入比率不足20%。目前，国内大型出版企业数字出版营收占总营收比率普遍较低，数字化转型仍然存在融合不足和较大的提升空间。

（2）人才匮乏制约产业提质增效的推进

数字出版产业作为出版业的发展趋势和核心驱动力，对与产业发展相关人才的技术能力、管理能力、编辑能力和运营能力提出了更高的要求，但是人才匮乏已经成为制约我国数字出版产业发展的重要因素。拥有产品经理和平台运维人员的出版社超过一半，但拥有系统分析师等高端紧缺人才的出版社仅占15%。②

2018年3月在北京召开的全国新闻出版单位数字出版工作交流会宣布，将全面实施"数字出版千人培养计划"，完成试点班企业实训、国外研究两个阶段的任务。面对全球规模最大的互联网用户市场，在技术革新接踵而至且竞争环境日趋激烈的产业大环境下，如何培养面向出版业未来发展的具有全面基础素质和前瞻性眼光的高端复合型人才成为数字出版产业发展中亟待解决的问题。

---

① 数据来源：《中国数字出版产业年度报告》，中国书籍出版社，2014～2017。
② 段弘毅：《我国数字出版人才现状与需求分析》，《出版科学》2017年第3期。

（3）侵权问题严重困扰数字出版产业的可持续发展

互联网的开放性和分享低成本性造成了数字出版产品侵权的广泛性和隐蔽性，由此而造成的取证难与执法难等问题一直困扰着政策制定部门、企业和相关研究领域。2018年3月，多名作家反映喜马拉雅FM侵权；4月，网易云音乐因版权问题，下架包括周杰伦在内所有杰威尔音乐公司艺人的歌曲。① 互联网时代如何以新思路来协调线上版权保护和数字出版持续发展，依然是产业发展面临的主要困境。

从《新闻出版广播影视企业版权资产管理工作指引（试行）》、《中国网络版权产业发展报告（2018）》来看，版权产业的兴起和互联网侵权问题的困扰越来越受到政府部门的关注。企业方面，2018年1月全国百家名社数字出版物交易平台战略启动，8月"中国出版协会少儿数字出版维权联盟"成立，11月Crysto（水晶）区块链生态旗下应用指阅Dapp与中国版权保护中心签署了基于DCI（数字版权唯一标识符）体系的版权登记、版权监测及版权维权的合作框架协议，这些都体现了业界对版权问题的关注。但是，数字出版作为出版业的新形态，由于侵权手段的多样性、隐蔽性和复杂性，侵权问题的解决并非一日之功。如何从法律法规建设、技术创新应用等多角度、深层次打击侵权行为，维护数字出版产业的健康发展，仍是一个严峻的问题。

2. 数字出版产业的未来发展趋势

（1）技术驱动将进一步推动行业分化，竞争将进一步加剧

2017年国务院颁布的《关于进一步扩大和升级信息消费持续释放内需潜力的指导意见》中提到要"推动信息基础设施提速升级"，加大信息基础设施建设投入力度，加快第五代移动通信（5G）标准研究、技术试验和产业推进。5G技术前所未有的高速度、大容量和人机交互将为数字出版产业带来新一轮的巨大变革。

---

① 《世界知识产权日，我们来说说盗版这件事!》，出版商务网，http://www.cptoday.cn/news/detail/5307。

(2)用户需求细分将推动数字出版进入精细化发展

2018年4月在杭州举行的中国数字阅读大会发布的《2017年度中国数字阅读白皮书》显示,中国数字阅读市场规模已经达到了152亿元,数字阅读用户已接近4亿人,其中,青年阅读用户占比超七成。① 面对如此庞大的市场,以及用户需求差异化和碎片化等趋势的日益明朗,用户细分将是未来数字出版产业的重中之重。以用户为导向的内容需求分析将成为数字出版产业的核心要素,如何打造单位时间用户价值最大化的产品,并且实现精准投送,已经成为各个数字出版机构的工作重点。

目前,国内数字出版企业在人工智能、大数据等新技术支持下的用户识别和内容投送仍处于初级阶段,用户热度难以持续和用户流失的问题还很突出。未来需要精确识别用户的阅读习惯,深挖用户需求,建立用户标签,搭建智能化的用户服务平台。因此,数字内容的精准投送,实现流量、内容和用户价值的良性循环,将是数字出版产业发展的趋势。

(3)数字教育或将成为数字出版产业的重要增长极

数字教育是信息时代教育发展的产物,在教育信息化发展战略中,数字资源及服务一直备受关注。2018年4月,教育部印发《教育信息化2.0行动计划》,旨在依托互联网,全面推进教育现代化和教育强国建设,特别提出要建成国家数字教育资源公共服务体系。2015~2017年,我国在线教育营收出现了飞跃性增长,从2015年的180亿元,猛增到2017年的1010亿元,在数字出版产业整体收入规模中的占比也从4.08%增至14.28%。② 目前,人们的教育需求正从标准化学习向个性化和终身学习发展。随着"数字中国"等国家重大战略的实施、5G和大数据等技术的逐渐普及、学习型社会建设的逐步深入,数字教育将在我国教育现代化中日益发挥重要作用,其灵活性、节约成本和提升效率的独特优势将逐渐显现,未来将成为数字出版产业的重要增长极。

---

① 《第四届中国数字阅读大会举行 数字阅读青年用户超2.8亿》,中国青年网,https://baijiahao.baidu.com/s?id=1597687782381897240&wfr=spider&for=pc。
② 数据来源:《中国数字出版产业年度报告》,中国书籍出版社,2015~2017年。

B.17
2018年中国新媒体市场发展报告[*]

彭 兰[**]

摘　要： 2018年，移动互联网用户市场的下沉趋势更为明显，但用户对优质内容的需求并没有"沉没"。中老年新媒体用户规模扩张，但在科学素养与媒介素养方面存在盲区，有待媒体的进一步"扫盲"、开掘。用户区隔需求增加为垂直市场带来新空间，垂直化媒体需要对用户多个维度进行分析以更好地进行市场细分。在新媒体产品不断强调"连接"时，过度连接也对用户产生压力，"反连接"张力增强，这也会带来新媒体产品的摇摆。

关键词： 新媒体市场　用户下沉　垂直媒体　互联网逻辑

移动互联网的普及带来了新媒体市场的结构化运动，2018年，结构化运动带来的特征愈发显著。媒体、移动互联网服务商及开发者对市场变革动向及动因的判断与理解、对用户需求的把握，有助于其找到新的市场机会。

一　市场下沉：优质内容会沉没吗？

"下沉"是近两年新媒体市场变化的一个显著特点。据2019年2月CNNIC发布的第43次《中国互联网络发展状况统计报告》，截至2018年12

---

[*] 本文系清华大学新闻与传播学院学术创新项目"计算传播学视野下的新媒体研究"的阶段性成果。
[**] 彭兰，清华大学新闻与传播学院教授、博导，新媒体研究中心主任。

月，中国网民总体规模为8.29亿人，其中农村网民规模达2.22亿人。同时，QuestMobile发布的数据显示，三四线城市的月度移动互联网活跃用户数量逐渐上升，截至2018年12月，三四线城市移动互联网活跃用户数达6.18亿人，占据总体市场的54.7%（见图1）。

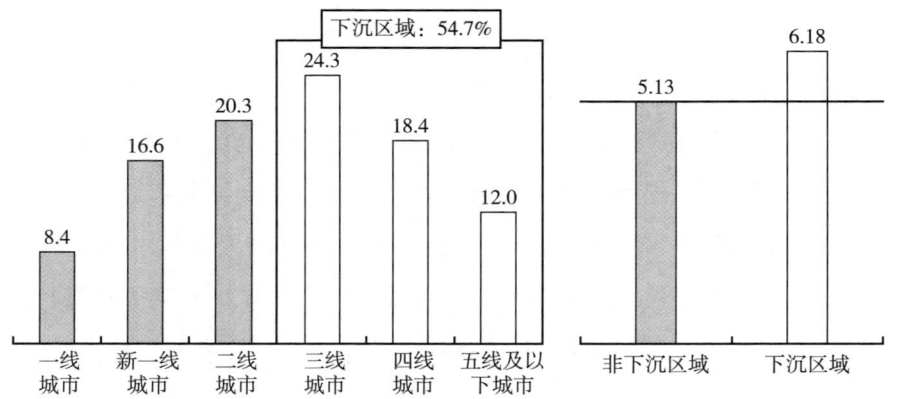

图1　各级城市用户在移动互联网的活跃度状况

数据来源：《中国移动互联网2018年度大报告》，QuestMobile，2018。
说明：下沉区域指三四线及以下城市。

今日头条等个性化分发客户端的普及，推动了资讯内容市场的下沉。在资讯内容阅读数和阅读时长方面，以今日头条阅读量前300位文章为例，除了一线、二线城市用户外，三线、四线城市用户贡献显著。三线城市表现尤为突出，在两项指标上都排名第一，五线城市在阅读指标上虽然总体还偏少，但也有了"存在感"（见表1）。

而在视频社交领域，快手被视作市场下沉的代表。快手是以小城市及农村地区用户为主体发展起来。2017年底，快手合伙人曾光明表示，"快手的大部分用户来自二线以下城市，最高学历低于高中"①。2018年快手一二线

---

① 《快手高管揭开用户画像　抖音等短视频平台寻求转型》，http://www.qlmoney.com/content/20180102-307496.html。

城市用户增长明显，总体规模达到 4000 多万人①，但对达 3 亿月活用户②的快手来说，他们并不是主力人群。

表1 各级别城市用户在今日头条阅读量前 300 位文章中贡献的
阅读数与阅读时长（2018 年 1~10 月）

城市级别	阅读数（次）	阅读数占比（%）	阅读时长（秒）	阅读时长占比（%）
超一线城市	262932820	10.47	32706778340	10.23
一线城市	477860200	19.05	59969781080	18.75
二线城市	504158200	20.09	63777580830	19.94
三线城市	533490040	21.26	68799185940	21.51
四线城市	445945300	17.77	57911386490	18.11
五线城市	284578820	11.34	36659584080	11.46

数据来源：今日头条，2018。

2018 年拼多多、趣头条等 APP 的快速兴起，更是与"五环外人群"、"小镇青年"等用户群体需求的激发有着显著的关联。

1. 用户的需求下沉了吗？

根据 2019 年 2 月 CNNIC 发布的第 43 次《中国互联网络发展状况统计报告》，截至 2018 年 12 月，中国网民使用微信的比例达 83.4%，用户规模达到 6.91 亿人。③ 微信不仅是目前中国最大的社交平台，也是主要的信息分发平台之一，微信公众号的排名、微信的热门话题，在一定程度上可以反映整体用户的阅读状况。

根据新榜发布的《2018 年中国微信 500 强年报》，2018 年度微信公众号的新榜指数前三甲为人民日报、新华社和央视新闻。在十强中前六位都是媒体公众号，"上海发布"则是政府机构公众号，而自媒体"占

---

① 《2018 快手大数据报告》，http://www.sohu.com/a/295239939_441449。
② 《快手日活用户超过 1.6 亿 月活用户 3 亿》，http://tech.qq.com/a/20190110/012226.htm。
③ CNNIC：第 43 次《中国互联网络发展状况统计报告》，http://cnnic.cn/hlwfzyj/hlwxzbg/hlwtjbg/201902/P020190228510533388308.pdf。

豪"的内容也多涉及国际、时政等"硬"新闻。从新榜公布的数据来看，热门话题都是具有重要新闻价值的事件，或关系国计民生的重要问题。

同时，也有一些影响力不大的公众号产生了爆款文章，虽然有些有"标题党"嫌疑，但内容大都涉及公共话题、严肃新闻。

虽然微信平台是以人际渠道进行内容分发，但从几个不同的维度看，在用户的自主选择和"点击投票"中，最终胜出的并无低俗内容，反而大多都是具有公共价值的严肃内容，从中可以看出用户的核心需求并没有"下沉"。

今日头条2018年1~10月阅读量前100位的文章中，来源于媒体的文章占88%，前200位的文章中源于媒体的文章占86.5%，前300位的文章中源于媒体的文章占86.7%。① 可见，即使在以个性化阅读为主的当下，类似今日头条这样的平台，媒体生产的内容（包括以工作室等方式生产的内容），还是具有绝对优势。

"五环外人群"骤然涌到各种平台，内容市场还没有做好准备，因而会出现一些"空白"。目前这些"空白"多由自媒体来填补，需求的边缘化与内容的非专业化也带来了"内容层次下降"的印象。当专业媒体在担忧市场下沉会带来优质内容的沉没时，更应该进一步提升自己的专业度，保持平台的内容水准。但同时应该意识到，优质内容并不是高高在上的，而是应该回应每一个社会阶层的痛点与诉求，为不同群体生产优质内容。

2. 优质内容仍是刚需，但需要"技术标准"

优质内容不是抽象的，它仍需要一定的技术标准，对于新闻资讯类内容来说，有几个方面应该作为优质内容的主要衡量标准。

准确：准确应是基础标准，否则优质无从谈起。既要准确反映事实，又需要对其含义、原因、影响等做准确判断与解读。在"后真相"时代，准确这一指标变得更为重要。

共鸣：优质内容不能只是"眼睛向上"，应该力求实现与公共关注点的

---

① 基础数据由今日头条相关部门提供。

共鸣、与公共利益的共振。

独家：见人未见、知人未知、思人未思的独家内容，在内容竞争中更能显出其价值。即使从短期来看，做独家内容的投入产出比似乎不理想，但从长远来看，独家内容是媒体品牌的重要支持要素。

有力：这可以表现为内容洞见力、形式表现力、技术扩张力、个性表达力、社交传播力等多个层面。形式、技术、传播手段等在某些时候可以增强内容的力量，但内容本身是力量的核心，要避免舍本逐末。

匹配：不同对象的需求不同，优质内容同样需要考虑与用户的适配。通过优化传播手段、传播渠道使内容与其用户更好匹配，也是提高内容价值的一种手段。

虽然不是每个优质内容都能同时达到这些标准，但在准确的前提下，追求更多指标的提升，必然有助于内容的优质化。

3. "优质"是付费内容的必要条件，但不是充分条件

优质内容都希望得到"付费"的回报。让优质内容获得与其价值相匹配的回报，也应该是一个好的内容生态的标准。从市场角度看，要成为付费产品，优质内容还需要其他附加条件。

从付费环境来看，同类内容的付费风气和同类人群的付费风气对人们的付费意愿都会有影响。尽管互联网内容消费一直在免费与付费之间振荡，且免费始终占据上风，但近年来内容付费（特别是知识付费）的气候也在逐渐形成。一方面是源于用户对"优质内容"期待的上升。很多内容生产者也在极力推动一种观念，优质内容应该有更高门槛，如需要付费。当用户开始接受这样的观念时，付费内容也就有了市场基础。另一方面，知识付费风气的形成也源于急速发展的社会中人们害怕被时代抛下的焦虑，这种焦虑也与工作领域知识的快速更新相关。花钱买知识，成为解除这种焦虑的一种方式。但对新闻资讯内容来说，当下新媒体用户的付费风气还不成熟，尽管"财新网"等少数媒体的付费实践已经开始，但目前多数媒体的资讯内容收费还不太现实。资讯内容付费的环境，还需要经过一个较长的培养过程。

传媒蓝皮书

二 双向"盲区":中老年市场亟待"扫盲"

除了"下沉"外,近两年中国新媒体用户的另一个主要变化,是中老年用户市场规模的扩张。但是,市场对中老年用户需求与满足方面存在盲区,同时中老年用户自身在新媒体素养上也存在盲区,两者都有待"扫盲"。

1. 中老年新媒体用户市场:一个专业媒体忽略的角落

智能手机的普及让更多中老年人成为新媒体用户。根据 CNNIC 的统计,2014年6月至2018年12月,50岁及以上互联网用户比例从7.3%增加到12.5%,总体规模增加了5748.9万人。① 根据2019年1月微信团队发布的《2018微信数据报告》,截至2018年9月,中国网民中55岁及以上的微信月活用户达6300万人。②

传统媒体时代成长起来的中老年用户,对媒体的信任度与忠诚度很高,但媒体对他们却关注不够。传统媒体在新媒体的产品与传播策略设计中,关注得更多的是如何追赶年轻用户,多数传统媒体将中老年用户与年轻用户无差别对待。新媒体平台中,真正为中老年用户专门开发的产品或专门生产的内容仍然缺乏。

同时,在新媒体环境中,传统媒体与中老年用户间的连接也不畅通。例如,很多老年用户都在使用微信,而且黏性越来越强,但多数人并不知道在微信里如何获得传统媒体的内容,于是只能更多地通过人际渠道来获取、传播信息。因此,虽然有很多传统媒体都进入了微信平台,却不能畅快到达中老年用户。

2. 中老年科学与媒介素养盲区与媒体的市场盲区

中老年用户,特别是老年用户,在使用新媒体时受到最大的困扰之一,

---

① CNNIC:第34次《中国互联网络发展状况统计报告》、第43次《中国互联网络发展状况统计报告》,http://www.cnnic.net.cn/hlwfzyj/hlwxzbg/hlwtjbg/。
② 《2018微信数据报告》,https://support.weixin.qq.com/cgi-bin/mmsupport-bin/getopendays?from=singlemessage&isappinstalled=0。

是被谣言和伪科学内容包围。

对不少中老年新媒体用户来说，他们自身存在着媒介素养和科学素养方面的盲区。由于传统媒体时代的思维惯性，很多中老年人对任何打着"媒体"旗号的内容都会深信不疑。因缺少科学知识和判断力，中老年人成为伪科学的"重点关照"人群。从今日头条的数据统计来看，中老年人关注的健康类资讯，成为谣言的高发区，在所有谣言中，与健康相关的谣言占比达35.5%，其次为民生31.55%，娱乐19.44%。

"解救"被谣言和伪科学包围的中老年用户需要多元路径，除了需要加大辟谣力度外，还需要致力于与中老年用户相关的内容"建设"，要进一步提升媒体在健康类信息内容上的专业性。帮助中老年用户扫除能力盲区的同时，媒体自身也会发现并扫除自身的市场盲区。此外，通过技术来辅助中老年群体辨识谣言、伪科学，获得准确信息，也是解救中老年群体的可行路径，这也是未来算法需要进一步解决的问题。

三 用户区隔：垂直市场如何深化？

用户下沉，新群体增长，意味着市场区隔的深化。

1. 自然属性、社交圈子、社会阶层、文化属性：用户区隔的多维度

不同类型的用户间必然存在差异，从内容阅读的角度来看，不同用户群体的关注焦点与焦虑是不同的。

不同城市级别的用户在今日头条阅读偏好的比较表明①，虽然不同级别城市人群关注内容有共通性，如对关系生存环境的案件、名人的关心，但也有一些差异。超一线城市到三线城市用户对国际问题（如特朗普变脸中方发声明）和涉及民族问题的话题（厦门大学"精日"女研究生事件）更为敏感，四五线城市则对这两方面的话题关注程度较低。"范冰冰就逃税问题公开道歉"这一不仅与娱乐圈相关也与税收政策相关的问题，更受超一线

---

① 以今日头条2018年1~10月阅读量排名前20位文章在不同级别城市的阅读数据为基础。

城市用户关注。三至五线城市用户对在逃人员被抓消息的关注程度较其他级别城市用户高。五线城市用户关注相对微观，对与生活成本相关的政策（如流量漫游费取消）比其他级别城市用户更为在意，而对于刘强东性侵案这一其他级别城市用户最关心的消息，他们关注相对较少。

除了城市级别因素外，决定用户关注焦点的因素还有很多，这些因素也与用户区隔相关（见图2）。

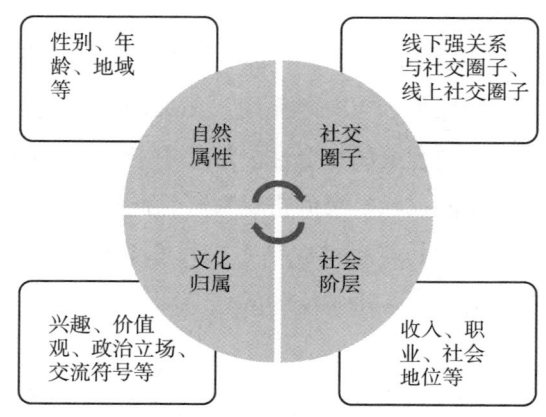

图2　新媒体用户区隔的多种维度

研究用户区隔，需要综合考虑这些维度，涉及的维度越多，对用户区分也就越细，其中可以找到的新市场机会也就越多。

2. 从区隔性分发到区隔性生产：垂直市场深化的方向

目前的社交化分发、算法分发，已经从分发层面关照了用户区隔，但在内容生产层面，针对不同用户的定向性生产仍是不够的。虽然已经有很多行业性媒体对用户进行区隔，但是它们主要是以内容的行业性、专业性为垂直维度，对用户的区隔过于粗放，很少有媒体从多种维度进行市场细分。自媒体虽然在一定程度上填补了区隔性生产中的一些空白，但大多数自媒体水平有限。因此，整体来看，垂直内容市场仍然发育不全。

垂直市场的深化，更需要从面向不同群体的区隔化生产出发，提高区隔化生产的精细度，推动更多垂直媒体的形成与垂直内容生产能力的提高。

3. 垂直市场的连接纽带：公共媒体、公共话题、公共讨论空间

新媒体时代，既要适应差异化的用户，形成多元的垂直市场，又需要跨越各种群体，实现社会的连接与整合，因此仍然需要一些连接的纽带，主要包括以下三点：①有影响力的公共媒体。个性化时代仍需要一些媒体坚守公共性内容生产，并不断增强影响力；②公共话题的广泛覆盖。要通过分发策略让公共话题到达更广泛的人群，算法也需要在一定程度上向公共话题倾斜；③更多的公共讨论空间。目前新闻跟帖、微博等是相对开放的公共讨论空间，但也存在局限，未来的内容分发平台需要进一步营造开放的公共讨论空间。

公共媒体、公共话题、公共讨论空间，未来作为连接纽带的意义将进一步提高，它们将和垂直媒体、个性化服务一起，共同构建一个更稳定、均衡的信息环境。

四 连接与反连接：互联网逻辑的摇摆

"连接一切"在今天已成为互联网界的一句口号，新媒体技术的引入，很多时候也是为了实现更多新的连接。虽然在某些意义上，多元的连接对于网络产品的开发与服务的完善具有重要意义，但是人与人、人与内容的过度连接，也带来了巨大的负担与压力，例如强互动下的倦怠与压迫感、圈层化对个体的约束及对社会的割裂、线上过度连接对线下连接的挤占、人与内容过度连接的重压、人对存储海量内容的"外存"的过度依赖等。

过度连接对人们的压迫，使得用户反抗连接的需求增强，特别是在某些连接维度。从当下来看，反连接的张力或许会在以下几个方面增长。

1. 反"实名连接"的张力

网络社区早期是以匿名为其基本特征的，匿名让人们的情绪释放更为安全。但是，随着匿名社区的发展，人们对实名的需要变得越来越迫切，因为人们不仅需要通过互动获得心理释放，也需要通过互动获得更多的现实社会

资源。但随着网络中实名社交的普及，人们因实名关系感受的压力与负担也逐渐加重，匿名的需求又开始出现。2019年初，快播创始人王欣发布了"马桶MT"这一匿名社交软件。虽然这些产品仍然属于小众，但它们的出现也回应了市场需求。

2. 反"强连接"的张力

美国社会学家格兰诺维特最早提出了强关系与弱关系的概念。强关系是指联系频繁的关系，而弱关系则是联系不够频繁的关系。格兰诺维特指出，强关系往往是同质群体内部的纽带，而弱关系则是不同群体之间的纽带。网络中人与人的连接，也有强连接与弱连接之分。这种强、弱不仅体现在联系的频率上，还体现在关系的紧密程度、约束程度上。

互联网早期的连接空间，是以内容为中心来连接人，人与人之间的关系多数是弱连接；而博客、SNS、微博、微信等将人变成了连接的中心，人与人连接强度、互动频率大大增加。但社交平台过强的连接，使人们被过多的束缚，逃离强连接约束的动力越来越强。抖音、快手等短视频平台的流行，不仅因为短视频这一形式，也因为其回归了相对松散的关系模式，内容重新成为连接的中心，这给强连接捆绑下的用户暂时的喘息。

3. 反"在线连接"的张力

今天互联网更多地加强了线上的连接，在人们时间精力有限的情况下，线上连接的强化，必然会导致线下连接被挤占。

人们更沉迷于线上交流而冷落线下交流的一个原因，就是线上交流可以更好地控制交流的对象、策略和投入/产出。但很多时候，线上过于丰富的连接反而会使人们的互动简单化、功利化，无时不在的社会比较也可能会带来人们心理上的失衡。过度的连接也可能带来新的狭隘与孤独。因此，美国学者雪莉·特克尔发出了"重拾交谈"的呼唤。对于未来的新媒体产品来说，如何通过线上产品促成、促进线下交流，也会成为一个新的研发思路。

与"反连接"的动力相关，用户对数字空间中的隐身权、被遗忘权和对连接"开关"的控制权的需求也会增长。连接不足时，人们对连接的需求会显得很迫切，但连接过度时，"反连接"的张力会增强，少连接或弱连接的产品需求因此而增长。当然，这样一个从连接向反连接发展的过程或许并不是结局，这只是互联网产品的摇摆与轮回中的一个阶段。

对于新媒体产品来说，摇摆可能是永恒的法则，关键在于如何判断其摆动的幅度、回摆的节点。每一次的回摆，也不是一次简单的回归，而必定会加入新的元素、新的思维，也蕴藏着各种新的市场机会。

B.18 2018年中国网络游戏产业发展报告

陈信凌 张 兰*

摘 要： 受资本市场及版号审核暂停等方面的影响，中国游戏行业在2018年进入"寒冬"期，市场规模为2144.4亿元，同比增长5.3%，游戏产业遭遇近年来最慢增速。电竞围绕赛事实现了跨越式突破发展，游戏直播开始在产业链中崭露头角，从配角到C位，小游戏迎来爆炸式发展，走红新兴市场。自研游戏海外市场高歌猛进，以IP为核心，游戏业厚积薄发，全面拥抱泛娱乐大潮，女性和二次元细分消费群体的潜力不容小觑。经历了狂飙突进的激进年代之后，社会责任将成为游戏企业的重要考量，而融入中华传统文化的精品力作才能经久不衰，产教融合是游戏业解决人才匮乏问题并迎接未来挑战的重要方式。

关键词： 网络游戏 移动电竞 游戏直播

一 产业发展概览

2018年对于中国游戏企业来说是迎来转型发展的关键一年，也是产业环境优化改革之年。自2013年手游大面积爆发后，行业发展一路高歌猛进，但2018年开始减缓速度，彻底告别了以往激进扩张的粗放增长模式，开启

---

* 陈信凌，南昌大学教授、博导，新闻与传播学院院长；张兰，南昌大学新闻与传播学院博士研究生，南昌工程学院讲师。

了由单纯市场扩张型向质量效益型的转变。

1. 市场实际销售收入与占有率

受资本市场的冲击，游戏行业在2018年进入"寒冬"期。中国音数协游戏工委（GPC）、中新游戏研究（伽马数据，CNG）、国际数据公司（IDC）联合发布的《2018年中国游戏产业报告》（以下简称报告）显示，2018年中国游戏市场实际销售收入达到2144.4亿元，同比增长5.3%，相较于2017年23%的高速增长，增长速度明显放缓，游戏产业遭遇近年来最慢增速（见图1）。尽管如此，中国游戏市场实际销售收入仍占全球游戏市场的23.6%，稳稳地坐上世界游戏市场的"头把交椅"。

图1 2008~2018年中国游戏市场实际销售收入及增长率

数据来源：GPC、CNG、IDC，《2018年中国游戏产业报告》，2018。

2. 细分市场

我国游戏市场主要由移动游戏、客户端游戏、网页游戏等细分市场组成。随着游戏用户对碎片化时间、移动化场所的娱乐需求不断加大，代表移动互联方向的移动游戏继续成为整个游戏行业最大的增长点，销售收入呈现爆炸式增长，达1339.6亿元，同比份额继续增加，占比为62.5%。端游实际销售收入为619.6亿元，同比下降4.5%。页游市场在用户持续流失和广告投放成本上升的压力下，延续下滑态势，市场销售收入连续三年出现负增

长，2018年为126.5亿元，同比下降18.9%。同时，端游和页游市场份额均略有缩减，分别占比28.9%和5.9%（见表1）。总体来看，中国游戏市场增长稳中放缓，正是国家采取措施，提高游戏产品品质，增加游戏作品文化内涵的契机。

表1 2017~2018年中国游戏细分市场实际销售收入及市场占有率

单位：亿元，%

项目	市场实际销售收入		市场占有率	
	2017年	2018年	2017年	2018年
移动游戏	1161.2	1339.6	57.0	62.5
客户端游戏	648.6	619.6	31.9	28.9
网页游戏	156.0	126.5	7.6	5.9
家庭游戏机游戏	13.7	10.5	0.7	0.5
其他	56.6	48.2	2.8	2.2
合计	2036.1	2144.4	100.0	100.0

数据来源：GPC、CNG、IDC，《2018年中国游戏产业报告》，2018。

在市场主体方面，延续了"2+N"格局，腾讯、网易两家公司继续领跑，两者占据近六成市场份额，加上2018年新上市的哔哩哔哩和虎牙，中国游戏业百亿级市值公司已达10家。同时，国内游戏企业强化了对全球市场的布局。截至2018年年末，中国上市游戏企业数量达199家，其中A股上市游戏企业151家，占75.9%；港股上市游戏企业33家，占16.6%；美股上市游戏企业15家，占7.5%。

3. 用户规模

就用户规模而言，增量用户红利已经结束，进入存量时代。2018年，中国游戏用户规模达6.26亿人，同比增长7.3%。其中移动游戏用户规模为6.05亿人，同比增长9.2%；端游用户规模为1.50亿人，同比下降5.0%；由于长期以来以"洗量"为主要的盈利方式，同时受限于网页端载体和技术性能，加上精品稀缺、新产品不断减少，网页游戏用户流失加速，规模继续萎缩至2.23亿人，同比下降13.0%。

二 产业发展热点解析

1.电竞：围绕赛事大有可为

2018年雅加达亚运会首次纳入电子竞技表演项目，电子竞技被认为是全球发展潜力最大的体育运动之一，受到国内外传统体育俱乐部、企业的高度关注。如果说2016年是中国移动电竞元年，那么2018年则是移动电竞实现跨越式发展的一年，用户规模达到4.28亿人，同比增长17.5%。电竞游戏市场实际销售收入达到834.4亿元，占中国游戏市场的38.9%。其中移动电竞游戏市场实际销售收入达462.6亿元，占电竞游戏市场的55.4%，其销售收入首次超过客户端电竞游戏（见图2）。

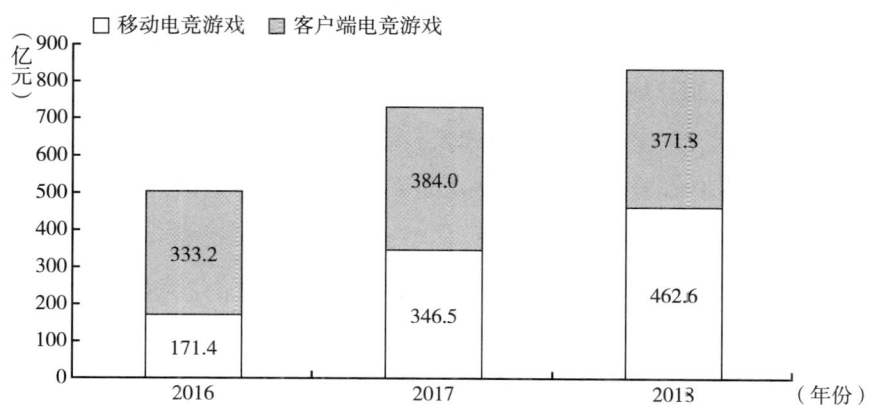

图2 2016~2018年中国电子竞技游戏市场实际销售收入

数据来源：GPC、CNG、IDC，《2018年中国游戏产业报告》，2018。

中国电竞游戏市场收入来源有三个：游戏、直播、电竞赛事，其中，游戏是主要来源。与传统的体育赛事相比，电竞赛事收入占电竞游戏市场总收入的比例偏低，依然存在增长空间。随着资本的投入和电竞游戏行业的成熟，电竞赛事的相关收入将进一步提高。

电竞赛事拥有庞大的粉丝群体，且用户活跃度高，部分电竞游戏的影响

力已经赶超传统体育赛事。如2018年英雄联盟全球总决赛在社交媒体表现、视频播放情况、观众规模三方面均接近或比肩NBA。2018年底，《体坛周报》发布的"2018中国十大热门体育赛事"中，英雄联盟职业联赛（LPL）排名第三，仅次于中超和CBA，在"热度"这一单项，作为电竞赛事的代表，LPL评分为10分，为所有项目最高分。[①]

电竞赛事以电子竞技为重点，通过拓展内容品类、线下娱乐构建数字娱乐平台，以更深度的方式满足用户广泛的娱乐需求，增强用户黏性和产品活力。作为目前最受欢迎的电子竞技游戏之一，英雄联盟是目前全球范围内赛事体系最完善的电竞赛事项目，拥有国际赛事、国内职业赛事、校园系列赛事等多样化的电竞赛事体系，形成了以LPL为核心，LDL（英雄联盟职业发展联赛）、德玛西亚杯、城市英雄争霸赛等众多赛事组成的电竞结构体系，成为赛事数量、赛事梯度、赛事结构都较为健全的电竞赛事生态。

在2019中国英雄联盟电竞生态领袖峰会上，腾讯互动娱乐与拳头游戏共同宣布成立"腾竞体育"，组建电子竞技专项团队，致力于把英雄联盟电竞打造成中国最专业、最有影响力和最具商业价值的体育赛事。[②] 此外，网易发布了"网易电子竞技NeXT"品牌进军电竞赛事领域，在全国开展"百城千校"泛娱乐化的基础赛事；盛天网络则推出"战吧电竞"，拟与研发商合作建设大型网吧观赛场所，助力大型赛事全民化。

目前，电竞赛事主要通过出售转播权、企业赞助等方式盈利，未来还有望打破传统"高端用户电子竞技模式"壁垒，构建起一个以大众电子竞技用户为中心的社群经济新电子竞技生态。通过加快赛事城市化进程、内容与商业融合发展等方式，电竞赛事价值将得到更充分的展现。

2. 直播：从配角到C位

在经历多个爆款竞技性游戏以及手游风潮后，直播进入发展的黄金时期。游戏直播行业的发展历程大致可分为以下四个阶段：2013年之前为行

---

① 《2018中国十大热门体育赛事》，《体坛周报》2018年12月31日。
② 《腾竞体育自立门户剑指电竞行业独角兽》，每经网，http://www.nbd.com.cn/articles/2019-01-11/1290444.html。

业萌芽期；2013～2014年为行业增长期；2015～2017年为行业爆发期；2018年至今为行业成熟期。① 2018年，直播行业实际销售收入达到74.4亿元，同比增长107.2%。用户规模达3.0亿人，同比增长38.5%。

游戏直播行业产业链中，直播平台属于内容发布方，处于产业链中游，下游观众在平台内充值后，购买虚拟礼物对主播进行打赏；上游对接内容方和技术方，主要有主播以及公会，游戏主播可以选择与公会或平台签约（见图3）。在直播公会体系中，平台赋能公会，公会驱动主播，让主播可以专注在游戏直播内容上，用户数量快速增长，用户的发展反过来又会让企业加大投入，提升赋能力度，形成良性循环。②

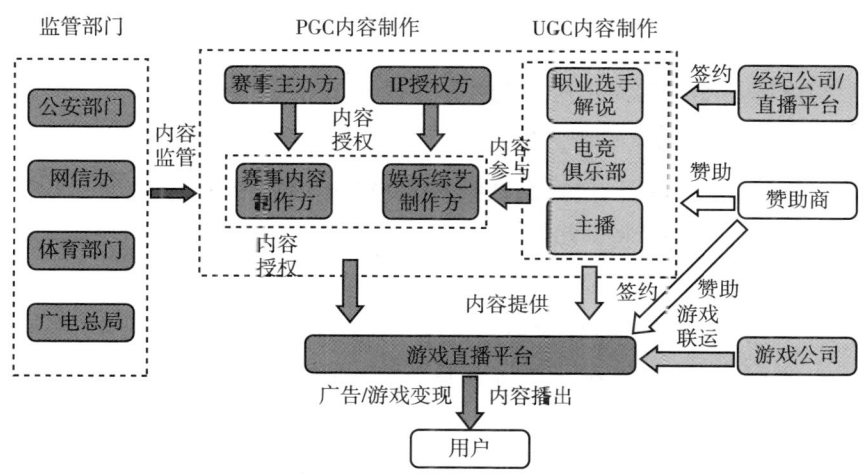

图3　2018年中国游戏直播产业链

资料来源：艾瑞咨询，2018。

对直播平台来说，主播即流量。因此，围绕"主播"来打这场仗，依然是核心。自2016年直播市场开启"千播大战"以来，各游戏直播平台不惜重金签约头部主播，市场逐渐形成头部效应，观众不断向斗鱼和虎牙等

---

① 艾瑞咨询：《中国游戏直播市场研究报告（2018）》，2018。
② 《虎牙上市后首个年度盛典：十大厂商加持移动游戏直播成绩抢眼》，新浪网，http://games.sina.com.cn/y/n/2019-01-05/hqfskcn4405974.shtml。

头部平台倾斜，市场集中度不断攀升，用户活跃度进一步提升。由于头部直播平台的马太效应，众多中小平台难以为继，游戏直播市场格局趋于稳定。

赛事直播作为游戏直播的重点输出内容，兼具打开流量入口与培养用户习惯两种功能。在赛事布局上，各大平台基本上都以"官方赛事＋第三方自有赛事"为基础，构建出了一套自有的赛事转播体系。官方赛事是打开流量入口的利器，第三方赛事则是扩大旗下主播IP价值、培养用户忠诚度的有效办法，而泛娱乐类PGC内容则是培养用户付费习惯不可或缺的一部分。例如：万和天宜、开心麻花以及《奇葩说》的制作公司米未传媒在过去的一年里就为各大直播平台提供了不少泛娱乐类PGC内容。①

3. 小游戏：走红新兴市场

2018年，中国迎来小游戏元年。小游戏玩法比较轻便，即点即玩，包括HTML5游戏、微信小程序游戏、手机QQ小游戏等，游戏类型以轻量级、简单化和短时间为主。在微信、QQ空间纷纷入局之后，休闲、竞技、社交小游戏迎来爆炸式增长，2018年小游戏国内用户达5亿多人，市场销售收入达到300亿元。②

早在2015年初，HTML5游戏就成为新兴游戏细分市场中一股不可忽视的力量。白鹭、触控等科技公司发布了多个针对HTML5游戏研发的引擎，腾讯等开发商也适时接轨，开放了针对接口，为其发展提供了平台化条件。2017年下半年开始，国内小游戏市场迅速发展壮大。2018年微信小游戏正式上线，1月15日，用户累计达到3.1亿人，《跳一跳》DAU（日活跃用户量）超过1亿人。

社交场景下的对战竞技游戏已成为拉动用户黏性的"新型流量收割机"。如主打"三消＋模拟经营"玩法的《梦幻花园》，一度风靡于各大榜单及朋友圈，赢得了收入与口碑的双丰收。休闲竞技小游戏一方面可以扩充

---

① 《2018年游戏直播行业还有3个值得关注的大趋势》，搜狐网，http://www.sohu.com/a/218795841_268907。
② 凤凰网游戏、白鹭科技：《2018年小游戏行业白皮书》，2018。

陌生人的社交圈层，另一方面可通过好友、分享等社交方式成功打通熟人社交游戏的关系圈层。数据显示，对战小游戏的社交功能需求非常旺盛，近七成用户对实时语音、好友排名、赠送礼物、表情、道具等社交功能有强烈需求。[①]

目前小游戏的具体变现模式主要以道具内购和广告收入为主。电商变现模式在小游戏平台中的应用目前主要分为两类：其一，特定游戏类型，如抓娃娃，即是将线上游戏和线下实物对接，通过游戏的方式实现产品的销售；其二，主要适用于社交小游戏平台，通过运营平台设置积分体系兑换模式实现营收。未来小游戏产业中第三方动漫、教育、音视频、智能穿戴设备软硬件多领域协同发展，小游戏产业商业化进程将迎来全新多元化增长。

三 产业竞争力透视

1. 自研游戏海外市场高歌猛进

2018年，中国自研网络游戏市场实际销售收入达1643.9亿元，同比增长17.6%。其中海外市场实际销售收入达95.9亿美元，同比增长15.8%。

早在端游时代，中国自研的游戏包括《梦幻西游》、《天龙八部》等均尝试过"出海"，然而这些产品几乎清一色地销往东南亚等与中国文化渊源颇深的国家和地区。2018年中国游戏企业"出海"的主战场是俄罗斯、巴西、印度、美国、日本5国，其中印度占比达11%，美、日各为9%。就发展潜力而言，以印度、俄罗斯为代表的新兴市场国家外来产品占比较高，前景可期。

在产品类型上，游戏企业不再依赖某一单一品类"出海"，而是全品类出击。此前，中国游戏的"出海"主要集中于SLG（模拟游戏）这一品类，Sensor Tower 发布的2017年中国游戏"出海"报告显示，收入榜TOP30中

---

① 凤凰网游戏、白鹭科技：《2018年小游戏行业白皮书》，2018。

共有15款SLG游戏。2018年"出海"品类呈现多元化的趋势。出口收入前50的移动游戏中,策略类游戏收入占比达46.9%,角色扮演类游戏、射击类游戏收入占比分别为20.8%、15.9%。①

在渠道上,中国游戏企业通过大幅度的广告买量,借助Facebook、Google等渠道进行精准曝光,成为大数据时代中国游戏"出海"初期吸引用户的一种主要方式。此外,背靠华为、小米等手机企业,在软件预装与应用商店内均能对产品的推广提供助力。

在"出海"方式上,国内企业纷纷在海外组建本地化的研发与运营团队,实施产品的本地化策略,围绕当地文化、用户习惯等方面进行深入研究,从而更好地产出契合海外本土用户需求的产品。在渠道资源与优质产品的支撑下,包括《王国纪元》、《列王的纷争》等产品均在海外取得了数十亿元的流水,IGG、智明星通等企业也依靠海外市场得以快速成长。

2. 泛娱乐联动厚积薄发

由于文学、影视、动漫和游戏等泛娱乐生态系统具有高度互通性,细分领域之间的边界逐渐被打破,IP成为游戏企业以低成本获取用户的有效手段,以及网络游戏差异化突围的关键。2018年IP改编游戏市场规模较大,实际销售收入908.4亿元,占中国移动游戏市场的67.8%。

游戏产业在2018年全面拥抱泛娱乐大潮,与众多文化领域产生积极融合,例如电竞、直播、影游联动和VR等。绝大多数的游戏公司都在泛娱乐方面有所探索,如:完美世界实施大文化发展战略,通过在影视、游戏、动画、文学等多个领域深入布局构建大文化业务矩阵,积累了对IP的开发与运营模式;多益网络的泛娱乐布局主要针对"神武"、"梦想世界"等多个经典IP,围绕游戏IP不断丰富多元化的文化内容等。

在发展过程中,整合全球资源,通过泛娱乐的方式,不仅能优化自身业务结构,完善产业链条,还能促进整个产业链的融合发展。

---

① GPC、CNG、IDC:《2018年中国游戏产业报告》,2018。

3. 细分消费群体潜力不容小觑

国内移动游戏市场发展日臻成熟，游戏领域增量不足，各大企业开始在细分领域探索新机会。2018年，针对特定用户群体的兴趣点，细分市场成为不少游戏团队的共同选择。从玩家画像方面看，女性群体拉动增长，二次元依然火爆。

随着女性用户游戏需求逐渐向重度化发展，女性游戏市场成为企业风向标，头部企业均代理或者研发立足于女性用户需求的游戏产品。叠纸网络成立之初就将自己定位为服务女性消费群体的游戏企业，其推出的经营类手游《恋与制作人》，女性用户逼近90%，累计创造收入超过10亿元；创梦天地持续挖掘女性用户价值，其发行的游戏《梦幻花园》，女性用户占比达八成，上线不到半年国内安卓月活用户破1320万人。女性消费群体正在为中国游戏市场增长做出贡献，且消费潜力巨大。报告显示，2018年中国游戏市场女性用户规模为2.9亿人，同比增长11.5%；女性消费规模为490.4亿元，同比增长13.8%。

移动游戏二次元消费群体不断壮大，用户规模、消费总金额持续提升，这成为市场规模保持增长的重要因素。游戏企业在全球范围内通过自主研发、代理、IP合作等多种形式推出契合二次元消费群体需求的游戏产品。bilibili拥有大量的二次元用户，建立了成熟的社区生态体系，其代表产品《命运/冠位指定》（Fate/Grand Order）二次元特征显著、注重剧情与立绘，获取了用户认可。网易游戏的自主研发实力有利于其发挥IP储备优势，其产品注重画质、剧情、配音等二次元核心用户关注的领域。米哈游围绕"崩坏学园"系列产品打造二次元文化圈，推出游戏、漫画、动画、轻小说等多个形态的产品。动漫IP成为移动游戏市场的主要增量，加速了二次元用户群体的价值释放，并促使泛二次元用户和核心二次元用户相互转化，进一步增强用户黏度。凭借其用户优势以及剧情内容，动漫IP尤其是具有较高知名度的日本动漫IP改编的产品能够迅速打开市场，并获取较长的生命周期。2018年中国二次元移动游戏市场实际销售收入190.9亿元，同比增长19.5%，实际销售收入占中国移动游戏市场的14.3%。

四 产业发展未来趋势

1. 社会责任：企业发展的重要考量

中国游戏行业在经历了狂飙突进的激进年代之后，其负面效应受到全社会的高度关注。未来中国游戏业不再单纯以营收论英雄，而是以落实社会责任为发展的重要考量，2018年中国游戏产业年会用"责任与发展"的主题来点明这种转变。

2018年4月教育部办公厅下发《关于做好预防中小学生沉迷网络教育引导工作的紧急通知》，12月7日国家成立了网络游戏道德委员会，都对游戏行业提出了更为严格的要求，游戏也被要求承载更多的社会价值。

3~12月，游戏版号审核暂停，国内游戏新增版号数量为0。这迫使各游戏公司开始反思过去多年的发展模式，思考游戏除了娱乐之外的社会责任与社会价值。

头部企业、头部产品用户多、影响大，更应发挥好示范引领作用，为行业发展营造良好的发展环境和舆论氛围。9月15日，腾讯官方公众号公告称，已对《王者荣耀》健康系统启动升级，正式接入公安权威数据平台，对所有新用户进行最严格的实名校验。10月，《王者荣耀》正式启动全部用户的强制公安实名校验。①

2. 精品力作：行业发展的制胜法宝

我国游戏产业在取得进步的同时，仍然存在诸如创新能力不足、精品力作稀缺等短板。近几年，抄袭、换皮、同质化的游戏产品充斥着游戏市场；粗制滥造、缺乏文化内涵甚至涉黄、涉暴、扭曲社会主义核心价值观的游戏比比皆是，严重制约了游戏行业的健康、稳定发展，对游戏文化的社会影响产生了较强的负面作用。在产品供大于求的情况下，玩家对游戏的可玩性、精细化、流畅性等要求日益增强。游戏研发商在设计与研发游戏时要激发原

---

① 《正式接入公安数据平台：〈王者荣耀〉最严实名校验启动》，人民网，http://game.people.com.cn/n1/2018/0917/c40130-30297203.html。

创活力,打造精品游戏,为玩家提供高质量的娱乐内容。

尽管游戏在传承和讲述中华传统文化上仍处于尝试阶段,但这些附带着的多元化价值给产品的是更长久的生命力,使游戏产品转变为具有一定文化属性的产品。游戏产品会随着玩家的疲劳而被淘汰,而文化精品却能够真正经久不衰。游戏业终归要结束过去多年的野蛮发展路径,创作更多精品,在文化多元化上有所贡献和突破,这也是这个时代对所有文化产业提出的命题。

3. 产教融合:迎接挑战的重要方式

市场的成熟促使中国游戏产业向细分化、深度方向发展。然而,可供产业持续向上迈进的专业人才却凤毛麟角。报告显示,2018年,中国游戏产业现有从业者约145万人,而游戏行业人才需求规模约为44.1万人。[1]

业内人士表示,由于专业人才的培养难度大、周期长,而国内尚未建立起完善的网络游戏人才培养体系,因此专业人才短缺现象将长期存在。人才匮乏将成为制约网络游戏行业未来发展的主要瓶颈之一。[2]

产教融合是游戏产业迎接挑战的一种重要方式。2017年底,国务院办公厅印发《关于深化产教融合的若干意见》。该意见指出,深化产教融合,促进教育链、人才链与产业链、创新链有机衔接,是当前推进人力资源供给侧结构性改革的迫切要求,对新形势下全面提高教育质量、扩大就业创业、推进经济转型升级、培育经济发展新动能具有重要意义。

关于游戏人才培养体系,应该参照职高、本科及硕博研究生体系,将产业需要的人才划分为金字塔三层:最基础的是技术型人才,如游戏裁判、视频技术人员等;中坚部分是复合型人才,能解决产业链中的复杂专业问题;处于顶端的是创意型和研究型人才,能以科学的方法深化行业认知,并衍生出强有力的流行文化和商业模式。[3]

---

[1] GPC、CNG、IDC:《2018年中国游戏产业报告》,2018。
[2] 《完美世界教育携手校企共推产教融合新实践,助推游戏与电竞产业未来》,搜狐网,http://www.sohu.com/a/244866611_100059725。
[3] 《完美世界王雨蕴:电竞教育要着眼产教融合》,人民网,http://game.people.com.cn/n1/2018/1203/c40130-30439177.html。

B.19 2018年中国在线视频产业发展报告[*]

周逵 栾睿安[**]

摘 要： 2018年上半年，中国网络视频用户规模达6.09亿人，较2017年底增加3014万人。手机视频用户规模为5.78亿人，较2017年底增加2929万人。随着人口红利逐渐消失，移动网民规模增速变缓，手机网络视频用户增长率也趋于稳定。在产业格局方面，腾讯视频、爱奇艺、优酷依然保持绝对领先优势，占据市场绝大部分流量。头部平台与第二、第三梯队之间差距拉大，马太效应凸显。

关键词： 在线视频 网络电影 网络剧 网络综艺

一 产业数据解读

2018年，网络视频市场发展相对平稳，网络视听用户规模继续保持高增长率，在互联网发展大背景下，整体呈蓬勃发展态势。截至2018年6月，网络视频用户规模达6.09亿人，较2017年底增加3014万人，半年增长率超5.2%，高于整体网民3.6%的增长率。网民使用率为76%，较2017年底

---

[*] 本文系国家社科基金青年项目"媒体融合条件下广播电视业创新发展调查与研究"（项目编号17CXW004）的阶段性研究成果。其中部分产业数据来源于由第一作者担任执行主编、中国网络视听节目服务协会出品发布的《2018中国网络视听发展研究报告》，特此说明。

[**] 周逵，中国传媒大学新闻传播学部副教授；栾睿安，中国传媒大学新闻传播学部学生。

增加1个百分点（见图1）。合并短视频应用的网络视频用户规模达到7.11亿人，使用率高达88.7%①。

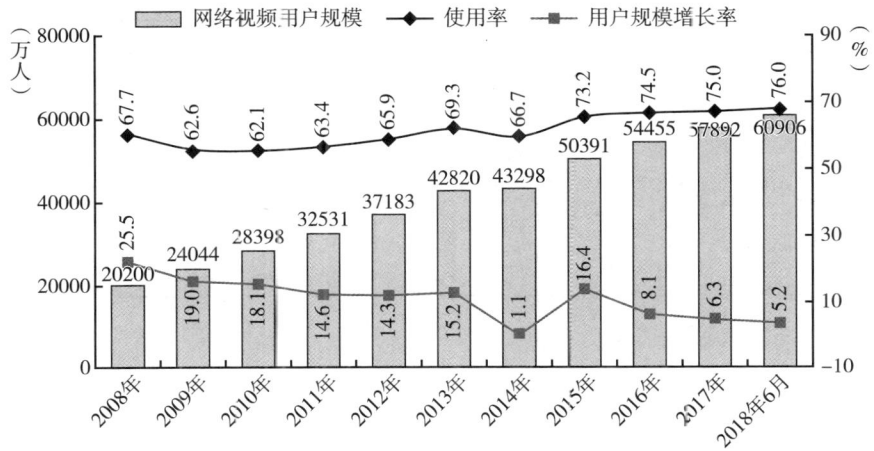

图1　2008年12月至2018年6月中国网络视频用户规模和使用率

数据来源：CNNIC，第42次《中国互联网络发展状况统计报告》，2018。

2018年上半年，手机网络视频用户达5.78亿人，对比2017年年底的5.48亿人，半年增加2929万人，增长率超过5%；对比2017年底72.9%的手机网民使用率，2018年上半年增长了0.5个百分点。随着移动互联网服务场景不断丰富，手机成为人们收看网络视频节目的主要设备。近3年，移动网民规模增速明显变缓，手机网络视频用户增长率也趋于稳定（见图2）。

截至2018年6月，中国短视频用户规模达5.94亿人，占网民总数的74.1%，其中30岁以下网民对短视频的使用率在80%以上；网络直播用户规模达到4.25亿人，网民使用率为53.0%；网络音频用户规模达3亿人，年增长率达15.4%；互联网电视激活终端也达到2.18亿台。

2018年，网络视频产业进入快速发展阶段，成为整个网络娱乐产业内

---

① 合并短视频应用的网络视频用户包括传统的网络视频用户（过去半年在网上收看或下载过视频的用户）和短视频用户（过去半年使用过抖音、快手等短视频应用的用户）。

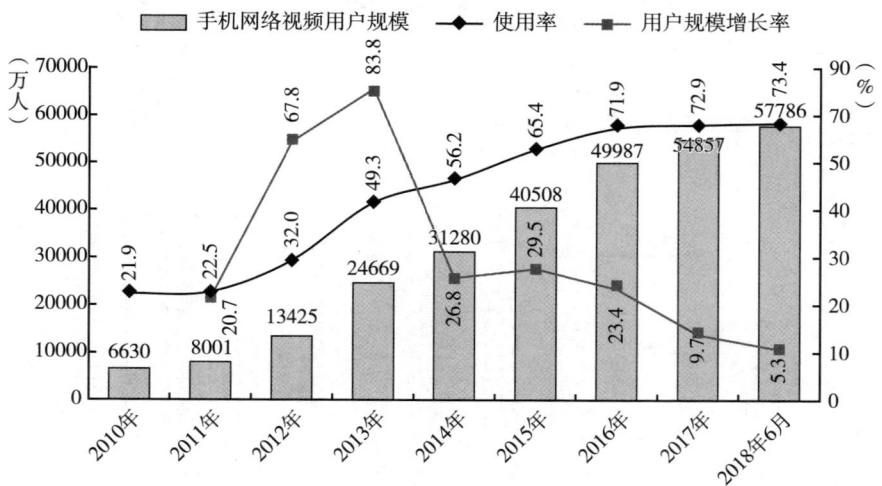

图 2　2010 年 12 月至 2018 年 6 月中国手机网络视频用户规模和使用率

数据来源：CNNIC，第 42 次《中国互联网络发展状况统计报告》，2018。

容消费领域核心支柱。整个视频内容行业的市场规模约为 2016.8 亿元，较上一年增长 39.1%。① 随着视频内容产业生态圈的形成，APRU 值（每个用户平均收入）、受众使用时长、活跃用户数量等将会进一步提升，网络视频内容行业规模也会有更高的增长速度。

就市场格局而言，腾讯视频、爱奇艺、优酷三大平台依然领跑流量市场。2018 年 3 月，爱奇艺正式登录纳斯达克，至此头部视频平台均纳入上市企业体系。网络视频行业用户、内容、流量继续向三大头部平台集中，第二、第三梯队与头部平台的差距进一步扩大，马太效应凸显。但是，在第二、第三梯队中，芒果 TV 凭借文娱节目优势占据一定市场地位，哔哩哔哩、搜狐视频等也吸引相对小众用户使用，成为行业内的主要竞争力量（见图 3）。

---

① 网络音频用户规模、行业市场规模数据来自艾瑞咨询，互联网电视激活终端数据来自中国网络视听节目服务协会互联网电视工作委员会、勾正数据联合汇总统计，其余数据来自中国互联网络信息中心。

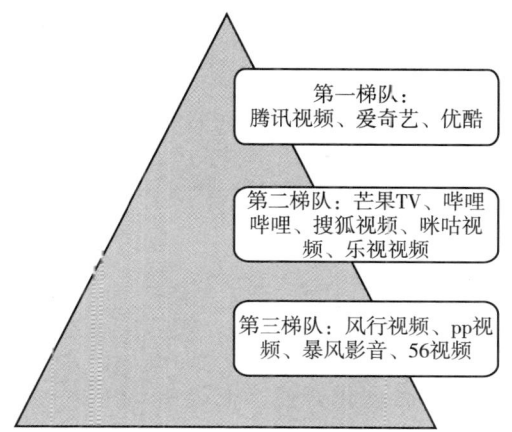

图 3　2018 年综合视频服务平台整体格局①

用户规模层面，头部三大平台也占据了绝对的优势。2018 年上半年，其用户数量占网络视频用户总量的 89.6%。2018 年新上线的网络剧、网络电影和网络综艺在三大平台独播占比亮眼，网络综艺三大平台独播占比 75.4%，网络剧三大平台独播占比近 88%，网络电影三大平台独播占比高达 91.7%。就前台播放量②而言，头部三大平台在 2018 年新推出的网络剧和网络电影产品的前台播放量超过了全网总播放量的 90%，其中网络电影作品以高达 98.9% 的占比格外吸睛；网络综艺节目方面，头部三大平台 2018 年全年新推出综艺的前台播放量占比为 82.2%，芒果 TV 以其自身的独特优势在网络综艺市场持续领跑，新推出的网综产品的前台播放量占全网总播放量的 16.7%。

各大平台差异化竞争效果显现，不同年龄段的人群对网络视频平台的使用率存在明显差异。数据显示，"00 后"网络视频用户中，腾讯视频的使用率在 80% 以上，哔哩哔哩用户中，"00 后"的收看比例显著高于其他群体。

---

① 综合视频服务平台市场格局各梯队的分布主要依据是 2018 年 10 月中国网络视听节目服务协会网络视频用户调研中，网络视频用户对各大视频平台的使用率数据，并结合中国电信用户监测大数据中各平台日均渗透率指标进行综合排名。

② 前台播放量指视频的前台点击量，除正片点击量外，另包含花絮、预告片等专辑的点击量。

"90后"网络视频用户使用爱奇艺的比例高出整体8个百分点,"80后"、"90后"网络视频用户使用优酷的比例比整体高出约6个百分点;芒果TV用户中,女性的收看比例显著高于男性。

二 在线视频产业热点解析

1. 网络综艺节目发展进入稳定期,数量和质量均有质的提升

2018年,高品质、高口碑的精品网络综艺节目不断涌现。各大视频网站一方面对网络综艺进行系列化开发,在类型、题材上都进行了创新,篮球、机器人、航天等专业团队竞技真人秀作为2018年涌现出来的全新类型,赢得了观众口碑,个别节目甚至成为现象级网综。如优酷独播的"这!就是"系列:《这!就是街舞》、《这!就是铁甲》、《这!就是灌篮》等,不仅增强了用户对平台调性的记忆度和理解度,而且形成营销合力。另一方面,平台还对优质网络综艺节目进行多季化开发,如《明日之子(第二季)》、《妈妈是超人(第三季)》等,在用户导流和用户留存方面为平台贡献更多力量。

就平台角度而言,腾讯视频、优酷、爱奇艺等平台纷纷整合各自优势资源,在偶像养成真人秀,以及街舞竞技、机器人竞技等细分领域展开深度竞争。腾讯视频整合腾讯系资源,为超级网综提供全方位流量保障;优酷背靠阿里,开启"网综+电商"新玩法;爱奇艺则用技术和营销来赋能内容。在各大平台的积极推动下,超级网络综艺由用户参与、制作方参与、品牌参与,进化到产业融合升级的阶段。

云合数据统计结果显示,截至2018年9月30日,全网共有425档网络综艺节目,2018年新上线118档,其中独播网络综艺为111档,占比达94.1%(见图4)。

在2018年前三季度新上线的网络综艺节目中,真人秀节目58档,占比49.2%;娱乐节目19档,占比16.1%;真人秀、娱乐节目、脱口秀、音乐节目四种节目类型占前三季度新上线网络综艺的84.7%。前台播放量方面,

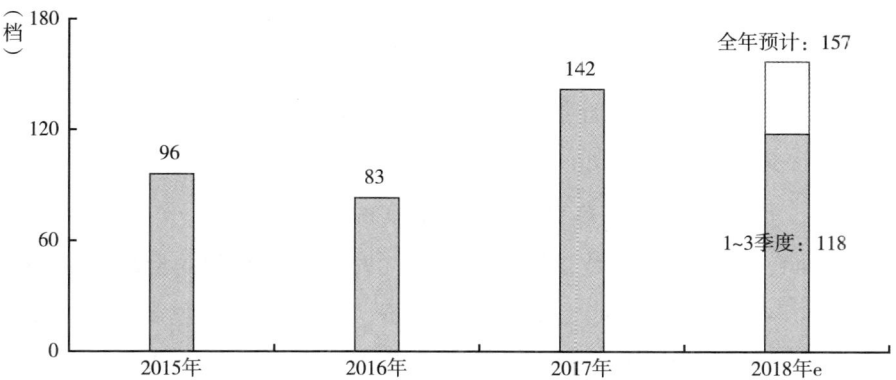

图4 2015~2018年网络综艺节目新上线数量

数据来源：骨朵传媒，2015~2017；云合数据，2018。

真人秀节目总播放量为288.98亿次，占新上线网综节目播放量的55.7%；其次是音乐节目，前台播放量近百亿次，占总播放量的18.0%；脱口秀、生活类、娱乐节目的前台播放量分别占总体的9.2%、7.4%和6.8%。

2. 网络剧精品化，IP网剧数量持续增长

2018年中国网络剧市场稳步迈入规范成长期。网剧市场规模不断扩大，同时，优质头部影视剧和精品网络剧的播放量迅速增长。截至2018年9月底，各大视频平台网络剧累计播放次数达1537亿次，平均每部7.18亿次，较2017年的剧均播放次数提升了近30%。头部版权剧仍是流量聚集领域，TOP20头部剧总播放量为918.81亿次，占2018年上线网络剧总播放量的60.0%。在IP热、观众已经养成付费习惯、平台全产业链布局以及头部自制剧培养模式的成熟等诸多方面的综合作用下，网络剧市场规模迎来发展强劲的新阶段。《2018中国网络视听发展研究报告》显示，2018年网络自制剧年产量达280部，网络剧总体规模在经历了2015年的井喷后增速回落，总体数量呈下降趋势，但同时前台播放量迅速增长，行业朝着精品化方向发展。

内容方面，古装宫廷剧成为2018年用户最喜欢的影视剧题材，其次是战争剧和历史正剧。2018年上半年网络剧市场虽不乏优秀作品，但并未有

爆款剧集出现；而在下半年，黑马《延禧攻略》以及由台转网的《如懿传》两部古装剧流量表现拔得头筹。《延禧攻略》在上线三个月内前台播放接近200亿次，微博话题量超百亿，转为上星频道播出后亦取得良好收视成绩；《如懿传》更是在上线后40天时间内前台播放量破百亿次，豆瓣评分人数超10万，是2018年网络自制剧中名副其实的爆款。

然而在全网IP网剧数量持续增长的同时，原创网剧数量却不断下滑，网络自制剧市场的创新能力仍然有待提升。TOP20头部剧集基本为付费独播剧，且集中在腾讯视频、爱奇艺、优酷三大平台。自制剧逐渐向短剧集方向发展，题材也全面开花，针对用户的垂直细分的趋势也越来越明显。

3. 网络电影：独播时代来临，规模效应有待形成

2018年前三季度上线的1030部网络电影中，独播电影数量为991部，占比达96.2%①，对比2017年的约80%，有大幅提升（见图5）。这其中，既有在网络电影全行业生产标准急剧提升的作用下，许多早前无法满足市场的"全网"网络电影内容被制作方和用户拒绝、摒弃的因素，也有网络电影产品在各大平台中与日俱增的重要性的因素。但不可否认的是，网络电影作品已经在当今的平台竞争中，成为平台适配用户需求，提高自身竞争力的关键所在。

2018年间新推出的网络电影主要集中在优酷、爱奇艺、腾讯视频三大平台。2017年开始，乐视视频、PP视频、风行视频、响巢看看等接连退出网络电影市场，一方面，网络电影的会员拉新率不能满足这些平台的期待，靠平台自身进行补贴让其入不敷出；另一方面，随着优酷、爱奇艺、腾讯视频三家平台不断抢占网络电影市场，独播慢慢成为唯一的发行方式，其他视频平台的发行收益被进一步压缩。

2018年新上线的网络电影题材以爱情、悬疑、动作、喜剧、剧情五大

---

① 2016年、2017年数据来源于爱奇艺《2017年网络大电影行业发展报告》，2018年数据来源为云合数据。

2018年中国在线视频产业发展报告

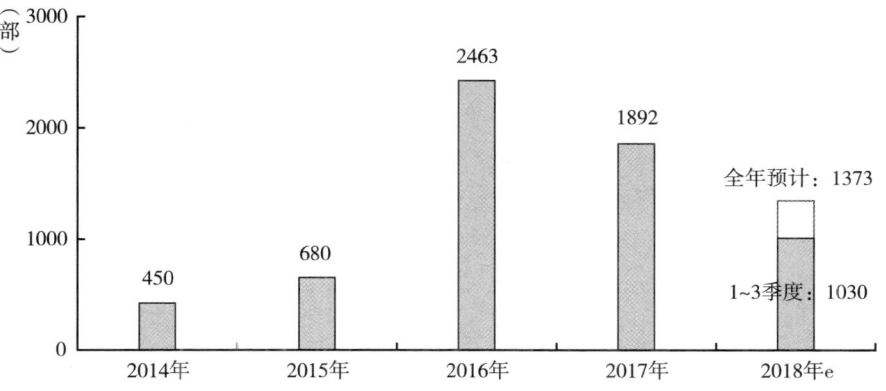

图5　2014~2018年网络电影上线数量

数据来源：爱奇艺《2017年网络大电影行业发展报告》，2014~2017；云合数据，2018。

类为主，占总量的82.2%。爱情类网络电影285部，在所有类型中数量最多，占比达27.7%（见图6）。

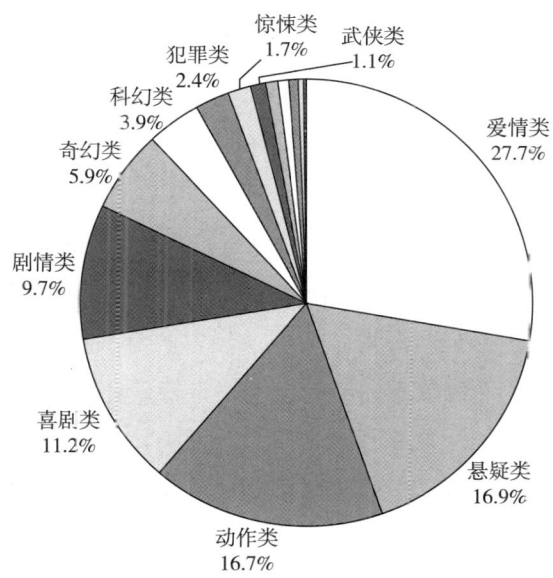

图6　2018年新上线网络电影题材类型

* 数量占比小于1%的在图表中没有展示。
数据来源：云合数据，2018。

191

就各类型的网络电影播放量而言，动作类电影的播放量占总量的28.9%，其次是悬疑、爱情类，播放量均占总量的19%以上。就单片的播放量而言，武侠、冒险、动作、奇幻、悬疑、战争类电影的平均播放量在总体水平之上，其中武侠、冒险、动作类电影的平均单片播放量都在1000次以上。

网络电影尚未形成品牌效应与规模，长尾效应显著。截至2018年9月30日，前台播放量过亿次的新上线网络剧、网络综艺、网络电影的数量分别是108部、57档和2部。前台播放量超过5000万次的网络电影共16部，占总数的1.6%。

4. 短视频：内容朝多样化发展，用户年轻态格局显著

截至2018年6月，短视频的网民使用率为74.1%。19岁及以下、20~29岁用户对短视频的使用比例均在80%以上，40~49岁、50岁及以上用户使用短视频的比例分别比整体低10.6个、19.6个百分点，短视频用户年轻态的格局明显；不同收入群体用户对短视频的使用率与整体相比，差异都在3个百分点以内，月收入1000~3000元、3001~5000元、5001~8000元、8001元及以上人群对短视频的使用率都在73%~77%，收入阶层分布呈均质化特征。

在线短视频从出现至今，内容日趋丰富，行业生态逐渐成熟多元。根据中国网络视听节目服务协会的调研数据，2017年全年，搞笑类短视频以80.5%的收看比例占据全网短视频用户最经常收看的类型榜首。而在2018年，尽管搞笑类别仍然以领先优势的提及率维持最经常收看的短视频地位，提及率却仅为59.5%，下降率超过20%（见图7）。

除搞笑类视频外，提及率保持在40%及以上的短视频类别还有新闻资讯类、影视类以及美食类，其中影视类短视频的提及率较2017年提高了7.3个百分点；体育、游戏短视频经常收看的比例在20%~30%。这也从一个侧面表明短视频内容逐渐多样化，内容生态朝着稳定、成熟的方向发展。

目前在短视频领域，UGC（用户生产内容）是主要的内容来源。数据

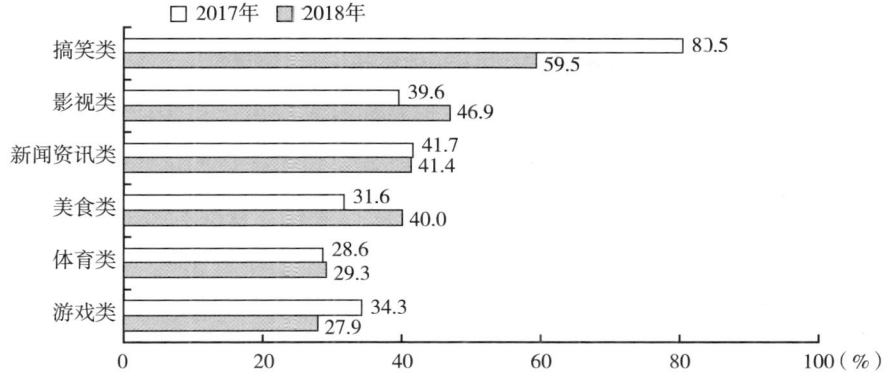

图7 2017~2018年经常收看的短视频节目类型变化

数据来源:中国网络视听节目服务协会网络视频用户调研,2018年10月。

显示,网络视频用户中,24.0%的人制作或上传过短视频节目,其中以搞笑类、音乐类、美食类短视频节目为主,比例分别为9.4%、8.2%和8.2%。

5. 网络直播:头部平台运营稳定,行业监管力度提升

2018年,在线直播行业规模增长趋于稳定。经历"千播大战"抢占流量市场时期后,行业的用户红利逐渐消退。市面大量中小平台相继遇到诸如资金周转不灵、原始流量稀缺以及运营维护等问题,加之监管部门的政策压力,这些平台在夹缝中生存,摇摇欲坠。基于这种情况,头部平台通过差异化发展建立核心优势,直播用户基础不断扩大,已经形成稳定的用户规模和运营模式。同时明星主播资源基本垄断在头部平台,新入局者很难对头部平台造成强冲击。对于中小平台而言,能否借助自身流量来突破现存的困境,深入探索垂直内容产业领域可能性并更新自身全行业定位,已然成为实现破壁的关键突破口。

同时,全网对于在线直播领域的监督和审查力度也随着产业盈利模式的不断完善而逐年提升。2018年,在线直播领域相关监管部门进行了多项清理整顿工作以及集中检查,同时实施了一系列监督管理政策,从维持良好的市场秩序和促使全行业良性发展的角度出发,极大提高了在线直播领域的发展规范度。80.8%的在线直播用户表示支持政府对直播平台的监管措施,

58.1%的在线直播用户对政府的监管措施表示满意。

6.全网视听产品生产各个环节的更新依靠新技术发展赋能

近几年间,网络视频应用领域的发展日新月异,离不开各种新技术行业发展的赋能。全网视听企业逐渐开始注意到新兴技术扶持的重要性,使得如人工智能、虚拟现实、大数据、5G及智能硬件等技术在全行业内容生产各领域实现应用。其中,以"鱼脑"为代表的泛文化娱乐领域AI大脑、以"鲸观"为代表的全产业链版权服务媒介,以及势头正猛的AI直播剪辑官等产品的出现,让全网视听领域用户体验人工智能技术的应用。诸如NewTV VR等未来电视客户端、人民网推出的虚拟现实频道,以及百视通旗下的多终端式互动VR影院,都是VR技术在网络视听新媒体发展中的应用和体现;而对于全网产生的海量大数据的搜集及分析则服务于各大视频平台的产品生产全过程,如加强用户广告投放的精确性、完善剧集排片、调整剧目更新节奏以及对付费会员数及流量变化的提醒和预警等。

B.20
2018年中国动漫产业发展报告[*]

孙平 尹冰[**]

摘 要: 2018年中国动漫产业产值突破1500亿元，呈增长趋势。动画电影不温不火，票房低位徘徊；电视动画片稳中求变，呈现受众低龄化、作品系列化特征；网络动画持续火热，原创与改编并重。动漫产业经营主体选择垄断与联合；行业资金流动放缓，投融资呈下降趋势。细分产业在产业积累的基础上形成了自身发展逻辑和探索路径，种种现象预示着动漫产业的调整变革正在走向深化。

关键词: 动漫产业 网络动漫 动画电影 电视动画

2018年，中国动漫产值突破1500亿元。根据艾瑞咨询发布的《2018年中国动漫行业研究报告》，我国泛二次元用户规模近3.5亿人，在线动漫用户量达2.19亿人。动漫产业产值呈现明显增长趋势且消费群体数量庞大，已经成为传媒产业中增势明显的板块，同时也将成为各大产业主体争相布局、政府管理机构积极引导的板块。

---

[*] 本文系2018年度国家广播电视总局部级社科研究项目"新时期我国动画民族化发展策略研究"（项目编号GD1848）的阶段性成果。

[**] 孙平，北京电影学院中国动画研究院副研究员；尹冰，北京电影学院动画学院讲师。

一 动画电影：发展缓慢、票房低位徘徊

2018年中国电影总票房为606.87亿元①，其中动画电影70部，总票房39.51亿元，占2018年中国电影总票房的6.5%。对比2016年（70亿元）、2017年（47.17亿元），动画电影票房呈下滑趋势。2018年，在70部动画电影中，国产动画电影43部（包括中外合资），总票房22.87亿元；进口动画电影27部，总票房16.64亿元，分别占中国院线市场动画电影总票房的57.9%和42.1%。②

从动画电影票房排行来看，整体呈现低位徘徊的状态。票房排名前20的几乎全部是依托成熟IP开发的系列动画电影。进口动画电影与国产动画电影各占半壁江山，美日进口片虽略占票房优势，但没有出现类似《寻梦环游记》、《疯狂动物城》等超强口碑电影；国产动画也没有出现像《大圣归来》、《大鱼海棠》一类的爆款和热点。

二 电视动画：稳中求变、受众低龄化、作品系列化

2018年立项的460部电视动画片中，童话题材占多数，达227部，占所有类型的49.3%。其次是教育题材、科幻题材、历史题材、现实题材、神话题材。《梦幻乐园奇遇记》、《新大头儿子和小头爸爸（第五季）》、《熊熊乐园2》、《哈哈！地球人》、《哈哈大冒险（第三季）》等作品被国家广播电视总局推荐为优秀片目，为各大卡通动漫频道或少儿时段动画节目优先选择。

电视动画呈现稳中求变的趋势，虽然有少量新主题动画片出现，但从题材到类型还不够丰富；系列作品较多，总体偏向低龄化。

---

① 毕凤至、叶映橙：《2018年中国电影总票房近610亿创新高！各城市排名出炉，你贡献了多少？》，21世纪经济网，http://www.21jingji.com/2019/1-1/2NMDEzODFfMTQ2NTA2Nw.html。

② 数据来源：淘票票电影票房实时监控。

三 网络动画：热度持续、原创与改编并重

2018年制作精良的网络动画作品层出不穷，聚拢大批观众。关注度较高的新作品有《武庚纪之天启》、《狐妖小红娘》、《一人之下（第二季）》、《灵契（第二季）》、《斗破苍穹（第二季）》、《魔道祖师》、《斗罗大陆》等。这些关注度高的网络动画往往改编自轻小说、漫画、游戏等，作品前期已经拥有良好的观众基础，同时这些作品往往制作精良，所属公司多有长期IP发展规划。此外，迎合目标受众的审美心理，不断尝试创新，也是这些作品关注度持续走高的重要原因。

2018年网络动画制作的突出特征是产业链上下游公司共同投资制作，同时视频平台巨头加入，呈现逐步垄断播出渠道的趋势。在统计的约70部国产网络动画中，一半作品在单一平台独播，其中主要的独播平台为腾讯视频、哔哩哔哩、爱奇艺。

四 动漫APP：下载量剧增、前景看好

据《互联网周刊》、eNet研究院共同评选的"2018年度APP分类排行榜"，人气高的二次元APP主要有哔哩哔哩、快看漫画、看漫画、腾讯动漫、漫画岛等。其中，快看漫画下载量最高，超过3亿次；位列第二的看漫画下载量约为1.3亿次；位居第三的腾讯动漫下载量为9812万次（见表1）。

截至2018年3月，中国主要动漫APP月活跃用户数量排行中，排名第一的是快看漫画，月活跃用户数达到2137.8万人；排名第二的是腾讯动漫，月活跃用户数达到1354.0万人；排名第三的是看漫画，月活跃用户数达到838.7万人。① 年轻用户是动漫APP主要用户群体，该部分人群以学生为主，深度用户归属感强。

---

① 《2018年中国动漫产业产值及预测：总产值将达到1765.6亿元》，https://baijiahao.baidu.com/s?id=1601250597874680142。

表1 2018年中国动漫APP下载量

单位：万次

序号	平台	下载量	序号	平台	下载量
1	快看漫画	30288	5	网易漫画	2502
2	看漫画	13451	6	漫漫漫画	1230
3	腾讯动漫	9812	7	有妖气漫画	1092
4	漫画岛	2841	8	布卡漫画	510

数据来源：《2018年度APP分类排行榜》，2018。

从动漫APP的内容储备和建设策略看，2018年动漫APP对正版版权和原创内容更为重视。快看漫画、腾讯动漫加强了平台内容生产，以原创头部IP为阵地吸引用户，同时也积极引进经典日漫版权。此外，快看漫画依然着力打造PGC平台（专业生产内容平台），腾讯动漫则依托阅文集团等资源优势，充分挖掘热门小说IP改编资源，在版权和IP上形成竞争优势。

五 动漫产业：经营主体选择垄断与联合

2018年，腾讯集团调整架构成立平台与内容事业群（PCG），其中就包括腾讯视频、企鹅影视和腾讯动漫。

2018年，企鹅影视的"百番计划"中多部动画上线，其中腾讯视频独播的作品为19部[1]，有重点IP《斗罗大陆》、《魔道祖师》，也有投资成熟IP《雄兵连》、《狐妖小红娘》，同时还尝试了更多类型，如《帝王攻略》、《盛世妆娘》、《观海策》等。2018年11月腾讯视频在V视界大会上公布多款IP改编动画的续作将在2019年播出，如《全职高手2》、《星辰变2》、《斗罗大陆》续集、《武动乾坤》、《穿越火线》等。这些IP口碑良好，在线

---

[1] 《国产网络动画的2018：视频平台成行业发展重要推手》，搜狐动漫，https://www.sohu.com/a/286390351_400919。

上热播的同时也推出了动漫 IP 真人影视开发、内容植入和线下合作等计划，以此体现 IP 的商业价值。

中国最受欢迎的二次元内容社区哔哩哔哩长期在动漫独播上处于领先地位。2018 年，哔哩哔哩独播了 8 部动画，而其中 6 部为哔哩哔哩出品；此外，为补齐 IP 版权不足的短板，哔哩哔哩正式收购包括 APP、网站和部分漫画版权在内的网易漫画资产。2018 年 12 月，哔哩哔哩召开国创发布会，宣布将推出 24 部参与投资的国产网络动画项目，其中有 15 部将会在 2019 年播出，包括《灵笼：INCARNATION》、《天宝伏妖录》、《拾又之国》等；同时宣布与淘宝达成合作，共同开发、运营其自有 IP。①

2018 年，爱奇艺独播了 5 部国产网络动画，其运营模式主要为 IP 改编加自制动画以及自制真人剧。2018 年 2 月，爱奇艺动漫 APP 正式上线，囊括漫画、轻小说阅读、动漫视频、二次元直播等内容，融合海内外优质版权资源和大量 UGC 内容（用户生成内容），标志爱奇艺漫画内容资源实现了移动全端口覆盖。2019 年，爱奇艺将上线 6 部改编动画作品，分别是：《邪王追妻》、《大主宰》、《有药》、《万古仙穹（第三季）》、《四海鲸骑 2》、《今天开始做明星》。

2018 年 2 月，阿里巴巴文化娱乐集团宣布与迪士尼旗下博伟影视达成内容授权合作，迪士尼将超过 1000 集动画系列剧集在优酷和部分与阿里合作的 OTT 平台播出。②

此外，大量动漫企业参与了网络动画的出品和制作，并与视频平台绑定合作，如北京盟族文化、厦门风鱼动漫、玄蚂动画等。

从产业链条来看，从央视动画有限公司、上海美术电影制片厂等这样的老牌动画企业到以网络动漫为主业的新兴企业；从打造中国动漫玩具纵向一

---

① 《2018 年动漫总产值突破 1500 亿元，最主要的利润来自 IP 衍生开发》，http://www.ifanr.com/1156343。
② 《2018 年中国动漫产业发展历程及盈利模式分析》，http://market.chinabaogao.com/it/0411303512018.html。

体化和动漫消费品服饰的奥飞娱乐和美盛文化到动漫授权企业广州艺洲、全产业链与多元化商业模式的华强方特，各类动漫相关企业都在中国动漫产业链中探索变革、寻求发展。

六 资本领域：行业资金流动放缓、投融资呈下降趋势

自2016年开始，中国动漫产业融资额增长迅猛，大量资本涌入动漫产业，融资集中于上游版权领域。对比2017年128起业内融资，2018年投融资数量仅有57起。① 投资方在2018年更注重所投资机构以及项目的原创能力、团队、技术等。

2018年，动漫行业标志性事件频发。财政部、税务总局发布《关于延续动漫产业增值税政策的通知》，这是对动漫产业进口环节税收优惠、企业所得税税收优惠之后的又一项利好政策。此外，AcFun经历了停站风波；哔哩哔哩在斯纳达克上市；腾讯的波洞星球正式上线，同时QQ漫画品牌升级；今日头条全资收购半次元；爱奇艺正式上线爱奇艺动漫APP，布局二次元社区等。2017年4月，《文化部"十三五"时期文化产业发展规划》发布，规划内容显示，到2020年预计动漫产业产值将达到2500亿元左右，动漫创意和产品质量将大幅提升。

2018年，动漫产业发展特征明显，动画电影、电视动画、网络动漫等细分产业都在产业积累的基础上形成了自身逻辑和探索路径。资本趋向理性、产值持续增长、网络热度不减、聚焦优质IP、制作精品化等现象都预示着动漫产业的调整变革正在走向深化。

---

① 《网综动漫争C位，监管引发"大萧条"——文娱行业的2018，冰火两重天》，https://www.toutiao.com/i6646945165472711181/。

B.21
2018年中国电子商务市场发展报告

陈媛媛*

摘　要： 2018年，中国电商行业持续发展，市场依然保持巨头垄断格局。电商企业不但在海外发展的路线上探索，而且在本地下沉市场迅速布局。2019年初，《中华人民共和国电子商务法》正式发布，配以经济环境和技术进步，电商在经历20年的发展后迎来新的发展机遇期。社区拼团、智慧零售、社交电商等业内发展热点开辟新的市场增长点。

关键词： 电子商务　消费升级　智慧零售　社交电商

一　产业数据解读

1. 总体状况

国家统计局调查数据显示，2018年全国电子商务交易额为31.63万亿元，比上一年增长约8.5%，但增长幅度延续了近4年的下降趋势，下降约3个百分点（见图1）。商品、服务类电商交易额占总交易额的96.8%，为30.61万亿元，增长14.5%；其他为1.02万亿元，下降51.3%。电商交易额增长率近年的连续下降源于互联网人口红利的渐消、既有市场的相对饱和。

2018年全年社会消费品零售总额达38.09万亿元，较2017年增长约9%。

---

* 陈媛媛，清华大学新闻与传播学院助理研究员。

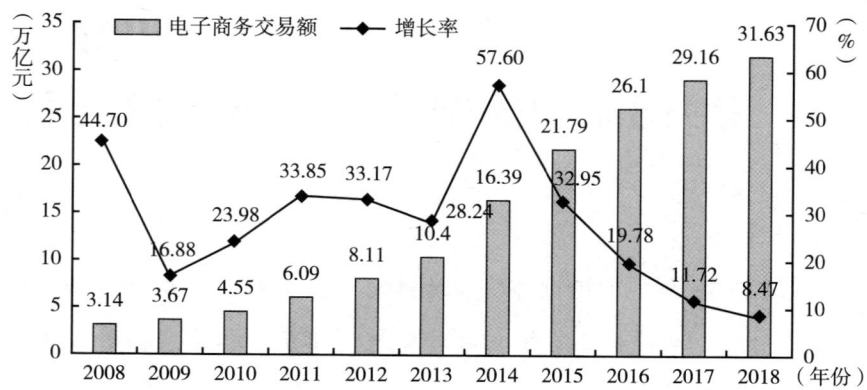

图1 2008~2018年中国电子商务交易额及增长率

数据来源:国家统计局,2019。

全国网上零售额为9.01万亿元,同比增长25.49%(见图2)。其中,实物商品网上零售额为7.01万亿元,同比增长27.9%。[①] 移动互联网已然成为网络零售的主要渠道,占整体网络零售市场的85.5%,较上一年增长4.4个百分点。

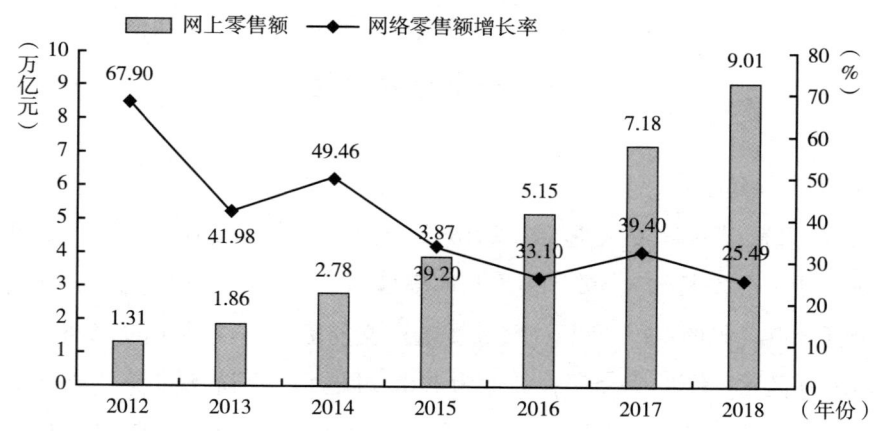

图2 2012~2018年中国网络零售额及增长率

数据来源:商务部及国家统计局,2019。

---

① 《2018年全国网上零售额突破9万亿元》,人民网,2019年2月22日。

从整个中国的消费环境来看，一、二线城市趋向理性消费，三、四、五线城市则开始享受消费升级。得益于互联网、智能手机的普及，电商在下沉市场的发展潜力逐渐被释放，在互联网人口红利渐消之际，三、四线城市消费者成为电商争夺的重要目标。实物消费个性化、服务消费智能化、普惠消费品牌化、消费人群年轻化等成为新消费趋势。①

二 主要电商企业发展格局

在2008~2018年10年的飞速发展期内，阿里巴巴、京东等几家老牌电商企业凭借技术、资本优势，在产品、经营投资方向上引领市场风向，平台规模效应和寡头效应日益凸显。在电商零售市场份额中，阿里巴巴和京东分别占58.2%、16.3%，第三名是后起之秀拼多多，占5.2%。② 基于移动互联网的下沉，拼多多依靠商品低价策略、拼购模式等，挖掘增量用户，在下沉市场迅速取得成绩。苏宁易购、唯品会、国美等以小占比取胜于其他众多电商。传统零售转型起家的苏宁易购、国美虽然榜上有名，但总份额也只有2.6%（见图3）。

截至2018年年底，中国电商上市公司共有47家，其中B2B电商8家、B2C电商18家、跨境电商7家、生活服务电商14家，总市值共计3.93万亿元。其中B2C电商平均市值高达1821.1亿元。③ 阿里巴巴以24352.265亿元的市值六比分领先，京东、拼多多也是B2C千亿元市值企业俱乐部成员（见表1）。2018年在美国纽约证券交易所挂牌上市的蘑菇街、在中国香港借壳上市的有赞均取得不错的成绩，有超40%的年涨幅率。

---

① 《阿里巴巴发布2018成绩单折射2019年中国七大经济趋势》，金融界，2019年1月5日。
② 林宸：《谁能打破电商业寡头垄断》，http://www.ebrun.com/20190408/328381.shtml?eb=com_chan_lcol_fylb。
③ 网经社 - 电子商务研究中心：《2018年中国电商上市公司市值排行榜》，2019年2月。

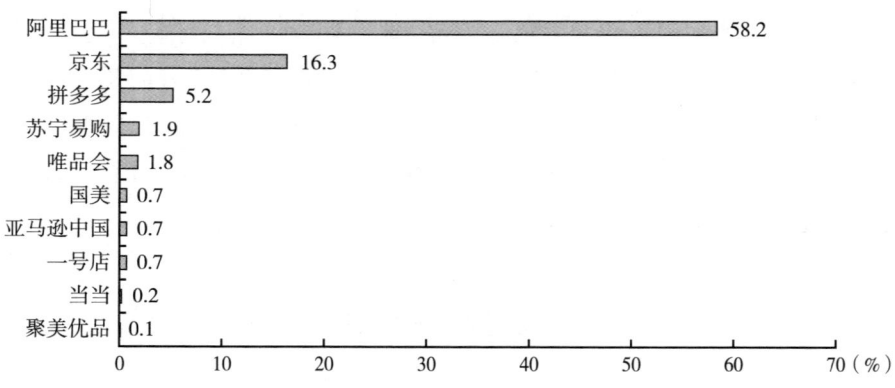

图 3　2018 年中国网购市场份额

资料来源：eMarketer，2018 年 4 月。

表 1　2018 年中国部分 B2C 电商上市公司市值

单位：亿元，%

股票名称	市值	股票年涨跌幅	股票名称	市值	股票年涨跌幅
阿里巴巴	24352.265	-25.36	南极电商	184.61	-34.04
京东	2041.405	-51.64	蘑菇街	133.522	46.36
拼多多	1709.18	-16.27	国美零售	122.983	-30.85
苏宁易购	917.04	-21.26	宝尊电商	105.47	-13.22
唯品会	217.855	-56.32			

数据来源：网经社，2019。

另外，传统国企在互联网发展新形势下也试图做出改变，部分已经开始涉足电商领域。国资委下属近百家央企，其中的 73 家已开展了电商业务，31 家设立独立的电商企业。① 这些央企电子商务业务多集中于特定领域，如建筑、电力、冶金、军工等。虽然传统企业也在努力赶上互联网的发展节奏，但是由于人才和运营方式、思维模式的限制，国企电商还需要不断地融合、改变。

---

① 《中央企业电子商务联盟发布央企电商协同发展指数及报告》，光明网，https://baijiahao.baidu.com/s? id=1595514189534650603&wfr=spider&for=pc。

在业务布局上，单纯的渠道销售属性已经不能满足消费者的需求和企业发展的期望，电商企业将自身与其他行业相融合和贯通于物流、金融、科技及大数据等基础产业链上，产品设计及制造的上游产业链上，文化、娱乐、社交等以内容和社交为商品信息传播方式的平台上，生鲜、教育、农产品等生活服务上，广泛涉猎并试图开辟新发展。①

三　热点分析

1.《电子商务法》颁布

2019年1月1日，《中华人民共和国电子商务法》正式发布并实施，这不仅是我国电商诞生20年的重要节点，也是一个里程碑。电商法明确了电子商务具体所指，科学界定了调整对象。对于电商经营者的权利、责任、义务，以及对消费者的保护等方面进行了规定。此外，由于电商法里关于电子商务经营者应进行市场主体登记及履行纳税义务等条款的出台，业内对于"微商"、"代购"今后的发展极为关注，这些曾经零门槛进驻电商的个人或微小经营企业都要正规化。从目前来看，由于个人电商从业者及平台的多种多样性，完全地"被监管"还需要一定的时日，从货品丰富度、性价比等多方因素考虑，对于部分习惯了代购的消费者来说，也需要适应的过程。

2. 拼购模式在下沉市场打响

"拼着买，更便宜"的口号在下沉市场打响。拼多多在短短的3年内，凭借对"五环外"消费者的吸引，成功登上电商榜单"探花"位置。除此以外，电商头部企业近几年都纷纷上线了拼购平台，比如支付宝的拼团、苏宁拼购、网易严选一起拼等。三、四线城市这些所谓的下沉市场越来越受到重视，因为它的背后是一个待开发的、广阔的消费市场。二手电商市场方面，闲鱼、转转、拍拍三足鼎立，而它们背后分别是阿里、腾讯和京东。

---

① 艾瑞咨询研究院：《2019中国互联网发展全瞻》，2019年3月。

传媒蓝皮书

3. "内容+社交"成就电商新玩法

内容、社交的发展潜力在2018年被充分释放。内容平台、社交平台在自身平台建设的基础上,将产品销售这个因子融合进去,让其成为新盈利方式之一。例如,直播平台通过主播为产品"带货",电商平台用直播方式为产品"带流量"。2019年初,成功孵化出众多网红的杭州如涵控股在美国上市。如涵打造了"网红+孵化器+供应链"的经营模式。"红人店铺"产品登上新生代消费者的购物清单。

由于获客成本低、转化率高,微博、微信等社交媒体成为网红电商的主要流量入口,抖音、快手、B站等平台也与KOL或MCN公司合作,实现品牌的双效合一。流量经过演化之后,转化为粉丝的购买力。社交媒体的红利被网红和新生代消费者建立起来的审美认同、情感认同深度挖掘。但是依托KOL的电商成功案例也不是一个单纯的可复制模式,如果在内容传播和价值转化上没有质的迭代,那么其发展持续性也是一个需要面对的问题。

4. 人货场的反向价值链再造

随着数据、物流、支付、按需生产等技术的成熟,不断升级的个性化消费需求等将C2B的发展推向了快车道,成为一个有潜力的互联网经济新模式。人货场模式是货场人、场货人模式的反向价值链再造。客户需求成为生产的必要条件。目前,聚定制的C2B模式已经广泛展开,其中包括产品预售、团购、拼购等方式。在C2B商业模式下,消费者成为推动产业链发展的主要动力,这也为具备相应条件的平台、厂家创造了新的创富机会。以阿里巴巴为例,天猫新零售赋能品牌实践C2B制造,旗下淘宝平台已孵化出2000多个C2B特色市场,淘工厂践行数字化、规模化以及供应链的智慧管理,已形成产业带,以规模效应撬动供给侧转型升级。①

5. 消费升级为跨境电商带来新机遇

2018年,我国跨境电商保持高速发展态势,B2C交易额超200亿美元,

---

① 《阿里巴巴发布2018成绩单折射2019年中国七大经济趋势》,金融界,2019年1月5日。

较上一年增长50%。其中，进出口额分别为120亿美元、80亿美元，分别较上一年增长40%、67%。① 不断增长的国民可支配收入和消费升级的新趋势，为跨境电商带来了新的发展机遇。

国际合作的广泛开展、电商信用体系的建立、产业链资源的整合、政策及监管制度的创新等措施将我国跨境电商推上新的台阶。国务院关税税则委员会于2019年4月8日宣布调整进境物品进口税（行邮税），行邮税的下降对进口跨境电商及卖家将有利好。随着全球货源的打通，未来"全球货通全球"的全流通商业形式将成为现实。

6. 技术助推行业创新发展

得益于大数据、人工智能、云计算以及5G通信等技术的进步，电商产业形态不断突破互联网原有的服务局限。新消费场景不断被开辟，线上线下的边界逐渐模糊。在电商产业链中，科技在服务、搜索等领域的应用正在改变着电商，数字化技术提高生产率，AR技术让消费者通过体验式社交提升购物兴趣，算法技术让产品更精准地直达消费者，科技赋予电商自我进化的能力。

2018年是中国电子商务发展第20年，从互联网浪潮到来的1999年到互联网进入下半场的2019年，电子商务开始了它不断进化、扩展、融合、技术赋能、资本对抗、跑马圈地等丰富的形态、业态、生态的演进过程，从最初的工具、渠道、基础设施到庞大的经济体②，电子商务的发展成为我国经济发展的一个缩影。如今，互联网进入下半场，产业互联网成为数字经济时代的重要风向，在新形势下电子商务将迎来新一轮的创新发展。

---

① 廖晓淇：《2018年中国B2C跨境电子商务交易额超过200亿美元》，36氪，2019年3月26日。
② 郝建彬：《中国电子商务发展史话》，阿里研究院，2015年7月。

B.22
2018年中国广告+互联网广告发展报告

中关村互动营销实验室

摘　要： 2018年，中国广告市场表现超出预期，市场规模近8000亿元，是最近6年来增幅最大的一年。政策利好及市场回归推升电视广告增长，互联网广告新生力量迅速崛起，技术算法催生广告新业态。算法优化提升了整体广告的精准性和变现能力，使互联网广告营销迈入了一个全新的阶段。快速迭代的创新能力正在改变着广告行业的营收格局。

关键词： 广告业　广告营销　互联网广告　算法优化

一　2018年中国广告市场规模近8000亿元

国家市场监督管理总局（以下简称"市场监管总局"）的统计数据显示，2018年中国广告经营额为7991.48亿元，较上一年增长15.88%（见表1），占国民生产总值（GDP）的0.88%，广告额是最近6年来增幅最大的一年。

市场监管总局数据显示，2018年广告从业人员增幅为27.40%，同样是近6年来最高值。广告经营单位数量同比增长22.51%，相较2017年的增幅有所回落，但依然保持较高增长态势（见表1），广告市场正由粗放型扩张向精准配置和资源精耕方向转变。值得注意的是，2014年以来，广告经营单位数量增幅一直高于从业人员数量增幅的局面在2018年被打破，这是6年来首次人员数增长超越单位数增长，这说明多年来行业结构调整开始奏效，是行业走向成熟发展的标志。

2018年中国广告+互联网广告发展报告

表1 2013~2018年中国广告经营额、经营单位、从业人员数据统计

项目	2013年	2014年	2015年	2016年	2017年	2018年
广告经营额(亿元)	5019.75	5605.60	5973.41	6489.13	6896.41	7991.48
年增长率(%)	6.84	11.67	6.56	8.63	6.28	15.88
经营单位(户)	445365	543690	671893	875146	1123059	1375892
年增长率(%)	17.89	22.08	23.58	30.25	28.33	22.51
从业人员(人)	2622053	2717939	3072542	3900384	4381795	5582253
年增长率(%)	20.40	3.66	13.05	26.94	12.34	27.40

市场监管总局公布的数据显示，2018年创意设计人员数量增长了31.07%，超过管理人员和业务人员的增幅，这也进一步验证了行业结构调整的成效；从广告业务所占经营额比重划分看，发布经营额增幅高达26.73%，远超设计、制作和代理业务的增长（见表2）。创意设计人员的高增长，反映出市场对创意创新需求的增加，是媒介碎片化、信息碎片化和信息过载的必然反映。2018年中国广告的产业结构正朝着产业升级方向转化，适应市场需求、加快结构转型已成为不可逆转的发展趋势。

表2 2017~2018年广告业人员结构及不同业务所占经营额

年/增长	按从业人员职能划分的结构(人)				按广告业务划分的经营额数据(万元)			
	管理人员	创意设计人员	业务人员	其他人员	设计	制作	代理	发布
2017年	1026960	943562	1573260	838013	11024081.61	9723957.24	13617476.02	34598537.02
2018年	1269539	1236762	1971054	1104898	11456843.41	10036035.00	14573988.42	43847984.20
年增幅(%)	23.62	31.07	25.28	31.85	3.93	3.21	7.02	26.73

二 政策利好及市场回归推升电视广告增长

市场监管总局统计数据显示，2018年广播电台、报社和期刊社广告经营额分别出现了0.02%、10.34%和9.49%的负增长，继续呈现下滑态势。

广播电台广告收入的基本持平，主要得益于广播电台深度的互联网化，广播终端成功地扩展到互联网上，实现了网台有机联动，互为支撑；电视广告逆市而行，同比增长26.73%，远超行业预期，与广播电台、报社和期刊社形成巨大反差，成为2018年中国广告业高增长的主要动因之一（见表3）。同时，电视广告的高增长，还稳住了四大传统媒体广告收入在广告总收入中的占比。这得益于电视台近年来不断创新突破，适时满足了老龄人群消磨闲暇时间的迫切需要。

表3 2014～2018年传统媒体广告经营额数据

单位：亿元

媒体	2014年	2015年	2016年	2017年	2018年
电视台	1278.50	1146.69	1239.00	1234.39	1564.36
广播电台	132.84	124.49	172.64	136.68	136.66
报社	501.67	501.12	359.26	348.63	312.57
期刊社	81.62	71.9	60.31	64.95	58.79

头部电视台品牌，对优质广告资源的集聚效应越发显现。互联网广告的虚假点击未能得到有效控制，也为品牌广告回归电视创造了机会。电视公信力的营销价值，是推升电视广告增长的又一重要因素。"国家品牌计划"的经营策略，不仅彰显了电视公信力价值，还打通了电视台内容、部门和渠道间的块状结构，使电视台内部资源形成了有机互动，有效贯通了部门和渠道资源，让电视价值得到了最大限度的发挥。

三 互联网广告新生力量迅速崛起，技术算法催生广告新业态

中关村互动营销实验室（以下简称"实验室"）研究数据显示，2018年互联网广告总收入为3694.23亿元，年增长率为24.16%，保持了较快的增长速度。由于中国宏观经济结构调整与去杠杆周期的影响，加之流量红利

的消失，互联网广告市场整体增长较上一年减缓了 4.9 个百分点，占 GDP 比重约为 0.42%，较上一年上升 0.06 个百分点，继续承载着全面拉升中国广告行业的重任（见表 4）。

表 4　2016~2018 年互联网广告经营额数据

单位：亿元，%

项目	2016 年	2017 年	2018 年
经营额	2305.21	2975.15	3694.23
增幅	29.87	29.06	24.16

由于移动端接入流量的大幅度提高，互联网广告向移动端转移趋势更加明显，移动端广告收入占比进一步增大至 68%，较上一年上升 6 个百分点；从媒体及平台类型看，应用型平台成为互联网最主流的广告渠道，其中，电商与搜索类型收入合计占比超过 50%；从广告形式看，展示、电商与搜索类广告收入合计占比超过 80%，成为最主流的广告形式；从计价方式看，效果类广告迅速增长成为最主流的广告形式，广告收入占比达 64.9%。算法对广告精准度和效率的提升，发挥了关键作用，提高了广告主信心，互联网广告的未来向多寡头的格局发展。

2018 年是中国互联网营销全面创新升级，推陈出新的一年。新技术替代传统互联网营收产品，以今日头条、小米、美团为代表的新生力量迅速崛起，依靠创新的业务模式、产品及技术优势，拉动了互联网广告的持续增长。新生力量的崛起使互联网广告市场的竞争更加激烈，也促使头部媒体和平台的市场集中度进一步提高，广告经营额前 10 位的互联网公司占比由 2017 年的 90.92% 上升至 2018 年的 92.67%；但是 BAT 三家公司占互联网广告收入的份额相较 2017 年却下降了 2 个百分点，占有率回落到 69%。

2018 年除 BAT 传统三强营收持续保持较高增长外，新巨头已经成为创新广告的推手。表面上看，这两股力量是互联网广告保持高增长的动因，实质上，是通过算法优化的效果类广告，提升了整体广告的精准性和变现能力，使互联网广告营销迈入了一个全新的阶段。这种快速迭代的创新能力正在改变着广告行业的营收格局,在完成对流量的拓展后,更加侧重流量变现和精耕。考虑到以今日头条、小米、美团为代表的新巨头广告启动时间不长,拼多多、快手等广告潜力仍有待开发,互联网广告依然具备十分可观的内在增长空间。

消费市场的下沉引发了各大互联网平台对渠道下沉的思考。今日头条、美团、拼多多为互联网广告的精准地域投放、为消费下沉提供了平台和渠道,从而拉动了三四线城市消费市场的强劲崛起。三四线城市市场已成为各大互联网平台和广告主资源追逐的蓝海市场,广告主营销预算大幅向互联网媒体转移。

基于对存量市场的深耕挖掘,近年兴起的信息流广告已经成为新闻类、资讯类、社交类、视频类等媒体平台最主要的广告形式。基于大数据以及人工智能技术的应用,信息流广告可以通过技术算法自动为用户推荐信息,使广告投放更加精准地瞄准目标客户,广告主们的媒体预算向信息流广告的迁移仍在加快。

2018年快消品仍然是互联网广告投放最主要的品类。食品饮料类广告收入稳坐广告品类的头把交椅,个护及母婴品类位居第二,这两项之和占比达到49.31%。排在前十位的品类占据了广告收入的91.92%(见图1)。

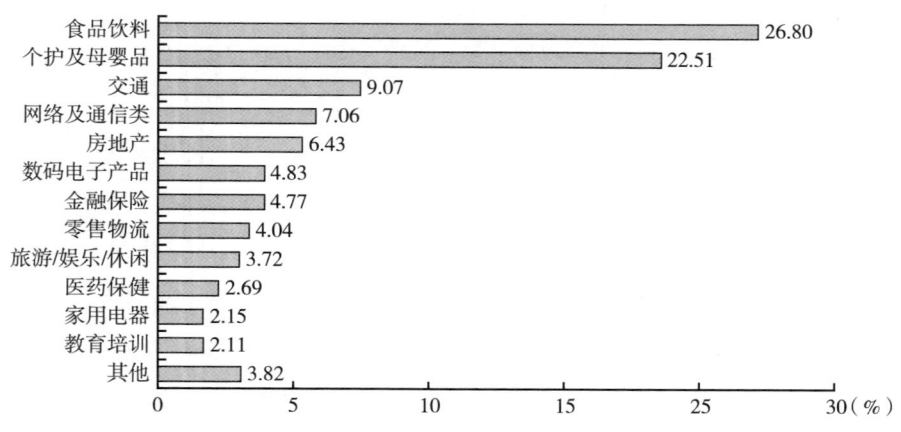

图1 2018年互联网广告收入商品类别占比

技术创新拉近了广告与用户的距离,但也让数据安全变得更加岌岌可危。加强网络安全防范成为全球共同关注的重点,我国《网络安全法》及欧盟《通用数据保护条例》(GDPR)的实施,使网络数据安全的重要性提升至新高度,限娱令的出台则对新兴内容提出了更高的要求,监管政策直接决定着视频时代头部公司的结构与生存。IPv6 和 5G 的部署,既为互联网营销创造了更广阔的空间,也对其提出了更高的安全、管理要求。

四 十大品类投放增长强劲,排次保持基本稳定

市场监管总局数据显示,前十大品类广告投放增长强劲。食品饮料类同比增长 11.87%,房地产类增长 10.58%,汽车类 8.74%,化妆品及卫生用品类 8.57%,与上一年相比都有较大幅度的增长。尤其是汽车类从 4.9% 的负增长到 8.74% 的正增长,增长了 13.64 个百分点,食品饮料类的增幅也接近 9 个百分点(见表 5)。

表 5 2017 年、2018 年广告投放前十类别对比

单位:亿元,%

排名	2017 年			2018 年		
	类别	总额	增幅	类别	总额	增幅
1	食品饮料	886.85	2.96	食品饮料	948.89	11.87
2	房地产	803.86	3.12	房地产	845.40	10.58
3	化妆品及卫生用品	678.74	3.19	汽车	698.09	8.74
4	汽车	659.77	-4.9	化妆品及卫生用品	684.91	8.57
5	家用电器及电子产品	341.84	0.17	家用电器及电子产品	379.58	4.75
6	药品	292.23	-11.36	信息传播、软件及信息技术服务	309.59	3.87
7	酒类	283.75	14.17	药品	298.89	3.74
8	信息传播、软件及信息技术服务	278.81	3.86	金融保险	297.36	3.72
9	金融保险	230.46	8.71	酒类	286.48	3.58
10	服装服饰及珠宝首饰	206.39	15.36	服装服饰及珠宝首饰	210.72	2.64

五 区域广告市场规模差距依然显著

市场监管总局的数据显示,以区域划分,2018年广告经营额前八名地区仍然是北京市、广东省、江苏省、上海市、浙江省、山东省、湖南省、湖北省,与2017年排序保持一致。北京市经历了2017年负增长后,2018年同比增长38.99%,位列所有省区市第一。四川省自2017年冲到第九位后,2018年又回落到第十,与安徽省的排次相互对换。总体看来相对平稳,没有出现大的更替(见表6)。

前10省份占据广告经营市场总额的86.67%,但只占总经营单位的68.44%和人员总数的64.06%,人均产值19.37万元。后10省份只占广告经营市场总额的1.49%,人均产值3.35万元。以规模计,前10省份的总额是后10省份的58倍多。但是,按人均产值计,前10省份是后10省份的约5.8倍。从发达地区和发展地区人均产值看,双方差距并不像总额数据那么显著,而消费市场的持续下沉,将会拉动发展中地区新一轮广告业的崛起。

表6 2018年前10省份广告额、经营单位和从业人员对比

地区	广告经营额(万元)	经营单位(户)	从业人员(人)
北京市	24077745.34	36165	128459
广东省	9970639.31	82719	389758
江苏省	8680765.75	96974	558300
上海市	5932226.00	340477	411845
浙江省	5902405.58	61545	324405
山东省	5559353.67	110926	563135
湖南省	3192888.16	87798	551268
湖北省	2268396.50	41034	169441
安徽省	1851428.04	41312	256577
四川省	1826520.58	42741	222672
前10省份合计	69262368.93	941691	3575860
前10省份市场份额(%)	86.67	68.44	64.06

B.23
2018年中国广告市场现状分析

黄升民　邵华冬　郑萌*

摘　要： 2018年中国广告市场底部盘整，2019年恐将面临较大下行压力。广告主年度营销投入稳中略升，营销一体化探索深入。媒体广告市场微增，融媒体发展进入纵深阶段并向"智媒"升级进化。广告公司转型与变革加速，行业竞争格局与秩序经历深刻变化和重构。

关键词： 广告市场　营销投入　秩序重构

一　经济下行压力增大，广告市场底部盘整且分化加剧

2018年我国GDP比上一年增长6.6%[①]，但当前国际局势的不确定性较强，国内经济新旧动能转换尚未完成，我国经济仍处在L型筑底期和调整期。2018年12月财新中国制造业采购经理人指数自2017年6月以来首次落入收缩区间，显示中国经济下行压力逐渐加大。[②] 受宏观经济及市场环境影响，2018年中国广告市场增幅微弱，底部盘整态势明显。CTR数据显示，2018年中国广告市场整体增长2.9%，同比下降1.4个百分点。国家市场监

---

* 黄升民，中国广告博物馆馆长，国家广告研究院常务副院长，博导；邵华冬，中国传媒大学广告学院副教授，硕导；郑萌，中国传媒大学广告学院2017级硕士研究生。
① 国家统计局：《2018年经济运行保持在合理区间发展的主要预期目标较好完成》，2019年1月21日，http://www.stats.gov.cn/tjsj/zxfb/201901/t20190121_1645752.html。
② 张娱：《2018年12月财新中国制造业PMI降至49.7 为19个月以来最低》，2019年1月2日，财新网，http://pmi.caixin.com/2019-01-02/101365448.html。

督管理总局发布的历年中国广告业数据显示,自 2013 年起,广告业经营额同比增速告别高于 GDP 增速的态势,一直紧密围绕 GDP 增速曲线上下波动。而从广告业经营额占 GDP 比重来看,近年来,中国广告业经营额占比 0.9%左右,美国为 2.5%,日本为 1.6%。显然,无论从行业自身纵向对比,还是同发达国家相比,中国广告市场都处在底部盘整态势,未来仍可有较大发展空间。

但同时,广告市场内部的分化仍将加剧。传统媒体广告花费同比下滑 1.5%;广播作为其主要拉动力,增幅 5.9%;电视微降 0.3%;纸媒仍呈下滑态势,报纸和杂志广告刊例收入分别下降 30.3%和 8.6%,但降幅均相比 2017 年收窄;传统户外广告下滑明显,刊例收入减少 14.2%;生活圈媒体中电梯媒体表现良好,其中电梯海报广告增加 25.5%、电梯电视广告增加 24.8%,涨幅均超过 2017 年同期;互联网广告继续保持稳定增长但涨幅小幅回落,由 2017 年的 12.4%降低至 2018 年的 7.3%。①

二 三大市场主体年度特征

1. 广告主:营销投入稳中略升,营销变革持续深入探索

(1) 整体:广告行业分化加大

2018 年,广告主整体营销投入尚属稳健,但在我国经济下行压力加大的背景下,主要行业广告主营销投入有所分化,未来预期不确定性较大。2018 年广告生态调查数据②显示,2018 年被访企业的营销推广费用占销售额的 8.3%。邮电通信、饮料、药品、食品、商业及服务性行业在 2018 年全媒体广告花费中位列前五。其中,食品、饮料等行业在产品结构调整、扩容和业态转型升级下效益显著改善,而在商业及服务性行业中电商行业广告

---

① CTR 媒介智讯:《2018 中国广告市场回顾》,2019 年 1 月 31 日。
② 《中国广告协会学术委员会 2018 广告生态调查》(课题组组长:赵华、丁俊杰、黄升民;执行总负责:杜国清;执行组长:陈怡、方贤洁;课题组成员:韩永琛、蒋文昕、宋诗瑶、黄信鹏、武春霞)。

花费增长势头强劲。2018年饮料行业、食品行业和商业及服务性行业在全媒体的广告花费分别同比上涨3.8%、1.1%和1.0%。

（2）重构：新零售推动营销一体化

2018年新零售变革更加活跃，推动广告主营销一体化进程加速，部分广告主为此加快调整管理架构，再造数据管理平台与零售门店。而其背后的关键在于三大能力的建构：流量融通力、AI赋能力、强社交驱动内容力。

第一，构筑打破线上线下、不同场景的流量融通力。如尼尔森与天猫新品创新中心联合打造数据产品，基于天猫的线上数据资源与尼尔森的线下零售数据资源，为品牌商提高全渠道洞察与服务的能力；腾讯微视联合腾讯体育、创造101、杯欢制茶等品牌在北京三里屯太古里打造的"有趣发电站"活动以及知乎的"不知道诊所"，均是通过线下场景创新，促进线上社交传播，增强流量在线上线下的融通。

第二，AI赋能正逐步覆盖从市场洞察、广告投放、效果监测到销售转化的营销一体化链条。无论是阿里"鲁班"一秒设计出8000张海报还是智能广告千人千面的投放系统，都是致力于营销传播向智能化、高效化等目标进步，但实施智能营销的基础仍在于对海量大数据的有效管理和对各类内外部数据孤岛的有效整合。AdMaster数据显示，54%的广告主表示2018年最关注的数字营销技术是DMP（Data Management Platform，数据管理平台），该技术可打通并整合应用多方数据，产生商业价值，是驱动智能营销落地的"最强大脑"。[1]

第三，强社交驱动内容力是实现一体化的关键。基于利益激励和内容兴趣的"社交裂变"，成为广告主在2018年热衷使用的营销传播手段。尼尔森相关数据显示，在各类电商平台中，社交电商的月活跃用户同比出现爆发式增长，增长率达439.2%，远高于其他电商类型。目前，社交电商主要分

---

[1] AdMaster：《2019年中国数字营销趋势》，2018年12月19日，http://www.199it.com/archives/809115.htm。

为熟人关系和兴趣话题两种模式。其中，三四线城市的消费者更愿意参与熟人关系形成的以利益激励为主的社交拼团；而一二线城市消费者更倾向内容兴趣导向的社交电商。① 不论是定位在低线城市拼团模式的拼多多，还是利用分享、转发扩大品牌声势的 luckin coffee（瑞幸咖啡）、支付宝微博抽奖锦鲤等营销活动，都是基于利益激励的裂变式社交营销模式。

（3）增量：广告主营销下沉掘金增量市场

尼尔森相关调研数据显示，2018 年 44% 的四线城市家庭消费支出增加，且同比增长幅度高达 21%；而一线城市家庭消费支出增长幅度则只有 15%。② 移动互联网进一步下沉与"新零售"的发展，为低线市场提供了新的消费场景，电商平台在低线市场的表现尤为亮眼。2018 年上半年，农村地区网络零售规模不断扩大，全国农村网络零售额同比增长 34.4%，增速高于全国水平 4.3 个百分点。③ 而县域融媒体中心的建设和发展或将整合、完善县域传播生态，赋能营销与商业平台，为品牌下沉创造县域营销传播的制高点，助力广告主的营销传播得到更好落地，实现媒体与企业的双赢。阿里巴巴旗下淘宝联盟等平台正在通过合作县域电视台，助力县域零售场景创新变革，提升广告主在县域市场的营销力与竞争力。

（4）投放：实效压力下融媒体或成新趋势

2018 年广告主在媒体广告投放偏好上仍呈现电视、互联网、户外三足鼎立的状态。互联网媒体依然保持在首位，占 40.8%，相较 2017 年上升了 3.6 个百分点；电视位居第二位，占 17.4%，相较 2017 年下滑 1.7 个百分点；传统户外媒体位居第三位，占 13.2%，相较 2017 年下降 1.1 个百分点；广播、杂志分别占比 5.9 个和 5.3 个百分点；报纸占比 4.1%，较 2017 年下降 0.9 个百分点。移动互联网占整体网络媒体费用比例逐年提升，将超过电

---

① 尼尔森：《2018 年第三季度中国消费趋势指数稳步发展》，2018 年 11 月 28 日，https://www.nielsen.com/cn/zh/insights/news/2018/2018-china-consumption-trend-index.html。
② 阿里妈妈：《小镇青年零食饮料酒水行业洞察及营销建议白皮书》，2018 年 10 月 24 日。
③ 中国国际电子商务中心：《中国农村电子商务发展报告（2017~2018）》，2018 年 10 月。

视成为全媒体预算中的最大蛋糕。① 即使存在无效流量、数据造假等问题，但仍有79%的广告主表示在2019年将增加数字营销领域的预算，平均预算的增长量为20%，发展态势积极。②

2. 媒体：分化加剧，融媒体进入纵深阶段并向"智媒"探索

（1）电视：县域融媒体中心与OTT广告受关注

2018年第三、四季度的电视媒体广告出现较大幅度下滑，导致年度总体广告花费出现下降，降幅为0.3%。电视媒体内部分化加剧，央视和省级卫视广告花费同比上涨17.8%和5.1%，但省级地面台、省会城市台及其他地市县级台等广告花费下滑明显。③ 2018年世界杯的强内容资源使央视收视率创新高，同期在全国市场体育类节目的市场份额达到89%。④ 而央视首次与优酷等互联网视频平台的合作，以及在广告经营上"三台合并"集聚与整合资源，都给央视以更大的广告增值空间。而一线卫视内部格局生变，北京卫视以20.3亿元的广告签约额成为2019年卫视招商冠军。湖南卫视2019年黄金时段资源招商额仅为13.09亿元，只达到2017年同期的1/4。⑤ 湖南、江苏、东方、北京、浙江五大卫视2018年皆面临较大经营压力，2018年前四个月五大卫视广告赞助流失品牌高达335个，2018年超过5亿元冠名费用的节目一共只有三档。⑥ 对此，电视媒体也在通过加快智能化升级，实践新的运营模式。例如包括五大卫视在内的多家广电机构与今日头条等互联网媒体平台展开合作，共同在短视频、综艺等领域进行探索与创新。

---

① CTR媒介智讯：《2018年中国广告主营销趋势调查报告》，2018年4月。
② AdMaster：《2019年中国数字营销趋势》，2018年12月19日，http://www.199it.com/archives/809115.html。
③ CTR媒介智讯：《2018年中国广告市场回顾》，2019年1月31日。
④ 中央电视台广告经营管理中心：《"放声世界激情传播"——CCTV2018俄罗斯世界杯案例分享会》，2018年7月19日。
⑤ 庞李洁：《2019卫视招商困境：湖南卫视广告招商额仅为去年1/4》，2018年12月21日，https://new.qq.com/omn/20181221/20181221A0HTCT.html。
⑥ 昌荣传播：《2018半年度电视媒体趋势报告》，2018年10月16日，http://www.sohu.com/a/259886569_411484。

此外，县级融媒体中心及OTT广告是2018年值得关注的两大热点。在广告主营销下沉的趋势下，县级广播电视台作为融媒体中心建设的主体，或迎来新的经营机会。截至2018年上半年，OTT总激活终端规模超2.1亿个，覆盖户数达1.75亿户，首次超过有线电视缴费户数；在2018年8月世界杯期间，OTT广告总体收入突破60亿元，到达率高达69万户。① 覆盖范围广泛、受众规模增多、精准投放等成为OTT广告的主要优势所在，但OTT广告效果的不确定性、价格、销售体系的混乱也让很多广告主望而却步。随着OTT技术升级带来的营销价值日益显著，国家监管部门也加大了规范力度："OTT广告联盟"的正式成立，预示着对OTT广告投放标准等行业行为准则的进一步规范化，也昭示着OTT广告市场逐渐步入成熟。

（2）互联网：电商及信息流广告成亮点，加强监管成年度"重头戏"

2018年移动互联网广告占互联网广告总体的77.6%，成为引领网络广告市场增速的关键势能。② 互联网广告市场集中度进一步提升，BAT三大巨头和字节跳动的网络广告总体收入占60%以上。③ 相比搜索广告的增速放缓，电商广告和信息流广告在网络广告市场中逐渐形成领先优势，预计未来几年电商广告将稳定在30%左右。而信息流广告同样呈现快速增长趋势，预计2020年市场规模将超过2700亿元，占网络广告总体35%以上。④

2018年互联网广告成为广告监管的"重头戏"。仅2018年上半年，全国工商、市场监管部门共查处互联网广告案件8104件，同比增长64.2%。⑤ 诸如今日头条、火山小视频等移动内容资源、短视频直播行业受到了强监管、重整治。

---

① 昌荣传播：《2018半年度电视媒体趋势报告》，2018年10月16日，http：//www.sohu.com/a/259886569_411484。
② 艾瑞咨询：《2018年中国网络广告市场年度监测报告》，2018年8月。
③ 中信传媒：《互联网营销：市场规模持续增长，头部平台广告价值进一步体现》，2018年7月5日，http：//m.sohu.com/a/239506112_522828。
④ 艾瑞咨询：《2018年中国网络广告市场年度监测报告》，2018年8月。
⑤ 国家市场监督管理总局：《2018年上半年监管部门共查处互联网广告案件8104件》，中国经济网，2018年7月20日，http：//finance.eastmoney.com/news/1355,201807209103202 85.html。

（3）纸媒：跌幅收窄，融媒体加速转型

2018年纸媒整体广告市场降幅明显收窄，行业洗牌加剧。2018年，包括《北京晨报》、《法制晚报》在内的多家报纸杂志相继休刊、停刊，共计30余家。

纸媒颓势虽如此，但在融媒体发展的纵深阶段，报刊发行量、数量以及广告收入已不是评判纸媒发展态势的唯一标准。大型报业集团已改变单纯依赖广告作为主要收入来源的被动局面，实现多元创收，并向数字化、智能化深度转型。2018年河南商报社经营逆势增长，前8个月收入同比增长35%，利润同比翻了一番，而其报纸广告收入只占总收入的25%左右。① 人民日报客户端已使用应用人工智能技术的创作大脑；光明日报社将与科大讯飞合作打造智能化有声报纸，实现从"看报"到"听报"的转变。随着行业洗牌加剧，未来纸媒竞争格局将更为分化。

（4）广播：受移动音频降维攻击，加快移动化、智能化探索

2018年广播媒体广告仍保持5.9%的高速增长，但增幅收窄。② 由于车载广播市场的广阔，广播成为传统媒体当中实现逆势上扬的中坚力量。但随着移动互联网的持续发展，手机已经成为仅次于车载广播的第二大收听终端。尼尔森数据显示，2018年上半年全国广播接触率从2017年的32.9%下降至31.42%。2017~2018年，车载广播市场并未因私家车保有量增长而提升，相反呈现出下滑趋势。③ 网络音频（非广播）节目的渗透，导致4.2%的听众不再听传统广播，传统广播接触下降了5.8个百分点。④ 移动音频产品正通过技术和算法赋能对传统广播实现降维打击。

（5）户外：数字化、智能化转型加速，户外生活媒体圈发展势头强劲

2018年我国户外广告总体发展态势良好。其中，数字户外广告收入将

---

① 朝明：《2018年，这些报刊杂志休刊、停刊、合并，纸媒行业洗牌加剧》，传媒内参微信公众号，2018年10月23日。
② CTR媒介智讯：《2018年中国广告市场回顾》，2019年1月31日。
③ 尼尔森网联：《2018年上半年全国广播收听盘点》，2018年7月4日。
④ 尼尔森网联：《2018中国广播及音频应用发展报告（2018）》，2018年10月。

以13.8%的年均复合增长率上涨,① 数字户外已成为户外广告市场的主体力量。伴随"新零售变革"的深入发展,生活圈媒体作为线下场景中高触达消费者的"入口"和"通道",营销价值被重新赋予。作为新零售咖啡的典型代表,luckin coffee在2018年前三季度主要选择电视、电梯电视、电梯海报和影院视频作为宣传渠道,其中电梯电视媒体的广告花费占投放总体的73.5%。② 此外,2018年不少户外媒体开始应用AI加持下的数字技术:如基于跨屏组合的量化分析系统,分众传媒将推出电梯电视的实时收视率系统,以实现不同楼宇关键词搜索的精准投放和电商购物记录的定向投放等。

3. 广告公司:经济下行压力下转型与变革加速

(1) 广告公司整体经营向好,分化加剧

2018年中国广告生态调查数据显示,有53.3%的被访广告公司上半年营业额实现增长,2019年预期营业额实现增长的被访广告公司比例上升为59.2%。

但伴随国内经济下行的压力,2018年广告行业分化加剧。中国本土大型广告传播集团加速崛起。广东省广集团、蓝色光标等大型广告传播集团都在2018年取得了不俗的成绩:2018前三季度蓝色光标实现营业收入170.02亿元,同比增长62.37%③;广东省广集团2018年全年净利润同比增长203.3%。

(2) 科技、智能与咨询公司领跑数字营销,4A公司反向渗透咨询业务

数字营销领域随着市场竞争的不断深入,市场集中度进一步提升。数据显示,新三板(全国中小企业股份转让系统)107家数字营销企业2018年上半年归母净利润增长率下降到4.78%,相比上一年的22.4%,下降幅度较大;行业市场份额CR4(行业前四名份额集中度指标)从2017年的22.59%上升到25.99%。④ 行业成长放缓,将导致资源整合能力弱、运营水

---

① 普华永道:《中国娱乐及媒体行业展望(2018~2022年)》,2018年9月。
② CTR媒介智讯:《2018年中国广告市场回顾》,2019年1月31日。
③ 蓝色光标:《蓝色光标前三季度归母扣非净利润同比增超五成》,2018年10月26日, http://www.bluefocusgroup.com/xwzx/jt/154.html。
④ 广证恒生:《新三板数字营销2018半年报分析:行业成长放缓,从"拼数量"转向"拼质量"》,东方财富网,2018年9月10日,http://stock.eastmoney.com/news/1614,20180910942719779.html。

平低的数字营销公司被逐步淘汰。

科技与互联网公司、智能营销公司、咨询公司等成为数字营销领域的领跑者。2018年阿里巴巴网络广告收入超过218.1亿美元,以33%的增长速度成为中国数字广告市场的主导者。[①] 新兴智能营销公司科大讯飞等凭借在人工智能领域的技术领先,开发出AI营销云等多种智能营销与广告产品。

(3)广告主内部营销机构崛起,科技驱动转型

2018年内部营销机构正在崛起,广告主掌握营销传播主动权趋势持续加强。世界广告主联合会(WFA)调查显示,全球45%的受访广告主开始投入更多成本在内部广告团队组建上,特别是负责数字媒介广告方面的团队。除此之外,头部流量资源的稀缺昂贵与广告主传播诉求升级的矛盾也使品牌自制内容趋势变得愈加明显。

加快数字化转型。电通安吉斯集团中国搭建了程序化团队,致力于在2020年前实现百分百数字化经济业务的目标;蓝色光标在其2018年第三季度财报中指出,新业务核心不再高度依靠创意和策略,更多依靠数据和算法,并发布智能营销机器人,意图覆盖广告主营销全链条,加快向数字化转型。

随着营销一体化、广告一体化融合趋势加强,单纯的广告创意已无法成为广告公司的核心竞争力。不少公司不断摸索,通过"内部造血"、跨界向产业链上下游延伸等战略实现升级改造。如利欧数字不仅"孵化"了马马也这样小而美的创意公司,同时在人工智能、区块链、大数据等开发和应用上创建了"利欧产品研发中心"。[②] 广告公司在未来将更深入产业链上下游,把洞察消费者的优势转化为产品创新或商业模式升级的维度,从而实现整合聚力。

---

① eMarketer:《阿里巴巴广告收入首超电视广告》,2018年4月4日,http://baijiahao.baidu.com/s?id=1596781014421356639&wfr=spider&for=pc。

② 晓云:《这,是广告公司的未来吗?》,广告门,2018年5月30日,http://www.adquan.com/post-2-44569.html。

（4）营销科技取代广告科技大势所趋

阿里品牌数据银行、腾讯营销云等诸多广告营销解决方案赋能广告主产品和服务更加成熟，凭借对营销环节的重度参与，BAT巨头还将有机会介入企业产品创新、供应链等环节。诸多广告技术平台选择在广告科技基础上，将数据挖掘范围向非媒体行为数据延伸，并依托过去在媒体投放中积累的第二方数据，结合第三方数据，以及广告主第一方数据，开展数字化咨询业务，帮助客户在其全产业链上开展数字转型，DSP业务（数字信号处理业务）及其他广告科技业务功能都加以SaaS（Software-as-a-Service，软件即服务）化，包含在CRM（客户关系管理）系统中。独立广告技术平台由于缺乏媒体资源以及数据利用，竞争壁垒较浅，2018年逐渐失去市场。2019年，承受着巨大转化压力的广告主将更加重视营销技术。广告技术公司向营销技术方向延伸，是数据、技术驱动营销决策这一市场需求的结果。

（5）数字营销业务"出海"潜力大

目前，中国广告公司国际化水平依然处于起步和成长阶段，但数字营销业务有望引领广告公司"出海"营销大势。2018年度蓝色光标旗下蓝标传媒团队Facebook广告代理业务营收远超预期，"出海"业务营收有望超过百亿元[1]；群邑中国旗下的邑策成立海外广告运营中心，为中国本土品牌提供集中管理式的程序化运营和解决方案。海外数字营销还有20%大企业品牌预算的增量市场和100%中小企品牌效果预算存量市场，累计约200亿元的市场正待开发。[2]

---

[1]《蓝色光标2018年出海业务有望超百亿，成为全球领先出海营销公司》，麦迪邦逊微信公众号，2018年12月18日。

[2]《国内品牌出海百亿市场，全球化数字营销上市公司受益》，腾讯财经，2018年12月26日，https://finance.qq.com/a/20181226/006524.htm。

B.24
2018年中国广告市场趋势洞察

赵 梅*

摘 要： 2018年是中国广告市场调整与发展的一年，年初的高增长在年末回归稳定，最终呈微涨趋势。2018年全年，电视和传统户外媒体的广告花费下滑影响了传统媒体的整体走势，造成传统媒体广告花费同比下滑的局面。电视媒体中，央视和省级卫视的广告花费同比上涨，省级地面和省会城市频道的广告花费下滑明显。生活圈媒体方面，电梯类媒体在2018年保持着稳定的增长。影院视频媒体涨幅回落，互联网媒体的增长稳定。在全年略显低迷的走势下，中国广告市场从媒体到行业都经历了不小的变动。

关键词： 广告花费　传统媒体　互联网媒体　广告市场

一　中国广告市场延续止跌回升走势，头部广告行业花费缩减

从宏观角度看，2018年广告花费的回升走势仍在延续，但增幅回落至2.9%。其中广播媒体和生活圈媒体广告花费的增长拉动了中国广告市场的整体上升；而传统媒体在经历2017年的小幅增长之后，未能形成持续性回涨走势，下滑1.5%。根据CTR《中国广告主营销趋势调查》报告，2016~

---

* 赵梅，央视市场研究（CTR）总经理助理，媒介智讯总经理，CTR媒体融合研究院执行副院长。

2018年间，广告主对户外媒体的广告费用预期分配比例由12%上涨到20%，互联网媒体由36%上涨到37%。

从行业和品牌投放来看，快消品行业在传统媒体的广告花费呈现疲软走势，食品和化妆品行业的广告花费呈现负增长。全媒体广告投放的头部品牌刊例花费比重从2016年的15.2%下滑至2018年的14.3%（见图1）；前二十品牌中，首次出现电商品牌，天猫在全年花费同比微降的情况下依旧跻身前二十榜单。

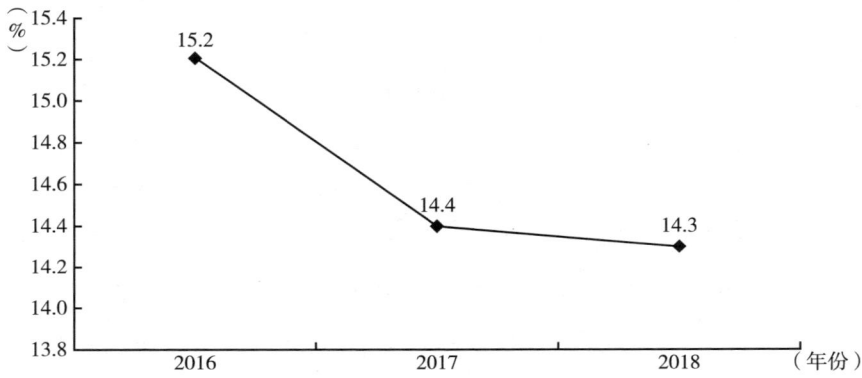

图1　2016～2018年全媒体广告投放TOP20品牌刊例花费占比变化

数据来源：CTR媒介智讯。

二　新媒体形式频出，视频类媒体在分化中形成差异化营销价值

1. 电视媒体重点行业结构变动，经营价值分化

CTR媒介智讯监测数据显示，2018年电视媒体的广告花费增幅回落至0.3%，仍旧处于弱势，同时，电视广告行业结构变化明显，化妆品行业广告花费占比一路缩减，药品行业占比较2017年有小幅回落，但仍排在第一位。原有支柱行业的贡献能力不足的同时，家用电器、家居用品行业成为电视媒体新的花费增长点。

分频道来看，中央级和省级卫视频道的广告时长和花费保持增长，省级地面频道和城市台持续缩减。同时各级别频道的广告投放出现明显差异，国企大品牌重点投放中央级频道，年轻化品牌重点投放省级卫视频道，而商业及服务性的品牌则主要出现在省级地面频道中。由此形成了央视、省级卫视以快消品为核心，而省级地面、城市台则以区域服务性行业为核心的结构分化态势。同时，电视媒体的经营价值定位也随之明显分化。中央级频道和卫视频道主要体现出大平台品牌传播价值，而省级地面和省会城市频道则突显了"生活服务＋销售转化"价值及平台的销售服务影响力。

2. 网络视频媒体频出爆款，创意营销方式受欢迎

相对传统视频，网剧的广告手法更多样化，中插的创意小剧场、边看边买的看剧购物模式都是区别与传统视频的新玩法，为品牌带来高曝光的同时促进销售转化。网络综艺因娱乐性强、形式多样的特点，方便和品牌建立更加紧密的连接，互动形式也更灵活。除了通过创意中插、品牌标识展出、嘉宾口播等常规植入外，将品牌内核与综艺节目内容进行深入绑定的定制化广告也受到欢迎。以腾讯视频《创造101》为例，赞助商中华牙膏在节目植入的同时，还在网上开通票选代言人活动，让观众来选择自己最爱的选手，吸引粉丝与品牌互动，带来流量。

3. 短视频依托用户红利，营销方法灵活多样

短视频媒体的用户红利仍然存在。根据前瞻产业研究院的数据，2018年中国短视频媒体用户规模为3.5亿人，2020年预计达到6.7亿人。短视频媒体集视频、社交、红人为一体，通过硬广投放、内容植入、内容定制、网红活动、账号运营以及整合营销等多种方式为广告主提供多样的服务。另外，短视频还积极拥抱传统媒体，通过跨界营销为品牌赋能。

4. OTT大屏迅猛发展，创新和互动性成主要特色

近几年OTT媒体发展速度迅猛，智能大屏可运营用户数量持续增长。根据CTR媒体融合研究院OTT用户基础调查数据，智能电视的家庭渗透率达63.2%，远超普通电视。CTR《2018年广告主调查报告》显示，广告主对OTT的市场前景看好，OTT预算占比持续增长。覆盖范围广、精准投放、多屏互动、创新空间大是广告主选择OTT的主要原因（见图2）。

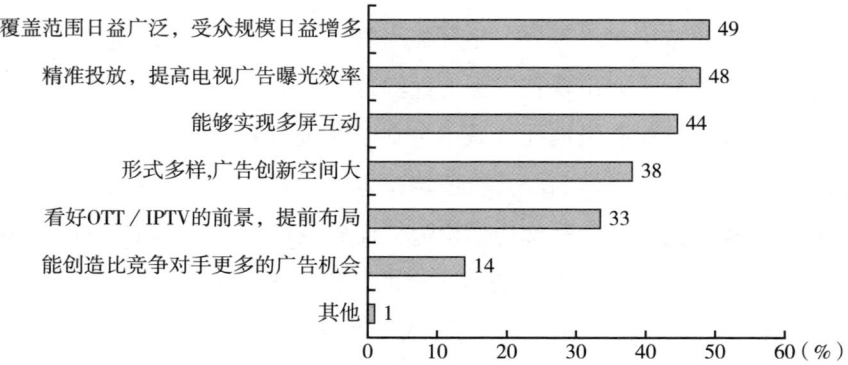

图 2　广告主选择 OTT/IPTV 投放广告的原因

数据来源：CTR，《2018 年广告主调查报告》。

三　音频媒体区域优势凸显，户外生活圈媒体逐步走向数字化

1. 传统广播媒体本地化服务品牌集中投放

CTR 媒介智讯监测数据显示，2018 年广播广告花费同比增长 5.9%，继续保持稳定增长。分行业来看，伴随着头部行业集中度逐渐下滑，食品行业成为传统广播广告花费的新重点领域。基于区域的营销优势，本地化服务品牌在传统广播媒体集中投放。2018 年活动类、娱乐及休闲行业在广播媒体投放的新品牌数量占比为 32% 和 16%。走出收音机，线下互动和内容社交成为传统广告的另一着力点。

2. 户外生活圈媒体踏上数字化征程，吸引奢侈品投放

2018 年，户外生活圈媒体已经踏上数字化的征程，其广告花费近几年一直保持两位数的增长，增长贡献行业从邮电通信转移到娱乐及休闲、IT 产品及服务行业。在互联网时代，户外生活圈媒体大力实现数字化转型，最终将从广告投放、运营维护、用户洞察三方面实现数字化应用。

而从投放品牌类型上看，户外生活圈媒体除了吸引大量新兴品牌的投放

之外，近两年对国际奢侈品牌的吸引力也逐渐显现。CTR媒介智讯数据显示，2018年路易·威登首次投放电梯电视广告，博柏利在影院视频媒体的广告投放跻身媒体榜单前十位。国际品牌的青睐，足以显现生活圈媒体在肩负品牌知名度扩散的任务之余，对品牌形象的提升也有一定的作用。

3. 社区媒体初步发展，大数据联动成趋势

作为户外场景的又一细分品类，社区媒体的发展日益成熟，规模生态初显。目前社区媒体已经实现单元楼、出入口和主干道等场景的全覆盖。所有社区媒体中，电梯场景媒体的发展最为成熟，电梯电视、电梯海报、电梯门贴和电梯公告栏等媒体形式将电梯场景开发到极致。聚焦"最后一公里"的快递柜则为功能性社区媒体提供新思路，以便捷的功能和服务留住用户。营销层面，社区媒体利用户外和线上两大交互场景，依托户外媒介功能，将人群向线上引流，通过大数据定位受众，并延伸出电商等业务。

4. 高铁出行需求量增多，带动高铁媒体广告发展

随着人们出行需求的增多，户外出行媒体快速发展。动车组旅客发送量增长明显，高铁媒体价值引关注。铁路媒体和高铁LED数字媒体广告花费也水涨船高，2018年的刊例花费增幅分别为32.7%和36.4%。在日常出行工具中，地铁的出入口广告和候车亭广告的刊例花费同样增长明显。

5. 传统社交媒体与新兴社交媒体碰撞，玩法多样各有特色

社交媒体方面，微信、微博等主流社交平台发展日益完善。同时，其他新社交平台发展势头迅猛，小红书、知乎、抖音这类含有社交功能的平台的月活跃用户也快速增加。这些平台各自的营销玩法多种多样，微博以流量明星带动广告，微信以通讯交友功能嫁接广告，小红书以体验包装广告，知乎以知识包装广告，抖音以娱乐打造爆款。

四 消费升级推动行业的融合与裂变

1. 后汽车市场

伴随着消费升级，许多新概念行业逐渐兴起，比如后汽车市场，该市场涵

盖汽车养护、二手车交易、汽车金融、汽车租赁等一系列有关汽车销售之后的服务。

根据《2019中国汽车用户线上养护报告》，2018年后汽车市场行业规模达到12900亿元。从广告投放来看，广播和户外生活圈媒体是后汽车市场广告投放的主阵地，越来越多的品牌选择在这两类媒体中投放广告。CTR媒介智讯监测数据显示，2018年后汽车行业在广播和生活圈媒体的广告投放品牌数量增长率为14.8%和23.1%。

2. 大健康行业

行业边界的扩大催生了复合型行业的产生，比如大健康行业。曾经的健康行业只有药品、保健品，而如今，大健康行业已经涵盖生活的方方面面，目标消费者也延伸到各个年龄层。CTR媒介智讯监测数据显示，大健康行业的广告投放持续增长，2018年奶粉、保健品、食用油、健康用品等行业细分品类在电视媒体的广告花费均保持两位数及以上的高增长。

3. 与新兴技术结合的教育行业

随着互联网大潮来袭以及AI技术的不断迭代，在线教育、智能机器人、1V1陪练等新兴的教学产品和教学模式不断涌现，产生很多细分的市场，新教育行业一片蓝海。为了快速打开市场，抢占消费者心智，品牌大量投放广告。以教育机器人为例，CTR媒介智讯监测数据显示，2018年，电视广告投放前十的教育机器人品牌中有六成是新品牌，前三品牌广告花费继续保持10倍以上的高增长。

除传统的电视媒体之外，户外生活圈成为教育品牌另一个广告投放重地。CTR媒介智讯监测数据显示，2018年教育培训行业在电梯海报和影院视频媒体的花费同比增长分别为104.7%和155.5%。

五 新品牌的涌现与流失

新品牌是媒体和市场关注的焦点，餐饮休闲、零售服务以及新兴App品类在2018年电梯电视媒体新增品牌数量占比分别为7.0%、7.3%和

6.1%。生活圈媒体对新品牌的吸引力较强,而电视媒体新品牌的数量在逐年减少。同时无论电视媒体还是户外生活圈媒体都面临新品牌投放的持续性较差的问题,平均每个媒体的新品牌流失率都在70%左右(见图3)。

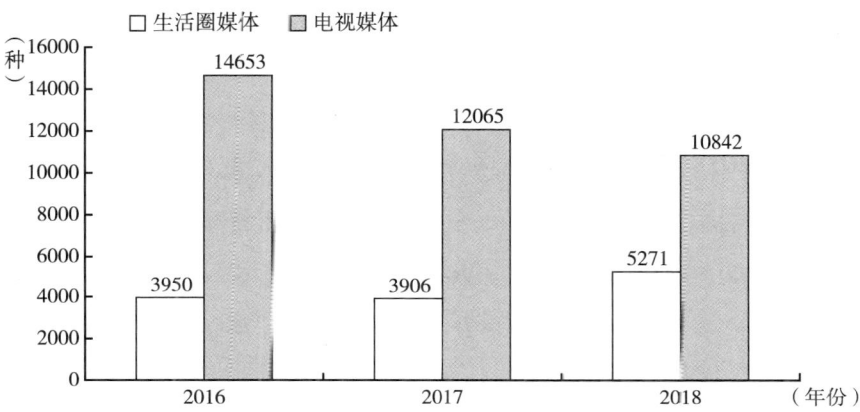

图3　2016~2018年生活圈媒体和电视媒体新品牌数量变化

数据来源：CTR媒介智讯。

互联网新品牌是较为活跃的一个类别,多金是其主要特点,该类品牌偏爱在生活圈媒体上投放广告。电梯电视、电梯海报和影院视频媒体前十新增品牌中,有半数以上是互联网新品牌,瑞幸和妙优车同时出现在三大媒体榜单中。

B.25
2018年中国数字音乐产业发展报告

司 思*

摘 要： 2018年，中国的数字音乐产业进入黄金发展期。中国数字音乐产业盈利模式初步形成，产业规模逐步扩大。一方面得益于中国庞大的互联网用户数量，另一方面则是国家对数字音乐版权的保护政策。2018年，中国的数字音乐产业在政策利好的大环境下，走过了竞争、整合、共享、繁荣的一年。

关键词： 数字音乐产业　在线音乐平台　数字音乐版权　"音乐+"

数字音乐是指以数字化的技术手段进行创作、编辑、存储，通过传统互联网和移动互联网传播的音乐内容形式。目前的数字音乐分为在线音乐和移动音乐两大类。在线音乐指用户从在线音乐平台上获取的以在线播放为主的数字音乐服务；而移动音乐是指依托手机、平板电脑等移动终端设备，通过移动通信网络进行传播的音乐。数字音乐广义定义包含电信增值业务（彩铃、铃声、歌曲下载等），狭义定义则仅指以移动客户端为载体的涵盖音乐播放器、音乐电台、K歌娱乐等层面的音乐服务。[①]

---

* 司思，中国音乐学院艺术管理系副教授，艺术管理理论教研室主任。
① 鲁洋：《2018年中国数字音乐行业分析报告》，上海青亭咨询公司，2017。如无特别说明，本报告中对于数字音乐的表述均为狭义定义。

一 中国数字音乐产业发展概况

1. 数字音乐产业规模持续稳步增长

中国的数字音乐产业起步较晚,但发展较快,产业总体规模持续快速稳步增长。《2018中国音乐产业发展报告》显示,2017年,中国音乐的产业规模达到3470.94亿元(见图1),其中数字音乐产业规模达到580.6亿元,同比增长9.6%(见图2)。PC端与移动端的总产值达到180亿元,同比增长25.6%。电信音乐增值业务产值约400.6亿元,同比增长3.6%。2017年数字音乐用户规模达到5.23亿人,用户渗透率为66.4%,仅次于网络视频。

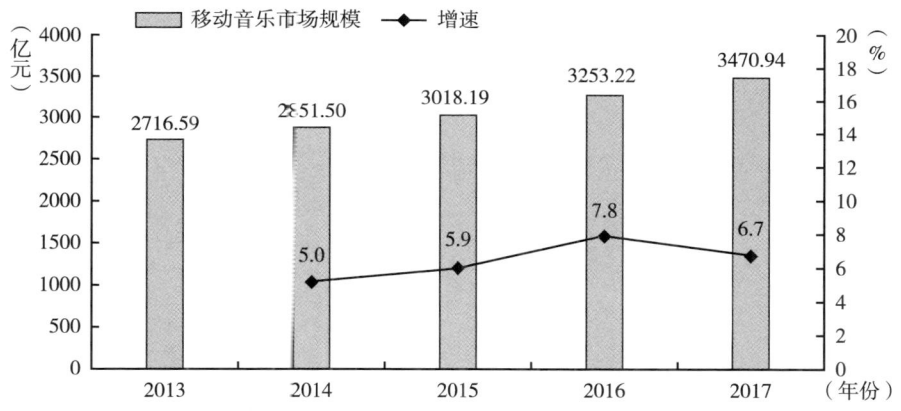

图1 2013~2017年中国音乐产业年度市场规模及增长率

数据来源:国家新闻出版广电总局、中国传媒大学艺术学部音乐与录音艺术学院,《2018中国音乐产业发展报告》,2018。

数字音乐快速发展,主要动能部分来自快速增长的付费用户群体。国际唱片业协会(IFPI)公布的数据显示,中国音乐产业总营收中,数字音乐占比达96.34%,居全球首位。

随着智能手机、平板电脑等移动终端设备的普及,在音乐产业的各细分领域中,移动音乐市场增速明显。2016年国内移动音乐市场规模已达86.8

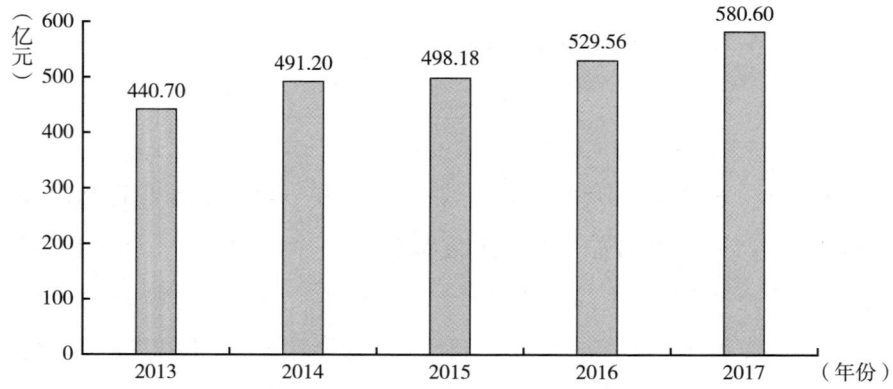

图 2　2013～2017 年中国数字音乐产业市场规模

数据来源：国家新闻出版广电总局、中国传媒大学艺术学部音乐与录音艺术学院，《2018 中国音乐产业发展报告》，2018。

亿元，2017 年达到 115.6 亿元，预计 2018 年国内移动音乐市场规模将达 156 亿元（见图 3）。

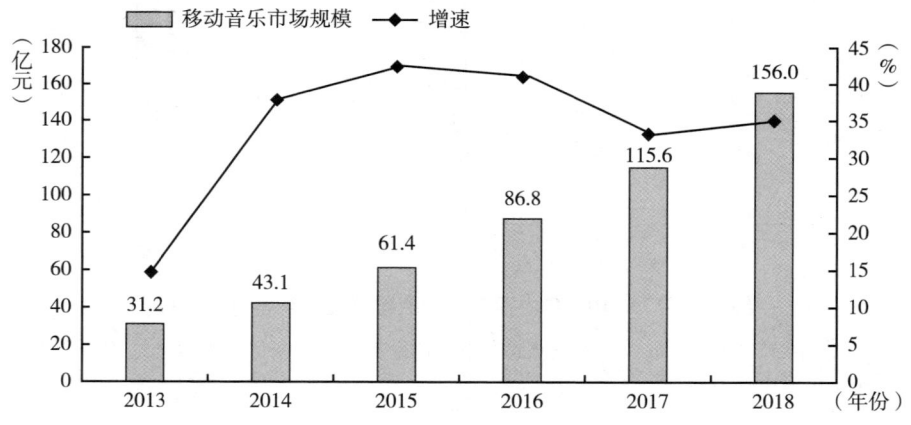

图 3　2013～2018 年中国移动音乐市场规模及增速

数据来源：易观智库、中国产业信息网，2013～2018。

2. 数字音乐产业整合布局基本完成

经过几大音乐公司和音乐平台的长期竞争和较量，腾讯、阿里、百度和网易四家涉足网络音乐的互联网巨头四分天下的市场格局已经形成（见表1）。几大互联网音乐集团逐渐形成在内容垄断基础上的产业生态群落，即：以互联网音乐、在线K歌以及动漫、游戏、影视剧、综艺节目等其他互联网娱乐内容服务的互动和共享为产业生态群。同时，各个互联网音乐集团也基于自身的音乐内容IP，开发和整合传统唱片业、对明星以及周边粉丝经济进行深度挖掘，形成良性运作。

表1 四大互联网音乐集团的版权布局

厂商	客户端	主要唱片公司	主要歌手
腾讯	QQ音乐、酷狗音乐、酷我音乐、全民K歌	环球、华纳、索尼、英皇、华谊	周杰伦、陈奕迅、林俊杰、蔡依林等
阿里	虾米音乐	滚石、华研、寰亚、BMG	五月天、S.H.E.、林宥嘉、刘德华等
网易	网易云音乐	YG、环球、华纳、索尼、AVEX	王力宏、滨崎步、苏打绿等
百度	百度音乐	太合麦田、海蝶、大石、通力	古巨基、张信哲、薛之谦、许嵩等

数据来源：智研咨询，2018。

二 中国数字音乐产业盈利模式

数字音乐产业的整合布局基本完成，数字音乐产业的盈利模式初步形成为以下三种模式。

第一，在线广告投放模式。数字音乐平台基于自身的用户数量、流量、栏目或单曲点击率等为广告商提供服务，以获取广告收入。通常来说，在线音乐平台与音乐内容提供商密切合作，共同获取广告利润，分账盈利。

第二，平台付费+数字专辑购买模式。在线音乐企业通过向用户提供更好的音乐服务，让用户愿意付费。平台付费用户可以享受到歌曲下载、付费收听、流量包及智能搜索推荐等个性化的会员服务。此外，音乐公司还会为歌手制作发行数字专辑，粉丝可以通过在线音乐平台购买数字专辑。

第三,"互联网+"的线上线下收入模式。中国的音乐演出市场发展更加多元化,细分市场效应逐渐崭露头角,数字化、直播及"互联网+"的理念进一步催生了新的行业形态,推动了演出收入的多元化发展。2017年演出市场总体规模达到489.51亿元,票房总收入约为176.85亿元,演唱会、音乐节收入约37.64亿元,演出场次、观演人次、上座率均全面回升。①

2017年我国移动直播行业市场规模达到122.8亿元,用户规模达到1.71亿人,增长48.9%。② 在"互联网+"的大背景下,线下票务、赞助商支持和线上直播已经成为一场音乐演出的三大收入来源。截至2017年上半年,腾讯Live Music已取得了众多音乐颁奖典礼及音乐盛典的直播版权,成功直播了168场演唱会。"互联网+"让音乐演出跨越了地域、时空、座位的界限,也为音乐演出市场的盈利模式找到了新的方向。

三 中国数字音乐产业发展特点与发展趋势

1. 实体唱片市场产销萎缩,数字音乐进入黄金发展期

随着互联网数字音乐的发展和国家"互联网+"战略的提出,实体唱片市场迅速被数字音乐取代。国际唱片业协会公布的数据显示:从时间上看,全球音乐产业2013~2015年经历了一段低迷期后,随后的3年时间里,全球实体唱片市场萎缩,而数字音乐市场飞速增长;从空间上看,中国的音乐市场收入在这一时间上涨了20.3%。

《2018中国音乐产业发展报告》指出,2017年中国音乐图书与音像产业规模为11.17亿元,整体走势平稳。实体唱片的萎缩和数字专辑唱片的快速增长,使得传统唱片公司正在寻求新的发展模式和思路,以适应迅速变化的市场。同时"互联网+"大数据平台的应用、O2O模式的

---

① 数据来源:中国演出行业协会、大麦网,《2017中国演出市场年度报告》,2018。
② 数据来源:中商产业研究院,《2018~2023年中国直播行业市场前景及投资机会研究报告》,2018。

不断创新、"黑胶唱片"的复兴，成为音像出版业发展的新亮点。此外，不少唱片公司也开始发力注重用户体验的线下市场。以中国唱片总公司为例，中唱上海公司在 2015 年全球黑胶市场复苏以来，积极引进黑胶生产线，成为中国最大的黑胶唱片生产企业。而太合音乐则携手 People Squared（联合创业办公社）与飞行者音乐科技，共同创立了线下的 T-house，聚焦线下演出市场。

2. 数字音乐版权环境厘清，线上用户付费意识增强

2015 年，国家版权局颁布《关于责令网络音乐服务商停止未经授权传播音乐作品的通知》后，相关规范条例陆续出台，数字音乐产业由盗版免费时期迈入正版付费的新时期。随着版权市场的规范，各大数字音乐服务商曾一度出现"独家版权"的争夺，甚至出现恶性竞价的现象。近年来，经过几大互联网音乐集团的竞争与磨合，逐渐趋向"独家版权＋转授权"的版权合作模式。

同时，各大数字音乐服务商也都推出了相关的付费服务。首先是传统的音乐视听服务。消费者免费享受版权音乐的习惯正在发生改变，逐渐树立了尊重音乐人权益、支持版权付费音乐的新观念。其次，以音乐作品 IP 内容为核心的创新及衍生消费。线上直播的开通颠覆了演唱会的传统盈利模式，音乐 LIVE 演出的在线直播和网络主播可以得到来自用户的打赏、赠送虚拟礼物等付费行为的支持。最后，软件与硬件、电商的结合。为了追求更极致的视听享受，用户有购买高品质周边设备的意愿，因此音乐服务商也与之开展了相关业务和合作。

3. 互联网音乐集团竞争激烈，腾讯音乐娱乐集团美股上市

从中国音乐产业大环境来看，以腾讯、网易、阿里、百度为首的几大数字音乐平台占据着主要的音乐市场，且竞争十分激烈。

但在 2018 年底，腾讯音乐娱乐集团在纽交所挂牌上市。上市后的腾讯音乐娱乐集团，包括在线音乐和社交娱乐服务在内的服务内容均保持稳步增长。截至 2018 年底，腾讯音乐娱乐集团在线音乐的月均活跃用户为 6.44 亿人次，付费用户 2700 万人次。2018 年腾讯音乐娱乐集团全年总营收 189.9

亿元，同比增长72.9%。①

腾讯音乐娱乐集团纽交所的上市，意味着未来四大互联网音乐集团产业布局将逐渐改变，同时也会促进几家数字音乐集团的良性竞争发展。

4. 音乐短视频平台兴起，版权合作及盈利模式亟待确立

短视频平台随着互联网环境的变化应运而生，它满足了现代互联网受众新的收视收听需求，以碎片化、娱乐化、轻松化的内容呈现吸引着大量青年受众，凭借着"音乐+内容"的模式，短视频平台与音乐完美地结合在了一起。2018年，各种短视频平台活跃，在传媒领域，大众口中的"两微一抖"时代已经到来。

以抖音APP为例：以音乐为切口，结合15秒的短视频，构建起若干个性而又有趣的作品。在抖音上走红了很多"魔性"歌曲，也使很多年不再传唱的老歌重新"火了一把"。在平台提供的音乐背景选择上，抖音做到多元化、涵盖不同音乐类型布局，提供20余种音乐类别，包括说唱、电音、欧美、民谣、网络神曲、影视原声，甚至二次元风格等，音乐类别趋向于年轻化、小众化，受众市场锁定一二线城市的年轻人群。但同时也是由于曲库量巨大以及用户上传音乐的不可控性等问题，抖音发展初期也产生了很多版权纠纷，随着行业的正规发展，大多数短视频平台的背景音乐开始与数字音乐平台进行多领域的版权合作。版权合作及未来盈利、分账模式，都有待全行业的发展与完善。

5. "泛音乐"全产业链发展，音乐产业的内生增长和外部扩张

"泛音乐"生态以音乐为核心驱动力，涵盖音乐版权、活动演艺、音乐发行、节目制作等多个方向，音乐新生态圈正在逐步形成。"泛音乐"生态圈首先打破终端限制，从线上到线下，实现多终端联动；其次从内容到社交，根据不同社交情景推出相应的产品和服务，全方位满足消费者的娱乐需求和社交需求；最后"泛音乐"生态圈涵盖从软件开发到硬件售卖，再到配套服务的数字音乐全产业链营销模式。随着文化产业市场的深入发展，

---

① 数据来源：腾讯音乐娱乐集团（NYSE：TME）Q4及全年财报。

"泛音乐"正在成为市场热点，而音乐行业的新一轮热潮来源于音乐产业链的内生增长和向外拓展，产业外延的扩大和外部扩张带来新的产业生态圈的形成与改变。

6. 受众娱乐消费需求多样化，"音乐+"业态融合发展

受众娱乐消费需求多样化、复杂化的发展趋向越发明显，单向性的音乐内容提供已满足不了消费者的文化娱乐需要，综合的用户体验成为消费者关注目标。音乐消费者不再是单纯的欣赏音乐，更多时候消费者会将个人喜欢的音乐进行转发和评论，对某类音乐喜爱的消费者会选择自制歌单进行转发分享。音乐消费从一元化的音乐欣赏转向为社交互动、粉丝文化、线下场景体验和周边消费的多元化行为。

随着数字音乐产业的深入发展，数字音乐的强平台、多内容、精分发、重体验等特点日趋明显，数字音乐平台可借助技术和平台优势向产业链的各个环节延伸。2018年数字音乐的活跃用户在流媒体领域稳中有升，移动K歌的O2O社交娱乐生态模式逐渐优化，基于音乐为基础发展的短视频平台、直播平台发展势头迅猛，各数字音乐平台基于用户需求和自身业态，力求打造多渠道全方位的盈利模式，"音乐+"业态融合发展并壮大，成为拉动中国数字音乐产业规模扩大的新动力。

传媒投融资与传媒创新报告

Media Investment & Innovation Reports

B.26
2018年中国传媒上市公司表现及发展报告

胡 钰 徐雪洁 王嘉婧*

摘 要: 2018年,中国传媒上市公司达到138家,行业总市值为11853.38亿元。整体估值进一步回调,涨跌幅呈现正态分布,仅有5家公司全年收涨,其余跌幅集中于30%~40%。行业内部继续分化,互联网、影视、数字阅读归母净利润增长较快,游戏板块盈利能力最强。行业整体并购问题显现,面临商誉大幅减值风险。

---

* 胡钰,清华大学新闻与传播学院教授、博导;徐雪洁,山西证券传媒行业分析师;王嘉婧,清华大学文化创意发展研究院特约研究员。

关键词： 传媒资本市场 传媒上市公司 商誉

一 传媒资本市场发展背景

根据国家统计局数据，2018年全国规模以上文化及相关产业企业6万家，共计实现营业收入89257亿元，比上一年增长8.2%（名义增长，未扣除价格因素）。

从产业结构看，文化制造业营业收入38074亿元，比上一年增长4.0%；文化批发和零售业16728亿元，增长4.5%；文化服务业34454亿元，增长15.4%。

分行业类别看，9个细分行业中，有7个行业的营业收入实现增长。其中，增速超过10%的行业有3个：新闻信息服务营业收入8099亿元，比上一年增长24.0%；创意设计服务11069亿元，增长16.5%；文化传播渠道10193亿元，增长12.0%。呈现负增长的行业有2个：文化娱乐休闲服务1489亿元，减少1.9%；文化投资运营412亿元，减少0.2%。

二 传媒上市公司二级市场表现

截至2018年12月28日，中信行业分类传媒板块上市公司为138家，行业总市值达到11853.38亿元，流通市值为7938.39亿元。

全部A股的年涨跌幅为-26.36%，上证A股、深证A股及创业板的涨跌幅分别为-21.49%、-33.23%和-31.62%。中信行业分类传媒板块年涨跌幅为-38.87%，较2017年同期的-21.74%跌幅进一步加深，在全行业中跌幅排名第四。传媒板块自2016年开始，已经连续下跌3年，其中以2018年跌幅最大。

细分行业方面，出版发行板块平均跌幅（以细分行业内上市公司平均涨跌幅计算）最小，全年平均下跌22.53%。其次为院线板块下跌29.85%。

广播电视、互联网、游戏、营销、报业、影视板块跌幅分别为-31.29%、-32.96%、-37.86%、-38.66%、-41.85%、-49.23%。动漫、数字阅读跌幅最大，分别为-51.53%、-54.11%（见图1）。

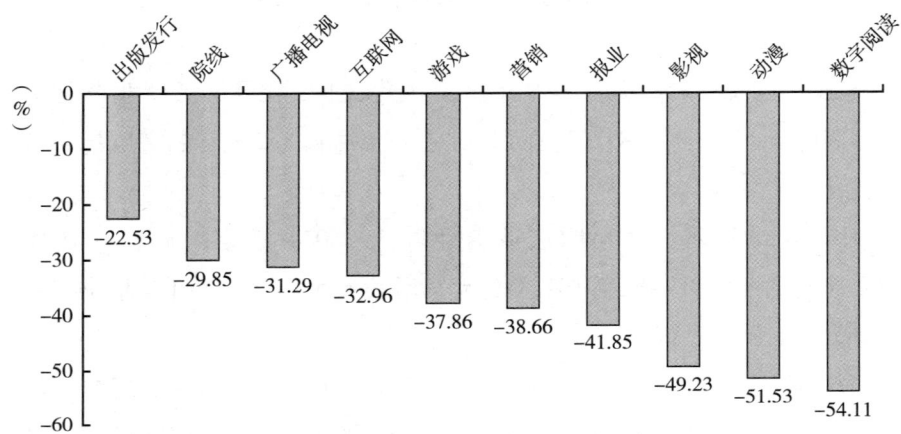

图1 截至2018年12月28日中国传媒细分行业涨跌幅情况

资料来源：Wind，2018。

个股方面，截至2018年12月28日，138家传媒上市公司中仅有5家公司全年收涨，分别为上海钢联、视觉中国、元隆雅图、东方财富、凤凰传媒，涨幅分别为21.41%、19.77%、17.96%、12.28%、0.42%。乐视网、文投控股、印纪传媒、*ST巴士、恺英网络、ST中南、华闻传媒等公司跌幅居前，跌幅达70%以上。从上市公司年涨跌幅分布来看，基本上呈现正态分布，较多的公司分布于跌幅30%~40%，其次为跌幅40%~50%和20%~30%（见图2）。

截至2018年12月28日收盘，中信传媒指数市盈率（TTM）为30.3倍，低于近5年指数估值的均值和中值；值得一提的是，中信传媒指数在2018年10月18日出现了近5年的最低值27.92倍。细分行业方面，剔除负值影响后，院线、动漫、影视、出版发行四个板块的平均估值低于行业指数，分别为22.02倍、25.11倍、25.22倍、25.82倍；营销板块平均估值较高,为75.7倍;其余游戏、广电、报业、互联网、数字阅读平均估值分别为31.89倍、33.10倍、33.63倍、45.49倍、48.93倍。

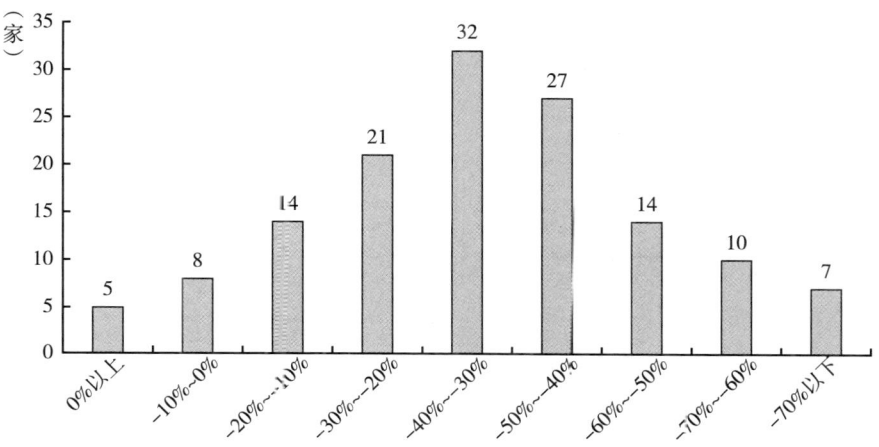

图2 2018年中国上市公司年涨跌幅分布

资料来源:Wind,2018。

三 传媒上市公司业绩表现

1. 传媒行业表现

2018年前三季度,传媒行业整体实现营业收入4181.25亿元,同比增长16.33%;实现归属母公司股东净利润393.81亿元,同比下降0.13%。与2017年同期相比,营收增速与归母净利润增速进一步放缓。由于乐视网亏损严重,对行业数据影响较大,故剔除乐视网数据后再进行统计和对比,行业整体营业收入4167.78亿元,同比增长17.99%,归母净利润408.71亿元,同比下降0.46%。归母净利润增速持续下滑,第三季度下滑尤为明显。从2016年到2018年前三季度的对比数据来看,营业收入虽保持增长,但是增速下滑明显,从2016年的35.37%下降至2018年的17.99%。归母净利润方面,3年增长速度连续下滑,并在2018年首次出现了负增长(见图3、图4)。

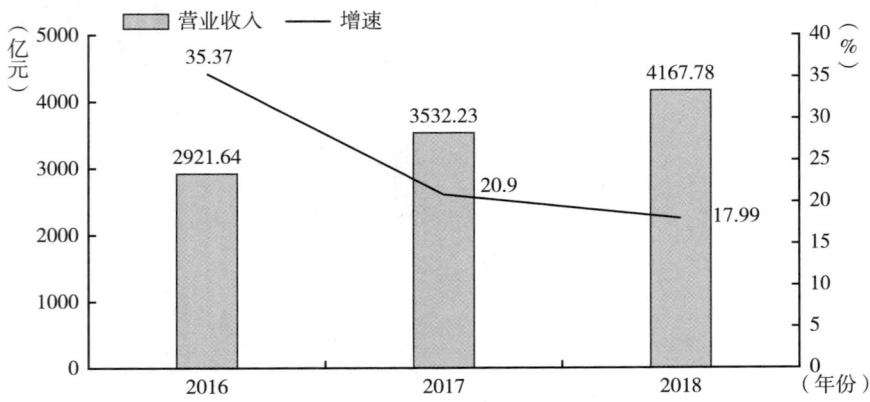

图3 传媒行业2016年至2018年前三季度营收及增速

资料来源：Wind，2018。

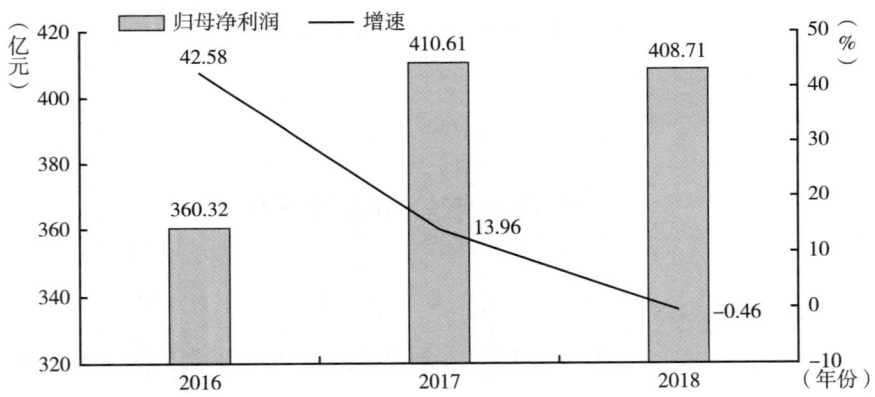

图4 传媒行业2016年至2018年前三季归母净利润及增速

资料来源：Wind，2018。

从单季度业绩（剔除乐视网）来看，2018年前三个季度行业营业收入都保持增长，但是在第三季度增长速度放缓（见图5）。

毛利率方面，2018年前三季度行业整体毛利率为24.78%，剔除乐视网后毛利率为24.98%，同比下降2.54个百分点，且单季度毛利率均分别低于2017年同期水平（见图6）。下降的主要原因在于2018年前三季度行业

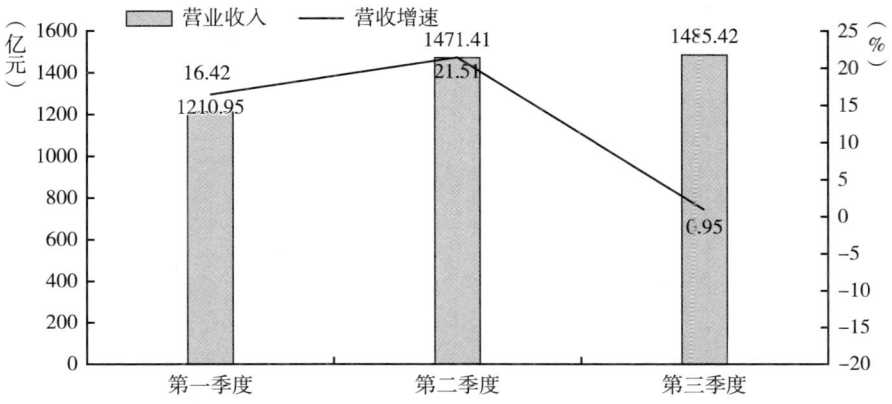

图 5　传媒行业 2018 年第一至三季度业绩情况及增速

资料来源：Wind，2018。

收入端的增速放缓，而成本端的增长较为稳定，收入与成本增速不匹配等。前三季度行业销售费用率、管理费用率（含研发费用）、财务费用率分别为 7.02%、8.11%、0.57%，分别同比变动 -0.41、-0.45、0.17 个百分点（见图 7）。

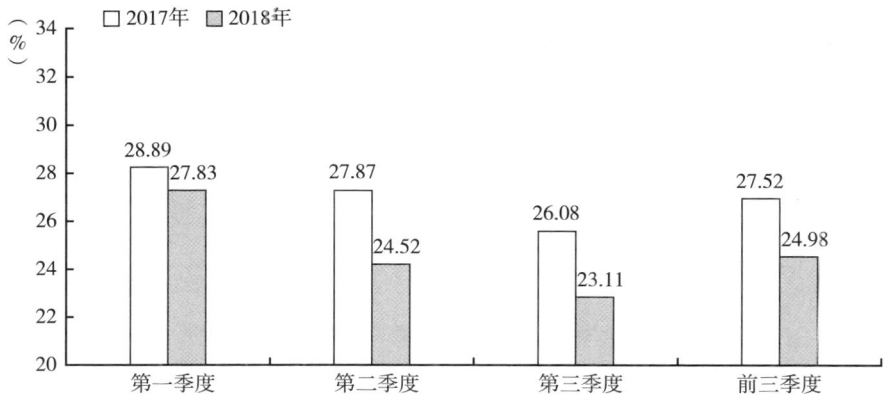

图 6　传媒行业 2018 年前三季度毛利率情况

资料来源：Wind，2018。

商誉方面，截至 2018 年 9 月 30 日，中信传媒行业上市公司商誉合计 1687.07 亿元，较 2017 年底增长 10.65%，商誉规模仍为各行业之首；行业

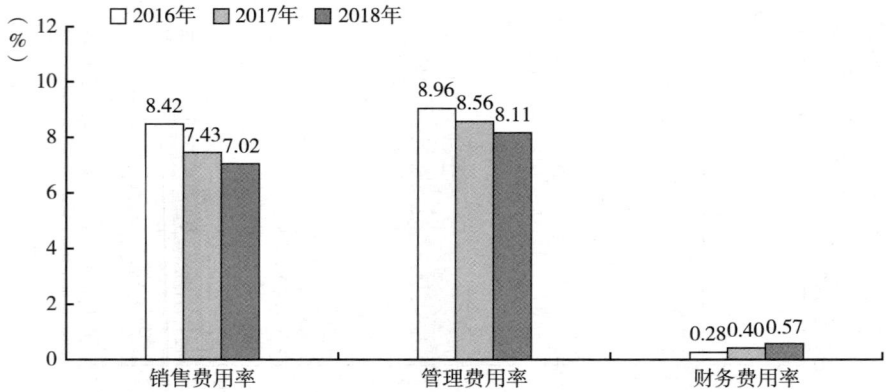

图7 传媒行业2018年前三季度三费用率情况

资料来源：Wind，2018。

商誉占总资产的比例为16.13%，较2017年底上升0.78个百分点，占净资产的比例为25.88%，较2017年底上升1.45个百分点（见图8）。

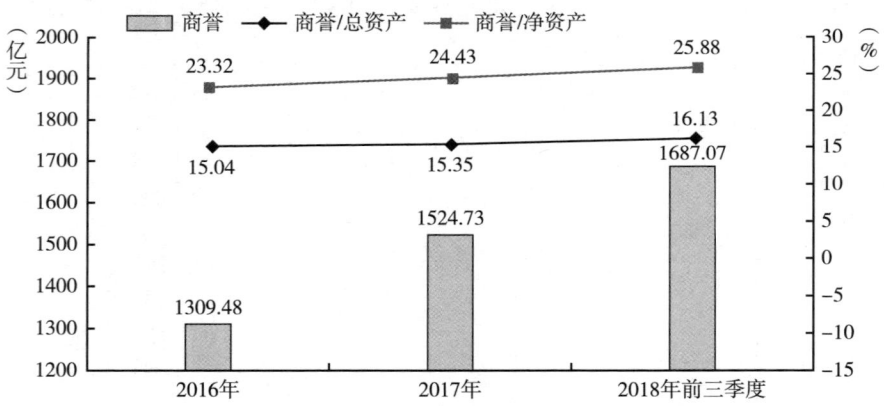

图8 2016年至2018年第三季度行业商誉增长情况

资料来源：Wind，2018。

2. 细分行业表现

从营业收入来看，2018年前三季度，营销行业营业收入为1190.77亿元，是唯一营收破千亿元的细分行业；互联网（剔除乐视网）紧随其后，营业收入为945.14亿元。营销行业和互联网行业整体营业收入规模庞大，且依旧保持着较快的增长速度，同比分别增长31.93%、22.04%。出版发行板块营业收入规模为768.32亿元，相比于前两名，出版板块增长势头较弱，同比仅增长5.33%。游戏板块营业收入规模为445.49亿元，同比增长24.29%。广电、院线、影视的营业收入规模大体相当，分别为286.21亿元、237.78亿元和211.49亿元，同比增长分别为7.98%、6.39%、9.16%。报业板块营业收入规模进一步萎缩，同比减少2.32%。动漫行业经历滑坡，营业收入同比减少20.30%，增速位列细分行业最后一名。数字阅读板块营业收入为21.29亿元，虽然整体规模较小，但是表现出健康的增长态势，以同比增长25.08%的速度位列所有细分行业营业收入增速的第二名（见图9）。

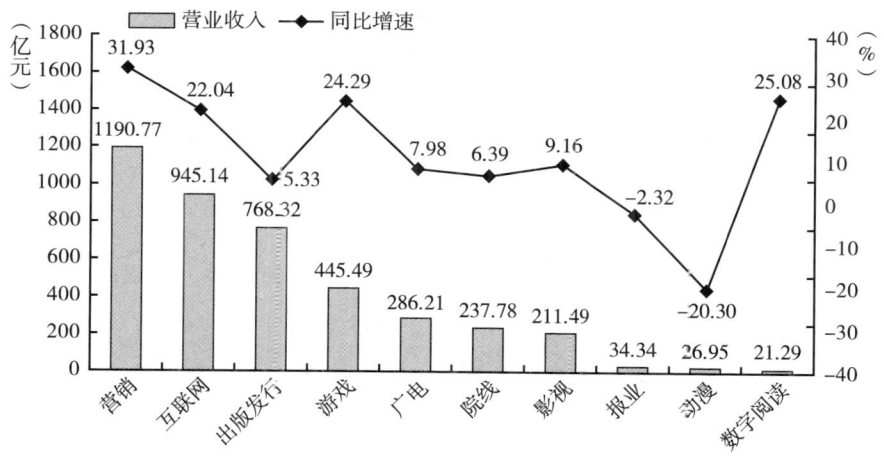

图9　2018年前三季度细分板块营业收入比较

资料来源：Wind，2018。

归母净利润方面，游戏板块规模排名第一，2018年前三季度归母净利润总额为107.35亿元，同比下降了6.42%。出版发行归母净利润总额为91.04亿元，同比增长6.31%。营销行业虽然营业收入实现了增长，但归母净利润却同比下滑12.49%。互联网、影视、院线和数字阅读行业的归母净利润同比增速均在14%及以上。作为传统媒体的广电和报业行业盈利衰退明显，广电行业归母净利润下滑21.87%，报业行业归母净利润更是同比减少了83.77%。动漫行业归母净利润仅为1.25亿元，同比减少了70.80%（见图10）。

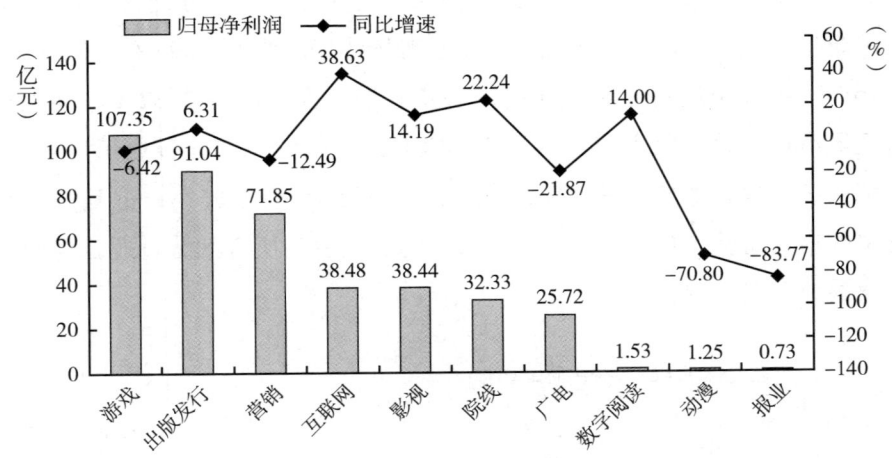

图10　2018年前三季度细分板块归母净利润比较

资料来源：Wind，2018。

盈利能力方面，游戏板块依旧是各细分板块中表现最为抢眼的，毛利率与净利率水平均显著高于其他细分板块，2018年前三季度分别达到61.35%和27.01%；动漫、数字阅读、影视、出版发行板块毛利率也均达到30%以上，但是除游戏板块外，其余各板块毛利率同比均有不同程度地下滑。影视、院线、出版发行与广电板块的净利率水平达到10%以上，除广电外上述板块较上一年同期净利率均有提升。

费用率方面，数字阅读、动漫、游戏及报业板块的销售费用率较高，均在10%以上且增幅较高。管理费用率受2018年第三季度会计政策的变动影响，即将研发费用从中分拆出去，导致各板块的管理费用同比均有所下降。若将管理费用与研发费用合并统计，动漫、游戏、报业、数字阅读、广电、出版发行的管理费用率虽超过10%，但多数板块管理费用率同比有所下降。若单独考虑研发费用，2018年前三季度游戏行业研发支出近44亿元，明显高于其他细分板块。营销、出版发行及互联网板块的研发支出也在10亿元左右,其中出版发行主要受到中文传媒游戏业务的影响,其研发支付达6.78亿元。财务费用率方面,报业、动漫、影视板块的财务费用率明显高于其他板块且同比上升幅度较大,融资成本增加;出版发行与数字阅读板块财务费用率则为负,上述两板块的现金流较为充裕,因此利息收入多于支出。

商誉方面,截至2018年9月30日,游戏、营销、影视板块的商誉规模分别达585.69亿元、365.99亿元、249.09亿元;互联网及院线板块商誉规模也达到了百亿元以上,分别为175.15亿元和106.92亿元;数字阅读、广电等板块的商誉规模较小。商誉占比方面,商誉占总资产比例最高为动漫板块(37.63%),其次为游戏板块(34.24%);营销、数字阅读、院线的占比也达到了20%以上,分别为22.90%、22.23%和20.39%;广电与出版发行板块的比例相对较低,未超过4%。行业商誉占净资产比例最高的细分板块分别为动漫(56.15%)、游戏(45.49%)、营销(40.80%),院线与影视的比例也达到了30%以上。对于商誉占比较高的细分板块而言,商誉减值带来的业绩压力依旧需要关注。这一影响在上市公司2018年业绩预告中已有体现,游戏、影视、营销板块商誉减值规模较大,板块业绩承压严重。

3. 年报预告情况

根据上市公司发布的2018年业绩预告,在已披露预告的上市公司中近半数公司预计2018年亏损,其中天神娱乐预计亏损高达73亿~78亿元。影视、游戏、营销和互联网板块亏损最为严重,其中华谊兄弟等公司是上市后首次出现净利润亏损情况。

掌趣科技2018年预计亏损31.65亿~31.70亿元,公司对于被投资的海南动网先锋网络科技有限公司、上游信息科技(上海)有限公司、北京玩蟹科技有限公司、北京天马时空网络技术有限公司计提相关商誉减值准备,以及计提相关可供出售金融资产减值准备及长期股权投资减值准备共计36.60亿元。

2014年华录百纳以25亿元价格收购了国内知名综艺制作公司蓝色火焰，后者承诺3年实现7.625亿元净利润，虽然最后以7.6404亿元踩线完成，但对赌期结束后，蓝色火焰业绩直线下滑，2018年综艺节目招商不达预期不仅让华录百纳负担了较大的经营亏损，也使得华录百纳计提了与蓝色火焰相关的商誉减值准备约3.5亿元。

当代东方于2015年斥资11亿元收购盟将威100%的股权，并签署2014~2016年归母净利润分别不低于1亿元、1.35亿元、2亿元的业绩承诺协议。业绩承诺到期后，盟将威股东悉数退出，其业绩由2016年的2.11亿元，下降至2017年的1.09亿元。2018年由于盟将威影视剧销售情况不佳、回款遇阻，收入大幅下滑，并由此导致商誉减值计提约8.76亿元以及存货计提减值3.4亿元，预计当代东方2018年净利润相较于2017年同比降幅在1000%以上。

此外，在上市公司并购案中，由于疏于对并购标的的严格评估，为日后埋下了经营隐患。幸福蓝海在业绩预告中披露，除去子公司笛女传媒外，经营性业务实现净利润7000多万元。但是由于笛女传媒存在收购过程中提供虚假材料、投资业务与账面记载不实等情况，2018年笛女传媒将面临较大亏损。因此幸福蓝海对笛女传媒相关资产大幅计提减值，同时并购形成的商誉也将大幅计提减值，导致幸福蓝海在2018年合并报表后将出现5.5亿元左右的亏损。

B.27
2018年中国传媒企业资本运作发展报告

郭全中*

摘 要： 在整体外部环境不理想的情况下，传媒资本市场的融资数量下降但融资额上升，背后的主要原因是互联网头部企业加大投资。BAT继续加大在传媒领域的投资和布局，字节跳动则成为新的布局者。科创板推出利好，已经经历过痛苦供给侧改革的传媒业，也许未来会迎来更好的机遇。

关键词： 严监管 特殊股 BAT 字节跳动

2018年，传媒业遭遇了经济增速放缓、金融去杠杆、税收严征收、监管趋严等多重因素的打击，整体市场低迷，不少传媒类上市公司市值大跌，头部互联网公司虽受影响但依然高速增长，并且集中到美国和中国香港上市，腾讯更是成为最大的赢家。

一 整体外部环境不好

2018年，除了技术仍日新月异之外，其他外部环境对传媒业发展整体不利。

1. 经济增速稳中有降

首先，2018年我国GDP增速6.6%，与2017年6.9%的增速相比出现下降。根据国家统计局发布的数据，2018年我国国内生产总值高达90.03

---

* 郭全中，中共中央党校（国家行政学院）文史教研部副教授。

万亿元，首次突破 90 万亿元大关。按可比价格计算，GDP 同比增长 6.6%，分季度看，一季度同比增长 6.8%，二季度增长 6.7%，三季度增长 6.5%，四季度增长 6.4%。可以看出，不仅年增速出现了下滑，而且每季度的增速也在逐季下滑，这给传媒业的发展带来了较大的影响。

其次，近几年我国 GDP 增速保持相对稳定。2014 年以来，我国 GDP 增速一直保持在 6.6%～7.3%，2014 年为 7.3%，2015 年为 6.9%，2016 年为 6.7%，2017 年为 6.9%，2018 年为 6.6%。整体来说，经济的基本面尚稳，为传媒业的未来发展提供了相对稳定的预期。

2. 正处于金融周期的下半场

2018 年，我国正处于改革开放以来第一轮金融周期的下半场，主要体现在金融快速去杠杆、流动性退潮、P2P 爆雷、信用债违约、大股东股权质押爆仓、企业融资成本快速上升等。这种情况给传媒资本市场带来了如下影响：一是传媒业融资整体更为困难，融资成本大幅度提升；二是一些传媒类上市公司因为大股东股权质押爆仓导致股价大幅度跳水。

3. 股市处于"寒冬"

2018 年是全球资本的"寒冬"之年，而我国股市无疑是"寒冬"中的"寒冬"。在全球范围内，美股市场标普 500 同比下跌 6.91%，道指同比下跌 6.39%，纳指同比下跌 4.69%，均创 2008 年以来最大的年度百分比跌幅；欧洲市场 STOXX 600 指数同比下跌约 13%，法国 CAC40 指数同比下跌 10.95%，英国富时 100 指数同比下跌 12.5%，均为 2008 年以来最大年度跌幅；亚太市场韩国综合指数同比下跌 17.28%，香港恒生指数同比下跌 14.76%，日经 225 同比下跌 12.08%，是 2011 年以来的最糟糕年度表现。重要指数中，唯有印度股市全年上涨，同比涨幅近 7%。

我国股市上证指数从年初的 3307 点跌到年末的 2494 点，同比下跌 24.59%，创下了 A 股史上第二差表现；深成指从年初的 11040 点跌到年末的 7239 点，同比下跌 34.42%；中小板指指数从年初的 7555 点下跌到年末的 4703 点，同比下跌 37.75%；创业板指数从年初的 1752 点下跌到年末的 1250 点，同比下跌 28.65%。数据显示，2008 年沪指全年下跌 65.39%，成为A股市场第一大年跌幅，2018年沪指以24.59%跌幅位居跌幅榜第二。全年超过九成个股下跌，多达3266只，而跌幅达到30%以上的股票多达2097只。无论是曾经在资本市场长袖善舞的大咖，还是正在叱咤风云的民营企业家，乃至股票市场的大神级人物，都感受到深深的寒意。

4. IPO数量为近5年新低

Wind的研究数据显示，证监会发审委2018年共计审核了172家企业（不包含取消审核，多次上会仅计算一次），其中111家顺利过会，过会率仅为64.53%，为近5年的新低；2018年共有105只新股上市，募集资金总额达1378.15亿元，而2017年共有438只新股上市，募集资金总额达到2301.09亿元，新股发行数量和募集资金总额同比分别减少76.03%、40.11%。

在IPO审核趋严、过会率创新低的情况下，一方面IPO市场上出现了极为罕见的"撤单潮现象"，2018年有195家企业主动撤销IPO申请，而2017年仅有146家企业撤单；另一方面，娱乐业仅有一家企业上会但未过会。

5. 新三板挂牌企业大量减少，摘牌企业大幅增加

初步统计，2018年，新三板市场新增挂牌企业577家，但摘牌速度远远超过挂牌速度，有1517家企业离开新三板，净减少939家。其中，有27家公司于11月被股转公司强制摘牌，原因是没有按照规定在2018年10月31日之前披露2018年半年报。其他主动摘牌的原因分别是转板、被并购、降低运营成本、业务或战略发展的需要。

6. 传媒政策迎来严监管时代

2018年，相关机构加强对传媒业尤其是影视业和互联网公司的监管，传媒业进入严格监管时代，主要表现在：一是影视税务政策收紧；二是游戏版号审核一度暂停；三是视频监管强化；四是控制上市公司跨界投资影视行业。

二 传媒业资本市场基本情况

1. VC/PE融资数量下降明显，融资额大幅上涨

在资本寒冬下，传媒业的融资数量明显下滑，但是由于战略投资者的高

度活跃，整体融资规模却创5年来的新高。根据投中研究院的统计，2018年文化传媒业融资数量485起，同比2017年的600起下降19.17%，融资规模111.22亿美元，同比2017年的35.98亿美元增长209.12%。

2. 战略投资者增多，更偏好中后期的头部企业

2018年，根据投中网的数据，在融资数量方面，天使轮到A轮的融资数量合计同比下滑27.9%，中后期项目同比上涨1.68%；在融资规模方面，位居前三的分别为PE、种子轮和战略投资。PE中，字节跳动完成25亿美元融资；种子轮中，New TV获得10亿美元的投资①；战略投资中，万达电影完成12.39亿美元战略融资。可以看出，与2017年相比，2018年部分机构和战略投资者流向中后期阶段的头部企业。

3. 融资规模前三的领域为媒体网站、网络视频和影视音乐

根据投中网数据，2018年，融资规模前三的分别为媒体网站、网络视频和影视音乐，三者的融资规模之和为94.5亿美元，占总融资额的84.97%，其中媒体网站融资数量为128起，同比2017年下滑36.63%，融资额为34.49亿美元，同比上涨219.94%；网络视频融资数量为43起，同比下降12.24%，融资额为34.08亿美元，同比增长574.85%；影视音乐融资数量为94起，同比增长5.62%，融资额为25.93亿美元，同比增长292.28%。重点融资案例有今日头条、华人文化、分众传媒等，其中今日头条以750亿美元的投前估值融资25亿美元（见表1）。

表1 2018年重点融资案例

单位：亿美元

项目	募集金额	估值	行业	融资轮次	投资方
字节跳动	25	投前750	媒体网站	PE	软银等
华人文化	15	150	文化传媒其他	A	万科、阿里巴巴、招银国际、腾讯、

---

① New TV由迪士尼、阿里巴巴、NBC环球、21世纪福克斯等投资，虽然是美国创业企业，但是因为有阿里巴巴的投资，所以也算在内。

续表

项目	募集金额	估值	行业	融资轮次	投资方
快手	14	180	网络视频	E轮	腾讯、红杉中国
New TV	10	不详	网络视频	天使、战略投资	迪士尼、阿里巴巴、NBC环球、21世纪福克斯
网易云音乐	6	不详	影视音乐	B轮	百度、美国泛大西洋投资集团、博裕投资
新潮传媒	5.34	不详	广告营销	战略投资	成都高新产业园区基金、百度等
百丽传媒	5.24	不详	影视音乐	战略投资	腾讯产业投资基金

资料来源：根据投中研究院及网络相关资料整理。

4. 并购交易由于严审核而完成交易骤降

由于2017年以来股票发行审核委员会持续加强对并购交易真实性、资产评估价值合理性等方面的审查，并购交易案例数量持续下滑。投中网的数据显示，2018年，宣布并购案例为186起，同比下降7%；宣布并购金额177.99亿美元，同比增长119.52%；已完成并购案例为99起，同比下滑20.16%；已完成并购金额89.80亿元，同比增长27.20%。并购交易主要有分众传媒和新丽传媒等（见表2、表3）。

表2 2018年重点交易案例（已完成）

单位：亿美元，%

项目	行业	交易金额	交易股权比例	投资方
分众传媒	广告营销	33.94	13.27	阿里巴巴、New Retail
新丽传媒	影视音乐	22.59	100	阅文集团
兆讯传媒	广告营销	3.38	100	联美量子股份
华录百纳	影视音乐	2.80	17.55	盈峰投资、宁波普罗非投资
印纪娱乐	动漫	2.15	6.03	安信信托
迪岸双赢	广告营销	2.10	51	联络互动
糯米网	媒体网站	2.00	—	爱奇艺
MissEvan	动漫	1.44	100	B站
亿家传媒	广告营销	1.39	70	南通锻压设备股份
盛世骄阳	影视音乐	1.10	100	上海长江汇英投资

资料来源：根据投中研究院及网络相关资料整理。

表3 2018年并购交易重点案例（未完成）

单位：亿美元

项目	交易状态	交易类型	交易金额	投资方
WPP集团	进行中	非控制权收购	22.50	阿里巴巴、腾讯、华人文化
万达影业	进行中	全部收购	16.37	万达电影股份
当当网	进行中	全部收购	5.43	天海投资

资料来源：根据投中研究院及网络相关资料整理。

5. IPO融资规模首次下滑，影视音乐动漫占八成以上

根据不完全统计，2018年中国IPO的传媒企业达到14家，比2017年减少9家，但全为境外或中国香港上市。其中，选择在美国上市的有6家，在中国香港上市的有7家。从行业分类来看，主要为游戏、广告服务、视频、直播等类型企业。其中，游戏类企业方面，包括指尖悦动、第七大道、跳跃网络、创梦天地；广告媒体营销类企业包括毛记葵涌、汇量科技、万咖壹联；视频类企业包括哔哩哔哩、爱奇艺、芒果TV；直播类企业方面，有虎牙直播和映客直播。此外，趣头条仅用了2年3个月就成功上市，刷新了中国互联网企业最快上市纪录；腾讯音乐12月在美国上市，收盘市值达229亿美元，成为2014年阿里巴巴上市以来美股IPO市值最大的公司之一。

尤其需要指出的是，腾讯是2018年IPO的主要受益者，据不完全统计，2018年以来在港股和美股提交上市申请的近40家互联网公司，其中有14家属于腾讯系。

6. 21家传媒类企业新三板挂牌

据不完全统计，2018年共有21家传媒相关类企业在新三板挂牌，其中，影视相关类企业超5家；广告服务相关企业超4家。但有55家传媒类相关企业从新三板摘牌，其中，包括唐人影视、嘉行传媒、乐华文化、聚禾影画、盛天传媒等在内的超过20家影视传媒类企业；同时还有超过15家游戏相关类企业摘牌。

7. 17家影视公司入选新三板创新层

2018年5月25日，股转公司公布了2018年新三板创新层的企业名单，共有940家新三板企业入围,其中800家企业为上一年度创新层企业,140家企业从基础层成功被调至创新层。2018年,有海润影业、能量传播、长江文化、中视文化等17家影视公司入选新三板创新层,而在2017年曾有多达32家影视公司登上创新层,数量上几乎减少一半。

三 传媒业资本市场运作新特点与简单展望

1. BAT及字节跳动大力布局传媒业

(1)阿里巴巴的传媒业投资布局

根据网络公开数据和私募通不完全统计,2018年,阿里巴巴共计投资65笔,涉及金额超5400亿元。其中,战略投资29笔,占比45%;并购8笔,披露金额的交易已超720亿元。在传媒领域主要投资了New TV、万达电影、华人文化、分众传媒等(见表4)。

表4 2018年阿里巴巴在传媒业的主要投资

公司名称	时间	轮次	金额	行业
New TV	2018.2	天使轮	10亿美元	视频网站
万达电影	2018.4	入股	46.76亿元	院线
Video++	2018.4	战略投资	3.49亿元	文娱
华人文化	2018.6	A轮	100亿元	文化投资
分众传媒	2018.7	战略入股	150亿元	广告营销
神居动漫	2018.7	A轮	——	动漫
灿星制作	2018.8	战略投资	3.6亿元	影视制作

资料来源:根据投资界、投中网、中国经济网等相关资料整理。

(2)腾讯在传媒业的投资布局

2018年,腾讯共投资了163笔,同比增长13.99%,而传媒业是重点布局领域,共投资了56笔,具体行业包括短视频、动漫、直播、音频等。其中包括对快手、盛大游戏、斗鱼TV、虎牙直播、新丽传媒、趣头条、华人文化集团、喜马拉雅FM、哔哩哔哩等多个超10亿元的文娱项目进行投资,

10亿元以下参投项目则包括梨视频、壹心娱乐、幕星社、铁鳞社、十字星文化等（见表5）。

表5 2018年腾讯在传媒业的主要投资项目

项目	投资时间	轮次	金额	行业
快手	2018.1	E轮	10亿美元	视频网站
Skydance Media	2018.1	战略投资	——	媒体网站
灵龙文化	2018.1	B轮	——	创意创作
Wattpad	2018.1	战略投资	5000万美元	网络阅读
艺画开天	2018.2	A+	数千万元	动画创作
盛大游戏	2018.2	战略投资	30亿元	网络游戏
即刻	2018.2	C轮	——	社交网站
Gaana	2018.2	战略投资	1.15亿美元	音乐流媒体
柠檬影业	2018.3	C轮	数亿元	影视行业
幕星社	2018.3	天使轮	4000万元	动漫
有狐文化	2018.3	A轮	数千万元	动漫
K米	2018.3	B轮	1.2亿元	音乐社交
虎牙直播	2018.3	战略投资	4.6亿美元	直播
斗鱼TV	2018.3	战略投资	6.3亿美元	直播
新丽传媒	2018.3	股权转让	33.17亿元	影视
趣头条	2018.3	B轮	超2亿美元	媒体网站
梨视频	2018.4	A轮	6.17亿元	视频网站
快手	2018.4	战略投资	4亿美元	视频网站
华人文化	2018.7	A轮	100亿元	传媒投资
知乎	2018.8	E轮	2.7亿美元	问答网站
喜马拉雅	2018.8	E轮	4.6亿美元	音频网站
VIP陪练	2018.10	C轮	1.5亿美元	在线教育
哔哩哔哩	2018.10	战略投资	3.176亿美元	视频网站

资料来源：根据投资界、投中网、中国经济网等相关资料整理。

（3）百度在传媒业的投资布局

2018年，百度参与了对网易云音乐、百度视频、梨视频等项目的投资，战略投资了新潮传媒（见表6）。

表6　2018年百度的传媒投资主要案例

项目	时间	轮次	金额	行业
极米科技	2018.3	——	6亿元	智能硬件
梨视频	2018.4	A轮	6.17亿元	视频网站
百度视频	2018.9	B轮	1亿美元	视频网站
网易云音乐	2018.11	B轮	超6亿美元	音乐网站
新潮传媒	2018.11	战略投资	12亿元	广告营销

资料来源：根据投资界、投中网、中国经济网等相关资料整理。

（4）字节跳动在传媒业的投资布局

近些年来，字节跳动除了自己孵化新项目之外，也大力布局传媒业项目，投资了华尔街见闻等（见表7）。

表7　近年来字节跳动在传媒业投资主要案例

	媒体资讯	动漫	图讯	垂直媒体
内容	Dailyhunt	半次元	东方IC	世界说科技
	华尔街见闻	声影动漫		机器之心
	News Republic	快看漫画		快榜科技
视频	短视频	直播	3D视频	
	Music.ly/Flipagram/biu动图/脸萌科技	Live.me	维境视讯	
	西瓜视频			
工具	团队协作	内容编辑	存储	日程管理
	幕布/Tower/石墨	简图	坚果云	朝夕日历
教育	高等教育	课后辅导		
	Minerva	晓羊教育/一起作业		

资料来源：根据投资界、投中网、中国经济网等相关资料整理。

2. 特殊管理股在互联网企业试点

2017年，一点资讯成为我国互联网领域特殊管理股的首家试点，此后其获得了国家互联网信息办公室颁发的《互联网新闻信息服务许可证》等牌照。

2018年,特殊管理股试点范围扩大。一是澎湃新闻持有趣头条的特殊管理股。在趣头条上市前夕,趣头条国内运营主体上海基分文化传播有限公司以很低的价格给澎湃新闻派发股本扩张后的1%股权,该1%股权并不享有经济权益,未经政府批准也不得出售给第三方,澎湃新闻有权向趣头条的董事会指定一名董事,趣头条每年给澎湃新闻2000万元左右的内容审核费,即澎湃新闻持有趣头条的特殊管理股。此外,趣头条还向澎湃新闻发行1480123股C2优先股,作价5500万美元。加上1%的特殊管理股,澎湃新闻持股比例为2.1%。二是2017年人民网持有铁血网的特殊管理股,由人民网负责铁血科技的内容审核工作,铁血科技支付相应的审核费用。根据人民网发布的2018年业绩预告,第三方内容审核业务已呈现增长趋势,收入同比增长约166%。① 三是羊城晚报报业集团持有扎客特殊管理股。预计特殊管理股制度会在互联网企业大范围展开,尤其是科创板允许同股不同权制度之后。

3. 以字节跳动为代表的新互联网势力崛起

长期以来,我国互联网市场形成了较为稳定的BAT"三足鼎立"局面。但近年来,借助于大数据和人工智能技术,字节跳动和快手等互联网企业迅速成长,给现有互联网三巨头带来了重大冲击。成立于2012年的字节跳动是对互联网既有势力最大的挑战者,经过短短的6年时间,抓住了移动互联网、大数据、人工智能、自媒体和短视频等方面的红利,已经成为当仁不让的互联网第四极,并隐隐有超越百度之势。在用户方面,2012年底今日头条的DAU(日活跃用户数量)为100万人,而到了2018年6月底,字节跳动旗下全线产品国内总DAU超过4亿人,MAU(月活跃用户人数)超过8亿人;抖音仅用14个月DAU就过亿人,目前已破2.5亿人,MAU破5亿人;在用户使用时间方面,其独立APP总使用时长已超百度系和阿里系位居第二,仅次于腾讯。在营收方面,创新了信息流广告形式,营业收入快速

---

① 《人民网2018年净利润预计同比增长1倍~1.4倍》,http://media.people.com.cn/n1/2019/0131/c40606-30600648.html,2019-01-31/2019-02-01。

成长，2015年营业收入高达15亿元，预计2018年营业收入在500亿~600亿元。在市值方面，虽然目前尚未上市，但是市值已经高达750亿美元，已经超过百度（截至2019年2月8日收市时，百度市值为592.20亿美元）。

字节跳动不仅在用户数和营业收入上取得了巨大成功，而且孵化了很多项目，并且产品迭代和演化能力很强，通过孵化和投资，基本形成了自己的生态系统。

除字节跳动外，快手也处于高速成长中，成为既有互联网势力的一个挑战者。截至2018年11月底，快手的DAU达1.3亿人，日均使用时长超过60分钟，日均产出UGC内容1500多万条，原创短视频库存70亿个；2018年推出快手营销平台，提速商业化进程，目前市值已经达到250亿美元。

4. 直播、短视频、区块链备受重视，大战正酣

首先，虎牙直播、斗鱼TV、映客直播等纷纷获得投资，且虎牙直播和映客直播成功上市。斗鱼TV、虎牙直播先后获得腾讯投资。2018年3月，斗鱼TV获得新一轮6.3亿美元融资，腾讯独家投资。3月8日，虎牙直播完成B轮融资，腾讯以4.6亿美元独家战略投资。

其次，区块链大起大落，但是未来值得看好。2018年，我国区块链相关企业坐了趟"过山车"。2018年初，区块链技术大热，各类资本纷纷入局。金钱报、虎尔财经、巴比特、火星财经、块连线、陀螺财经、31区、链接财经、蜻报等区块链资讯类平台以及哈希世界等区块链游戏平台获得融资。但进入8月之后，在国家加大对区块链乱象治理力度的情况下，区块链遭遇了寒冬。区块链作为新的技术变革，未来一定会迎来属于自己的时代，但尚需时日来完善技术和实现商业场景落地。

再次，短视频继续成为大风口。在字节跳动、快手等互联网企业凭借短视频红利取得了高速发展后，腾讯、阿里巴巴、百度也纷纷投入短视频战局，短视频的大风继续劲吹，2018年5月18日，淘宝短视频推出名为"独客"的短视频APP；下半年，又推出一款名为"鹿刻"的淘宝短视频APP，这是一款生活消费类短视频社区APP。2018年以来，腾讯的微视相继推出了高能舞室、视频跟拍、歌词字幕、AI美颜美型滤镜等四个功能，并打通

了 QQ 音乐的千万曲库；此外，又一口气推出"下饭视频"、"速看视频"、"时光小视频"以及在内容风格上直接对标抖音的产品——yoo 视频等。其他短视频企业如梨视频、二更、耀世星辉传媒等纷纷获得融资。可以预见的是，在未来相当长的时间内，短视频红利依然存在，且有着巨大的潜力。

5. 部分传媒类上市公司实际控制人易主

2018 年，我国股市的"跌跌不休"和上市公司实际控制人的股票高质押率引发了"股价下跌—无钱补仓而提升质押率—继续下跌—爆仓"的多米诺骨牌效应，不少传媒类上市公司的实际控制人血本无归甚至实际控制人被迫易主，这里面既有快速去杠杆所导致的股市糟糕表现的关键因素，又有实际控制人习惯了宽松金融周期高杠杆、高风险操作的惯性行为。

在糟糕的市场环境下，不少传媒类上市公司把近些年来通过并购积累的大量商誉进行彻底的减值，这也导致一些传媒类上市公司 2018 年的财报极其难看，但相信在商誉彻底减值之后，未来传媒类上市公司的业绩会有很大起色。

6. 科创板利好传媒业资本市场尤其是互联网企业

2018 年 1 月 30 日，科创板系列规则征求意见稿正式发布，预计不久科创板就会开盘。科创板的政策力度超乎外界预期：允许同股不同权企业上市；允许尚未盈利的企业上市；注册制审核流程不超过 6 个月；涨跌幅限制放宽至 20%；定价全面采用市场化询价；为创投基金提供更灵活的减持方式。可以预见的是，这将为传媒类企业尤其是互联网类传媒企业提供更好的外部环境，帮助他们更好地借助资本市场来实现自身的快速发展。

B.28
AI+"泛内容":智能媒体的内容创意再定义传媒产业盈利模式

刘芳儒 范以锦*

摘 要: 人工智能革命,给"万物皆媒"时代的各行业带来了深刻的影响。这一变革同样给媒体带来了新的发展机遇,人工智能推动了传媒事业的发展。然而,传媒事业并不等于传媒产业。媒体对人工智能的应用能带来盈利模式并拉动传媒产业发展吗?本文从概念出发,在厘清传媒事业和传媒产业关系的基础上,探讨了当下媒体如何能兼顾"事业"与"产业"、"传播社会价值"与"寻找商业模式"的问题。

关键词: 泛内容 智媒化 传媒事业 传媒产业

AI(人工智能)作用于媒体,意味着媒体从"众媒"走向"智媒",并逐渐过渡到"体媒"。媒体与互联网的融合正从过去的门户媒体时代、现在的社交媒体时代,走向未来的智能场景时代,人工智能与媒体的"联姻"给传统媒体行业带来了革命性的颠覆。但目前学界关于人工智能对传媒行业的影响仅仅停留在新闻生产方式和新闻分发渠道的相关讨论上,人工智能如何助力传媒产业探索新的商业模式和盈利方式的研究却鲜见笔端。本文结合

---

* 刘芳儒,暨南大学新闻与传播学院博士研究生;范以锦,暨南大学新闻与传播学院院长、教授、博导。

当下媒体产业链的变现路径——"泛内容"运营,探讨人工智能如何对接当下媒体和未来媒体,并从实践的层面回答人工智能如何通过泛内容运营找到商业模式,从而推动传媒产业的发展。

一 "智媒化"带来传媒事业新格局

2017 年,国务院颁布的《新一代人工智能发展规划》开启了人工智能元年。2018 年,不少媒体加大了在这一领域的探索力度。虽然人工智能的概念几乎人尽皆知,但是人工智能的定义尚未达成普遍共识。其中被较多提及的概念出自《牛津哲学词典》:"人工智能是关于制造能做跟人一样的事情的机器的科学。"① 人工智能作用于传媒行业,重新构建了人与信息的关系。媒体的智能化(或称智媒化)一方面消融了传统媒体行业的固有边界,另一方面也重塑了传媒业的原有生态,因此有学者认为未来媒体发展的基本方向就是智能化。② 智媒化的特征主要体现在三个方面:机器和各种智能物体都有媒体化的可能;智能化机器、智能物体将与人的智慧融合,形成人机共生;智能媒介具有自我进化的能力,机器能适应人的需求变化、人对机器的驾驭能力互为推进。③ 在智媒化的大背景下,居于传媒事业核心位置的新闻生产的各环节呈现出了新趋势。

——人工智能重构用户平台。随着人工智能技术的迭代升级,可穿戴设备、智能家居、智能汽车等新技术使得人体变成双向的"人肉终端"。人体终端化促使了人与物体、人与环境之间的"对话",因此除日常使用的移动通信设备外,人们日常接触的家庭设施、交通系统都可成为用户获取信息的平台,用户平台不再局限于传统媒体的信息接收装置。

——人工智能助力新闻生产。2014 年 3 月,《洛杉矶时报》发布的第一

---

① 《牛津哲学词典》(重印本),上海外语教育出版社,2000。
② 胡正荣:《智能化:未来媒体的发展方向》,《现代传播》2017 年第 6 期。
③ 彭兰:《智媒化:未来媒体浪潮——新媒体发展趋势报告(2016)》,《国际新闻界》2016 年第 11 期。

篇机器人自动生成的地震新闻开始，全球各大传媒机构纷纷推出了自己的写作机器人。初期的机器人写作主要运用于模式化的体育新闻和财经新闻，但随着"自动化"程度的深化，现在的写作机器人还能加入对人类行为和情感要素的分析，进行自适应，写出接近人类水平的成品。

——人工智能创新分发渠道。CNNIC 的报告指出，截至 2017 年 12 月，手机网络新闻用户规模达 6.2 亿人，占手机网民的 82.3%。[1] 进一步细化，76.5% 的网民目前主要通过新闻类网站和 APP 获取资讯，社交应用的占比排在第二位，为 51.0%。[2] 当人工智能介入新闻分发环节，传统垄断的新闻分发渠道退居次要位置，以基于社交关系或计算机推荐算法的新闻聚合类媒体为代表的新型分发平台成为人们获取信息的主要方式。而不管是新闻聚合类 APP 还是社交平台都离不开人工智能技术对用户使用轨迹的追踪和推算。

——人工智能健全监管体系。利用人工智能技术，媒体能对内容的传播效果实时监测、对作品版权跟踪追溯、智能语义识别等，缩减了人工成本，提高了监管效率。例如腾讯的"万象鉴黄智能识别系统"利用人工智能技术完成对图片信息的识别，鉴别图片是否涉黄，可以部分代替人工审核工作。

——人工智能可从生理层面获取用户反馈。智能时代的开启，媒体机构可从生理层面直接获取用户的反馈信息，从而得出更为客观、科学的反馈。比如通过眼动仪、脸部肌电图等测量出用户接收信息时下意识的动作，并推测出用户对该信息的反应。

二 "智媒化"推动传媒发展，却难突破传媒困局

毋庸置疑，媒体智能化提升了新闻内容的生产能力和信息的传播影响力。第一层面，从内容生产维度上来说，人工智能不仅提升了新闻生产效

---

[1] 中国互联网络信息中心：第 41 次《中国互联网络发展状况报告》，2018 年 1 月 31 日。
[2] 企鹅智酷：《中国新媒体趋势报告 2017》，2017 年 11 月。

率，也优化了新闻叙事、呈现以及用户体验等各个环节。2016年美国大选时，《华盛顿邮报》使用机器人记者Heliograf写成的大选报道数量是2012年该报社所有大选报道的6.7倍①。2014年，美联社开始与Automated Insights公司合作，利用人工智能来完成数千篇财务季度收益报告，据美联社估算，Automated Insights的人工智能技术在企业盈利报道方面为记者们节省了20%的工作时间。②第二层面，从传播影响力维度上来看，记者可以借助人工智能对选题相关的内容保持密切关注、抓取，进而更全面、精准地报道新闻；同时，基于人工智能，系统可以把信息有选择性地推送给用户，这在一定程度上缓解了用户面对信息爆炸而无力选择的尴尬境地。因此，媒体打造多功能的人工智能媒体平台，可大幅扩展新闻内容的传播影响力，提升媒体的社会价值。如新华社搭建的中国第一个人工智能媒体平台"媒体大脑"诞生了首条MGC（Machine Generated Content）视频新闻。这条时长2分08秒的视频新闻生产过程仅耗时10.3秒。③

显然，人工智能技术优化了新闻内容生产过程，推动了传媒事业的发展，但传媒事业的发展不能等同于传媒产业的发展。传媒事业和传媒产业分属于文化事业和文化产业的子概念，因此，要厘清传媒事业和传媒产业的差异，就需对文化事业和文化产业做出概念性的区分。一般来说，文化事业是由政府主导，通过提供无差别的公共文化产品和服务来满足人们的文化需求，具有公益性质；文化产业则由市场主导，是经营性的，主要利用市场来配置资源，调动更多非公益性资源和民营资本激活文化市场，推动文化企业发展壮大，以丰富的文化产品和服务满足人们多元化的精神需求。④因此，

---

① IT之家：《过去一年，机器人Heliograf写了850篇新闻》，http：//www.sohu.com/a/192921147_114760。
② Lucia Moses：*The Washington post's Robot Reporter Has Published 850 Articles in the Past Year*，https：//digiday.com/media/washington-posts-robot-reporter-published-500-articles-last-year/.
③ 常斐、赵子君、李霞等：《国内第一个媒体AI平台，助力成都传媒集团发展》，《成都日报》2018年3月1日。
④ 常凌翀：《文化产业的概念与分类》，《新闻爱好者》2013年第12期。

AI + "泛内容"：智能媒体的内容创意再定义传媒产业盈利模式

传媒事业与传媒产业相区别的关键点在于传媒产业一定要有商业模式、盈利模式，而传媒事业更着重强调社会的公益性和公用性。纵观目前，人工智能在媒体的应用尚未看到有效的商业模式，智媒盈利模式还在艰难探索中。风投数据公司 CB Insights 发布的《2017 人工智能阶段性创业数据汇总》统计数据显示，2002～2017 年，已经发生了 200 多起人工智能初创公司的收购事件，仅在 2017 年第一季度，兼并和收购事件便超过 30 起，在这种大环境下，人工智能在传媒领域的盈利模式仍处于一片混沌之中，如何利用人工智能技术突破产业壁垒成为各传媒集团的首要任务。因此，可以说现阶段人工智能推动了传媒事业的发展，但还不能说已推动了传媒产业的发展。

三 人工智能对接"泛内容"，扩展媒体商业想象力

在传统媒体时代，"内容为王"一直被媒体人奉为圭臬，那时的"内容"就是指新闻内容，新闻内容品质成为媒体生存的必要条件。传统媒体生产优质的内容能快速地吸引广告客户、扩大发行量，形成强大的传播力和积累雄厚的经济实力。这种"二次售卖"的商业模式促使媒体形成盈收和良好社会效益的双向互动循环，通过对报业在其黄金时代——20 世纪 90 年代的发展状况便可窥一斑而知全豹。然而互联网的出现无限扩充了媒体的边界，新闻生产主体多元化，传播平台也异彩纷呈。据此，欧洲传播与社会学者 Hepp 等开始提出媒介化概念，认为在不断变化的媒体环境中，深度媒介化时代到来，媒体环境因此发生了 5 种趋势的改变：媒体分化、高度连通性、媒体无所不在、创新加快以及数字化。[①] 在此背景下，传播渠道的壁垒被打破，传播平台不再设置门槛，传统媒体生产的新闻内容在新媒体平台得到大量的转发和广泛的传播，反观自身的媒体平台却无法获取流量和吸纳用

---

① Hepp, A: The communication figurations of mediatized worlds: Mediatization research in times of the 'mediation of everything', European Journal of Communication, 2013, 28 (6): 615–629.

户,这导致媒体传播影响力下滑并出现经营困境。而广告投放者不会在意是谁创造了内容,他们只关心哪个平台的用户最多,什么渠道能把内容进行最大范围的传播,"二次售卖"的商业模式开始坍塌,以往的单一手段已经难以解决媒体生存发展的问题。当下如果媒体还只是局限在"新闻内容"生产领域是无法做大做强传媒产业的,只有积极转变经营思路,延伸内容的价值链条,通过"泛内容"获取经济价值,才能适应变化、拥抱未来。

所谓的"泛内容"是指相对于只做新闻内容的"窄",扩大到各种内容都做而出现的内容"泛化"现象。"泛内容"之内容是非常宽泛的,可以说只要赋予了做内容的内涵,运用了做内容的手段,都属于"泛内容"的范畴。① 很多自媒体便是通过嵌入日常生活的内容来连接特定的领域和用户,最终通过"泛内容"的传播变现。美妆博主通过网络直播吸引用户对其节目进行打赏;微信公众号通过介绍当季的流行元素吸引粉丝,再通过广告投放或推荐购买实现盈利;知识付费 APP 通过向有需要的人群提供学习视频收取学费,等等。随着媒体边界的不断扩充,媒体可以介入"泛内容"领域拓展商业想象力,以做新闻内容为基础,将做新闻的本领再延伸到相关领域,生产出超越传统媒体范围的产品类型,满足用户需求,增强媒体经济实力。这种突破产业界限、扩张产业价值链内在逻辑要求的发展模式即是集成经济模式,其不受困于规模扩张的制约,而是将产业内外的关联资源整合利用,通过产品线的拓宽和结构改造,形成各要素共同联动、协作生产的集成竞争力。②

人工智能对接新闻内容可提升媒体的社会价值,但难成商业模式。而媒体机构一方面肩负传播社会价值的使命,另一方面需创造经济价值、自负盈亏,这就决定了媒体不仅要提高内容生产力、扩大传播影响力,还要寻求生存、盈利的商业模式。现如今,传统媒体的影响力持续下滑,新业

---

① 范以锦:《"泛内容"变现:延伸媒体产业链的新路径》,《新闻与写作》2018 年第 4 期。
② 喻国明、赵睿:《从"下半场"到"集成经济模式":中国传媒产业的新趋势——2017 我国媒体融合最新发展之年终盘点》,《新闻与写作》2017 年第 12 期。

态、新产品随时会诞生，面对百舸争流、千帆竞发的局面，媒体需结合自身优势，寻找智能时代的定位，重构发展模式。如果媒体以人工智能为驱动，在做好新闻内容的同时，积极开发符合自身特色的"泛内容"产品，便可形成新型的内容创造——智能化"泛内容"产业，进而打造集成商业模式。简单来说，人工智能对接"泛内容"，媒体可以形成两个模式：智能化思维下的新闻生产模式和智能化"泛内容"生产的盈利模式。按目前传媒产业的发展现状来说，人工智能对接"泛内容"主要可凝结成以下几种盈利模式。

1. AI+舆情分析：媒体成为市场主力军，精确研判孵化舆情产业

在网络时代，以人工为主的舆情收集方式无法应对互联网影响下舆情信息量暴增的舆论新生态。自2008年国内最早的舆情公司——人民网舆情监测室成立后，网络舆情公司纷纷涌现，专业的网络舆情产品开始在市场上流通。至此，"网络舆情"从给政府宣传部门特供互联网信息内参，开始走向了市场化、社会化的服务。媒体延续当年内参传统，自然成为网络舆情市场的主力军并为政府和社会持续提供舆情报告、舆情产品及其相关服务。据统计，当前开展舆情分析业务的新闻媒体至少有23家，新闻媒体已经发展成为中国舆情产业的核心力量，整体营业规模正逐年上升。

近年来，有实力的科技公司、以新闻传播专业见长的高校以及知名的公关公司均纷纷进入舆情服务领域。面对这一变化，媒体机构一方面要利用好自身天然与公权力机构的密切关系，为相关部门提供专业的、及时的舆情报告和产品；另一方面也要着眼整个行业趋势，把最新、最好的技术应用于舆情分析，提升效率，做出精准的舆情趋势研判。大数据和人工智能作用于舆情分析领域便发生了奇妙的化学反应，以往模糊的、抽样的舆情分析实现了热门话题的精确抓取、热点趋势研判和舆情可视化，这无论是在舆论导向还是线索挖掘上，意义都不容小觑。如浙报传媒集团2017年上线的浙江舆情地图模块就是采用了大数据加人工智能技术，通过关键词设置的方式，对数千家网站、论坛、电子报以及微博中关于浙江的信息进行实时抓取，设置过滤规则，并以热度值的方式对当日新闻进行智能排序，最终通过标题方式显

示,这在一定程度上满足了采编部门对互联网舆情采集的需求。针对敏感新闻事件,浙报数据和舆情分析团队实时监测全网舆情,将舆情线索在大屏呈现,帮助团队在第一时间对相关的网络舆情进行监测和分析,并把分析简报及时送达相关机构供其参考。① 媒体引入人工智能技术作用于舆情分析,正是通过连接机构扩大了媒体的立体传播效果,同时也通过连接舆情产业反哺媒体的发展和进步。

2. AI+广告销售:广告变"窄告",可寻址广告精准对焦用户

在大众媒体时代,受众原子式的分布在世界的各个角落,他们是面目模糊、需求各异的群体,广告主无法得知自己的产品会在什么时候被什么人关注,只能退而求其次对商品"广而告之",尽量扩大传播范围。但是随着区块链和人工智能的介入,广告的精准投放成为可能。美国媒体巨头康卡斯特(Comcast)公司宣布2018年会推出区块链驱动工具——Blockchain Insights平台,旨在使数据所有者分享其资产且无需交付第三方的情况下,广告营销人员和网络能够通过区块链技术和人工智能技术匿名地匹配他们自己的客户数据,以确定网络项目与产品广告的最佳匹配结果,实现基于不同数据池开展可寻址广告活动,使公司真正获益。媒体可利用人工智能技术为用户画像,了解用户的需求,从而精准地把产品广告推送给目标用户。

3. AI+数字娱乐:技术催生数字产业链,娱乐壮大传媒资本

广义的数字娱乐泛指所有利用数字技术为用户"制造快乐"的各类产品的总称,其外延与西方七国信息会议提出的"数字内容产业"相接近,该概念在1996年欧盟草拟的《信息社会2000计划》中得到进一步明确,共涉及互联网服务、移动内容、游戏、影音、动画、数字出版等多个领域。② 作为数字技术与艺术要素紧密结合的一种产业,数字娱乐领域的AI应用已经广泛普及,如当下火爆的网络直播可通过人工智能技术美化主播的形象和

---

① 董林立:《"造厨房"只是媒体深融的第一步——浙报集团推进媒体深度融合的精细化探索》,《新闻战线》2018年第3期。
② 李思屈:《"创新危机"的破解与中国数字娱乐产业的发展》,《浙江社会科学》2011年第7期。

声音；被苹果收购的 Face Shift 主要是通过强大的面部表情捕捉软件和 3D 传感技术来实现面部动作及表情的实时捕捉，生成虚拟人像，让用户一分钟成为视频的主角。数字娱乐作为现代娱乐方式的重要一环，与市场和社会文化娱乐消费密切相关。由于数字娱乐产业与现代科技紧密结合，其在文化产业体系中是最能体现科技、艺术、商业三位一体的现代形态。在拓展"泛内容"业务时，媒体可以形成完整的数字娱乐产业链，借助文化娱乐消费壮大传媒资本。

4. AI+智库服务：建构多元产品体系，扩大立体传播效果

"智库"来源于英文 Think Tank，主要是指以公共政策为研究对象，以影响政府决策为研究目标，以公共利益为研究导向，以社会责任为研究准则的专业研究机构。① 智库与传统的主流媒体有着天然的亲近性：公共政策、公共利益、社会责任，是智库研究的范畴和准则，亦是主流媒体需要承载的义务和责任。但智库的发展初期主要是在深度调研的基础上负责传播最新思想产品和智慧资源，其主要传播对象是社会精英阶层，传播范围较小，这就造成了智库与媒体平行发展的局面。如今，得益于国家政策的大力扶持，各类智库争相成立，智库不得不直面扩大传播力和影响力的问题，现阶段的智库不仅需要向上层决策单位输送有思想性的建议，也要在普通大众中进行传播和引导。大型传媒集团凭借多年累积的品牌影响力、公信力，始终占领传媒行业高地，此类传媒集团在人工智能技术的支持下拥有更优质的内容生产力和更广泛的传播平台。因此，媒体与智库融合扩宽了主流媒体关注的视野，也为用户提供更为宽泛的服务，产生"一加一大于二"的优势效果。可以说，媒体智库是传媒集团探寻新的商业模式的优势路径。媒体可牢牢抓住做内容的能力，借助自身传播平台优势，建设媒体智库矩阵，构建多元产品体系，形成常态化的品牌效应，扩大立体传播效果，延伸原有品牌影响力。

---

① 上海社会科学院智库研究中心：《2013 年中国智库报告——影响力排名与政策建议》，2014 年 1 月。

四 智媒化"泛内容"商业生态系统搭建

互联网时代,面对信息来源多元化和信息总量的爆炸,公众不再需要简单的信息服务,而是需要有深度的智慧服务。在探索媒体转型的道路上,传媒集团可以和新兴的科技公司合作,以自身的内容优势为基础,注入科技公司的技术基因,实现信息的多样态、多平台流转。以技术驱动补齐短板,以专业的内容做强长板,借助"泛内容"产品打造智慧型集团。

由四川日报报业集团与阿里巴巴集团联合打造、华西都市报负责实施的封面传媒在成立之初便引起行业的关注。首先,基于专业媒体的立身之本,封面新闻"以原创为显著特征",突出"智能推送+专业生产+用户聚合",持续不断地生产有品质、有思想的新闻内容,赢取社会公信力。在生产新闻的过程中,其借科技发力,引进"封巢"智媒体融合系统,通过主题词抽取、词联想、文章关联分析和推荐,为作者实时提供全网资料,使技术和内容完美结合。封面传媒的写稿机器人"小封"还能提取文章要点,通过与科大讯飞公司的语音转换技术相叠加,合成语音新闻概要,形成MGC全场景沉浸式体验。其次,封面传媒摆脱了传统媒体独立、封闭的发展惯性,以开放的姿态谋求与政府、商业机构和个人的合作,重新连接社会资源,创建可供用户、企业与合作伙伴互动分享的平台,并利用这些平台打造与众不同的产品和服务,拉动用户消费。2018年世界杯期间,封面传媒借势推出"AI世界杯",定制足球游戏,用户通过玩游戏赚取积分赢大奖,吸引了大量用户与平台进行互动,从而完成新闻内容到"泛内容"产品的转换。其实在这之前,封面传媒已经尝试过将AI常态化应用到生活场景中,推出了多种服务应用。2017年,封面传媒基于教育大数据,机器学习算法等技术制作的一款H5应用——"封面新闻高考志愿小助手",该应用可以智能预估高校录取分数、大学专业评测以及智能志愿填报。同年七夕情人节之际,封面新闻举办了"AI相亲大会",通过人脸识别技术,单身男女可实现优先速配等。最后，封面传媒陆续推出封面智库、封面号、封面舆情等系列产品，全方位打造智能新闻矩阵，聚焦社会热点，培养用户人文情怀。

结　语

在国务院推出的《"一三五"国家战略性新兴产业发展规划》中，把数字创意产业列为国家战略性新兴产业，甚至视为一种新的经济模式。而当前正在发生的这场人工智能革命给各行业都带了深刻的影响，传媒业凭借先天对新事物、新技术的敏感性，应充分利用人工智能技术，重构新闻生产力和生产关系，以内容为核心，向内容创意产品延展，搭建"泛内容"商业平台。在此过程中，媒体要提防故步自封，应做到"跳出传媒看传媒，跳出媒体看产业"，以产业融合的视角来寻找符合自身的发展模式。①

从行业的实践来看，媒体在探索商业模式的道路上最主要的是形成两个模式：一是坚守传播社会价值的根本功能，借助人工智能提高内容生产力，为用户提供准确、可靠的专业化新闻内容；二是要创新经营模式，以内容创意产品为突破口，借人工智能技术拓展"泛内容"产业，保持良好的现金流和利润流，壮大传媒资本。媒体充分发挥做内容的优势和专业能力，可以从"泛内容"领域的智能化应用中找到盈利模式，进而推动传媒产业良性循环发展。

---

① 郭全中：《互联网时代的传媒产业新趋势》，《新闻记者》2014年第7期。

B.29
穿越透明墙：短视频竞争中的电视媒体

张天莉*

摘　要： 互联网应用伴随着赋权过程，短视频以视频化形式降低了这个过程的门槛。在此意义上，它更像一种数字化技术下的表达工具和生活方式。虽然大V、达人、专业制作机构更能引起行业与资本的瞩目，但长尾上众多的草根玩家却更能体现短视频的文化传播意义。这种具有多元化、个性化特点的文化传播与电视媒体的中心化、主流化向度不同，这也使电视媒体的短视频内容具有了整合意义上的价值。

关键词： 短视频　电视媒体　传播格局　透明墙

一　短视频：重塑传播格局，流量一九分化

集移动化、社交化、视频化、碎片化、个性化等传播趋势于一身的短视频已不止于风口。在过去两年里，它以分秒之长，成为重构传播格局的力量，带来传播场景中的三个显性变化：其一，改变了用户的流向与注意力分配；其二，为年轻人的自我表达、在线认同与关系建构创造了具有高参与性的社交场景，成为年轻"网生代"们重要的社交方式。CSM媒介研究调查数据显示，在15~45岁短视频用户中，15~29岁的年轻人占到65%；其三，短视频重塑内容生产方式。内容与用户共进化，内容生产者与消费者的

---

* 张天莉，中国广视索福瑞媒介研究（CSM）融合传播研究部总监。

边界消融，观者与创作者的强互动产生新内容。

短视频是流量的入口也是战场，其内容生产者数量众多、身份迥异，在商业化与社交应用的诉求下，平台的流量分布呈现出极端分化的格局，并向头部账号高度集中。根据CSM媒介研究的观察数据，在不同的平台上，沉淀的账号及流量量级不同，但其分布的总体趋势大体近似。2018上半年在今日头条、快手、秒拍、土豆、腾讯视频等平台上，平均只有10%左右的账号能跻身平台的头部流量竞争。分布于长尾上的海量生产者以社交化应用诉求构筑了短视频内容生态的底部支撑。从这些平台的总体情况来看，播放量排在前1/10的账号平均占到平台95%以上的流量；播放量前1/100的账号平均占到70%的流量；在不同的平台上，前1/100发布者占到各平台50%~80%的流量。流量的集中度反映了平台的竞争生态和发展策略。对于具有商业诉求的生产者来说，越向头部靠近获取价值回报的空间越大。

短视频巨大的商业价值吸引BAT及各路资本入局，在积极探索营销和赢利模式的进程中，内容为王、短视频＋、生态化进阶、技术赋能成为行业实践热点与关注的趋势。短视频行业对优质内容的需求，给专业制作机构及电视媒体的跨屏内容生产带来了更大的空间。

二 生产者观察：电视媒体挺进头部，新闻见长

在短视频领域，UGC、PGC、MCN等内容生产及运营者们被惯性地赋予网络化的标签。但是电视、报纸等传统媒体以其积蓄的内容能力、资源能力及品牌影响力，已成为短视频头部竞争中的价值一极，尤其在新闻资讯内容上，是短视频传播中不可替代的生产与传播者。

CSM媒介研究2018年上半年的观察数据显示，在腾讯视频、秒拍、今日头条三个平台，播放量进入前1/10的短视频账号共有近7000个，平均获得超过平台总体约70%播放量；其中，传统媒体所属的账号占到4.8%，发布的短视频数量占10.7%，播放量占19.2%，显示出较强的生产能力和传播力。

在竞争更为激烈的前1/1000账号中，传统媒体所属账号占到21.7%，短视频发布量占28.4%，播放量占29.8%，在金字塔尖的内容和流量战场，显示出更强的竞争力。这些传统媒体包括40多个机构下的140多个账号，其中电视、广播媒体账号占71%，其余为报纸媒体、通讯社账号。

在播放量排名前50位的账号中，传统媒体所属账号占到近1/3，且全部主打新闻资讯内容，这其中，报媒账号占到一半。短视频账号"央视新闻"、SMG旗下"看看新闻"、"澎湃新闻"位列传统媒体账号前三位，"央视新闻"在2018年上半年的播放量过百亿次，"看看新闻"也接近百亿次量级，而"澎湃新闻"则在单条短视频的播放量上更见优势。

整体上，电视媒体依托节目视频资源，显示出以量取胜的特点。新闻短视频的生产与传播具有门槛，电视媒体所拥有的资质与资源，使之在媒体融合的进程有了创新移动端新闻产品的先天优势。

三 头部地方台观察：垂直细分内容的透明墙

短视频初期依靠泛娱乐内容的强渗透跑马圈地，随着用户红利渐失、优质内容稀缺问题日渐凸显，内容为王重回视野。突围同质化、深耕垂直细分领域、注重原创与品质，成为内容竞争的趋势和资本追逐的热点。CSM媒介研究开展的15~45岁短视频用户调查显示，除幽默搞笑类、影视类、美食等热点内容外，生活技巧、旅行、科技、健康养生、历史、美妆时尚等内容也为短视频用户所喜爱。

对照电视台大量的自制栏目，短视频用户的细分需求都可找到对应的电视内容，理论上，电视媒体在满足短视频用户垂直内容需求上，具有视频资源优势。然而，电视媒体在短视频细分垂直领域缺少具有高传播力、高变现能力的头部账号。以湖南台、上海台、北京台、浙江台、江苏台5家头部地方电视媒体旗下的210个在更账号为例，2018年上半年，这些账号在今日头条、秒拍、腾讯视频、新土豆上共发布短视频28万条，总播放量238亿次，累积粉丝1.65亿人；SMG在短视频发布量、播放量上领先于地方电视媒体；湖南台在粉丝规模上以超过6000万人领先。总体来看，以电视剧、综艺等季播节目内容为主的娱乐综艺类账号最多，占到43%，其短视频发布量仅占10%，播放量不到20%，但粉丝量占到53%；其次是垂直类内容，账号数占到30%，发布量仅占3%，播放量不到2%；新闻资讯类账号占17%，短视频发布量占57%，获得的流量占到73%。5家电视台在各自的短视频传播上特点鲜明，上海台、浙江台的新闻短视频流量贡献分别达到95%和72%，前者长于时政与民生新闻，后者重在民生新闻；湖南台承继其电视端特色，综艺娱乐类短视频流量占到88%，北京台、江苏台的短视频则更多为垂直细分内容。

从头部地方台的短视频发布量、传播量来看，新闻类、综艺娱乐类短视频流量价值溢出，后者单条视频平均播放量最高；垂直类短视频则是头部地方电视台的短板。尽管上述5家电视台的垂直类账号涵盖了文化、法制、体育、健康、美妆、财经、医疗、生活技巧、汽车等近20个细分类型，但只有北京台的"法治进行时"跻身前1/1000的账号，而在4个观察平台播放量前1/1000的账号中，垂直类占到了47%。

垂直类短视频的营销价值和变现空间渐为市场认可，也有不少成功案例。如美食类短视频"李子柒"、知识类的"视知TV"、生活技巧类的"造物集"、汽车类的"萝卜报告"、"MUZI看世界de旅行频道"等账号，不仅以深耕垂直领域的优质内容跻身头部竞争，而且通过电商、广告、付费等方式获得商业回报，垂直化领域的变现尝试显示出多种可能性。

同是依托于台内节目资源，相比新闻、综艺娱乐短视频，头部地方电视媒体在垂直领域的短视频生产量低、传播量低、头部账号及内容稀缺；与新闻相比，垂直内容没有门槛，电视媒体面对的是真实开放的市场竞争和雄心勃勃的内容创作者。在电视端长视频与移动端短视频之间，仿若有一道透明的墙，二者同为视频化的垂直内容，所传递的却是不同的文化和用户的深层动机。连通墙两边，考验的不仅是电视媒体在深入理解用户的基础上重构素材、"短化"及网络化叙事的能力，更是带着传统标签的电视媒体以持续动能开展短视频生产和传播的能力。

电视媒体深入短视频领域，不止于生产环节的技术活或仅是有关情怀，它也包含了电视媒体对新舆论场中话语权的期许，对新业态领域市场能力的愿景与实践，也能体现台内媒体融合发展布局中不同尝试的价值落点与功能架构。如在内容资源共享的基础上，以新闻短视频建立移动端的引领力和影响力，以垂直类短视频探索市场空间的更多可能，以大众化的剧集、综艺内容连通大小屏用户。媒体融合是突破惯性、自我分解、与外部资源与能量交流重组的过程，短视频作为这个过程中的一个连接点，揭示了重新审视资源结构、重新理解用户的重要性。当内容端转型升级及"短视频+"成为行业的共识，电视媒体的视频基因是否能在输出优质内容、引领创新之外，所为更多？由顺势而至谋势，使短视频真正成为电视产业新业态的组成。

B.30
2018年OTT家庭观众收视观察

刘洁婷 陈杨*

摘　要： 2018年，中国的电视收视设备继续向数字化衍进，其中，以智能电视为代表的OTT设备最值得关注。OTT设备进入观众家庭后带来了新的使用体验，联网后的OTT设备直接扩充了观众可在电视大屏上收看的内容资源。在这种收视场景中，回看和点播内容作为电视大屏收视的一部分，正在与直播内容共享观众。本文通过分析家中有智能电视或互联网盒子的家庭观众（简称OTT家庭观众），基于与所有观众比较的视角，观察2018年OTT家庭观众的收视特征。

关键词： OTT　智能电视　互联网盒子

一　电视设备的数字化发展

1.双向互动设备占比大幅增长，IPTV与OTT对有线电视的威胁加深

2018年，我国有线电视用户占比下滑，同比下降7.1个百分点。双向互动设备如IPTV和联网OTT占比大幅增长，分别占比36.1%和22.7%（见图1）。

在有线电视服务中，双向有线可提供点播等互动服务。《中国有线电视

---

* 刘洁婷，中国广视索福瑞媒介研究（CSM）事业发展部经理；陈杨，中国广视索福瑞媒介研究（CSM）事业发展部主管。

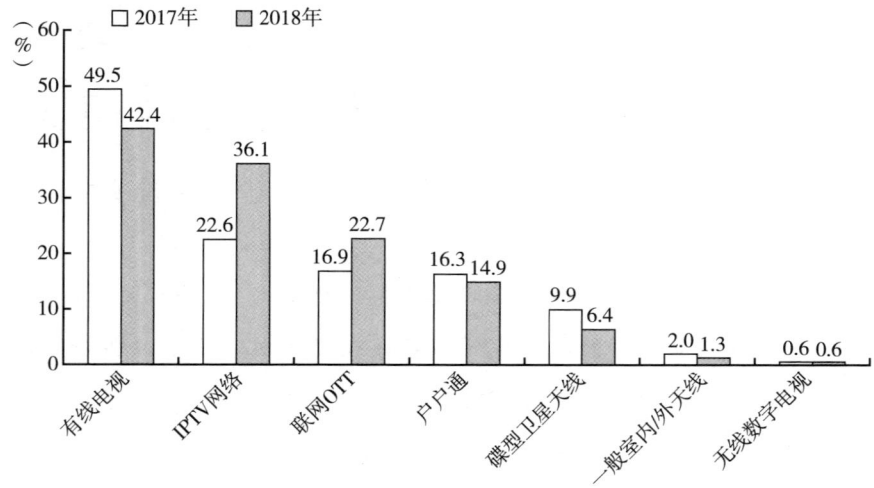

图 1　中国家庭电视信号接入方式

数据来源：CSM 2018 年基础研究，全国。

行业发展公报》数据显示，2018 年底，双向有线用户数在有线电视规模整体下滑的背景下，覆盖规模环比涨幅仅为 0.14%（见图 2）。有线电视虽有能力向双向服务转变，但发展势头远不及 IPTV 和 OTT。

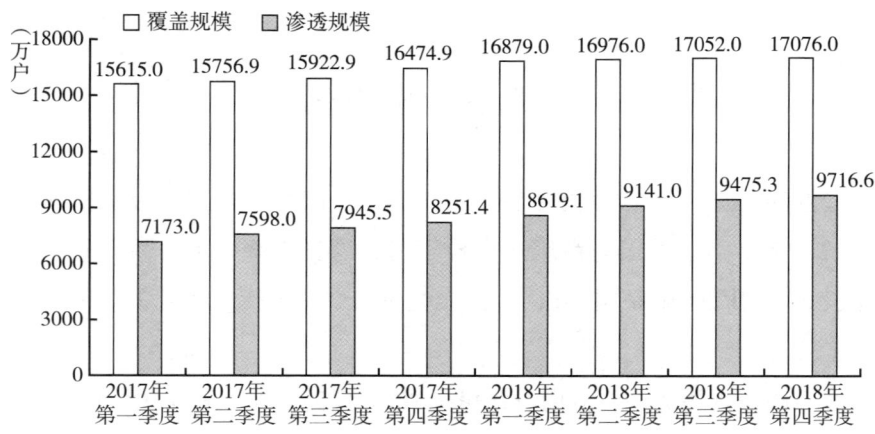

图 2　有线电视双向覆盖规模及渗透规模

数据来源：中国广播电视网络有限公司，《中国有线电视行业发展公报》。

2. 新增OTT设备连接入网及存量OTT设备逐渐联网化，促使联网OTT设备增加

OTT设备包括智能电视和互联网盒子，其中智能电视常跟随家庭电视设备更新换代进入观众家中。奥维云网数据显示，2018年中国智能电视零售渗透率达95%，所售卖的彩色电视机基本为智能电视。从2018年CSM媒介研究基础研究数据来看，52城电视观众家中有OTT设备的家庭占比从2017年的38.5%上升到2018年的44.9%，提高了6.4个百分点。

OTT设备进入观众家庭后，必须联网才能使用OTT提供的点播服务，否则与普通电视机无异。受联网条件和使用习惯所限，我国居民家庭中OTT设备并非均处在联网使用状态。从2018年CSM媒介研究的基础研究数据来看，52城市中使用OTT设备联网收看电视节目的家庭占所有电视家庭的26.6%，联网率为59.2%（见图3）。OTT设备联网率虽不理想，但相较于2017年的45.7%已提高13.5个百分点，增速超过OTT设备覆盖增速。

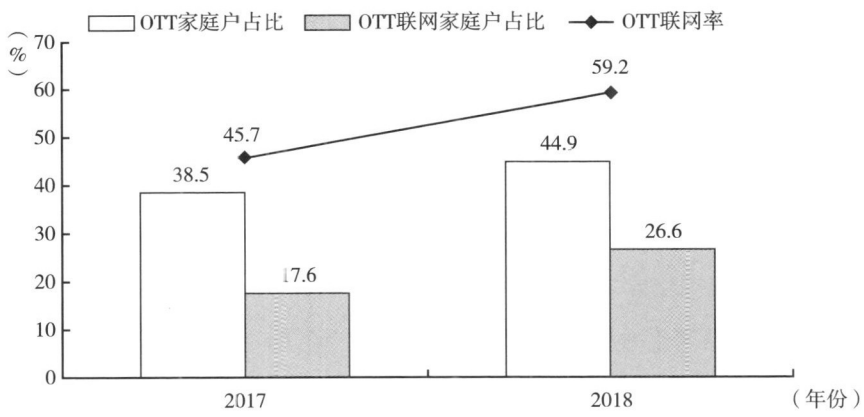

图3　2017~2018年CSM 52城市组OTT家庭户和OTT联网家庭户占比

数据来源：CSM 2018年基础研究，52城市组。

电视设备的数字化趋势不可逆，观众将跟随技术革新，从单纯直播收视向包括直播、回看和点播的混合收视转变。

二 OTT家庭观众构成特征

基于2018年CSM媒介研究52城市组收视调查数据，所有观众、OTT家庭观众、OTT联网家庭观众这三组观众在性别构成方面无明显差异，三组观众均是男性比例略高于女性，但相差不多（见图4）。

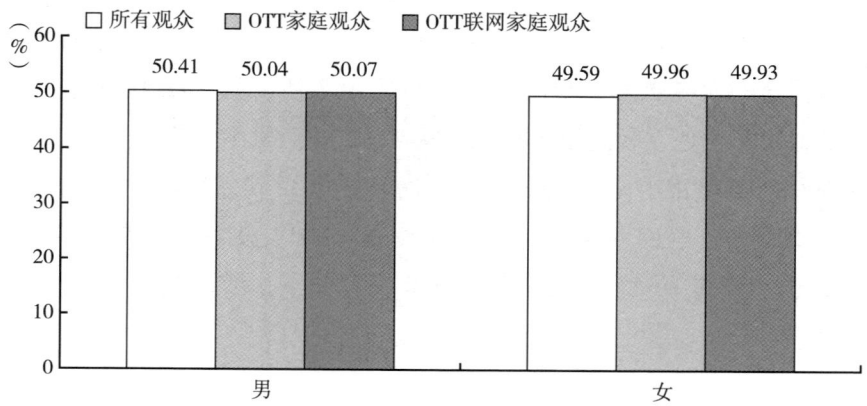

图4　CSM 52城所有观众/OTT家庭观众/OTT联网家庭观众性别构成（2018年4月1日~2018年12月31日）

数据来源：CSM媒介研究，52城市组。

在年龄构成方面，52城市组OTT家庭观众和OTT联网家庭观众呈年轻化趋势。OTT联网家庭4~44岁观众占比达47.66%，其中各年龄段观众所占比例均高于另两组观众。OTT家庭观众年龄在45~54岁所占比例最高，达24.26%（见图5）。

52城市组OTT家庭观众和OTT联网家庭观众高学历人群占比高于所有观众。在OTT家庭观众和OTT联网家庭观众中，高中及以上学历的观众占比分别为54.05%和59.57%（见图6）。

52城市组OTT家庭观众和OTT联网家庭观众家庭收入更高。OTT家庭观众和OTT联网家庭观众家庭月收入在5901元及以上的占比分别为

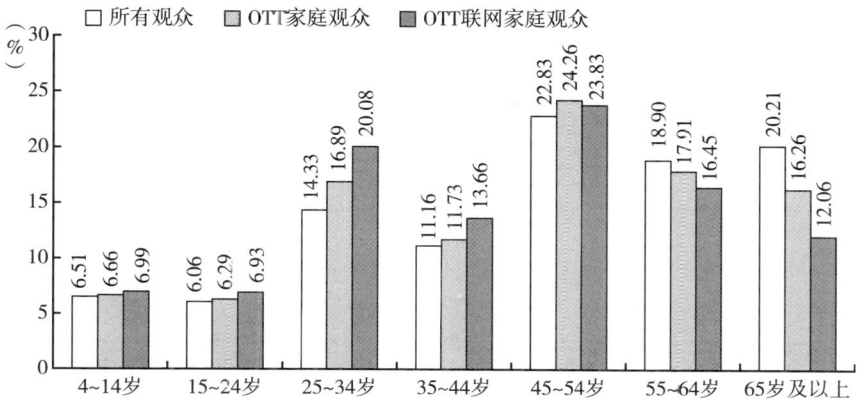

**图 5　CSM 52 城所有观众、OTT 家庭观众、OTT 联网家庭观众年龄构成
（2018 年 4 月 1 日～2018 年 12 月 31 日）**

数据来源：CSM 媒介研究，52 城市组。

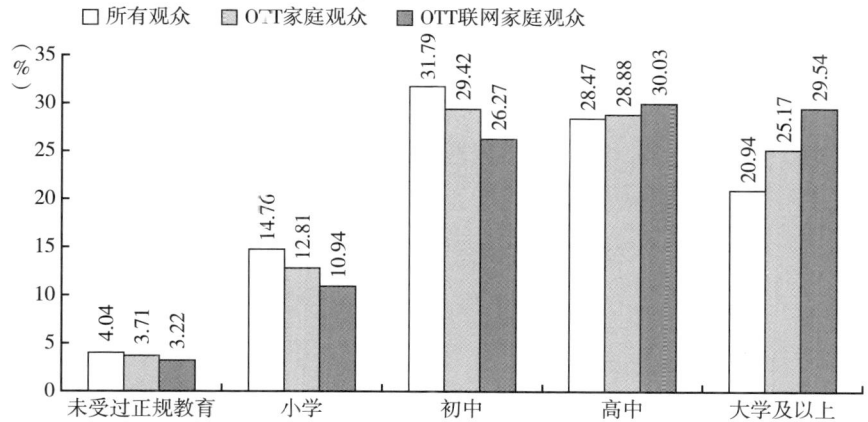

**图 6　CSM 52 城所有观众、OTT 家庭观众、OTT 联网家庭观众受教育程度构成
（2018 年 4 月 1 日～2018 年 12 月 31 日）**

数据来源：CSM 媒介研究，52 城市组。

75.30% 和 81.75%。同时，二者在各较低收入组的占比均低于所有观众（见图 7）。

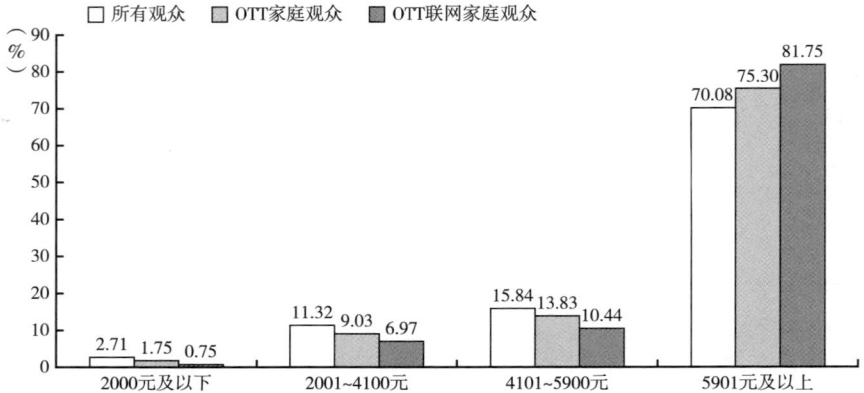

图7 CSM 52城所有观众、OTT家庭观众、OTT联网家庭观众家庭月收入构成
（2018年4月1日~2018年12月31日）

数据来源：CSM媒介研究，52城市组。

52城市组中，从所有观众到OTT家庭观众，再到OTT联网家庭观众，逐步呈现出更年轻、更高知、收入更高的特征，OTT联网家庭观众的特点最为鲜明。

三 OTT家庭观众直播收视特征

1. OTT联网家庭暑期收视表现突出

2018年52城市组OTT联网家庭观众收视率略低于所有观众和OTT家庭观众（见图8）。分月来看，所有观众在2018年4~5月的直播收视率均略高于OTT家庭观众和OTT联网家庭观众。而在2018年6~8月暑期，OTT家庭观众的直播收视率均小幅超过所有观众；与此同时，OTT联网家庭观众的直播收视率也达到了全年高峰，收视率接近9%。

2. OTT家庭观众和OTT联网家庭观众更倾向在深夜时段收看电视节目

分时段来看，52城市三组观众的收视率高峰均落在20：00~22：00晚间黄金时段，OTT家庭观众收视率最高，达26.47%，OTT联网家庭观众的收视率较低，为24.86%，所有观众收视率为26.45%。OTT家庭观众和OTT

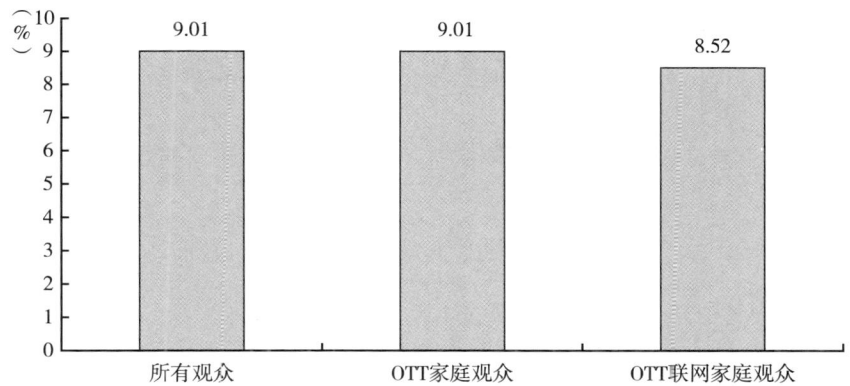

图 8　CSM 52 城所有观众、OTT 家庭观众、OTT 联网家庭观众收视率（2018 年 4 月 1 日 ~ 2018 年 12 月 31 日）

数据来源：CSM 媒介研究 52 城市组。

联网家庭观众在 22:00 ~ 24:00 和次日 00:00 ~ 02:00 深夜时段的总体收视率较所有观众更有优势，而所有观众在日间至晚黄金时段前的各时段中总体收视率较 OTT 家庭观众和 OTT 联网家庭观众更有优势。

3. OTT 家庭观众和 OTT 联网家庭观众对"其他频道"的收视份额更高

与所有观众相比，OTT 家庭观众与 OTT 联网家庭观众中"其他频道"组收视份额更高，分别为 26.66% 和 39.16%，较所有观众的 19.89% 分别高出 6.77 和 19.27 个百分点。"其他频道"收视以点播、回看等非直播收视为主，还包含少量地市级以下频道和数字频道的直播收视。

4. OTT 联网家庭观众最爱直播收看体育节目，所有观众和 OTT 家庭观众热衷直播收看综艺节目

从各节目类型的收视率来看，52 城市组所有观众和 OTT 家庭观众的直播收视率位于前五位的节目类型分别是综艺、体育、电影、新闻/时事和电视剧。体育类节目是 OTT 联网家庭观众直播收视率最高的节目类型，电影、电视剧和青少类节目的直播收视率排序在 OTT 联网家庭观众中低于所有观众和 OTT 家庭观众；相较其他两组观众，音乐类和法制类节目的直播收视率，在 OTT 联网家庭观众中拥有更高的关注度。

四 OTT 家庭观众时移收视特征

1. OTT 家庭观众和 OTT 联网家庭观众时移收视高于所有观众，周末尤为显著

52 城市组 OTT 家庭观众和 OTT 联网家庭观众的时移收视率均高于所有观众（见图9）。

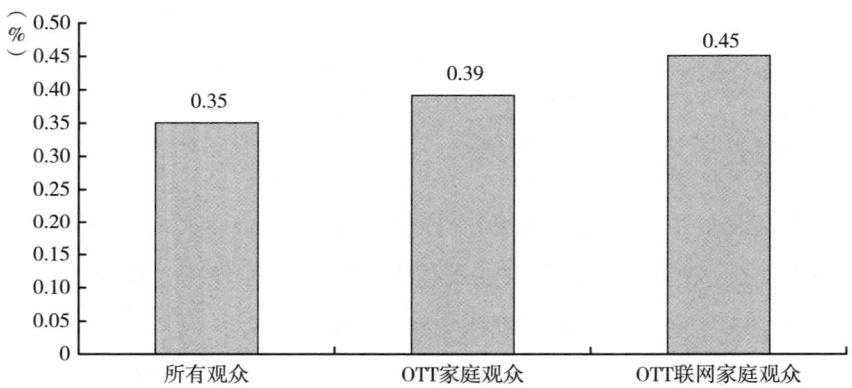

图 9　CSM 52 城所有观众、OTT 家庭观众、OTT 联网家庭观众时移收视率（2018 年 4 月 1 日 ~ 2018 年 12 月 31 日）

数据来源：CSM 媒介研究，52 城市组，7 天时移。

分月来看，2018 年 4 ~ 12 月，OTT 家庭观众和 OTT 联网家庭观众的时移收视率均高于所有观众。7 月是全年时移收视的一个高峰，OTT 家庭观众和 OTT 联网家庭观众的时移收视率分别达到 0.42% 和 0.48%。其后三组观众时移收视均经历小幅回落，于 12 月再次分别达到时移收视率高峰。与直播收视率类似，在时移收视率方面，OTT 家庭观众和 OTT 联网家庭观众在周六、周日的时移收视率较工作日有明显提升。OTT 家庭观众和 OTT 联网家庭观众在周末的时移收视率与所有观众差异更大。

2. OTT 家庭观众和 OTT 联网家庭观众在全天各时段的时移收视保持领先

在全天各时段中，OTT 家庭观众和 OTT 联网家庭观众的时移收视率均

领先于所有观众。在 20:00~22:00 晚间黄金时段，OTT 家庭观众和 OTT 联网家庭观众的时移收视率分别为 1.00% 和 1.16%，均达到全天高峰。而所有观众的时移收视高峰时段与前两者一致，收视率为 0.91%。

3. OTT 家庭观众和 OTT 联网家庭观众对省级上星频道的时移收视更具优势

在频道偏好方面，省级上星频道在三组观众时移收视中的市场份额均为最高，在 OTT 家庭观众和 OTT 联网家庭观众中的市场份额分别为 52.34% 和 55.92%，较所有观众分别高出 2.81 和 6.39 个百分点。中央级频道在所有观众时移收视中的市场份额更有优势，达到 28.60%（见图 10）。

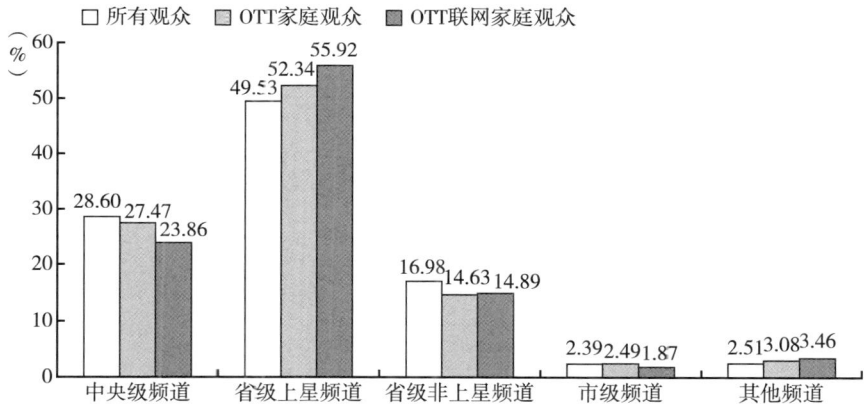

图 10　CSM 52 城各级频道在所有观众、OTT 家庭观众、OTT 联网家庭观众中的时移收视市场份额（2018 年 4 月 1 日~2018 年 12 月 31 日）

数据来源：CSM 媒介研究，52 城市组，7 天时移。

4. OTT 家庭观众、OTT 联网家庭观众、所有观众时移收视较高节目类型有同、有异

OTT 家庭观众、OTT 联网家庭观众时移收视最高的节目类型与所有观众一致，均为综艺节目。有别于直播收视，新闻/时事类节目在时移收视中的关注度略有下降，青少类节目则进入时移收视较高节目类型前五位。值得关注的是，OTT 联网家庭观众相较所有观众和 OTT 家庭观众更偏好时移收看青少和新闻/时事类节目。

受到技术革新的推动，我国电视收视设备正在向数字化衍进。OTT 的出现使电视收视设备不必捆绑直播而存在，直播频道面对的竞争不再只来自其他直播频道，还有来自点播、回看等服务的冲击。联网 OTT 设备帮助观众更直观地使用点播、回看服务，推动观众从纯直播收视向包括直播、回看和点播的混合收视转移，这一特征正在 OTT 联网家庭观众中逐渐显现。随着 OTT 设备和宽带网络覆盖的扩张，将有更多观众成为 OTT 联网家庭观众，该群体的收视特征值得继续关注和研究。

B.31
5G移动通信技术对传媒产业的影响研究[*]

张锐 方浩[**]

摘　要： 5G的出现使移动通信技术成为一项真正的通用技术，5G将被各个行业广泛采用，包括对传媒产业的影响也是巨大的。本文从第五代移动通信技术5G的定义和特征出发，总结了5G的技术应用场景，分析了与传媒行业结合后的应用，并展望了5G时代网络融合的变化。

关键词： 5G　移动通信　传媒产业　网络融合

一　5G移动通信技术发展概况

第五代移动通信技术（5G, 5th generation mobile networks）是对4G（LTE/WiMAX）、3G（UMTS）和2G（GSM）系统的延伸。根据下一代移动网络联盟（Next Generation Mobile Networks Alliance）对5G的整体愿景的描述：5G是一个端到端的生态系统（end-to-end ecosystem），可以实现一个完全移动和互联的社会。它通过现有和新兴的应用案例，提供一致的体

---

[*] 本文为国家社科基金规划项目"新一代信息技术对新闻传播的运行方式影响研究"（项目编号18BXW037）的阶段性成果。
[**] 张锐，北京电影学院管理学院副教授，大数据研究所所长；方浩，中国地质大学艺术与传媒学院副教授。

验，并通过可持续的商业模式实现，为客户和合作伙伴提供价值创造。①

5G 是具有国家战略意义的产业，并将成为大国之间竞争的重要领域。中国是 5G 技术研发的领先者和国际标准的主要制定者，深圳华为公司早在 2009 年就开始了对 5G 的研究。国家"十三五"规划以及《"十三五"国家战略性新兴产业发展规划》中提出对 5G 的发展规划，认为 5G 的研发及商用具有全局意义。2016 年 4 月华为率先完成中国 IMT－2020（5G）推进组②第一阶段的空口关键技术验证测试；2018 年 6 月 13 日，通信技术标准组织 3GPP（The 3rd Generation Partnership Project）在美国加州圣地亚哥正式确定了第一个国际 5G 标准。

国际电信联盟（ITU）的报告认为，移动通信已经与整个社会的日常生活紧密结合。未来的社会技术趋势（socio-technical trends）和移动通信系统的发展将更加紧密地结合在一起，并为 2020 年及以后的人类社会奠定基础。③ 同时，该报告还描述了未来新的通信方式：未来的 IMT（International Mobile Telecommunications）将支持通过任何设备，随时、随地共享任何类型的内容。

人类发展史出现的重大技术发明，如中世纪古登堡的印刷机、驱动工业革命的蒸汽机和电力、作为信息技术的电报和互联网等，都成为社会经济发展主要动力的一部分，这些技术被称为"通用技术"（General Purpose Technologies，GPT）。④ 5G 技术的出现使得通信技术真正演进为一项通用技术。

二 5G 的技术应用场景

1. 传媒有关的关键技术

5G 相比于之前的移动通信技术，技术指标有质的突破。其目标是实现

---

① 参见 https：//www.ngmn.org/about－us/vision－mission.html。
② IMT－2020（5G）推进组于 2013 年 2 月由中国工业和信息化部、国家发展和改革委员会、科学技术部联合推动成立，组织架构基于原 IMT-Advanced 推进组，成员包括中国主要的运营商、制造商、高校和研究机构。
③ Recommendation ITU—R M.2083－0：IMT vision—"Framework and overall objectives of the future development of IMT for 2020 and beyond". ITU－R, 2015.
④ HIS：《5G 经济：5G 技术将如何影响全球经济》，2017 年 1 月。

高数据速率（high data rate）、减少延迟（reduced latency）、节约能源（energy saving）、降低成本（cost reduction）、提高系统容量（higher system capacity）和大规模设备连接（massive device connectivity）。[1]

高数据速率是 5G 最值得期待的指标。5G 标准的下载速度比 4G 快 100 倍，在 4G 网络中下载一部高清电影需要花费 6 分钟，而 5G 只需要几秒钟。下一代移动网络联盟用传输速率定义了 5G：以 10Gbps 的速率支持数万用户；以 1Gbps 的速率同时提供给在同一办公楼的用户。中国 IMT－2020（5G）推进组认为，"Gbps 用户体验速率"是 5G 最重要和标志性的能力指标，也是与用户感受最密切的性能指标。[2]

5G 的强大计算能力不能仅通过独立硬件实现，还可以使一些计算能力在网络上远程执行。MEC（Mobile Edge Computing，移动边缘计算）将是 5G 的关键，使网络计算能力更接近网络边缘。MEC 可以帮助实现更低的延迟和更好的网络内容分发[3]；也将允许本地存储内容，降低传输内容的成本，使运营商和内容提供商更容易提供有针对性的本地化内容。此外，网络切片（Network Slicing）也是一项关键技术，它允许在一个共享的物理网络基础架构上运行多个逻辑网络。每个逻辑网络之间是隔离的，并且能够提供定制的网络特性，如带宽、延时、容量等[4]，可以使 5G 运营商为媒体公司和内容分发机构提供专用的媒体分发网络，为用户提供有保证的网络服务。

2. 技术应用场景划分

IMT－2020（5G）推进组认为，5G 将解决多样化应用场景下差异化性能指标带来的挑战，并归纳出四个 5G 主要技术场景：连续广域覆盖、热点高容量、低功耗大连接和低时延高可靠。[5]

按照 IMT 的规划，5G 的技术应用场景分为三类：一是增强移动宽带

---

[1] Telcoma Global: *5G Technology Introduction*, www.telcomaglobal.com.
[2] 《5G 概念白皮书》，IMT－2020（5G）推进组，2015 年 02 月。
[3] Ovum Consulting: *How 5G Will Transform the Business of Media & Entertainment*, 2018.
[4] 肖宏辉：《软件定义 5G——Network slicing》，https://www.sdnlab.com/20680.html。
[5] IMT－2020（5G）推进组：《5G 概念白皮书》，2015 年 02 月。

（enhanced mobile broadband）；二是超可靠和低延迟通信（ultra-reliable and low latency communications）；三是大规模机器类型通信（massive machine type communications）。增强移动宽带适用于访问多媒体内容、服务和数据等以人为中心的应用，将带来增强的多媒体服务（enhanced multimedia services）；超可靠和低延迟通信，适用于对吞吐量、延迟和可用性等功能有严格要求的需求，典型的应用包括工业制造中的无线控制、远程医疗、无人驾驶等；大规模机器类型通信适用于连接大量的设备，通常传输相对低量的非延迟敏感数据。最典型如在物联网的应用，需要低成本和长电池寿命。①

3. 增强型移动宽带应用

从传媒产业来看，增强型移动宽带是关联度最大的应用场景，也是最早商用的核心场景。增强型移动宽带将满足那些以人为中心的多媒体内容、服务和数据接入，尤其是视频领域。② 将使用户获得增强的媒体消费体验，例如4K/8K的超高清视频、多视图高清显示、移动3D投影、沉浸式视频会议、增强现实AR和混合现实VR等高数据速率的应用。③ 同时，5G将大幅增加媒体使用量。预计每个5G用户每月平均流量将从2019年的11.7GB增长到2028年的每月84.4GB。④

三 5G在传媒行业的应用

1. 增强型移动媒体

5G带来的容量增加、降低单位比特的成本，将导致受众对移动媒体的消费增加。对于移动运营商而言，意味着能够销售高数据包甚至做到真正的

---

① Recommendation ITU—R M. 2083 - 0：IMT vision—Framework and overall objectives of the future development of IMT for 2020 and beyond. ITU - R，2015.
② HIS：《5G经济：5G技术将如何影响全球经济》，2017年1月。
③ Recommendation ITU—R M. 2083 - 0：IMT vision—Framework and overall objectives of the future development of IMT for 2020 and beyond. ITU-R，2015.
④ Ovum Consulting：*How 5G Will Transform the Business of Media & Entertainment*，2018.

无限服务。① 同时，视频流量所占的比例将大大增加，传统的语音电话和短信业务也会随之彻底消亡。移动运营商成为数据流量销售商和内容集成商。

2. 家庭宽带和电视

凭借 5G 高达 100MHz 的容量，移动运营商将很容易扩展到固定宽带市场和电视市场，运营商的服务定位也从提供通用基础设施转型为增强型移动和为固定宽带用户提供服务。有线电视市场将面临萎缩和侵蚀，有线运营商面临转型，家庭宽带市场也面临较大的冲击。

3. 沉浸式媒体

5G 技术广泛应用后，沉浸式媒体将成为主流，AR/VR 将成为 5G 的第一波"杀手"级应用。AR/VR 具有海量信息、密集计算的特点，需要大带宽、低时延，服务时延至少为 20ms。② 增强移动宽带使得数据速率进一步提升，以及毫秒级的网络传输时延，这些指标满足了 4K/8K、VR/AR 等业务的需求。5G 的移动边缘计算和分布式功能，能够大大增强包括计算、储存、渲染和内容等在内的终端的处理能力，XR 借助边缘云在终端上进行渲染，提供逼真的沉浸式体验。③ 在 5G 技术背景下，AR/VR 等新型业务目前面临发展瓶颈的问题迎刃而解，进入快速发展期。

虚拟环境将成为新的媒体传播渠道：媒体内容通过高品质 VR 产生的沉浸感越来越真实；受众借助虚拟环境与媒体的互动，参与度也将大大增加；触觉套装结合 5G 网络的高响应性将带来触摸感受，产生一种新的感觉（sensory）维度。④ 由于 5G 减少了延迟，基于移动设备上的云游戏将成为主流，AR 游戏将成为 AR 的主要应用。

4. 直播媒体

5G 技术推广后，直播领域将迎来新的机遇。超高清视频领域，"5G + 8K"将成为重要的应用场景和行业热点；体育、演唱会等专业直播也将进

---

① Ovum Consulting：*How 5G Will Transform the Business of Media & Entertainment*，2018.
② 周一青等：《面向通信与计算融合的 5G 移动增强/虚拟现实》，《电信科学》2018 年第 8 期。
③ 马德嘉：《无线边缘变革实现 5G 全部潜能》，https://www.qualcomm.cn/news/blog.
④ Ovum Consulting：*How 5G Will Transform the Business of Media & Entertainment*，2018.

入新时代。通过移动边缘计算和网络切片，可以在大型公共场所（如体育馆和音乐厅等）提供专用的4K/8K高清视频传输服务，为高品质的实时直播提供新的现场媒体体验。2018年2月，韩国电信运营商KT在平昌冬季奥运会期间推出5G试用服务，主要提供同步观看、交互时间片段、360度虚拟现实直播等功能；7月，日本电信运营商NTT DOCOMO开发出首个"5G＋8K"的虚拟现实直播系统；我国的中央广播电视总台也将在2021年开展8K超高清技术试验。①

除了专业直播，用户自己生成的高清直播流也将激增。用户随时发起的直播流将挑战传统媒体的传播功能，网络和媒体监管部门也要面对新的挑战来应对5G时代的互联网治理。

5. 车载媒体

物联网、车联网和5G网络的深度融合将成为未来网络融合的重要方向。车联网和无人驾驶技术将借助5G突破技术瓶颈，车载媒体将成为仅次于客厅的另外一个媒体应用场景。中国未来很可能成为全球最大的自动驾驶市场，到2030年自动驾驶将占到乘客总里程（PKMT）的约13%。② 无人驾驶技术使得人摆脱了驾驶对视觉的束缚，车载媒体不再只是伴随式的音频媒体，一直垄断车载媒体市场的调频广播FM和数字地面广播市场将面临挑战，同时车载视频等车载媒体将会获得发展空间。

6. 广告媒体

随着5G技术的推广和运用，传统的户外广告、广播媒体广告、平面广告和互联网条幅广告也将面临挑战和转型，动态图像和视频广告将越来越受欢迎。数字广告和基于社交媒体的广告也将通过沉浸式体验（immersive experiences）进行整合和定制。③ 广告的参与性和互动性更强，广告的效果测量也更精准。可通过眼动追踪（eye tracking）和生物识别

---

① 刘扬：《2017年媒体新技术发展与应用综述》，《新闻战线》2018年1月。
② 数据来源：麦肯锡咨询公司微信公众号，https：//mp.weixin.qq.com/s/rlyCS2－iLQJzk01j－zUAmA。
③ Ovum Consulting：*How 5G Will Transform the Business of Media & Entertainment*，2018。

(biometrics)等实时动态衡量广告效果。传统媒体测量中依赖收视率抽样调查的模式面临挑战,电视媒体、广告主和收视率公司组成的铁三角将不复存在。

四 网络融合的新阶段

1. 传统广播技术面临挑战

5G 将减少对有线电视业务或基于有线电视接入互联网的业务需求,会改变整个有线电视产业的市场结构。① 5G 网络运营将成为科技巨头竞争的主要领域。互联网巨头亚马逊开始与 Dish Network 进行谈判开发 5G 网络,脸书、谷歌等将尝试进入 5G。康卡斯特等有线宽带提供商只能面临与 5G 移动提供商合作、收购或被其收购的选择。② 有线电视运营商必须拥抱 5G 业务,才有可能有生存的机会。除了有线电视,5G 也将对传统数字地面广播和卫星广播电视带来挑战。

但是,广播式的传输方式在 5G 时代并不会消亡。3GPP 在 5G 工作组中设立了"用于广播电视业务的用户增强方案"、"5G 增强的移动宽带媒体分发技术"等研究项目,理论上可以支持视频广播、视频点播等媒体业务。③ 虽然 5G 所提供的通信个性化服务构建了一个完全移动和连接的社会,将导致对传统广播业务需求的减少,但从一个内容源头到多个目标的广播式信息分发模式,仍然最有效率并有广阔的市场需求。尤其在一些垂直市场,基于地理位置为中心的内容分发将会有很大的市场。④ 广播运营商要做的就是如何将传统广播技术和 5G 技术进行结合。

---

① *Verizon Media survey on 5G: Consumers expect better AR and video*,https://martechtoday.com/verizon-media-survey-on-5g-consumers-expect-better-ar-and-video-230604.
② *5G: The Next Tech Disruption In Media And Entertainment Is Coming*,https://www.forbes.com.
③ 付光涛、张宇、房磊:《5G 移动通信对广播电视的影响及对策建议》,《广播与电视技术》2018 年第 12 期。
④ NGMN Alliance:*5G White Paper*,https://www.ngmn.org.

2. OTT 的进一步发展

传统广播媒体的传播渠道经历了从地面模拟无线、卫星电视、地面数字电视、有线数字电视的发展历程。4G 时代，有线运营商面临着流媒体网站和电信运营商的冲击，基于家庭互联网的 OTT-TV 使得有线业务面临用户和收入下降的窘境。进入 5G 之后，OTT 业务将会来得更加猛烈。5G 可以用无线的方式提供 4K 甚至 8K 质量的高清视频，可以使高分辨率的虚拟现实（VR）和增强现实（AR）业务普遍存在，并且任何车辆都可以访问最高级别的人工智能。① 此外，5G 将允许任何拥有数据计划的人在没有有线电视公司参与的情况下流式传输 OTT 电视内容②，这也会促进 OTT 电视的快速发展。

3. 网络融合将出现新的变化

广电网、电信网（含移动通信网）和互联网之间的三网融合将出现新局面。2018 年，国家广电总局旗下的国家有线网络公司开始向工信部申请移动通信资质和 5G 牌照，这也为三网融合创造了新机遇。以受众为中心、网络可编排以及功能模块化等 5G 网络核心理念将成为现实。③ 构建以智能、融合为核心特点的新一代无线交互广播电视网络将成为网络融合的重要方向。

---

① *Verizon Media survey on 5G：Consumers expect better AR and video*，https：//martechtoday.com/verizon‐media‐survey‐on‐5g‐consumers‐expect‐better‐ar‐and‐video‐230604。
② Alissa Miller：*5G and the Future of Entertainment*，https：//www.akingump.com。
③ 付玉辉：《5G 时代的信息传播变革》，《中国传媒科技》2017 年第 4 期。

B.32
2018年媒体运用人工智能报告*

徐 佳**

摘　要： 经过60余年的演进，人工智能发展进入新阶段。从技术发展和市场应用来看，中国已步入人工智能国际领先行列。中国传媒业智能化领先世界——2018年，中国媒体在内容的生产端深度运用写稿机器人、编辑部智能助理等，并正在研发"媒体大脑"；在呈现端出现了全球首个AI合成主播和女主播；在分发端，算法个性化推荐继续发展的同时也受到了大量的质疑和反思，算法原理公开、信任重建等成为这一年的关键词。

关键词： 人工智能　机器人写作　AI主播　算法推荐

一　人工智能发展阶段及特征

人工智能发展至今已经历了60余年。早期对于人工智能的研究集中在认知和搜索领域，之后依次出现在世界人工智能领域的五个最常见术语分别是：专家系统、人工神经网路、机器学习、深度学习和算法。至20世纪80年代，专家系统（基于事先编程的规则模仿人类专家决策能力的计算机系统）成为人工智能领域的重点，但之后逐渐被人工神经网络的发展取代。

---

* 本文受复旦大学新闻学院新媒体实验中心项目经费支持。
** 徐佳，复旦大学新闻学院副教授。

人工神经网络由彼此连接的简单处理节点或称"人工神经元"组成，每个节点从其上层的若干节点获取数据并传输给下层的节点，节点赋予所收到的信息以权重。第三阶段以机器学习和深度学习为特征。机器学习是计算机在没有被明确编程状态下所具有的经验学习与改善的能力——当给予足够的数据，机器学习算法可以学习做出预测或解决问题。2000年以后，机器学习演变成深度学习，即使用多层人工神经元解决更复杂的问题，今天的人工智能广泛使用深度学习来分类图像、文本和声音信息。算法则是一系列执行计算或解决问题的指令，是当下人工智能的最核心基础。

《新一代人工智能发展规划》①指出："经过60多年的演进，特别是在移动互联网、大数据、超级计算、传感网、脑科学等新理论新技术以及经济社会发展强烈需求的共同驱动下，人工智能加速发展，呈现出深度学习、跨界融合、人机协同、群智开放、自主操控等新特征"，这表明中国人工智能发展进入新阶段。

二 当前人工智能发展概况

20世纪70年代以前，以英国《轻山报告》（*The Lighthill Report*，1973）的发布为标志，人工智能在技术研发方式、产业发展模式等问题上受到诸多质疑，尤其是近年来全球范围内出现了关于人工智能伦理问题的诸多探讨。然而这些探讨从未旨在终止人工智能的发展，相反，它们在一定程度上保障甚至促进了人工智能及其产业化，为改善乃至革新人类生产生活服务。

依据普华永道的预测②，至2030年，人工智能将主要通过革新生产力的方式为全球经济做出15.7万亿美元的贡献。尽管所有国家和地区都将受

---

① 《国务院关于印发〈新一代人工智能发展规划〉的通知》，2017年7月8日，http：//www.gov.cn/zhengce/content/2017-07/20/content_5211996.htm。
② PWC Global：*Sizing the Prize*：*What is the real value of AI for your business and how can you capitalize*？2017，https：//www.pwc.com/gx/en/issues/analytics/assets/pwc-ai-analysis-sizing-the-prize-report.pdf。

益于人工智能，但受益最大的国家将是中国（GDP 26%的增长，约 7 万亿美元），其次是美国（GDP 14%的增长，约 3.7 万亿美元），两者相加总值约为 10.7 万亿美元，占全球经济影响的 70%。由于制造业在中国 GDP 中占比较高，因此急需运用新技术提升生产力，其增长空间巨大。中国可能需要花一些时间来获得专业知识并开发相关技术，因此短时间内美国仍将保持最快速发展，但在此后约 10 年时间中在人工智能助力下的中国生产力将赶超美国。

同样，清华大学发布的《中国人工智能发展报告 2018》[①]也指出，2017 年，中国人工智能市场规模已达到 237 亿元，人工智能企业数量达 1011 家，仅次于美国的 2028 家；此外，从专利数和人才投入量等判断技术长期发展趋势的重要指标来看，中国已成为全球人工智能专利布局最多的国家，数量略领先紧随其后的美国和日本，而人才投入累计达 18232 人，占世界总量的 8.9%，居美国之后列世界第二；总体上，从技术发展和市场应用来看，中国已经步入国际领先集团、呈现中美"双雄并立"的竞争格局，基本已经实现了国务院《新一代人工智能发展规划》所提出的第一步目标——"到 2020 年人工智能总体技术和应用与世界先进水平同步"。

从应用领域看，在全球，人工智能目前主要被运用在医疗（例如基于数据的诊断支持）、行车（例如无人驾驶汽车）、金融服务（例如个人财物计划制定）、零售商业（例如个性化设计与生产）、家庭生活（例如智能家居）、个人生活与工作场景（例如个人助理）、传播与娱乐（例如媒体数据建档与搜索）、生产（例如加强型的监控与自动纠错）、能源（例如智慧计量）以及交通与物流（例如自动货运）等方面。

三 媒体运用人工智能概况

就媒体而言，依据牛津大学路透新闻研究院对 29 个国家和地区 200 位

---

① 清华大学中国科技政策研究中心：《中国人工智能发展报告 2018》，2018 年 7 月。

媒体主编、传媒公司 CEO 和数字领导者的调查①，超过78%的受访者认为应当加大对人工智能的投入以保障新闻业的未来，该比例在所有被访提问中最高，也就是说全球传媒业领导者对人工智能之于本行业未来发展重要性的认同最为一致。

业务实践中，媒体正在将人工智能运用到生产、呈现和分发三个环节中。近年来由国内主流媒体陆续推出的人工智能产品有：人民日报中央厨房"小融"和"小端"、新华社"小新"和"i 思"、光明日报融媒体中心"小明AI两会"、人民网——阿里云ET机器人、广州日报"阿同"和"阿乐"、深圳特区报"读特"、浙江卫视"小聪"、南方都市报"小南"、香港大公文汇传媒集团"小宝"等，其中既有模仿人类智能的写稿机器人和AI主播，也有帮助优化新闻生产流程的智能助理。

1. 生产端——从写稿机器人到"媒体大脑"

早在 2015 年，腾讯就开发出写稿机器人 Dreamwriter 并撰写了标题为"8月CPI涨2% 创12个月新高"的文章。2017年12月1日，利用物联网技术，腾讯 Dreamwriter 接收到武汉长江大桥发出的数据，两者合作、在0.5秒内"写就"一篇题为"长江大桥11月日均车流量9.2万 日高峰车流10.4万"的323字新闻稿。此外，今日头条的写稿机器人能够就互联网上获取的内容综合进行文字理解、图片理解和视频理解，最终生成一个内容产品，分发给对特定类别感兴趣的读者；该写稿机器人曾在2016年里约奥运会期间表现突出并获得2017年吴文俊人工智能科技发明奖。

国际方面，至2018年底，美联社（AP）的机器人 Wordsmith 业已生产出约40000则新闻，目前正在尝试运用图像识别软件来简易化标签和标题的生产。芬兰国家广播电视台 YLE 推出的智能助力 Voitto 目前每周生成约100则体育新闻稿件和250幅图表，芬兰国家新闻社推出的英语/芬兰语智能翻

---

① Nic Newman：*Journalism, Media and Technology Trends and Predictions 2019*. Published by the Reuters Institute for the Study of Journalism with the support of the Google Digital News Initiative. https：//reutersinstitute.politics.ox.ac.uk/sites/default/files/2019 – 01/Newman_ Predictions_ 2019_ FINAL_ 2.pdf.

译服务则正在帮助该国的新闻机构大幅提升内容生产量。

人工智能技术也被运用于优化新闻生产流程、提升内容生产力上。Dataminr 被全球诸多媒体和记者用来在海量的推文中发现新闻线索并验证其真实性，美联社开发的一款内部软件帮助其记者实时验证多媒体内容的真实性，路透社也为其记者提供分析大数据并从中找到新闻故事的智能工具。BBC 则使用人工智能来扩展真人新闻摄影师的工作，这些人工智能"编导"经过 BBC 海量的视频素材数据训练，将大幅提升 BBC 在报道地区和地方事务上的能力。①

在媒体融合进程中的中国，早期的人工智能产品以人民日报社 2016 年推出的"小融"为代表——"小融"在中央厨房这个超级编辑部中担任助理，助力人民日报社的新闻生产智能化。新一代产品中，新华社目前正在打造以智能技术为基础、以人机协作为特征、以大幅度提高生产传播效率为重点的全球首个智能化编辑部，全流程嵌入"媒体大脑"等智能生产技术，全面推进智能技术应用，实现策划、采集、编辑、供稿、传播一体化指挥、多环节协同、多终端分发，推动技术建设与内容建设深度融合。

2. 呈现端——全球首个 AI 主播

新华社联合搜狗于 2018 年 11 月 7 日发布全球首个全仿真智能 AI 主持人，基于新华社主播邱浩的外貌和声音，融合运用人脸识别、人脸建模、语音合成、深度学习等多种人工智能技术合成与真人主播拥有同样播报能力的 AI 主播，并成功登陆新华社中英文客户端、微信公众号、中国新华新闻电视网、新华视点微博、新华社中国网事微博、新华社"微悦读"小程序等多个平台。三个月内，AI 主播先后参与了第五届世界互联网大会、首届进博会、2019 年春运、农历猪年春节等相关重要新闻的报道，累计时长达 10000 多分钟，总计发稿 3400 余条，并充分结合图片、视频、文字、动漫等元素，受到国内外广泛关注。在此基础上加入多种技术创新，2019 年 2

---

① House of Lords Select Committee on Artificial Intelligence：*AI in the UK：ready, willing and able?* Report of Session 2017 – 19. https：//publications.parliament.uk/pa/ld201719/ldselect/ldai/100/100.pdf.

月19日,新华社与搜狗又联合发布升级版站立式AI合成主播以及全球首个AI合成女主播。

国际上有代表性的同类产品是日本广播协会(NHK)于2018年4月2日推出动画形象的AI主播Yomiko,在工作日晚间11:10播出的"NEWS CHECK 11"节目中模拟真人主播的声音播报记者写就的稿件,同时也通过Amazon Alexa和Google Home这两个智能语音服务产品播报新闻。NHK的AI主播还可以使用手语为听力障碍人士播报新闻。

3. 分发端——算法原理公开

牛津路透新闻研究院的报告将"今日头条、趣头条、天天快报等中国APP"形容为"在使用人工智能(主要是机器学习技术)个性化推荐不同来源的新闻方面正在引领全球",而在国内,这些算法推荐平台不断受到公众质疑和网信主管部门的约谈。2018年1月,今日头条向行业公开其推荐算法原理,解释其推荐是基于用户(兴趣标签、职业、年龄、性别、所使用机型以及用户隐藏兴趣等)、环境(用户在不同的时间、地点、场景下对信息的不同偏好)和咨询内容(文字、图片、视频、小视频、问答、微头条等)三个变量之间的匹配。

鉴于算法技术导致的信息过滤、价值偏向、认知窄化甚至非法信息传播等问题业已引起社会普遍关注,2018年,一些学者从平台自嵌的结构性偏好、平台所采用的算法机制、算法工具理性中不可避免的人的输入等角度对国内算法推荐做出反思。[1] 总体上,研究者指出,算法由人类所主导,受到经济、政治等非技术力量的影响,在看似客观的代码中运行着人的意志。[2]

国际上,2018年亦是反思算法推荐的一年。"假新闻的扩散"、"媒体失信"等成为与"算法推荐"相关联的词汇。针对此,Facebook于2018年1月再度对其新闻推送算法规则做出修改,熟人之间"有意义的互动"的权重被置高于"相关的内容";然而(尽管总体使用时长基本维持不变)用户

---

[1] 束开荣、刘海龙:《2018年中国的新闻学研究》,《国际新闻界》2019年第1期。
[2] 陈昌凤:《让算法回归人类价值观的本质》,《新闻与写作》2018年第9期。

在 Facebook 上使用新闻的平均时长则仍然从 2016 年的 42% 下降至 2018 年的 36%。与此同时，牛津路透新闻研究院发布的《数字新闻报告 2018》显示，前些年用户纷纷从机构媒体转向基于算法推荐的社交媒体和咨询平台的潮流业已停止，甚至在一些国家出现了逆转——媒体订阅的数量有所回升。同时，"信任"、"品质"等概念被纳入一些技术平台的算法中，以回应政府和消费者对信息可靠性的要求。

机构媒体则开始探索如何透明且负责任地将人工智能运用到其网站和客户端上。英国公共广播服务商 BBC 将于 2019 年开始探讨一种"公共服务算法"①，即：如何向用户介绍算法的益处，教育用户如何在不必面对信息窄化等不利后果的情况下享用个性化推荐与选择服务，以及如何防止人工智能和提供人工智能服务的公司错误地塑造一个社会的准则和价值。

芬兰国家广播电视台 YLE 全球首创的智能助理 Voitto 直接从用户的锁定屏幕上收集其对智能推荐内容的反馈，以建立和用户选择之间的持续对话；其衡量成功与否的标志不是点击率，而是将 Voitto 助理保留在手机上的用户人数以及用户是否对所收到的推荐内容量和种类感到满意，而 76% 的用户表示满意。

值得注意的是，相对于前几年对人工智能技术的一味追捧，2018 年，全球范围内的媒体领导者们普遍认识到，对人的投入（例如对真人记者和新闻采编人员的投入）比对人工智能的投入更为重要——在接受牛津路透新闻研究院访问的媒体领导中，高达 85% 的受访者认为，"编辑们仍然比机器们重要"。这一转变体现了传媒业对待人工智能态度的一种人本主义回归——在本质上，人工智能是一门开发模拟、延伸和扩展人的智能的理论、方法、技术及应用系统的科学，而人是最终的逻辑。

---

① Written evidence from the BBC for House of Lords Select Committee on Artificial Intelligence. http://data.parliament.uk/writtenevidence/committeeevidence.svc/evidencedocument/artificial-intelligence-committee/artificial-intelligence/written/70493.html.

B.33
智能化受众的媒介接触行为分析

周欣欣*

摘　要： 在移动互联时代，电视在受众媒介消费中所占据的地位不断让位于新媒体、新终端，而智能电视的出现，让传统电视作为家庭娱乐中心和客厅经济承载者的价值重新被认知和关注。智能收视终端，尤其是联网智能收视终端的发展和普及无疑会对传统受众的媒介消费行为产生深远的影响。本文依据CSM媒介研究的基础研究数据，旨在通过对智能化受众媒介消费行为的分析，探索在智能化浪潮下，电视受众的发展走向及媒介消费方式变迁。

关键词： 智能化受众　媒介接触　智能收视设备

一　12城市智能收视设备拥有情况

传统电视节目主要通过有线网、卫星电视、无线电视几种途径进行传输，随着技术的升级和发展，受众的媒介使用有了更多选择，信息获取渠道更为多元，信息分享也更为便捷。三网融合下，以电信网为传输载体的IPTV，以互联网为传输载体的OTT等新媒体开始发力，传统有线电视面临新的挑战，同时也迎来新的生态。以智能电视的发展为例，自2010上半年国家广电总局陆续发放了7张互联网电视牌照后，智能电视进入规范和高速

---

* 周欣欣，中国广视索福瑞媒介研究（CSM）客户服务部研究经理。

发展时期。勾正数据显示，截至 2018 年底，全国激活的智能电视终端已达 1.86 亿台，较 2017 年增加了近 4000 万台，日均开机终端数达 9672 万台。

智能收视设备的发展和普及，无疑对传统电视受众的媒介消费选择产生深远影响。本文所界定的智能收视设备，除智能电视机以外，还包括互联网机顶盒，它们都可实现双向人机交互功能。根据 12 城市①基础研究的调查数据，2018 年有 25% 的被访者家中至少有 1 台联网智能电视或互联网机顶盒，其中智能电视机的普及率更高。从联网智能收视设备的拥有率来看，家中拥有 1~2 台联网智能收视设备的被访者占主流，在所有被访者中占比达到 23.3%。

二 智能化受众及其类型划分

当具备接入互联网条件的智能收视设备发展到了一定水平后，受众对智能收视设备的接触和使用日渐成熟，从而为其向智能化受众迈进提供了必要的条件。本文所界定的智能化受众，是指 12 城市的被访者中，家中至少拥有 1 台联网智能收视设备的受众，其中智能收视设备不仅限于智能电视，还包括互联网机顶盒。从家中拥有不同数量联网智能收视设备的受众每天媒介接触情况来看，智能化受众的媒介接触与家中没有联网智能收视设备的受众（下文简称非智能化受众）存在差异，智能化受众对于电视非直播收视和网络视频收视的活跃度明显高于非智能化受众，而非智能化受众对于传统电视直播收视的比例则明显更高，这是智能收视设备普及所带来的必然结果。家中拥有 1 台联网智能收视设备的受众，在线观看网络视频的活跃度甚至超过电视直播收视，但随着家中智能收视设备数量的增多，受众的这种媒介消费特征并未进一步强化。

依据智能化受众的媒介接触频率，使用 K-means 聚类算法将智能化受众

---

① 12 家城市包括北京、上海、广州、深圳、天津、重庆、成都、西安、长沙、武汉、沈阳、南京。

媒介接触习惯的分化和发展分为三类（见图1）。

第一类为活跃型受众，在"网络视频"接触、"电视直播节目"以及"户外广告"接触上的倾向性明显更强，构成中女性、15~24岁、个人月收入1201元以下、中等学历、学生、无业人员占比明显高于其他两类受众；第二类受众为传统型受众，对"网络视频"和"电视直播节目"的偏好明显，构成中45岁及以上的中老年人、个人月收入在3501~5000元之间的中高收入群体、初中及以下学历者、工人和个体从业者所占比例较为突出；第三类为进取型受众，其媒介接触行为相对前两者更为多元，在"网络视频"接触、"电视直播节目""楼宇电视""户外电视"和"户外广告"这五类媒介接触中表现出更高的积极性，其构成中男性、25~44岁中青年人、高收入、高学历、管理者和初级雇员占比相对较高（见表1、图1）。

表1 三类智能化受众各项聚类指标的均值

过去半年内接触的媒体	活跃型受众	传统型受众	进取型受众
网络视频	1.75	1.84	1.87
电视直播节目	2.54	2.48	1.82
电视非直播节目	3.58	4.48	3.96
广播直播节目	7.50	3.75	3.25
广播互联网音频节目	7.51	7.88	7.61
报纸	7.65	6.00	5.74
杂志	7.59	6.68	6.64
去电影院看电影	6.31	6.51	6.12
车载电视	3.87	6.15	3.65
楼宇电视	3.91	6.23	2.83
户外电视	3.34	5.73	2.32
户外广告	1.86	3.08	1.68

数据来源：CSM媒介研究2018年12城市基础研究。

说明：表中数值为三类智能化受众各项媒介接触频率得分的均值，数值越小，接触频率越高（如1代表每天接触）；数值越大，接触频率越低（如8代表半年内没有接触）。

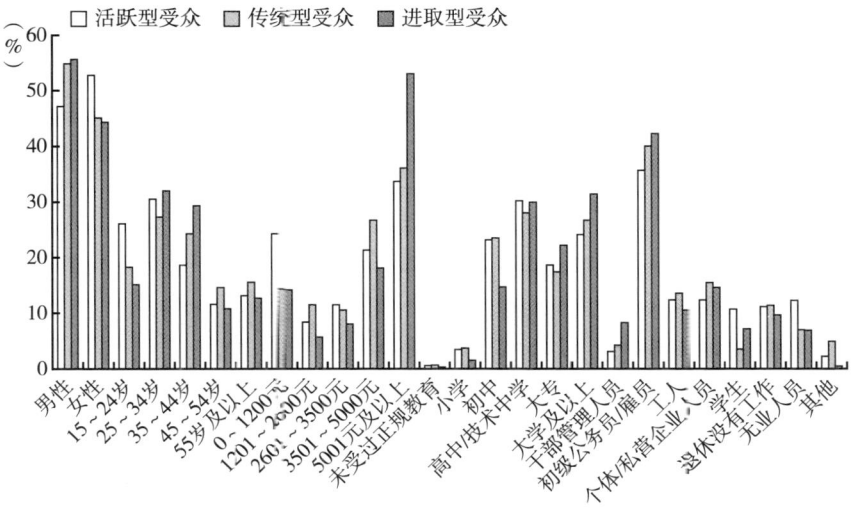

图1 三类智能化受众构成特征

数据来源：CSM媒介研究2018年12城市基础研究。
说明：图中各类型受众所占比例的计算总体分别为三类智能化受众总量。

观察样本中三类受众的分布比例：活跃型受众规模最大，占所有智能化受众总量的一半以上；进取型受众体量次之，占智能化用户总量的比例超三分之一；相对而言，受智能化受众家庭网络化和智能化水平及受众自身的媒介使用习惯的影响，传统型受众属少数群体，仅占智能化受众总量的12%。

三 智能化受众的电视收视行为

1. 节目类型收视偏好

在传统型和活跃型受众最喜欢收看的节目类型中，综艺/娱乐类、新闻/时事类和电视剧三类传统节目占据前三位，尤其综艺/娱乐类节目更受欢迎。媒介消费更为开放多元的进取型受众则对新闻/时事类节目表现出了更高的收视倾向；同时，最喜欢收看体育类节目的进取型受众比例也明显高于其他两类受众（见表2）。

表2　三类智能化受众最喜欢收看的电视节目类型选择比例（单选）

单位：%

节目类型	活跃型受众	传统型受众	进取型受众
综艺/娱乐类	32.1	33.1	32.3
新闻/时事类	21.3	25.2	32.4
电视剧	20.9	17.2	15.7
体育类	4.3	3.3	6.5
电影类	5.3	3.9	3.6
专题类	1.6	0.6	1.5
青少类	1.2	0.7	0.6
法治类	0.8	1.0	0.9
音乐类	0.8	0.4	0.8
生活服务类	0.6	1.1	0.7

数据来源：CSM媒介研究2018年12城市基础研究。

说明：表中各列受众所占比例的计算总体分别为三类智能化受众总量。

2. 综艺类型收视偏好

传统型受众在综艺节目的收视偏好上更为传统，对综艺晚会、综艺娱乐报道乃至于戏剧类综艺节目表现出更高的收视热情。活跃型受众则对近年来兴起的新式综艺节目类型，如表演选秀、游戏闯关等收视倾向性更强。进取型受众尽管在主要综艺类型的偏好上与前两者差异不大，但喜欢美食厨艺、婚恋交友等垂直细分类综艺节目的比例较其他两类受众高，呈现出独特的收视偏好。

3. 电视剧题材收视偏好

从共性来看，三类受众最喜爱的电视剧题材集中在都市生活类。从差异来看，传统型受众偏好于都市生活和社会伦理题材的电视剧；契合于活跃型受众的青春与朝气，他们对青春和言情这两类题材的喜好更为集中；进取型受众在各类电视剧题材偏好上不是很明显，但对反特/谍战和人物传记这两类小众题材的喜好上，高于其他两类受众。

四 智能化受众的新媒体接触行为

1. 手机是智能化受众的第一上网终端，进取型受众头部网络视频媒体使用集中度高

对于上网设备的选择，手机以其独有的便携性、互动性和易获得性，成为智能化受众的第一上网终端，进取型受众中使用手机上网的比例达97.3%。手机之外，三类受众上网设备选择呈现较大差异：进取型受众中，仍有近70%的人使用电脑（台式或笔记本电脑）上网，活跃型受众中这一比例仅为58%；使用智能收视设备（智能电视或互联网机顶盒）上网的活跃型及进取型受众比例均在六成以上，而传统型受众中这一比例仅为54.3%（见表3）。

表3 三类智能化受众过去半年内使用过的上网设备选择比例（多选）

单位：%

过去半年内使用过的上网设备	活跃型受众	传统型受众	进取型受众
手机	94.0	94.3	97.3
智能电视或互联网机顶盒	64.3	54.3	65.9
台式或笔记本电脑	58.0	64.8	69.2
平板电脑	29.5	40.0	34.9

数据来源：CSM媒介研究2018年12城市基础研究。
说明：表中各列受众所占比例的计算总体分别为三类智能化受众总量。

对于智能化用户而言，除了通过大屏收看传统的电视直播节目和时移节目外，借助智能电视或网络机顶盒收看网络视频内容，更是其视频消费模式的一种拓展，也是未来受众收视模式变化的一种趋势。观察被访智能化受众在大屏上的网络视频收视来源，我们可以发现"优爱腾"仍然是使用最多的媒体来源，其中通过爱奇艺收看网络视频的智能化用户比例最高，腾讯视频次之。从三类受众的差别来看，进取型受众选择爱奇艺和腾讯视频的集中度更高，选择这两个媒体的被访者比例，均占到进取型受众总量的四成以上（见表4）。

表4　三类智能化受众在大屏收视网络视频的媒体来源（多选）

单位：%

网络视频媒体	活跃型受众	传统型受众	进取型受众
爱奇艺	39.4	31.0	41.6
腾讯	36.6	28.9	40.0
优酷	20.6	17.8	21.8
其他	10.8	10.6	10.5
芒果	10.0	5.8	10.5
乐视	4.6	3.3	7.8
华数TV	2.4	0.8	2.5

数据来源：CSM媒介研究2018年12城市基础研究。

说明：表中各列受众所占比例的计算总体分别为三类智能化受众总量。

2. 智能化受众短视频接触率高，进取型受众更多观看付费网络视频

从12城市基础研究数据来看，智能化用户在短视频的接触比例上明显占据优势，三类智能化受众在过去半年内接触过短视频的比例都在80%以上，其中进取型受众相对更为活跃，接触短视频受众比例高达88%。接触网络直播的智能化受众比例明显低于短视频，在三类智能化受众中占比均不足五成。付费网络视频随着媒介消费环境的变化被越来越多的受众所接受。过去半年内付费观看网络视频的智能化受众比例在三成左右。但从三类智能化用户的差别来看，进取型受众观看付费视频的比例相对更高，为30.4%（见图5）。

3. 网生内容成为网络视频收视主流，电视台原生内容也是网络平台收视重要资源

近年来，网络视频不断侵蚀传统电视节目市场。2018年，三类智能化受众"就在网上看节目，不关心电视台是否播出"的现象已成主流，尤其在活跃型智能化受众中，这一比例高达39.2%。与此同时，电视台原生节目也是智能化用户在网上收看的重点节目，"在电视上错过的节目""电视台近期正在播出的节目""电视台以前播出过的节目"的选择比例都相对较高，其中又以进取型受众通过网络收看电视台近期播出节目的比例更高（见表6）。

智能化受众的媒介接触行为分析

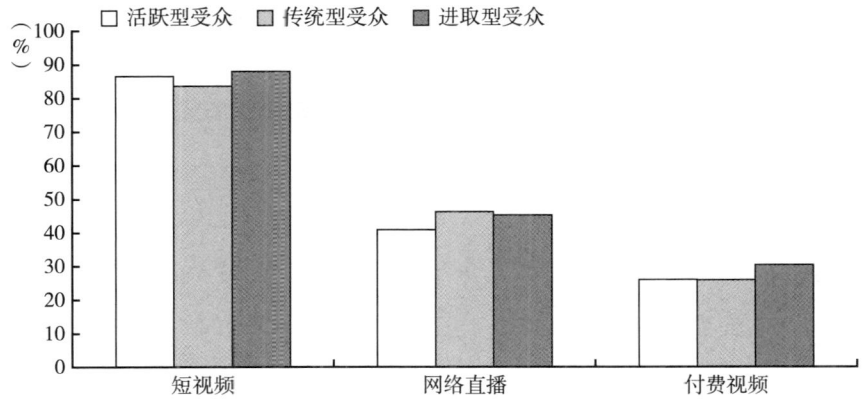

图5 三类智能化受众过去半年内接触过三类媒体的比例

数据来源：CSM媒介研究2018年12城市基础研究。
说明：图中各类型受众所占比例的计算总体分别为三类智能化受众总量。

表6 三类智能化受众在网上收看视频内容选择比例（多选）

单位：%

网上收看的视频内容	活跃型受众	传统型受众	进取型受众
就在网上看节目,不关心电视台是否播出	39.2	37.6	35.0
在电视上错过的节目	25.6	30.6	32.6
电视台近期正在播出的节目	25.4	19.5	30.9
电视台以前播过的节目	21.7	21.6	26.8
提前收看电视上还没播出的部分	19.8	22.9	25.9
电视台不播出但在网上可以看到的节目	21.5	16.4	24.8

数据来源：CSM媒介研究2018年12城市基础研究。
说明：表中各列受众所占比例的计算总体分别为三类智能化受众总量。

受众智能化，是近年来技术和网络飞速发展背景下，传统受众进化的一条必然路径。智能化受众以不断壮大的体量，正在改变传统媒体受众的结构、行为。在此趋势下，传统电视唯有清晰认知新传媒生态下的新受众，才能深入了解其特征、偏好及发展走向，才能在未来更加白热化的媒介竞争中，坚守、融合并创新。

B.34
2018年中国县级媒体融合发展报告[*]

邵鹏 童禹婷[**]

摘 要： 媒体融合不仅是中国传媒产业发展的大趋势，更成为学界和业界讨论的核心议题。2018年中央、省市和县域媒体发展都出现了诸多亮点与热点。本文聚焦县级媒体融合现状和趋势，探讨中国传媒产业理念创新、技术突破和渠道重构的推进方法，进而实现主流媒体传播力、引导力、公信力的全面提升，主流价值和意识形态在传播新格局下的全方位、立体化覆盖。

关键词： 智能+ 媒体融合 县级媒体融合

"互联网+"时代，媒体融合已经成为中国传媒产业的摸索和实践方式。在媒体融合过程中，"中央厨房"、"移动优先"、"全媒体矩阵"已经形成共识；"智能+"、大数据、"算法推送"、"县级融合"，正在成为新的发展热点和动能。从全国范围来看，中央、省级、市级和县级媒体在融合创新中都取得了大跨步地发展，中国媒体融合正进入"多点突破期"、迈向融合3.0时代。[①]

---

[*] 本文为国家社科基金项目"人类命运共同体理念与全球传播秩序重建研究"（项目编号18BXW062）的阶段性成果。
[**] 邵鹏，浙江工业大学人文学院广播电视学系副教授、浙江省舆情研究中心特约研究员；童禹婷，浙江工业大学人文学院新闻传播学硕士研究生。
[①] 支庭荣：《迈向融合3.0——2017~2018年中国媒体融合发展的成就、动能、挑战与趋势》，载《中国媒体融合发展报告（2019）》，社会科学文献出版社，2019。

一 地方媒体融合的模式创新

"智能+"移动互联的冲击对于省市级传统媒体的影响更为强烈。但省市级传统媒体的受众和广告量持续下滑，也推动了省市级媒体加快融合发展的步伐。在新闻内容方面，省市级媒体凭借丰富的优质信息资源吸引受众的传统格局已经被新媒体颠覆。通过拓展自身内容产品形式、功能和"智能+"，寻找新的受众群体和信息消费市场，成为传统媒体模式创新的重要一环。"智慧城市"和"电子政务"的发展，也给处于融合转向期的传统媒体提供了重要的历史机遇。目前，传统媒体的"新闻+政务+服务"的模式主要包括三种操作方式：政务服务方面的接入、新媒体的运维、宣传或活动方面的委托。[①] 它们都可以通过政府购买服务的方式为媒体的融合发展直接提供资金支持，但这种"体制内市场"并不能产生持续稳定的收益，而长期依赖补贴和非竞争性收益，无疑将直接影响媒体的活力和创新。在经营方面，多元化经营已经成为省市级媒体生存的基本特征。"新闻+娱乐"、"新闻+影视"、"新闻+会展"、"新闻+培训"等，都是在"智能+"方面的大胆探索和实践。

当然，省市级媒体中也涌现出一批现象级、标杆式的"互联网+"媒体融合典型。在2017~2018"中国媒体融合年度先锋榜"上榜的十个新媒体平台中，有七个是省级媒体创办的，分别是：新京报、澎湃、芒果TV、封面传媒、红网、南方+、读创。其中，上海报业集团的融合发展成效最为显著。2018年底，其旗下的澎湃新闻、界面和财联社APP，都成为稳定覆盖亿级用户规模的全国性平台。在上海报业集团党委书记裘新看来，尽管新媒体创新收入显著增长，"新动能"正在积蓄，但媒体融合发展的整体优势

---

① 支庭荣：《迈向融合3.0——2017~2018年中国媒体融合发展的成就、动能、挑战与趋势》，载《中国媒体融合发展报告（2019）》，社会科学文献出版社，2019。

还没有充分发挥。① 据统计，上海报业的新媒体财经信息服务实现同比增长183%，澎湃第三方服务输出收入同比增长251%，而其他几项新媒体创新服务项目也实现了收入同比两位数的增长②，这确实让人们看到了"智能+"媒体融合发展的希望。

在省市级广电媒体融合领域中，湖南卫视的"芒果TV"一直是标杆级的平台。在2014年推出之际，湖南广电集团就在经营中强调：不拼投入、控制成本，在拓展多渠道收入方面下功夫，凭借"独播战略"和"一云多屏"的立体传播体系，经过4年的发展实现了由"独播"走向"独特"的转变，在视频平台竞争中占据了一席之地。截至2018年底，"芒果TV"手机APP的下载量已经突破6.2亿次，全终端月活跃用户超5亿人，稳居视频行业前四。③

省市级媒体融合虽然亮点频现，众多标杆平台也取得了令人欣喜的社会效益和经济效益，但区域间发展水平不同、媒体发达程度不同，使"第一梯队"和后续媒体之间距离越拉越大，模仿借鉴的难度也越来越大。尤其是传统广电行业，媒体融合的积极性、主动性都比报纸媒体差，媒体融合的模式和路径还在持续地摸索之中。

二 县级媒体融合的大幕拉开

习近平总书记在2018年8月21~22日的全国宣传思想工作会议中指出："要扎实抓好县级融媒体中心建设，更好引导群众、服务群众"，不仅推动了县级媒体融合的发展步伐，更指出我国媒体融合发展的新思路和新趋势。在媒体融合的过程中，始终存在着"高门槛"的思维定式，媒体融合

---

① 裴新：《未来已来，相信未来——创造上海报业改革新传奇》，http://www.sohu.com/a/296708639_481352。
② 裴新：《未来已来，相信未来——创造上海报业改革新传奇》，http://www.sohu.com/a/296708639_481352。
③ 夏天：《探索、创新、完善，湖南广电媒体融合之路实现新跨越?》，http://ent.ifeng.com/a/20181129/43143060_0.shtml。

发展动辄就要"互联网+"、"智能+"、平台思维、资本运作、大数据、云计算，要建设新媒体矩阵、中央厨房、组建技术开发团队，最终，很多传统媒体的老问题还没解决，又增加了新的负担。

从媒体融合的条件来看，县级媒体无论是内容资源，还是技术、资本资源，相比中央级、省级传统媒体均存在着较大的差距，这使其在媒体转型和融合过程中举步维艰、面临巨大困境。[1] 然而，县级媒体本身是党的新闻事业的重要组成部分，也是极其重要的执政资源和基层阵地，更是基层地方政府进行群众工作时不可或缺的渠道和平台。因此，县级媒体融合必须要适应传播格局、受众习惯、技术条件转变的客观现实。从媒介管理的角度来看，媒体融合具有实现媒体的人、财、物和信息资源效率最大化的作用。相比很多省市级媒体报业和广电分别融合发展、重复建设的问题，县级媒体融合面临的体制机制压力相对较小，可以实现从"合"到"融"的一步到位。同时，县级媒体还具有团队精干、贴近群众的优势，能在媒体融合过程中激发基层团队的创新活力和热情，大胆尝试往往能有"现象级"的传播效果。最后，县级媒体融合必须开展外部资源的整合，需要政府财政的大力支持，需要充分发挥省级媒体的龙头和带动作用，形成由点到面的全方位融合发展。2018年11月14日，《关于加强县级融媒体中心建设的意见》出台，该意见指出："要深化机构、人事、财政、薪酬等方面改革，调整优化媒体布局，推进融合发展，不断提高县级媒体传播力、引导力、影响力。"

2018年是县级媒体融合的开局之年，全国各地已经出现了众多颇有成效的县级融媒体中心改革实践，北京市当仁不让地成为区级融媒体中心建设的典范。截至2018年8月，北京市延庆区、朝阳区、顺义区等16个区级融媒体中心全部挂牌，这也使得北京市成为我国首个实现区级融媒体中心全覆盖的省级行政区。浙江省县级融媒体改革推进较早，浙江省湖州市长兴县在2011年4月就通过体制机制调整组建了长兴传媒集团，成为全国第一家县

---

[1] 王军：《县级融媒体中心建设现状与发展对策》，载《中国媒体融合发展报告（2019）》，社会科学文献出版社，2019。

域全媒体传媒集团。截至2018年5月，浙江省89个县（市、区）中已有36个开展县级报社、广电台、网站和新媒体的整合，挂牌成立了统一的传媒中心或传媒集团；此外，还有23个县（市、区）因报纸由省级或市级报业集团主办，正在推进广电、网站和新媒体的整合工作。放眼全国，河南、陕西、湖南、重庆、内蒙古等省区市也迎头赶上，积极进行县级融媒体中心建设。

同时，县级媒体融合发展需要因地制宜、因城施策，以符合本地县情和符合本地媒体实际需要，不能凡事搞"标配"、搞"一刀切"，做"一窝蜂"式的模仿，"大屏幕、大平面、大机构"只是县级融合媒体中心的物理表象，"引导群众、服务群众"才是根本。①"这种架构之下，县级媒体不应该像中央级媒体那样全力打造所谓的中央厨房，而应该做好小而美的传播应用矩阵。通过大量接地气的小号到达自己区域范围内的受众，实现自身传播价值。"②

三 实现全方位的传播新格局

政府工作报告连续3年提到人工智能，并在2019年首次提出"智能＋"，要求加强关键核心技术攻关，提升技术支撑能力，为制造业转型升级赋能。③2019年是5G商用元年，也是"智能＋"时代的新纪元。在"智能＋"移动互联的背景下，传统媒体和新媒体均面临着更加激烈的竞争，传播格局即将发生剧烈的翻天覆地的变化。壮大新动力，拓展"智能＋"，为媒体融合"赋能"，将是中国媒体融合发展的最佳选择。

近年来，在"互联网＋"和"智能＋"的背景下，特别是在媒体融合发展过程中，"中央厨房"、新媒体平台建设都需要大量资金的初期投入，

---

① 陈国权：《县级融合媒体中心建设不能一刀切、一窝蜂》，《新闻论坛》2019年第1期。
② 方世彤：《县级融媒体中心开局之年》，《综艺报》2018年18期。
③ 李克强：《政府工作报告——2019年3月5日在第十三届全国人民代表大会第二次会议上》。

甚至在市场培育、日常运营过程中还需要持续的资金扶持。但是，传统媒体的融合发展仅仅依靠政府的资金是不够的，还需要自己解决融合中的模式问题、技术问题、人才问题以及体制机制等问题。媒体融合发展需要各级媒体管理者和从业者认清从连接到赋能的跃升、从"互联网＋"向"智能＋"的发展大趋势、媒体的外部环境、内在机制，积极主动迎接挑战，大胆创新，勇于尝试，小步快走；同时要充分把握媒介技术升级的机遇期和政策的红利期，尽快构建起中国主流媒体"智能＋"全方位、立体化的传播新格局。

B.35 2018年全球数字经济发展报告

刘金河**

摘　要： 2018年全球网民超过世界人口总数的一半，全球每年产生的数据总量加速增长，数字经济进入全面普及和纵深发展阶段。

关键词： 数字经济　数字宇宙　数字竞争力

2018年，随着数字基础设施进一步完善，新技术落地应用，数字经济加速发展，各国纷纷发布数字经济发展战略。数据保护、平台垄断等数字经济治理问题走到了台前，数字税、数字贸易等规则竞争与国际合作也提上议程。同时国际主流开始深入研究和讨论数字经济的测算方法，这些迹象都表明数字经济开始进入了全面普及和纵深发展的阶段。

一　进入太平洋时代的数字经济

过去的100多年是"大西洋时代"，大西洋两岸的美国和欧洲带领全球走进工业时代，如今太平洋两岸的中国和美国引领了全球数字经济的发展，世界进入了"太平洋时代"。①

数字经济作为新型的经济类别，G20将其定义为：以使用数字化的知识和

---

* 本文为教育部哲学社会科学研究重大课题攻关项目"构建全球化互联网治理体系研究"（项目编号17JZD032）的阶段性研究成果。
** 刘金河，清华大学新闻与传播学院博士研究生。
① "数字经济论坛"、阿里研究院、毕马威：《2018全球数字经济发展指数》，2018年9月。

信息作为关键生产要素、以现代信息网络作为重要载体、以信息通信技术的有效使用作为效率提升和经济结构优化的重要推动力的一系列经济活动。从理论上来说，数字经济可以分为三类：核心的数字部门（Digital Sector），即传统信息技术产业；狭义范围的数字经济（Digital Economy），即包含数字平台、共享经济、协议经济等新经济；广义范围的数字化经济（Digitalised Economy），即包含电子商务、工业化4.0、算法经济等（见图1）。①

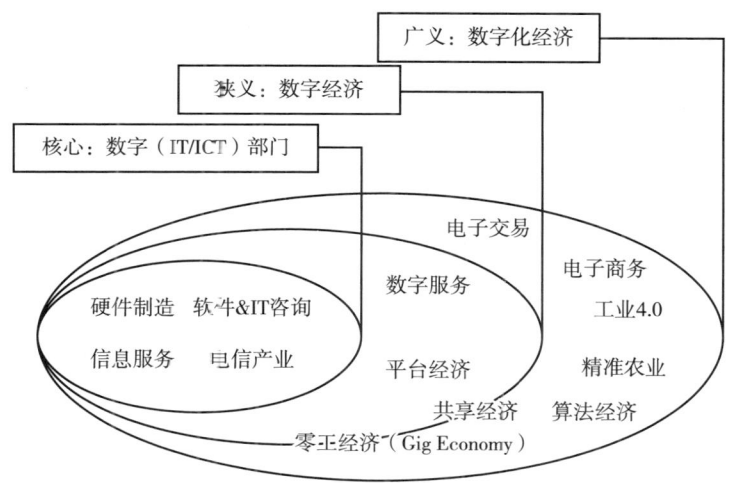

图1　数字经济三种范畴示意图

来源：Bukht & Heeks，2017。

就数字经济的规模，目前仅有几家机构给出测算数值。根据华为的模型测算，2017年全球数字经济规模达到12.9万亿美元，占全球GDP的17.1%；到2025年，如果各国的ICT（Information Communication Technology，信息通信技术）基础设施投资平均每年增加8%（年复合增长率），数字经济创造的新增长潜力将达到23万亿美元②。根据中国信通院的测算，2018年，中国

---

① Rumana Bukht & Richard Heeks：*Defining, Conceptualising and Measuring the Digital Economy*, Manchester Centre for Development Informatics Working Paper 68, 2017.
② 华为：《全球联接指数2018》，2018年5月。

数字经济规模达到31.3万亿元，按可比口径计算，名义增长20.9%，占GDP比重为34.8%①；2017年G20国家数字经济总量达到26.17万亿美元，同比增长率高达8.64%，且继续呈现快速扩张的发展势头，其中，2017年美国数字经济规模高达11.5万亿美元，中国为4.02万亿美元（约27万亿元人民币）。②腾讯研究院测算，2018年中国数字经济体量为29.91万亿元，较上一年同期增长12.02%，数字经济占全国GDP的比重由32.28%上升至33.22%。③以上三家数值都包含了广义的数字经济，即由数字产业化和产业数字化两部分组成。

数字经济核心部分的ICT产业表现可观。就中国而言，2018年信息通信产业规模达到6.4万亿元，占GDP比重为7.1%。其中，软件和信息技术服务业、互联网行业增长较快，收入同比分别增长14.2%和20.3%。④根据GSMA数据，2018年移动产业为世界GDP贡献了3.9万亿美元，占GDP总量的4.6%。⑤同时，5G全面应用所带来的数字化和自动化将在2026年驱动世界经济增长5%，失业率预计达10年内最低。⑥2018年全球IT支出达到3.65万亿美元，2019年将达到3.76万亿美元，增长3.2%。⑦此外，物联网进入了行业驱动发展新阶段，2018年全球物联网的产业规模增长到1510亿美元。⑧截至2018年中期，中国物联网产业总体规模已达1.2万亿元，已完成"十三五"目标值的80%。⑨GSMA Intelligence预测，从2017年到2025年，产业物联网连接数将实现4.7倍的增长，消费物联网连接数将实现2.5倍的增长。⑩

---

① 中国信息通信研究院：《中国数字经济发展与就业白皮书（2019年）》，2019年4月。
② 中国信息通信研究院：《G20国家数字经济发展研究报告（2018年）》，2018年12月。
③ 腾讯研究院：《数字中国指数报告（2019）》，2019年5月。
④ 中国信息通信研究院：《中国数字经济发展与就业白皮书（2019年）》，2019年4月。
⑤ GSMA：*The Mobile Economy 2019*.
⑥ GSMA：*The 5G Era*：*Age of Boundless Connectivity and Intelligent Automation*（2017）.
⑦ 数据来源：Gartner。
⑧ 数据来源：IoT Analytics。
⑨ 中国信息通信研究院：《物联网白皮书（2018）》，2018年12月。
⑩ 数据来源：GSMA Intelligence。

二 数字宇宙的挑战

2018年，全球数字化转型到达重要的转折点，全球互联网正式进入下半场。"数字宇宙"已经形成，其核心特点为网民数量过半、互联网移动化、物联网加速普及、数据总量巨大化。截至2018年底，全球网民数量达到38.96亿人，占世界人口总数的51.2%；手机互联网用户达到36亿人，占世界人口总数的47%，预计在2025年将到达50亿人，占比为61%。① 就中国来说，2018年网民数量达到8.29亿人，其中手机网民8.17亿人，互联网普及率达59.6%。② 值得注意的是物联网（IoT）连接数在2018年达到91亿个，预计到2025年将增长3倍。③ 2018年世界数据总量达到33ZB，到2025年将猛增至175ZB。④ 全球IP流量2018年达到11.6ZB⑤，预计将在2022年迎来大爆发⑥。

当前世界数字经济进入快速发展时期，但是发展不均衡问题突出。根据上海社科院构建的指标，数字经济竞争力版图中，美国处于绝对领先的优势地位，与其他国家的差距有逐渐扩大的趋势；中国位列第二，且与美国差距呈缩小态势。从地域范围来看，世界各地发展程度差异大，北美洲、西欧以及亚洲的个别国家较为发达，而中东和东南亚部分国家以及中欧地区发展相对滞后，南美洲和非洲远远落后于其他国家。⑦ 腾讯研究院联合中国人民大学统计学院提出国家数字竞争力指数，将竞争力水平分为领跑者、加速者、起步者，其中中国的排名脱颖而出，有望在大数据与信息化革命中实现

---

① ITU：*Measuring the Information Society Report 2018*；GSMA：*The Mobile Economy 2019*.
② CNNIC：第43次《中国互联网络发展状况统计报告》，2019年2月。
③ GSMA：*The Mobile Economy 2019*.
④ IDC：*Data Age 2025*，2018.
⑤ 数据来源：Cisco Global Cloud Index，2016~2021。
⑥ 数据来源：Cisco Mobile Visual Networking Index（VNI），2017~2022。
⑦ 上海社科院：《2018年全球数字经济国家竞争力发展报告》，2018年10月。对比参考信通院《G20国家数字经济发展研究报告（2018年）》可以得出大致相同的结论。

"弯道超车",在数字领域树立"中国标准"、建造"中国榜样"。① 中美两国作为发展中和发达国家的两种典型代表,其数字经济发展指数远远超过了其当前经济发展水平,是实现数字经济跨越式发展的亮点路径,即高频创新—产品全球化路径和用户数字化—产业生态化路径。②

数字经济在定义和测算上全球并没有达成统一,这已经是当前紧迫的问题。国际上 G20、IMF、OECD、联合国贸发会议以及美国政府都纷纷提出统计方法。中国目前存在三种数字经济 GDP 测算方式,分别是信息化百人会/信通院、华为以及腾讯的测算方式。信息化百人会和信通院统计路径与方法一样,采用数字产业化和产业数字化两个部分统计,得出的数字经济GDP 数值被中国政府和众多主流机构所采用。华为与牛津经济研究院合作开发一套新的测算方法,统计数字经济的直接收益和溢出规模两部分,得出2017 年世界数字经济总量达到 12.9 万亿美元,该数值被网信办发布的报告所采用。腾讯研究院开发一套"互联网+"指数模型,依托其采集的大数据量级的中国网民数据,根据相关性推测出数字经济规模。

三 未来趋势

2018 年,数字经济的发展已经从概念认知走向产业战略化和治理操作化。未来数字经济将面临由技术发展而引发的一系列治理问题,包括经济治理问题、社会治理问题以及技术本身的创新问题,国家和国际的治理探索将更加深入。

数字经济依然建立在其依附的"地缘体"上,围绕数字经济发展的地缘政治竞争将会进一步加剧,特别是 5G 的全面商用将进一步加剧这种竞争张力。以征收数字税为核心的国际税收改革不仅是西方发达国家面临的紧迫挑战,也将是全球数字贸易和数字经济治理的重要课题。数据治理,

---

① 腾讯研究院、中国人民大学统计学院:《国家数字竞争力指数研究报告(2019)》,2019 年5 月。
② 阿里研究院、毕马威:《2018 全球数字经济发展指数》,2018 年 9 月。

特别是个人信息保护与跨境数据流的监管也将成为各个国家和国际社会共同面临的挑战，成熟的、具有共识基础的规则正在博弈中形成。新技术的未来社会风险依然是全社会关注的重点，人工智能伦理逐步成为全球共同关注的议题，区块链技术经历加密货币泡沫之后将面临如何更有效利用的探索。

国际传媒产业报告

Media Industry Development Reports of Overseas

B.36
2018年全球传媒产业发展报告*

杭　敏　周长城**

摘　要： 2018年，全球传媒加速融合，传媒市场竞争加剧，平台型媒体收获了巨大的盈利空间，在互联网科技和数字经济的助推下，全球传媒产业继续发展，创新商业模式将传媒企业与娱乐体验、电子商务的关联协同性进一步发挥，传媒业正在转型为依托消费者需求驱动的娱乐传媒综合型生态系统，成为驱动全球经济健康发展的关键性引擎。随着数字经济的发展，人工智能、5G网络和区块链等技术将继续赋能传媒业，未来这一市场蕴藏着巨大的发展潜力。

---

* 本文是教育部哲学社会科学研究重大课题攻关项目"构建全球化互联网治理体系研究"（项目编号17JZD032）阶段性研究成果。
** 杭敏，清华大学新闻与传播学院教授，副院长；周长城，清华大学新闻与传播学院博士研究生。

关键词： 全球传媒产业　数字经济　人工智能　商业模式　内容付费

一　全球娱乐及传媒产业发展综述

2018年，全球娱乐与传媒产业持续发展，行业总产值首次突破2万亿美元大关。基于互联网的不断创新，2019~2022年，全球娱乐与传媒产业总产值年复合增长率预计为4.4%，到2022年，行业总产值将达到2.4万亿美元（见图1）。① 全球GDP预计将在2019~2023年间实现3.7%的年均增长率。未来5年，全球娱乐与传媒产业增长率仍高于GDP增长率，将成为驱动全球经济发展的关键引擎之一。②

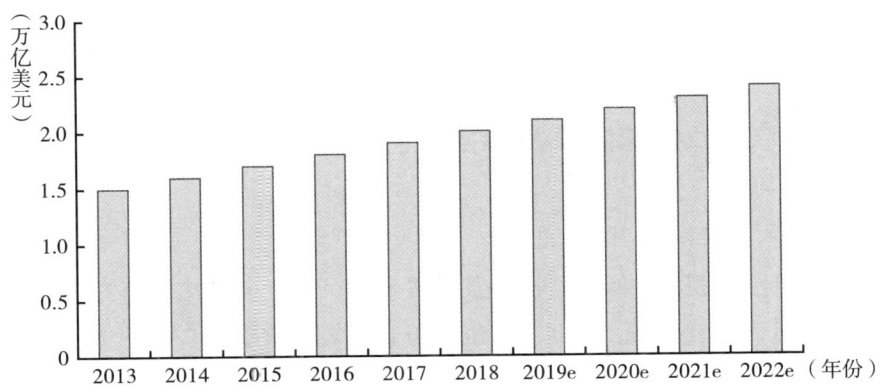

图1　2013~2022年全球娱乐与传媒产业规模及预测

图表来源：普华永道，2018。

在全球娱乐和传媒产业的各细分领域中，增长最快的部分出现在数字经济驱动的行业。其中，虚拟现实产业发展最为迅速；OTT（Over the Top）视频产业发展同样迅猛，增长速度位居其次；排在第三位的是电子竞技产

---

① 数据来源：PWC,《The 19th Annual Global Entertainment & Media Outlook 2018~2022》。
② 数据来源：彭博，https://www.bloomberg.org/。

业。2018年，全球移动互联网广告收入首次超过传统广告收入，相比之下，传统媒体行业如报纸和杂志的收入将进一步下降，预计至2022年左右会触底反弹。①

在过去的一年中，发展态势强劲的传媒企业正在努力创建一个由消费者需求驱动的娱乐传媒综合型生态系统，试图将社交媒体与电子商务、娱乐体验的关联性发挥到极致。视频网站、电视台和社交网络纷纷争夺传统体育和电子竞技的转播权；电视台、电信公司、科技公司、OTT运营商和电影制作公司则在电视内容领域互较高低；广播电台、互联网电台、播客在广播内容供应上并驱争先；而谷歌、脸书等社交媒体也开始和传统广告公司竞相提供数字户外广告服务；新闻媒体则通过雇佣虚拟现实技术团队和视频专业人才来向视频生产企业转型；甚至汽车制造商和广播电台也携手合作进军内容生产领域。这一系列市场行为和发展趋势预示着未来传媒市场将会迎来更为激烈的竞争。

二 全球娱乐及传媒产业各行业发展状况

1. 报纸、杂志和图书出版业

2018年全球报纸出版业总收入为1098亿美元，年复合增长率为 -6.9%，同比下降近两个百分点；同期，报纸出版企业数量增长了0.4%，员工数量下降了4.9%。②

2018年，全球报业正在加速向数字平台迁移。数字报纸收入增长到125亿美元，数字报纸收入占全部报业收入约为11.3%。③ 全球数字报纸的用户数量呈现出激增的态势，《纽约时报》在2018年第一季度拥有近290万数字付费用户，远超过同期其他传统报纸的发行销量。

同报纸出版业一样，全球杂志出版业一直在努力适应数字媒体带来的颠

---

① 数据来源：PWC，《The 19th Annual Global Entertainment & Media Outlook 2018～2022》。
② 数据来源：PWC，《The 19th Annual Global Entertainment & Media Outlook 2018～2022》。
③ 数据来源：IBISWorld，https://www.ibisworld.com/。

覆性挑战和经济转型带来的新机遇。2018年，全球杂志出版业的收入达到650亿美元，同比2017年收入基本保持平衡。但同时，全球杂志出版企业数量下降了2.8%，员工数量下降了3.3%。① 虽然全球杂志发行量保持相对稳定，但其在发达经济体的销量却有所下降，出版商不得不推出折扣订阅的销售策略，以提高读者数量，维持广告价值。

过去几年，数字媒体持续发展的风潮进一步打压了全球图书出版业扩张的雄心。2018年，全球图书出版业总收入为1118亿美元，年复合增长率仅维持在0.9%的小幅增长；同期，全球图书出版企业数量下降1.7%，员工数量下降0.1%。② 在这一时期，图书出版业向电子图书转型发展，并迅速创造了一个快速增长的细分市场。然而，电子图书的价格通常低于传统印刷图书，这给图书出版业的收入增长带来了压力。与此同时，北美、欧洲等成熟市场很早已普及使用电子图书，市场日趋饱和，电子图书缺乏进一步发展的空间。

2. 电视和视频业

2018年，全球电视和视频业的总收入为2615亿美元，同比2017年基本持平。过去40年，卫星和有线数字等传统付费电视成为世界各地最常见的新闻和娱乐来源。随着互联网技术和移动视频业务的突飞猛进，OTT TV和全球订阅视频点播服务（SVOD）已经开始挑战传统付费电视在市场上的霸主地位，网飞（Netflix）等新型视频服务供应商纷纷崛起，导致大量消费者停止订阅付费电视，转身投入互联网视频的怀抱。

未来几年全球传统付费电视收入将从2018年的2000亿美元降至2023年的1830亿美元，全球范围内付费电视的普及率也将从2010年的88%下降到2023年的78%。③ 在北美地区，随着互联网视频服务的普及，付费电视的收入预计在未来几年将大幅下降，美国市场预计2019~2022年间将损失近500万订阅电视用户。相比之下，拉丁美洲、亚太地区、中东和非洲付费

---

① 数据来源：PWC，《The 19th Annual Global Entertainment & Media Outlook 2018~2022》。
② 数据来源：PWC，《The 19th Annual Global Entertainment & Media Outlook 2018~2022》。
③ 数据来源：PWC，《The 19th Annual Global Entertainment & Media Outlook 2018~2022》。

电视市场的收入在近年来有所增加,预计到2022年,亚太地区的付费电视用户将达到6.66亿户,比2010年的3.93亿户增长近1倍。①

3. 音乐和广播业

历经多年的行业低迷期,全球音乐和广播行业终于迎来了强势反弹的一年。2018年,全球音乐和广播业总收入为984亿美元,以3.6%的年复合增长率发展,预计到2022年,全球音乐和广播业总收入将达1134亿美元。②

在过去的5年里,消费者越来越热衷于通过互联网来获取娱乐内容,互联网广播行业因此得到迅速发展。2014～2018年,美国的互联网广播业增长了32.0%,2018年行业规模达到50亿美元。同一时间段内,企业数量增长了27.5%,员工数量增长了29.1%。③ 全球互联网广播用户调查显示,在世界各国中,波兰和南非的互联网广播收听率最高,均达到94%;排名第三的是德国,达到93%。④

在音乐领域,数字音乐崛起和付费用户增加是行业收入增长的主要因素。2018年全球数字音乐产业的年复合增长率为19.1%,产业收入达94亿美元,首次占到全球音乐产业收入总额的一半以上(54%)。截至2018年底,全球约有2.3亿付费音乐用户,一年间用户数量增长近5000万户,增长率为45.5%,全球数字音乐付费收入也增长迅速(见图2)。粉丝经济不断发挥强大的经济效益,拉动拉丁美洲的音乐产业收入增长17.7%,拉动亚洲和澳大利亚共增长5.4%。⑤

4. 电影业

2018年,全球电影业收入呈现稳步增长的态势。2018年全球电影业的年复合增长率为2.5%,行业收入达到1360亿美元,同期企业数量增长

---

① 数据来源:Statista,https://www.statista.com/。
② 数据来源:PWC,《The 19th Annual Global Entertainment & Media Outlook 2018～2022》。
③ 数据来源:PWC,《The 19th Annual Global Entertainment & Media Outlook 2018～2022》。
④ 数据来源:IBISWorld,https://www.ibisworld.com/。
⑤ 数据来源:国际唱片业协会(IFPI),《IFGP Releases 2018 Music Consumer Insight Report》,2018年10月9日。

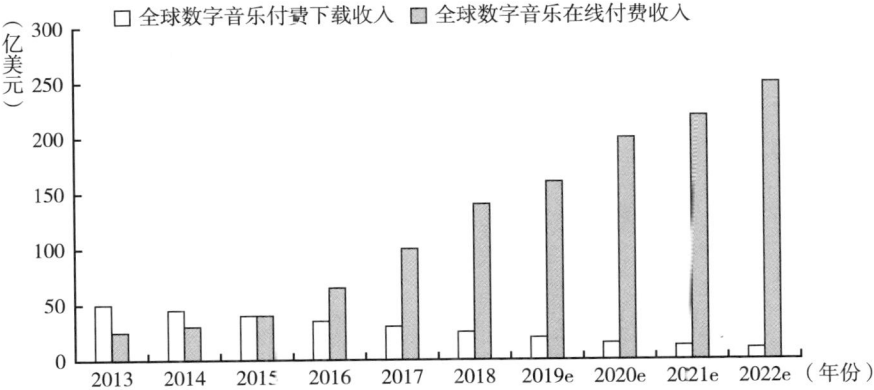

图 2　2013～2022 年全球数字音乐付费下载收入与数字音乐在线付费收入的比较与预测

图表来源：普华永道，2018。

2.5%，员工数量增长 4.8%。预计未来 5 年，全球电影业仍将以 2.5% 的年复合增长率继续发展。① 2018 年，北美、欧洲和亚太市场不断驱动全球电影业发展，三者占全球电影总收入的 73.2%。② 中国对亚太电影市场发展贡献最大。国家广电总局电影局公布的数据显示，2018 年中国电影票房收入达到 609.76 亿元人民币，同比增加 9.06%，并有望在 2020 年超过美国，成为全球第一电影市场。

在电影制作环节，好莱坞电影依然主宰全球票房，越来越多的电影采取国际合作的制作方式。根据 2018 年全球电影票房排行榜，2018 年年度票房冠军是《复仇者联盟3：无限之战》，全球票房收入超过 20 亿美元；《黑豹》（13.5 亿美元）、《侏罗纪世界2》（13 亿美元）位列第二、三位。中国电影也取得一定成绩，《红海行动》（5.79 亿美元）和《唐人街探案2》（5.44 亿美元）分列全球电影票房榜单第十和第十一位，中国观众的观影需求、消费能力和中国电影的国际影响力日渐凸显。③ 在电影发行环节，电影制片

---

① 数据来源：PWC，《The 19th Annual Global Entertainment & Media Outlook 2018～2022》。
② 数据来源：Statista, https://www.statista.com/。
③ 数据来源：IBISWorld，2018。

方除了与传统的院线发行商进行合作外,还积极拓展多元播映渠道,尤其是与数字院线和网络点映合作,同网飞和亚马逊等数字内容平台进行直接竞争。

5. 广告业

2018年,全球广告行业规模稳步增长,达到6250亿美元。北美和亚洲依然领先全球广告领域投资,随后是西欧、中东、非洲以及中欧、东欧的广告投资规模最小。作为世界上最大的广告市场,美国2018年的广告业规模超过2000亿美元;中国排名第二,2018年广告业规模为1030亿美元。①

(1) 电视广告

最新全球广告趋势调查显示,虽然2018年全球电视的日均收视时长下降了4分钟,但广告客户的投放需求依然强劲。2018年,全球电视广告收入为1600亿美元,预计到2020年将达到2100亿美元(见图3)。② 2018年,印度等发展中国家(地区)的电视广告收入增速显著,年复合增长率达到14%;而发达国家(地区)的市场增速较为缓慢,如美国的年复合增长率为4%,英国仅为2%。预计到2020年,中东和非洲将成为电视广告收入发展最快的区域。③

(2) 互联网广告

互联网广告是全球娱乐和传媒产业收入持续增长的主要动力。2018年全球互联网广告收入为2430亿美元,年复合增长率高达到8.7%,预计至2022年,全球互联网广告市场总规模将达到3390亿美元(见图3)。④ 美国是全球最大的互联网广告市场,根据eMarketer的统计数据,2018年美国的数字广告收入为1111.4亿美元,预计到2019年,美国的数字广告收入将达到1322.6亿美元,年复合增长率为19%,其互联网广告收入将首次超过所有传统媒体广告收入之和,占传媒业广告总收入的55%。⑤

---

① 数组来源:电通安吉斯集团,2018。
② 数据来源:PWC,《The 19th Annual Global Entertainment & Media Outlook 2018~2022》。
③ 数据来源:WARC, https://www.warc.com/data。
④ 数据来源:PWC,《The 19th Annual Global Entertainment & Media Outlook 2018~2022》。
⑤ 数据来源:eMarketer, 2018。

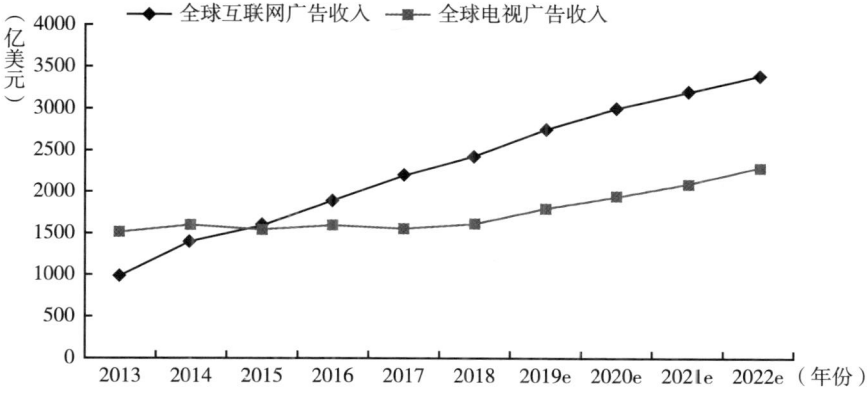

图3　2013～2022年全球互联网广告收入与电视广告收入的比较及预测

图表来源：普华永道，2018。

（3）户外广告

2018年，户外广告是为数不多实现广告收入持续增长的传统媒体细分领域。全球户外广告收入在过去9年中（2010～2018年）每年都有增长，2018年全球户外广告规模达到371亿美元，年均复合增长率为3.9%，预计2022年将达到449亿美元。[①] 印度是全球户外广告市场增长最快的地区，紧随其后的是巴西、哥伦比亚、肯尼亚和印度尼西亚。随着户外广告的覆盖范围和传播质量的提升，越来越多的广告主们选择在户外广告投放资金，但行业的投资门槛和标准也将随之提高。

6. 新兴传媒业

（1）人工智能（Artificial Intelligence）

人工智能将对所有参与娱乐和传媒产业的企业产生广泛影响，并将成为整个行业的必争之地，传媒企业将加速开发基于人工智能的软件及服务，以提升市场表现和占有率。2018年，70%的人工智能企业通过基于云技术的企业级软件构建人工智能系统，65%通过基于云技术的开发服务打造人工智能应用。预计到2020年，内置人工智能技术的企业级软件和人工智能服务

---

① 数据来源：Magna，2018。

的渗透率将分别达到87%和83%。① 人工智能不仅用于增强客户体验,还广泛用于改善企业与消费者之间的联系。美国电视网 NBC Universal 已经开始使用人工智能技术,针对不同时段对广告投放进行合理调配,使广告内容更加贴近目标客户。

（2）虚拟现实（Virtual Reality）

虚拟现实（以下简称VR）在娱乐和传媒产业的发展潜力进一步增强。2018年,VR产业规模达60亿美元,预计到2022年将增长1倍以上。② 经过近两年的更新换代,新一代消费类 VR 设备的销售量稳定增长,预计到2022年,全球消费者手中将拥有17520万台 VR 设备,高于2018年底的5000万台③（见图4）。由于 VR 技术正处于长期成长阶段,许多企业尝试突破游戏和视频等 VR 主要应用内容的边界,2018年,VR 分析公司 Retinad 开发了热源地图技术,用于跟踪虚拟环境中人的行为和爱好,获得数据权限的 VR 企业可以利用这些数据创造适合特定个人的 VR 体验活动。④

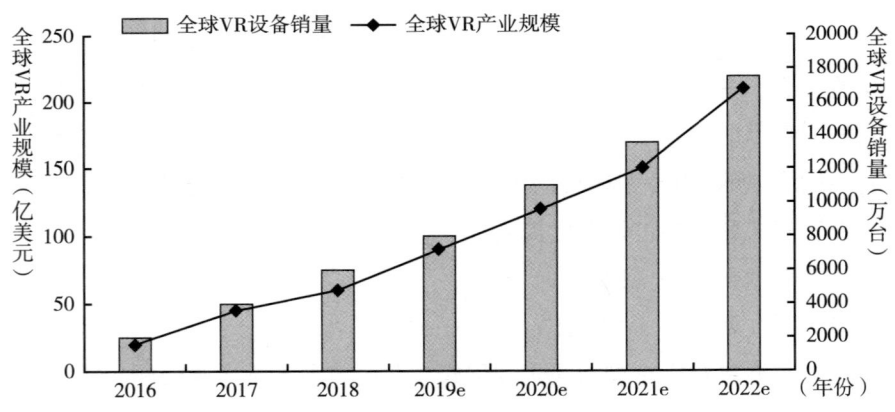

图4 2016~2022年全球 VR 产业规模、VR 设备销量与预测

图表来源：普华永道,2018。

---

① 数据来源：PWC,《The 19th Annual Global Entertainment & Media Outlook 2018~2022》。
② 数据来源：ABIresearch,2018。
③ 数据来源：IBISWorld, https://www.ibisworld.com/。
④ 数据来源：PWC,《The 19th Annual Global Entertainment & Media Outlook 2018~2022》。

（3）电子游戏和电子竞技

2018年，全球电子游戏市场依然高速发展，移动化成为新亮点。2018年全球电子游戏市场总收入达1379亿美元，年复合增长率为13.3%；移动游戏市场收入占整体游戏市场收入的比重首次超过一半，全球手游玩家数量突破22亿户。① 电子竞技是电子游戏市场中增速最快的细分领域，年均复合增长率达20.6%，预计其产业规模将从2018年的7.5亿美元增长到2022年的16亿美元。②

三 全球娱乐和传媒产业发展的特征与趋势

1. 全球传媒加速融合，平台商成最大赢家

2018年，全球娱乐和传媒业再次刮起融合旋风，横亘在传媒、技术和电信等各行业之间的边界慢慢消融，全球传媒业正处于新一波的媒介融合浪潮中。传媒业对新科技的应用扩大了其覆盖范围和传播能力，用户可以直接通过移动终端设备获取数字化、多样化的内容与服务，智能化、移动化等趋势也日渐成为行业发展主流。随着娱乐和传媒业的数字化进程加速，社交媒体等平台型企业成为用户使用时长增加和消费水平增长的最主要受益者，例如以脸书和字节跳动为代表的平台运营商在内容生产、分发和用户反馈等方面发挥着更为重要的作用。

2. 传媒市场竞争加剧，深耕内容成突围关键

随着媒介融合进程的加深，全球传媒市场竞争愈发激烈。一些头部企业对市场定价、上下游企业关系和消费者进行独家控制，而市场内的其他企业只能寻求与其合作。在这种情况下，规模较小的传媒企业需要深耕核心内容，扎根垂直细分领域，打造用户互动社群，以谋求生存。2018年，越来越多的传媒企业通过高质量原创内容、服务和体验，在品牌和用户之间创造

---

① 数据来源：智线 Zingfront，2018。
② 数据来源：PWC，《The 19th Annual Global Entertainment & Media Outlook 2018~2022》。

了难以被取代的身份认同感和社区参与感,获得了良好的口碑和市场收益。还有一些传媒企业聚焦垂直细分领域市场,通过特定体验、特定主题或用户社群等方式不断吸引用户消费,并瞄准用户中的意见领袖,依托其打造活跃的粉丝社区,增加品牌黏性。2017年12月,二十一世纪福克斯将旗下的娱乐资产出售给迪士尼,欲意打造专注于粉丝经济导向业务(体育直播和新闻社区)的新福克斯,此举为二十一世纪福克斯带来了大批忠实粉丝用户和丰厚的利润回报。

3. 从广告转向内容付费,传统商业模式愈发式微

自现代传媒业诞生以来,传媒企业的商业模式便是依靠经营广告和用户的"二元市场"来获取利润。随着互联网的迅速发展,越来越多的广告份额被谷歌、脸书、微信和今日头条等科技巨头所占有,传统商业模式愈发式微。在此背景下,内容付费成为近几年新的商业模式,全球各大媒体的付费订阅热潮在2018年也达到了顶点。超过44%的传媒企业认为,相比传统的广告等盈利手段,内容付费和用户付费将更为重要。① 2018年,《连线》(WIRED)、《大西洋月刊》(the Atlantic)和彭博社等知名媒体纷纷推出付费订阅,新媒体阵营代表BuzzFeed也发布了付费会员计划;在中国,《南方周末》也于2018年8月推出付费会员制。在用户注意力日益稀缺的富媒体时代,公众饱受假新闻和垃圾信息的困扰,他们愿意付费购买优质内容。但也有质疑的声音认为,内容付费商业模式的可持续性值得推敲,毕竟用户的内容消费是有上限的,当越来越多媒体加入付费阵营时,再慷慨的用户也不会同时注册多家媒体的付费会员,而且高高建起的付费墙也是对媒体公共性的一种伤害。②

4. 平台型媒体公信力缺失,各国加大政策监管力度

在众声喧哗的后真相时代,平台型媒体的公信力受到质疑,各国政府加大对传媒业的政策监管力度。2018年,脸书爆出历史上最大用户信息泄露

---

① 数据来源:路透研究所,2018。
② 方可成:《2018年的全球传媒业:悲情之下,待解的难题》,"新闻实验室"(微信公众号),2019年1月17日。

丑闻，英国政治数据分析公司 Cambridge Analytica 在未经用户允许的情况下窃取多达 8700 万脸书用户的信息用于 2016 年美国大选，扎克伯格和其背后的平台型媒体一时间成为众矢之的。在欧洲，针对平台型媒体的监管以立法的方式走在了世界前列。2018 年 5 月开始实施的《通用数据保护条例》（General Data Protection Regulation）被称为"史上最严格的隐私保护法"，是数字时代最重要的立法之一，它显著增强了对用户数据的保护，对平台使用用户数据的方式进行了诸多限制。① 面对全球平台型媒体的公信力缺失，各国政府加大对其政策监管力度，这有利于保障公众的个人权利，规范网络传播秩序，是促进全球传媒业健康发展和营造清朗网络环境的必要手段。

5.5G 网络时代来临，区块链赋能传媒业

第五代（5G）广域无线网络将迎来大范围推广应用，为消费者和企业带来速度更快的联网服务，同时也为电信行业公司创造新的收入增长机遇。根据德勤过去一年的统计，全球已有 72 家无线运营商投入大量资源开展 5G 网络测试。预计到 2019 年，全球将有 25 家无线运营商推出 5G 服务，至 2020 年会增长至 50 家；2019 年全年 5G 手机销量预计将超过 100 万台，到 2020 年将增长至 2000 万台。②

区块链也将演变为全球娱乐和传媒产业数字化转型的有力推动者。区块链可以帮助传媒公司跟踪内容资产，明确权责范围，避免合同纠纷并促进企业与业务合作伙伴、客户之间信任。从娱乐和传媒业的整体生态系统来看，区块链将会引领多个领域的革命性变化，如版权跟踪、版税缴纳、创意产品众筹、广告效果测量和盗版侵权预防等。

---

① 方可成：《2018 年的全球传媒业：悲情之下，待解的难题》，微信公众号"新闻实验室"，2019 年 1 月 17 日。
② 德勤中国：《2019 科技、传媒和电信行业预测》，2019 年 1 月 8 日。

B.37
2018年美国传媒产业发展报告

史安斌　王沛楠

摘　要： 2018年美国传媒产业在数字化转型和跨界融合的进程中呈现出新的亮点和变化。传统报刊业数字订阅的增长、数字平台在传统影视业的拓展、声控智媒带动传统广播业的复兴、数字广告引领行业主流和社交平台用户的代际迁移等"亮点"，都标志着传媒变革进入了向纵深发展的阶段。

关键词： 美国传媒产业　数字化　媒体融合　传统媒体

2018年美国传媒产业在推动数字化转型的进程中呈现出新的亮点和变化：尽管传统媒体的"寒冬"仍在延续，但行业巨头通过数字付费和商业模式的更新迭代依然保持着在各自领域的优势地位；网飞（Netflix）和亚马逊（Amazon）等数字媒体"新贵"则在保持强大竞争力的同时逐步进军播客、电影业和声控智媒等领域，开拓新的增长点并重新定义了"媒体"的概念；脸书（Facebook）仍然稳居社交媒体行业的头把交椅，但图片墙（Instagram）和阅后即焚（Snapchat）等"小字辈"通过吸引年轻用户后来居上，撼动了社交媒体行业的固有格局；2018年移动互联网的广告支出首

---

* 本文系教育部哲学社科重大攻关项目"新时代中华文化走出去策略研究"（项目编号18JZD012）和中宣部"四个一批"人才（项目编号20185660141）的阶段性成果。清华大学新闻与传播学院硕士研究生邱伟怡、刘亮、刘弼诚、戴润韬、叶倩、张金牛参加了资料的搜集和部分文稿的撰写，特此致谢。

** 史安斌，清华大学新闻与传播学院副院长、教育部青年长江学者特聘教授；王沛楠，清华大学新闻与传播学院博士研究生。

次超过了有线电视,数字广告收入则超过了电视和印刷媒体广告收入的总和,这充分表明广告业的数字化进程正在提速。

一 报刊业

2018年对美国报业来说是形势严峻的一年。社交媒体已经取代报刊成为美国人的首要新闻消息来源。皮尤研究中心的调查显示,20%的美国人经常通过社交媒体获取新闻,这一比例高于通过报刊获取新闻的比例(16%)。① 更重要的是,自从该中心开始进行此类调查以来,这是前者的比例第一次反超后者,说明社交媒体已经逐渐占据了新闻业的主导地位。

皮尤研究中心对全美110家日报和35家数字新闻平台进行了调查,2017年1月到2018年4月期间,有40家日报进行了裁员,约占总数的36%,其中有12家还进行了多轮裁员。35家由传统媒体机构开办的数字新闻平台中也有23%进行了裁员,这表明传统媒体的"寒冬"仍未结束。②

虽然面临如此严峻的形势,但2018年美国报业也不乏一些利好消息。在社交媒体大行其道的"后真相"时代,新闻专业主义并未消亡。根据皮尤研究中心的调查,虽然大约有68%的美国成年人(18~49岁)会定期从社交媒体上获取新闻,但有57%的受访者认为,社交媒体在新闻传播的准确性和专业性方面仍然无法匹敌传统媒体。③

与此同时,美国报业的盈利模式也亟待转变。谷歌和脸书占据了58%的各类数字广告业务。④ 报纸的广告业务已不可能像20世纪报业"黄金时

---

① 参见http://www.pewresearch.org/fact-tank/2018/12/10/social-media-outpaces-print-newspapers-in-the-u-s-as-a-news-source/。
② 参见http://www.pewresearch.org/fact-tank/2018/07/23/about-a-third-of-large-u-s-newspapers-have-suffered-layoffs-since-2017/。
③ 参见http://www.journalism.org/2018/09/10/news-use-across-social-media-platforms-2018/。
④ 参见https://www.bloomberg.com/news/articles/2018-09-19/amazon-increases-ad-market-share-at-expense-of-google-facebook。

代"时那样成为其收入的主体。根据哈佛尼曼新闻实验室的研究，自2013年以来，《纽约时报》营收总额中广告和发行收入所占的比例呈现逐年下降的趋势。截至2018年6月，在该报380万订户中有多达290万户仅选择"在线订阅"一种方式。为此，管理层提出了到2025年达到1000万数字订户的新目标。数字付费领域的成功使得《纽约时报》的新闻业务得到良性发展，该报在数字领域的收入已经达到了目前新闻采编部门开销的2倍，从而为高品质新闻报道的生产和高技术内容产品的研发提供了有力的保障。

数字付费业务的拓展也并非一帆风顺。调查显示，仅16%的美国人表示愿意为浏览线上新闻付费。① 即便是对于付费用户而言，他们往往只会选择一家媒体，很难为多家媒体同时"买单"。这就意味着，付费墙目前只能是部分用户倾向于首选的大型报刊的"专利"，这对于中小型地方报刊的经营发展无异于雪上加霜。

二 广播电视业

2018年美国电视业的整体收视情况略有下降，但与2017年相差不大。从全年收视规模排行榜来看，全国广播公司（NBC）是最大赢家，在众多指标上都名列前茅，收视总人数增加了9%，这主要得益于其在平昌冬奥会等全球体育盛会的赛事转播。

哥伦比亚广播公司（CBS）和美国广播公司（ABC）收视规模比2017年分别减少了7%和3%，分列亚军和季军。福克斯电视台（Fox）和福克斯新闻频道（Fox News Channel）排在第四、五名。收视排名第六的"微软全国广播公司"（MSNBC）是前十名中收视增幅最高的，其观看人数相比2017年增加了11%，这对一家24小时播出的有线新闻频道而言是非常亮眼

---

① *Reuters Institute Digital News Report 2018*, Nic Newman with Richard Fletcher, Antonis Kalogeropoulos, David A. L. Levy and Rasmus Kleis Nielsen.

的成绩，也表明"特朗普因素"对电视新闻业的提振效应仍在延续。

以"反特朗普频道"著称并与总统本人屡屡发生正面冲突的有线电视新闻网（CNN）的排名与2017年一样，位列第22，但收视规模下降了6%。在18~49岁的成年观众当中，CNN的收视规模排名第30位。① 这表明，美国观众对其"逢特朗普必反"的鲜明倾向性产生了厌倦。尽管收视成绩远远落后于福克斯新闻频道和MSNBC等竞争对手，CNN作为"全球电视新闻领袖"的议题设置力和品牌影响力仍然难以撼动。

在数字视频平台领域，面对来自亚马逊和葫芦网（Hulu）等美国本土内容提供商的激烈竞争，网飞仍实现了全球范围内的强劲增长。随着网飞加大投资原创内容，这一趋势还会持续下去。截至2018年底，网飞全年总收入达到157.94亿美元，同比增长35.08%，其市值超过了老牌有线电视公司康卡斯特（Comcast），甚至一度超越迪士尼成为全球最大的媒体公司。这也充分说明数字视频平台已经代替传统电视台成为美国传媒产业新的"领头羊"。

在广播领域，在线电台和数字播客无疑已成为最为重要的传播平台，无论是在用户数量还是在收听频率方面都呈现良好的发展势头。统计显示，有接近44%的美国人（约为1.24亿人）在2018年至少收听过一次播客，64%的美国民众熟悉播客这一媒介形态，比2017年增加了4%。② 每周收听播客的人数为4800万人，比2017年增加了600万人。同时，在线收听广播节目的人数大幅增加，2007年每周至少收听一次在线广播的人数仅占12%，而2018年这一比例已经上升至57%。③

数字播客的发展之所以如此迅猛，主要得益于移动设备和声控智媒在美国持有/普及率的提高。研究显示，2018年69%的美国人主要通过移动设备

---

① 参见 https：//www.indiewire.com/2018/12/network-ratings-top-channels-espn-cnn-fox-news-cbs-nbc-abc-1202030597/。

② 参见 https：//www.corvinceandconvert.com/podcast-research/the-13-critical-podcast-statistics-of-2018/。

③ 参见 https：//www.podcastinsights.com/podcast-statistics/。

收听广播节目，而 2015 年这一比例为 55%。① 此外，Amazon Alexa 和 Google Home 等智能音箱的普及率也在持续上升，其普及速度甚至超过了智能手机。统计显示，2017 年美国人智能音箱的拥有率增加了 157%。② 目前，大约 33% 的美国家庭拥有一台或多台智能音箱，预计 2019 年会有 20% 的用户购买智能音箱。③

声控智媒的迅猛发展不仅让全国公共电台（NPR）等老牌广播机构重现生机，而且还吸引了《纽约时报》、《华盛顿邮报》等老牌报纸进军播客市场。由人工智能（AI）加持的声控智媒以方便快捷的操作方式、高互动性的用户体验、日渐强大的功能设计和扑面而来的时尚气息，令消费者获得了全新的体验，同时也悄然催生着广播业的全面复兴。④

三 互联网与社交媒体

从全球范围来看，美国依然是社交媒体发展最为集中和迅速的国家。据统计，在用户规模排名前 20 的社交平台中，近一半来自美国。⑤ 其中，Facebook 为全球使用人数最多的社交应用，用户规模达到 22.34 亿人。YouTube 和 Whatsapp 分别位居第二、第三，用户规模分别为 19 亿人和 15 亿人。

美国社交媒体用户数量已实现了连续 4 年的稳步增长，从 2015 年的 2 亿人上涨到 2018 年年末的 2.11 亿人。预计到 2022 年，全美社交媒体用户量将达到 2.22 亿人。⑥ 从社交平台来看，截至 2018 年 7 月，Facebook

---

① 参见 https：//www.edisonresearch.com/podcast－consumer－2018/。
② 参见 https：//www.convinceandconvert.com/podcast－research/the－13－critical－podcast－statistics－of－2018/。
③ 参见 https：//www.twice.com/product/smart－speakers－purchase－intent－npd－。
④ 史安斌、胡宇：《声控智媒与新闻传播：现状与前景》，《青年记者》2019 年第 1 期。
⑤ 参见 https：//www.statista.com/statistics/272014/global－social－networks－ranked－by－number－of－users/。
⑥ 参见 https：//www.statista.com/statistics/278409/number－of－social－network－users－in－the－united－states/。

以 1.68 亿人次的月活跃用户规模稳居第一。Instagram 和 Facebook Messenger 分别以 1.17 亿人次和 1.11 亿人次紧随其后。① 在社交平台的广告收入规模上，全球最大的社交平台 Facebook 以近 185 亿美元的收入继续高居榜首，亚军 Twitter 和季军 Snapchat 的广告收入分别为 14.69 亿美元和 13.2 亿美元。②

2018 年更多美国人倾向于从互联网和社交媒体上获取信息。33% 的成年人习惯于从新闻网站获取新闻资讯，20% 的成年人将社交媒体视为主要的资讯来源。在平台选择上，约有 43% 的美国人依赖 Facebook 以获取新闻，Youtube 和 Twitter 以 21% 和 12% 紧随其后，而在青少年群体中最受欢迎的 Snapchat 仅占 5% 左右。③ 社交平台用户的"代际鸿沟"进一步显现。尽管社交媒体已经成为美国人获取新闻的主要来源，但有 57% 的美国成年人对其真实性表示怀疑。④

四 出版业

2018 年美国出版业总体上呈现稳中有升的态势。美国出版商协会（AAP）发布的数据显示，2018 年出版业收入总额为 135.3 亿美元，较 2017 年同期增加 4230 万美元。在三类主要出版物中，成年读者出版物销售增长 19.6%，利润增长 5.1%；儿童和青少年出版物销售增长 17.3%，利润增长 3.7%；宗教出版物销售增长 14.1%，利润增长 5.9%。截至 2018 年 11 月，实体书店、批发商、在线销售等各类渠道交易总额达到 72.9 亿美元，比 2017 年增长 3.3 亿美元。

---

① 参见 https://www.statista.com/statistics/248074/most-popular-us-social-networking-apps-ranked-by-audience/。
② 参见 https://www.statista.com/statistics/426520/us-social-networks-ad-revenues/。
③ 参见 http://www.pewresearch.org/fact-tank/2018/12/10/social-media-outpaces-print-newspapers-in-the-u-s-as-a-news-source/。
④ 参见 http://www.journalism.org/2018/09/10/news-use-across-social-media-platforms-2018/。

在不同种类的出版物中，音频下载（即通过网络下载的有声书和光碟等）表现抢眼，2018年实现利润增长37.1%。此外，精装图书和平装图书的利润分别有6.5%和2.0%的增长。Kindle的式微带来了电子书市场的萎缩，2018年美国电子书业的销售利润同比下降2.8%；而传统的音频出版（即有声书和光碟等）产业的严重下滑则使得音像制品的利润同比暴跌21.8%，成为出版业前景最为堪忧的领域。①

五 电影业

2018年全球电影票房收入为417亿美元，比2017年增长2.6%，再创历史新高。其中，北美票房达到创纪录的119亿美元，较2017年增长7%，较此前创纪录的2016年增长了4.5%。② 2018年还是北美票房推动全球票房增长的少数几个年份之一，好莱坞六大电影公司均为盈利状态，但票房表现参差不齐。迪士尼遥遥领先，华纳兄弟、环球影业和索尼哥伦比亚占据中游，20世纪福克斯、派拉蒙则落于人后。

2018年迪士尼的市场表现可谓"一骑绝尘"，独占北美票房市场份额的1/4，超过亚军（华纳兄弟）近10个百分点。迪士尼发行的影片全球总票房达到73亿美元，这是好莱坞历史上的年度"亚军"，仅次于其在2016年创下的76亿美元的票房纪录。2018年7月，迪士尼以713亿美元收购了二十一世纪福克斯，两家合并后占据了超过1/3的市场份额。预计2019年迪士尼在电影业将延续"一骑绝尘"的势头，而好莱坞原有的"六强争雄"的格局也将演变为"一家独大，四家分羹"。

当下美国电影产业格局正在发生深刻变化。在迪士尼收购二十一世纪福克斯之后，美国电影协会（MPAA）只剩五大电影公司。然而，2019年1月

---

① 参见 http://newsroom.publishers.org/aap-statshot-double-digit-growth-for-trade-publishers-in-november-2018/。
② 参见 https://www.hollywoodreporter.com/news/2018-box-office-revenue-soars-record-119m-us-hits-42b-globally-1172215。

23日，美国最大的流媒体服务公司网飞宣布加入MPAA，将替代20世纪福克斯成为"新六大"。网飞在190多个国家和地区拥有1.3亿付费会员，流媒体视频服务的迅猛发展将彻底颠覆好莱坞由几家老牌巨头一统天下的局面。①

除了出色的市场表现，流媒体公司也逐渐获得了专业认可。在流媒体热度上升的行业趋势下，迪士尼也开始布局流媒体业务，除了2018年上线的体育流媒体平台ESPN+，还将于2019年下半年上线Disney+流媒体平台。可以预期，网飞、亚马逊、Hulu与迪士尼之间在流媒体视频领域内的竞争将会全面改写美国电影业的市场版图。

六 广告业

在当今的娱乐和传媒产业中，互联网广告成为持续拉动营收增长的主要动力，随着用户对于数字平台和移动端的黏性不断增强，广告投放和收入的主阵地也在发生转移。普华永道的研究显示，2018年移动互联网广告支出首次超过了有线电视广告，数字广告的收入超过了电视和印刷媒体广告收入的总和。② 美国在广告领域近10年来的总支出呈现波动中缓慢增长的态势，并在2017年达到了720.3亿美元的历史最高水平（见图1）。

与传统电视广告面临的"寒冬"相比，数字广告则迎来了行业的"春天"。eMarketer的调查显示，2018年美国各大数字媒体平台获得的投资超过预期，达到1111.4亿美元，这主要得益于数字广告市场的蓬勃发展。据预测，2019年美国在数字媒体上的广告支出将超过传统媒体，占所有媒体广告支出的55%。③

当今的互联网用户将1/3的时间花在社交媒体上，这就为社交媒体广告的进一步拓展奠定了坚实的基础，据统计，40%的互联网用户会在社交媒体上关注自己喜爱的品牌，37%的用户称社交媒体是激发他们购买欲望的主要

---

① 参见https://www.chinafilm.com/gjhzl/7492.jhtml。
② 参见https://www.pwc.com/gx/en/industries/tmt/media/outlook/segment-findings.html。
③ 参见https://www.emarketer.com/content/us-ad-spending-2018。

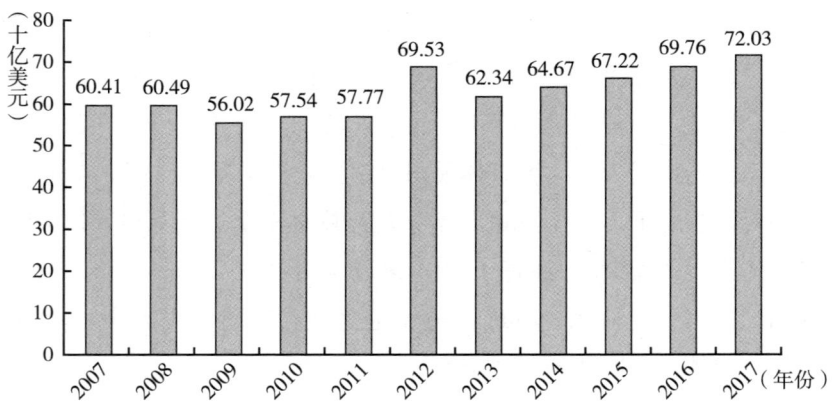

图1 2007~2017年美国广告业总支出规模

数据来源：https://www.statista.com/forecasts/311183/us-advertising-public-relations-and-related-services-revenue-forecast-naics-5418。

动力。

从渠道来看，移动端成为值得关注的广告载体。Google的调查显示，移动端的搜索引擎广告可以将品牌知名度提高46个百分点。51%的智能手机用户在使用搜索引擎时发现了新的公司和新的产品，82%的智能手机用户会在实体零售店购物时使用手机来搜索相关信息。

除了数字广告的强势增长，AR广告（使用增强现实技术的广告）成为业内广受关注的新兴领域。2017年，AR广告的全球支出达到130亿美元。如今，业内人士对于虚拟现实（VR）的关注正在转向AR。据一家AR技术公司（Blippar）的调查显示，AR广告较传统广告提升了30%的用户参与度。可以预期，AR广告将成为前沿科技与广告业深度融合的下一个"蓝海"。

B.38
2018年欧盟传媒产业发展报告

张莉 王凯峰*

摘 要： 2018年，全球传媒市场竞争愈演愈烈，欧盟传媒产业在深化调整中蕴含着变革的征兆。传统媒体继续艰难地向数字化、智能化探索行业转型，报业、出版业不断开拓电子业务，电视业仍保持较高的欢迎度，广播业、音乐产业数字化势头不减，移动媒体在《通用数据保护条例》（GDPR）正式施行的背景下，酝酿着新一轮的洗牌。

关键词： 欧盟传媒产业 移动媒体 数字化 GDPR

2018年欧盟传媒产业发展总体情况与上一年形势基本一致。传统媒体方面，报刊行业的整体情况仍不容乐观，印刷收入再创新低，传统印刷逐渐被数字化形式所取代；电视依然是欧洲绝大多数家庭主要的媒介形式，有线电视和网络电视齐头并进。在互联网和移动媒体方面，市场的规模持续走高，但虚假信息以及隐私泄露成为行业急需解决的问题。此外，行业内表现最佳的是专业出版商，其他表现优异的领域特点是接触新兴主题，特别是音乐、电子竞技、数字户外广告和在线交付平台等。

欧盟《通用数据保护条例》（GDPR）取代了1995年颁布的《数据保护指令》，于2018年5月25日起正式施行，旨在加强对欧盟境内居民的个人

---

* 张莉，清华大学新闻与传播学院副教授、博导；王凯峰，清华大学新闻与传播学院博士研究生。

数据和隐私保护。由于数据搜集行为受到制约，用户数据量大的企业会受到一定影响，同时大数据、物联网、智慧城市、云计算、人工智能等前沿技术的深入研究也将受到影响。

一 报刊产业

随着网络技术的发展以及读者需求的不断改变，越来越多的欧洲人开始通过网络特别是社交媒体平台获取新闻。"数据泄露"和"假新闻"的不断发酵让欧洲报业在2018年出现了一丝"回暖"迹象，但行业整体仍呈现衰落状态。在西班牙，阅读日报的人口比例从1997年的37.7%下降到2017年的25.6%①；在意大利，每周至少读5次报纸的读者人数从2006年的1200万人下降到2017年的730万人。②

近年来，欧盟28个成员国公民的报刊普及率下降，每日印刷机的消费渗透率从2012年的37%下降到2016年的29%。过去20年中，在线报纸大幅增加。数据显示，只有20%的英国人通过纸质媒介获取新闻，法国、西班牙这一比例也不高，分别为23%和26%，而北欧的瑞典却有46%的受访者表示纸媒仍然是他们获取新闻的主要来源（见表1）。

表1 欧洲各国民众获取新闻来源的百分比（2017年10月30日～2017年12月20日）

单位：%

国家	报纸	广播	电视	在线
瑞典	46	61	65	70
德国	43	67	70	54
荷兰	32	54	70	60
意大利	31	46	81	67

---

① 参见https：//www.statista.com/topics/3965/newspaper-market-in-europe/。
② 参见https：//www.statista.com/statistics/535901/newspaper-readership-by-frequency-italy/。

续表

国家	报纸	广播	电视	在线
丹麦	28	61	66	68
西班牙	26	46	81	59
法国	23	53	71	47
英国	20	48	60	55

数据来源：Pew Research Center。

欧洲传统报业在深化报业数字化转型上，逐渐把订阅和会员模式作为长期收入来源。在欧洲市场，报业媒体采用的营收模式中，免费增值模式（Freemium Model）使用最广，即部分内容是免费提供的，但只有付费用户才能获得优质内容。其次是计量收费墙（Meter Paywalls），即允许用户在每月付费前免费阅读有限数量的文章，然后根据用户阅读新闻的数量收取费用。一些主要依赖数字化的新闻媒体，如荷兰的 De Correspondent、西班牙的 El Diario 和丹麦的 Zetland 等，也开始围绕付费会员和订阅户建立业务。① 另外，北欧出版商也处于数字订阅趋势的最前沿。瑞典的"分裂选举"帮助 Dagens Nyheter 首次获得 15 万名数字用户，而芬兰赫尔辛基的 Sanomat 也在数字订阅急剧上升的背景下恢复增长。②

欧洲期刊行业同样面临杂志消费下降的趋势。在西班牙，杂志阅读渗透率在过去 10 年中从 47.7% 下降到 37.3%，而在法国，人均阅读杂志的时间从 2010 年的平均每日 25 分钟下降到了 2016 年的 23.8 分钟。德国人每周在空闲时间阅读杂志的人数在 2013~2016 年间减少了 400 多万。③

二 广播电视产业

2018 年，虽然面临新媒体的挑战，但电视仍然是欧洲使用最多的媒体。

---

① 参见 http://www.digitalnewsreport.org/publications/2017/pay-models-european-news/。
② Journalism, *Media and Technology Trends and Predictions 2019*。
③ 参见 https://www.statista.com/topics/3852/magazine-industry-in-europe/。

仅就获取新闻的渠道而言，虽然越来越多的欧洲人通过移动媒体获取信息，但许多人仍保持着看电视新闻的习惯。

2017年一项针对欧盟28个成员国大众的电视收看频率的调查中发现，有81%的15岁以上的欧洲人每天都会看电视，比2016年增加了1个百分点。全球信息服务提供商IHS Markit和宽带贸易协会Cable Europe提供的《欧洲宽带电缆年鉴》报告显示，欧洲拥有有线电视的家庭数量在2017年再次出现回升，占全球所有拥有电视家庭总数的36.3%。①

德国是欧洲最大的有线电视市场，拥有约1870万用户，是第二大有线电视市场（罗马尼亚、英国和波兰）的3倍之多。② 2017年欧洲各国每天观看电视的平均时间为231分钟。其中，罗马尼亚电视观众每天有317分钟（近5.5小时）在电视机前度过，为欧洲各国之首。③ 此外，2017年，55%的欧盟公民表示他们从未通过互联网观看过电视，而27%的受访者表示他们每周至少通过互联网观看电视一次，而无法收看网络电视的人口比例从2015年的8%下降至2017年的3%。④

超高速宽带和联网电视正在改变人们收看节目的方式，超过一半的家庭将电视连接到互联网。据统计，在英国有1/3的人在BBC iPlayer上观看电视节目，有大约40%的家庭选择了诸如Netflix和亚马逊Prime的视频订阅流媒体和点播服务。16~24岁的年轻人平均每天观看1小时的YouTube；而对儿童媒体素养的研究发现，在12~15岁的青少年中，YouTube和Netflix的品牌认知度高于BBC或ITV。⑤

此外，2017年欧盟28个成员国的无线电使用频率调查结果显示，75%的15岁及以上的欧洲人每周至少听一次收音机，每天或几乎每天都有50%的人收听广播。⑥ 2018年，年龄在14岁及以上的德国人中，有3635万人每

---

① 参见http://v.lmtw.com/mzs/content/detail/id/163925。
② 参见http://v.lmtw.com/mzs/content/detail/id/163925、
③ 参见https://www.statista.com/statistics/422719/tv-daily-viewing-time-europe/。
④ 参见https://www.statista.com/statistics/422729/eu-tv-usage-frequency-via-internet/。
⑤ UK Communications Market Report 2018.
⑥ 参见https://www.statista.com/statistics/422668/europe-radio-usage-frequency/。

天收听收音机，1087万人偶尔收听，很少收听的有518万人，广播依旧是德国人最信任的媒介形式。① 在西班牙，1997~2018年间，人均每天听收音机的时间保持在94~118分钟。② 2017年意大利收听广播的人数，如果按年龄划分，45~54岁之间的听众最多，超过630万人；其次是年龄在35~44岁之间的听众，约580万人。③ 而在英国，有九成的成年人每周都会收听广播，平均每周收听近21个小时。④

三　音乐与电影产业

近年来，数字音乐收入在欧洲音乐市场有所增长。在数字音乐消费方面，流媒体服务越来越受消费者欢迎，音乐流媒体收入在德国、法国、瑞典和英国等领先的音乐市场呈上升趋势。然而，一些欧洲消费者表示不愿意支付音乐流媒体服务费用，71%的受访者优先考虑免费的音乐，但同时超过53%的受访者希望得到有良好音质的服务。⑤

2016年，欧洲音乐产业收入约为43亿欧元，是自2001年以来逐年下降后连续第二年增长。英国在音乐总收入方面领先于欧洲各国，其次是德国和法国。然而，从欧洲人均音乐收入来看，英国在挪威之后排名第二，紧随其后的是瑞典和丹麦。⑥

在欧洲，不同类型的唱片市场表现各异。在西欧，实体唱片销售已进入稳定状态，主要收入来源仍然是录制音乐。虽然与20世纪相比实体唱片销量较低，但CD和胶片仍可以在相对较大的音乐市场中占有一席之地。对音

---

① 参见 https://www.statista.com/statistics/382120/radio-consumption-by-frequency-germany/。
② 参见 https://www.statista.com/statistics/451403/radio-listening-time-per-day-in-spain/。
③ 参见 https://www.statista.com/statistics/540085/number-of-people-listening-to-the-radio-in-italy-by-age/。
④ *UK Communications Market Report 2018*.
⑤ 参见 https://www.statista.com/topics/3903/music-industry-in-europe/。
⑥ 参见 https://www.statista.com/topics/3903/music-industry-in-europe/。

乐文化产品的消费支出最高的地区集中在北欧，北欧家庭在较长时间内享受了非常好的互联网和高水平的数字音乐服务。

一直以来，欧洲都致力于将其电影推广至世界。同时，欧洲电影的境外发行也有助于展示欧洲文化的多样性。更广泛的流通也为欧洲制作市场带来机会，这反过来又提高了欧洲企业相对于非欧洲企业的整体竞争力。

近年来，这一生态系统在技术应用和行业监管等方面都有非常显著的发展。同时新视频点播服务兴起并成为欧洲电影不断创新的特征。欧洲视听观察站公布的数据显示，欧洲本土电影在欧洲以外国家及地区的播出量占欧洲电影院所有电影播出量的31%。

四 互联网产业

截至2018年12月，全球有41亿互联网用户。① 其中欧洲的互联网用户占比16.8%，排在亚洲之后位列世界第二位。在欧洲，荷兰弗莱福兰为每日互联网使用率最高的地区（见图2）。

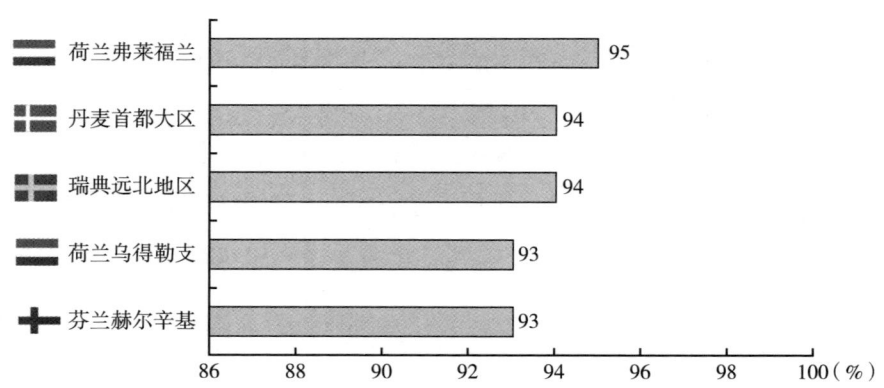

图2　2017年每日互联网使用率排名前5位的欧盟地区（16~74岁）

数据来源：Eurostat Regional Yearbook 2018。

---

① 参见https://hostingfacts.com/internet-facts-stats/。

在互联网使用方面，欧盟成员国之间也存在较大的差异，北部和西部成员国通常比位于南部或东部的成员国拥有更高的互联网使用率。2017年，在欧盟的30个地区中，只有不到60%的成年人（16~74岁）每天使用互联网。而这些地区主要分布在罗马尼亚、保加利亚、希腊、法国、意大利南部和葡萄牙。在欧盟北部和西部的19个地区，每10个成年人中至少有9人每天都会使用互联网。瑞典的五个不同地区、丹麦的三个地区和芬兰的一个地区也是如此，至少每天有90%的成年人会使用互联网。①

随着世界互联网人口逐渐增多，移动设备（智能手机和平板电脑等）已经逐步取代了传统的固定连接。截至2017年底，欧洲有4.65亿移动用户，占总人口的85%。到2025年，预计这一数字将增长到4.81亿人，占总人口的88%。② 在EU5（欧盟5个主要成员国，即英国、法国、德国和意大利）中，英国的移动连接率最高，即支持4G设备上的4G服务（63%）和人均4G连接数量最多，为88%。③

五 趋势预测

虽然互联网以及社交媒体在2018年仍然势头不减，传统媒体的行业危机仍在延续，但随着《通用数据保护条例》（GDPR）的出台，移动互联网行业前途未卜，同时老牌媒体集团在数字化转型中坚持创新。可以预见，欧盟传媒业在2019年将面临新的格局和新的挑战。

首先，尽管电视、互联网、通信等服务的消费方式出现了一定变革，但欧洲有线电视行业仍然是该产业最大的收入来源。随着欧盟各成员国在互联网速度上的日益平衡以及互联网订阅的兴起，电视产业的整体收入将再一次得到提高。SpotX的研究表明，欧洲的网络电视广告在未来几年将迎来高峰期。

---

① *Eurostat Regional Yearbook 2018*.
② 参见http://www.199it.com/archives/779062.html。
③ *International Broadband Scorecard*.

传媒蓝皮书

其次，欧洲是世界上移动媒体普及率最高的地区，传统媒体部门应当通过发展重要的数字业务来抓住机遇。到2022年，欧洲的移动生态系统预计将占GDP的4%以上。但欧盟必须采取正确有效的监管措施，将欧洲定位为全球5G领导者，建立真正的欧盟数字统一市场。音乐产业中，新的分销形式（流媒体）经过多年的衰退后也许会出现再次反弹的趋势。

再次，用户订阅和针对目标受众的广告投放成为传统新闻媒体最主要的两种收入模式。这两种模式的主要核心是将个人数据处理作为核心，定期自动处理，通常通过系统自动发送营销性质的电子邮件或是投送相应的广告。

最后，在"虚假新闻"、"隐私泄露"以及各国大选的背景下，如何克服媒体信任危机将继续成为整个行业的课题。传统媒体不仅需要继续寻找如何在融媒体时代生存的路径，而且还需要借此时机，担负起社会责任。反观互联网社交媒体领域，Google和Facebook在欧盟的地位仍不可撼动，但随着社交媒体中虚假新闻的持续发酵以及欧洲用户习惯的改变，移动媒体存在发生变革的可能，一些老牌媒体平台恐面临用户迁移的风险。

B.39
2018年德国传媒产业发展报告

吴璟薇 林子皓*

摘 要: 2018年德国媒体整体上平稳发展。报业持续保持低幅度缩水,总发行量持续下降。传统媒体方面广播和电视仍然是德国人在晚间这一休闲时间段主要使用的媒体。电影方面,虽然柏林电影节和德国电影产业在世界上已经具有较大影响力,但德国近4年上映的电影数量规模没有太大变化,产业规模一直较小。德国的互联网在不同的年龄和职业群体中都达到了比较高的普及率,同时不断增长的还有社交媒体的使用率。

关键词: 德国传媒产业 社交媒体 短视频平台

一 报刊

1. 报纸市场

2018年,德国报纸的整体数量继续呈现下降的趋势。日报和周报的发行量情况完全不同,前者保持缩减而后者相对平稳(见图1)。近10年来,德国日报的种类数量经历了两个转折点,一个是自2012年德国报业寒冬期以来,报纸数量经历了一个持续下跌的时期;到2017年日报数量又出现小幅回弹,但在2018年又呈现微弱的下跌之势(见表1)。

---

* 吴璟薇,清华大学新闻与传播学院助理教授;林子皓,柏林自由大学媒体与政治传播学硕士,柏林洪堡大学社会研究训练项目第二硕士在读。

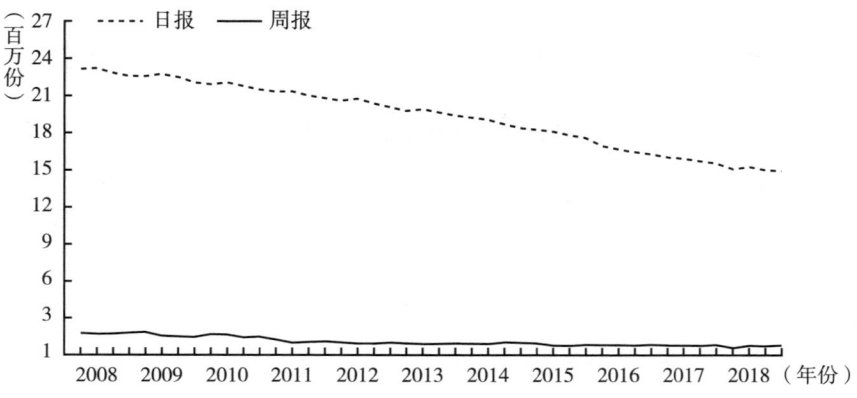

图1　2008～2018年德国日报及周报发行量变化趋势对比

数据来源：IVW Auflagenliste 4/2018，S. 10。

表1　德国日报种类变化（2000～2018年）

单位：种

年份	2000	2005	2010	2011	2012	2013	2014	2015	2016	2017	2018
日报	357	359	347	347	335	331	329	325	324	333	329
较前一年变化	—	+2	-12	0	-12	-4	-2	-4	-1	+9	-4

BDZV 2000，S. 390，395，2005，S. 288，2010，S. 398，400，403，2011，S. 498，503，2012，S. 406，408，410f.，2013，S. 378，2017，S. 9. 382f.，2014，S. 340，342，2015，S. 274，2016，S. 312，314，317；IVW Auflagenliste 4/2018，S. 8.

2018年，德国阅读报纸的人数为3930万人，日报的阅读人数为整个德语区所有人口总数的55.8%。电子报刊开始渐渐成为人们获得信息的重要平台，约1/3的读者（1300万人）通过电脑、平板或者手机来读报。在线读报的群体也体现出明显的年龄差别，70.8%的49岁以上读者主要支持传统的纸质报刊，然而78.7%（1070万人）的16～29岁之间的青年群体，则主要依靠在线阅读。[①]

2. 杂志

2018年德国大众杂志的种类为744种，是自2012年数量达到893种的高峰

---

① BDZV Presse Mittteilung：Tageszeitung 2018，http：//www.bdzv.de/nachrichten-und-service/presse/pressemitteilungen/artikel/detail/tageszeitung-2018/.

后持续下降的新低；其总发行量和零售量也在近几年不断缩减，规模从 2012 年的 12320 万份及 10940 万份变为 2018 年的 9342 万份和 8596 万份。专业杂志 2018 年共出版 1073 种，比 2000 年减少了 15 种（见表 2）。由于时效性较低，很多杂志的内容主要针对有着特定兴趣爱好的读者群体，其市场和发行情况比较稳定。

表 2　德国杂志市场发展状况（2000～2018 年）

单位：种，万份

年份	大众杂志			专业杂志		
	种类	发行量	零售量	种类	发行量	零售量
2000	851	14420	12850	1088	2690	1730
2005	862	13780	12390	1076	2420	1510
2010	878	12690	11270	1173	2220	1210
2011	891	12150	10890	1149	2210	1180
2012	893	12320	10940	1142	2230	1210
2013	855	11760	10580	1125	2190	1200
2014	832	11240	10150	1135	2170	1170
2015	794	10780	9710	1117	2070	1100
2016	789	10420	9530	1092	2040	1080
2017	766	9933	9088	1075	1968	1022
2018	744	9342	8596	1073	1905	973

数据来源：IVW Auflagenliste 2/2013, S. 8, 2/2014, S. 8, 2/2015, S. 8, 2/2016, S. 8, 2/2017, S. 8, 2/2018, S. 8。

自 2012 年以来，德国电子杂志的发行量增长了 2 倍多，但电子杂志的市场增长极为缓慢。2018 年，大众杂志电子版（ePaper）占总发行量的 1.17%，专业杂志电子版只有总发行量的 0.37%（见表 3）。

表 3　杂志电子版发行量（2012～2018 年）

单位：万份，%

年份	大众杂志		专业杂志	
	发行量	占总发行量比率	发行量	占总发行量比率
2012	443792	0.41	8835	0.07
2013	433051	0.41	8983	0.07
2014	529573	0.52	30483	0.26
2015	608392	0.63	31505	0.29

续表

年份	大众杂志		专业杂志	
	发行量	占总发行量比率	发行量	占总发行量比率
2016	713065	0.75	38170	0.35
2017	950172	0.96	50839	0.26
2018	1088898	1.17	69719	0.37

数据来源：IVW Auflagenliste 2/2013，S. 8，2/2014，S. 8，2/2015，S. 8，2/2016，S. 8，2/2017，S. 8，2/2018，S. 8。

二 广播、电视与电影

根据VAUNET发布的数据，14岁以上的德国民众在2018年平均每天会在各种媒体平台上共花去10小时34分钟的时间。其中，电视和广播电台是使用时长最高的两个媒体。电视的平均使用时长为234分钟，位列第一，其后则是广播，平均使用时长为192分钟（见图2）。

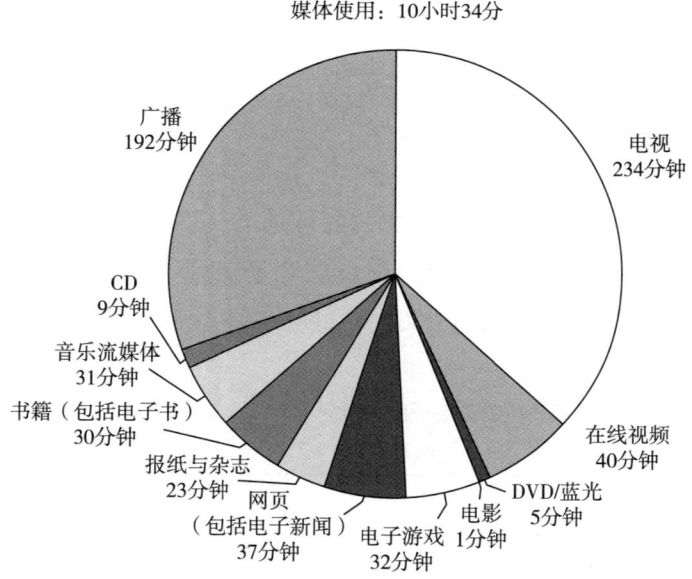

图2 2018年媒体使用时间分区

数据来源：VAUNET，Grafiken zur Mediennutzung，2018。

说明：样本为14岁以上德国民众每日平均使用媒体平台时间。

2018年，德国电视观众一共有约5115万人。在这个群体中，有92.2%的人至少在每两周内会看一次电视，有67.6%的人每天都会收看电视。14岁以上的广播收听者一共有约6706万人。在这个群体中，有93.7%在调查之前四周内听过广播，有77.6%的人会在工作日收听广播。

德国近4年上映的电影数量没有太大变化，产地的分布也比较稳定。2018年德国本土制作并首映的电影共有203部，约占全部624部首映电影的32.5%。有158部由美国发行的电影在德国首映，占比约25%。法国和英国各有56部和29部电影在德国上映，分别占9%和5%；其他国家引进的电影共178部，占29%。

2018年，德国电影票房收入为8.99亿欧元，较2017年下降13.93%。2018年电影平均票价为8.56欧元，较2017年下降0.76元。

三 互联网与社交媒体

2018年，14岁以上的德国人口中有6330万人是互联网用户，占比90.3%；而2017年这一数字为6240万人，占当时总人口89.8%（见表4）。

表4 1997~2018年德国互联网用户发展情况

单位：%，百万人

项目	1997	2000	2003	2006	2009	2012	2015	2016	2017	2018
百分比	6.5	28.6	53.5	59.5	67.1	75.9	79.5	83.8	89.8	90.3
总数	4.1	18.3	34.4	38.6	43.5	53.4	56.1	58.0	62.4	63.3

数据来源：ARD/ZDF Onlinestudie。

2017年，男性网民渗透率为90.6%，女性网民渗透率为89%，但在2018年，男性网民渗透率继续增长到92.1%，女性网民渗透率却反而略微降低为88.6%。网民年龄亦出现分层：14~19岁的年轻群体在2012年开始已经达到了100%的网络渗透率，而60~69岁及70岁及以上两个老龄段群体，在2018年分别只有82.4%和64.7%的网络渗透率。

2018年,德国网民平均每日使用互联网196分钟,相比2017年149分钟增加了47分钟。其中,女性网民较2017年增加了54分钟的网络使用时间,但其平均使用时间为179分钟,少于男性网民的215分钟。

在网络社交媒体中,Facebook的周使用率(31%)和日使用率(19%)均排在第一位,但较2017年有小幅下降。排名第二的Instagram的周使用率则从9%升高为15%,日使用率从6%升至9%。排名第三的Snapchat的周使用率为9%,日使用率为6%,较2017年微幅提高。Xing作为德国面对职业群体的工作社交媒体,用户群体一直相对稳定,同时在德国的普及度也比Linkedin略好。

需要特别指出的是,中国短视频平台抖音(Tiktok)自2016年9月进驻德国以后,用户群体发展迅速。截至2018年11月,抖音的德国活跃用户已经突破410万人,其中男女性别比为54∶46,每天平均使用时间为39分钟,每个用户平均每天观看8个短视频,每月的时评总点击量为65亿次。① 德国已经成为抖音在欧洲的重要市场。

---

① Jannis Schakarian: TikTok mit über 4 Millionen Nutzer in Deutschland. http://netzfeuilleton.de/tiktok-nutzer-in-deutschland/.

B.40
2018年英国传媒产业发展报告*

金文恺 韩博**

摘 要: 2018年英国年度GDP出现了自2012年以来的最低增长率,电视业呈下滑趋势,但电影、广播、图书业保持良好发展态势,数字和流媒体收入成为英国广告行业的主要驱动力。

关键词: 英国传媒产业 数字广告 互联网移动化

2018年,英国经济继续在震荡中发展,"脱欧"的影响依然在持续。2018年第三季度,英国国民生产总值(GDP)出现了自2012年以来的最大幅度增长(环比增0.6%)①,但根据英国国家统计局的全年统计来看,2018年的GDP增长率为1.4%,低于2017年的1.8%,是2012年以来的最低水平,主要原因是制造业(工厂和汽车行业)产量的下降②,传媒产业归属的信息通信板块发展依然强劲,但出现了小幅下滑。③

---

* 本文是教育部哲学社会科学研究重大课题攻关项目"构建全球化互联网治理体系研究"(项目编号:17JZD032)阶段性研究成果。
** 金文恺,清华大学新闻与传播学院博士研究生,美国加州大学洛杉矶分校法学院访问学者;韩博,清华大学新闻与传播学院博士研究生。
① BBC: UK economy grows at fastest rate since late 2016, https://www.bbc.com/news/business-46151172.
② BBC: UK economic growth slowest since 2012, https://www.bbc.com/news/business-47196387.
③ GDP monthly estimate, UK: December 2018, 6. The services sector grew by 0.4% in Quarter 4 2018, https://www.ons.gov.uk/economy/grossdomesticproductgdp/bulletins/gdpmonthlyestimateuk/december2018#annual-gdp-growth-was-the-lowest-since-2012-at-14.

传媒蓝皮书

特别值得注意的是，2017年增长强势的英国广告业首次出现了自2008年以来的增长率下滑。群邑集团（GroupM）的数据显示，数字广告占所有广告投资的60%左右，2018年增长率为6.0%，低于2017年的6.4%，并将2019年增长预测从5.1%削减至4.8%。

一　广电业[①]

1. 电视业

首先，英国电视业的最大变化在于收视模式的转变。在英国，有超过一半的电视家庭拥有网络电视，1/3的人通过BBC iPlayer观看节目。大约有40%的家庭通过订阅流媒体和点播服务实现视频娱乐，如通过Netflix和亚马逊Prime等。

其次，收视率大幅下降。虽然在英国2017年每人每天看电视的时间仍维持在200分钟以上（203分钟），但2017年是平均观看时长下降最快的一年，每日平均观看时长下降了9分钟。

观看行为的变化给电视业带来了巨大挑战。电视广告收入在2017年实际下降了约7%，虽然主要原因可能是受宏观经济下滑的影响，但结构性下降的风险似乎随着观看数量下降和在线视频广告的增长而增加（见图1）。

2017年，付费电视收入也出现下滑，这表明Sky和Virgin Media等付费电视运营商也同样面临着来自Netflix和亚马逊Prime等订阅点播服务的挑战。

2. 广播业

同属于传统媒体行业，新媒体的发展也给广播造成了困扰，但英国的情况又因为其国情、传统呈现一定的特殊性。90%的英国成年人每周依然会收听广播，并且周平均时长近21小时，这个数字在互联网高速发展的今天并不常见。

---

① 如无特别标注，本节数据均引自英国信息通信管理局（Ofcom）2018年8月发布的 The Communications Market Report 2018。

360

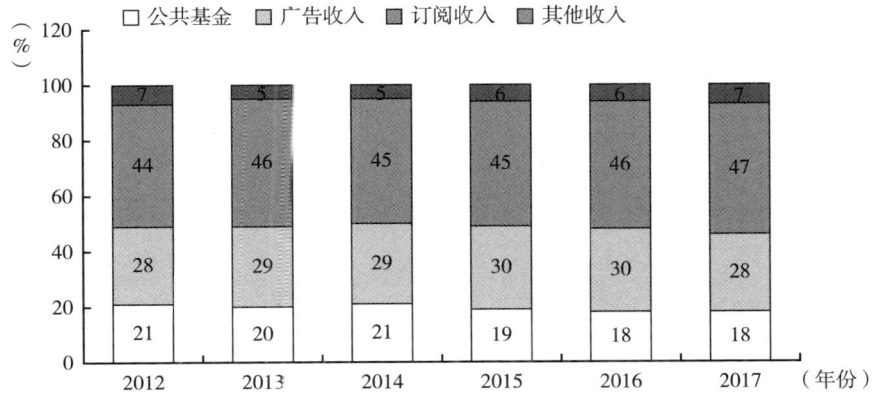

图1　2012~2017年英国电视产业收入构成

数据来源：英国信息通信管理局，*The Communications Market Report 2018*，2018年8月。

从英国广播产业的收入构成来看，商业电台的收入增长放缓，从2016年到2017年仅增加了500万英镑，而BBC的广播收入却大幅度增加，走出了2016年的低谷，恢复到了与2015年相当的水平（见图2）。

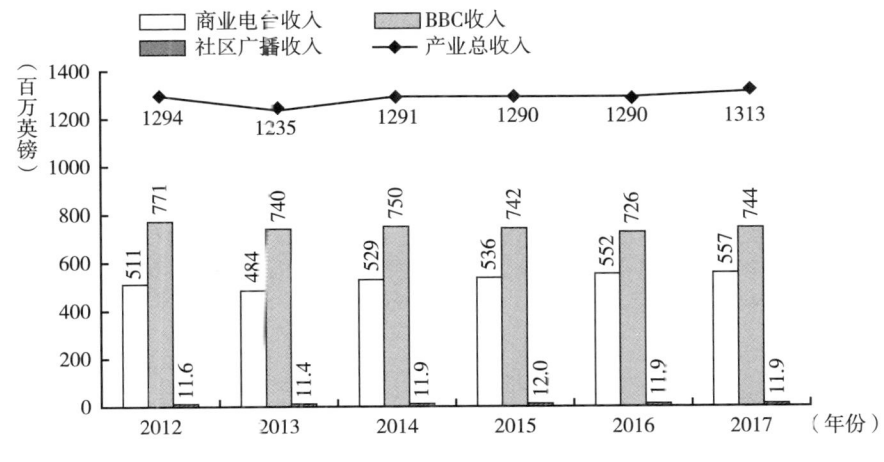

图2　2012~2017年英国广播产业收入构成

数据来源：英国信息通信管理局，*The Communications Market Report 2018*，2018年8月。

另外英国广播业还出现的一个新现象，即使用智能语音助手、智能语音设备进行广播收听的用户增多，这些设备类似于中国的天猫精灵、小爱同学、小度等。英国10%的广播听众已经开始在智能扬声器上收听广播。① 包括Echo，Echo Dot和Echo Show等在内的亚马逊系列仍然是最流行的，占英国市场份额的75%，但这一份额比2016年的88%已经有所下降。

3. 电影产业

2017年，英国共售出1.76亿张电影票，比2016年略有增加（1.4%），成为欧盟之中，排名在法国（2.09亿张）之后的第二大电影市场。2017年，在电视业下滑的情况下，英国电影产业依然保持发展，但明显受到了整体经济形势的影响。2015年英国票房增长率最高，达到了17.4%，2016年为负增长，2017年为小幅回升（见图3）。

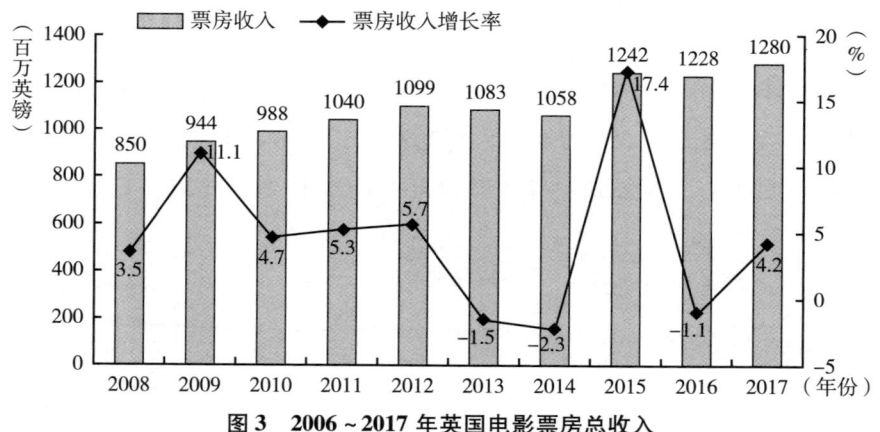

图3　2006~2017年英国电影票房总收入

数据来源：英国电影协会（BFI）、comScore公司，2008~2017。

在票房表现上，排名前十位中，迪士尼表现俱佳，由其发行的《复仇者联盟3：无限战争》荣登榜首。

二　新闻出版业

1. 报纸杂志

英国的报纸杂志产业较为发达，拥有《泰晤士报》（*The Times*）、《卫

---

① 英国信息通信管理局：Technology Tracker H1, 2018。

报》(The Guardian)、《每日邮报》(Daily Mail) 等主流大报。但从其营收来看，英国报刊业发展并不顺利，甚至可以说是"举步维艰"，其收入从2007年的68亿英镑减少到2017年的36亿英镑①，这也直接导致了2018年英国报刊业与大型跨国互联网平台如脸书、谷歌的剧烈冲突。

出版商受众监测公司（PAM Co.）的数据显示，从2017年10月到2018年9月，《卫报》成为英国最好的新闻阅读品牌，其阅读人数超过了《每日电讯报》(The Telegraph) 和《独立报》(The Independent)，覆盖2370万英国人。但就在其采用在线完全免费阅读、自愿捐款的政策下，仍有超过97%的在线读者认为阅读《卫报》的时间很长，且大多数流量来自于社交媒体平台而不是直接点击。②

2018年11月，英国新闻媒体协会（News Media Association）要求政府应该强迫脸书和谷歌等社交媒体网站支付年度财务税来资助新闻业，并设立监管机构，迫使它们对其平台上的所有内容承担法律责任。

2018年第一季度，英国全国报纸市场的印刷展示广告增长1%至1.53亿英镑③，这是自2010年第四季度以来首次出现增长。

2. 图书出版④

英国出版商协会的最新数据显示，在报纸收入大不如前的情况下，英国的图书出版依旧强势，总收入增长了5%，达到57亿英镑，实体图书销售收入大幅增长5%，其中书籍和期刊的数字出版收入增长了3%，达到18亿英镑，同时数字图书销售收入略有下降（下降2%）。

更引人注目的是英国的书籍出口能力，销售收入总额增长8%至34亿

---

① UK newspaper industry demands levy on tech firms, https://www.theguardian.com/media/2018/sep/25/uk-newspaper-industry-demands-levy-on-tech-firms
② Guardian most trusted newspaper in Britain, https://www.theguardian.com/media/2018/dec/17/guardian-most-trusted-newspaper-in-britain-says-industry-report.
③ Print advertising in UK national newspapers rises for first time since 2010, https://www.theguardian.com/media/2018/jul/31/national-newspapers-in-uk-enjoy-first-print-advertising-rise-since-2010-research-finds.
④ 本节中数据均引自英国出版商协会（The Publishers Association）2018年7月发布的 PA Publishing Yearbook。

英镑。其中，向欧洲其他地区销售的实体书籍增长了13%，达到4.89亿英镑，东亚和南亚的销售额增长了8%，达到2.48亿英镑。

在出版转向数字化之后，有声读物和精装书销售分别增长25%和31%，说明电子化、精致化是未来图书出版业的可选发展方向。同时，在儿童书籍出版方面，英国图书出版业并没有明显的起色，主要原因可能是2017年后"哈利·波特系列"并没有新的作品出现。

三 互联网与移动媒体[①]

2018年，英国的互联网发展较为稳定，互联网普及率在近3年均保持在87%左右，互联网移动化已经成为趋势。

从上网方式来看，移动上网已经成为主流，见表1。

表1 2018年英国互联网发展关键数据

单位：%，百万英镑

项目\年份	2012	2013	2014	2015	2016	2017	2018
互联网普及率	79	80	82	85	86	88	87
用笔记本上网占比	61	62	63	65	64	64	63
用智能手机上网占比	39	51	61	66	71	76	78
智能手机作为主要上网工具占比	N/A	15	23	33	36	42	48
移动广告支出	554	1021	1631	2509	3786	5201	N/A

数据来源：英国信息通信管理局，The Communications Market Report 2018，2018年8月。

2018年3月，英国有4190万18岁以上的成年人访问了谷歌网站，使谷歌成为访问量最大的网站。在谷歌产品组合中，YouTube是最受欢迎的平台（4000万访客），其次是谷歌搜索（3700万访客）、谷歌地图（2500万访

[①] 本节中数据均引自英国信息通信管理局（Ofcom）2018年8月发布的 The Communications Market Report 2018。

客）和Gmail（2300万访客）。脸书（包括Instagram，WhatsApp和主要的脸书网站）排名第二，拥有4020万访客，占英国在线观众总数的95%。排名第三的是英国广播公司（BBC）网站，2018年的访问量为3950万，比2016年增加了530万，超过亚马逊和微软。这说明英国传统媒体公司在向互联网转型的过程中取得了一定的成绩，在英国本土信息的提供方面更具有优势。

B.41
2018年法国传媒产业发展报告

张　伟*

摘　要： 2017年法国经济持续好转，在政策利好的背景下，文化经济实现持续增长。数字化的趋势对法国文化与传媒产业产生深刻影响，在互联网领域尤其明显。在新技术的带领下，数字消费领域逐渐成熟，用户数字内容的购买表现尤其亮眼，本报告依据法国文化与传媒产业部发布的2018年度报告，持续观察与分析法国文化与传媒的各个领域。

关键词： 法国传媒产业　文化经济　数字化

法国国家统计局发布的数据显示，2017年法国国内生产总值（GDP）约为22883.82亿欧元，同比增长1.9%。① 在法国经济持续好转的背景下，2018年法国文化部优先选择在文化与传媒领域投入36亿欧元，其中非物质文化遗产占比25%，艺术创作占比22%、媒体和文化产业占比15%，文化教育占比38%。② 2016年，文化产业创造价值达445亿欧元，占法国经济总量的2.1%③，同时文化商品及其总服务价值达881亿欧元，同比增长0.6%（见图1）。

---

* 张伟，北京工商大学艺术与传媒学院讲师，法国巴黎第八大学博士。
① 数据来源：法国全国统计和研究所（INSEE），https：//www.insee.fr/fr/accueil。
② Ministère de la Culture et de la Communication：*Chiffres Clés Statistique de la Culture et de la Communication*，DEPS，Paris，2018，p82.
③ Ministère de la Culture et de la Communication：*Chiffres Clés Statistique de la Culture et de la Communication*，DEPS，Paris，2018，p32.

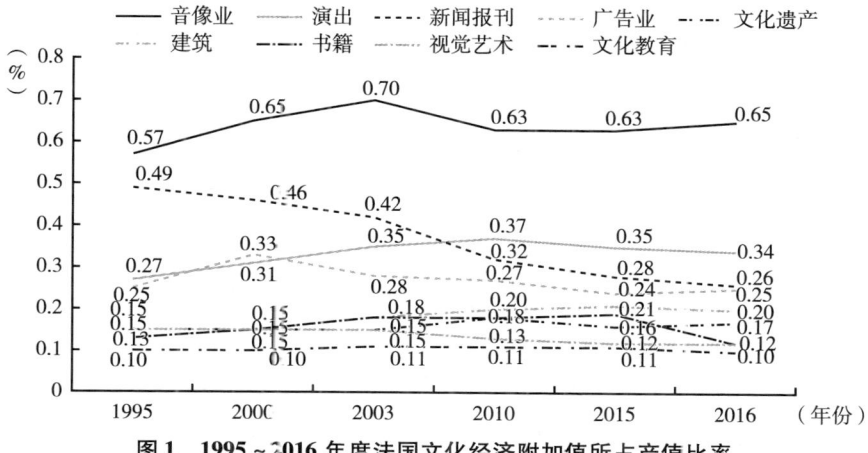

图 1　1995～2016 年度法国文化经济附加值所占产值比率

数据来源：Ministère de la Culture et de la Communication, *Chiffres Clés Statistique de la Culture et de la Communication*, DEPS, Paris, 2018, p34.

说明：文化经济为法国政府惯用的统计文化与传媒数据的基本概念，包含影视、报纸、音像等传统传媒产业，还包含视觉艺术、非物质文化遗产、表演与舞台艺术等。

一　电影业

根据法国国家电影中心（CNC）2018 年 12 月 31 日公布的数据，2018 年度法国观影人次为 2.05 亿人次，同比 2017 年下降了 4.3%，但观影人次依然排在英国等欧洲主要国家之前。[①] 即便是在法国世界杯和"黄背心"游行示威活动的影响之下，法国依然是欧洲最主要的电影市场之一。

同时，在法国文化部的"文化例外"的背景之下，法国本土电影近几年来持续发力，特别是本土喜剧片表现良好。有两部本土作品进入了年度榜单的前五名。

总体来看，2018 年度法国本土影片占据约 40% 的市场份额，而美国影片占据约 45% 的市场份额，比 2017 同期减少约 11%。这样的结果虽然仰仗于法国政府对于本土文化的保护政策，但其本土电影的社会影响力仍然不可小觑。

---

① 法国公布的官方票房数据并非以数额计算，而是展示观影人次。

二 电视业

据统计，2017年度法国家庭每日观看电视的平均时长约为3小时42分钟，相比2016年增加了1分钟。4~14岁的观众是观看电视最少的群体，平均只有1小时46分钟，而这一数据在2011年是2小时18分钟。50岁及以上的观众仍然是观看时间最长的群体，达到了5小时12分钟，比2011年增加了11分钟。互联网和智能终端的逐渐普及，使年轻人的注意力和时间更多的集中在其他新的领域。

在电视台方面，自2016年4月以来，地面数字电视台（TNT）的落地在当年实现了技术的突破，其中最重要的就是高清频道使TNT的收视率在法国得到了稳步的增长。而传统频道的观众收视（TF1、France2、France3、Canal+、France5、M6和Arte）在过去的10年里逐步下降（见图2）。

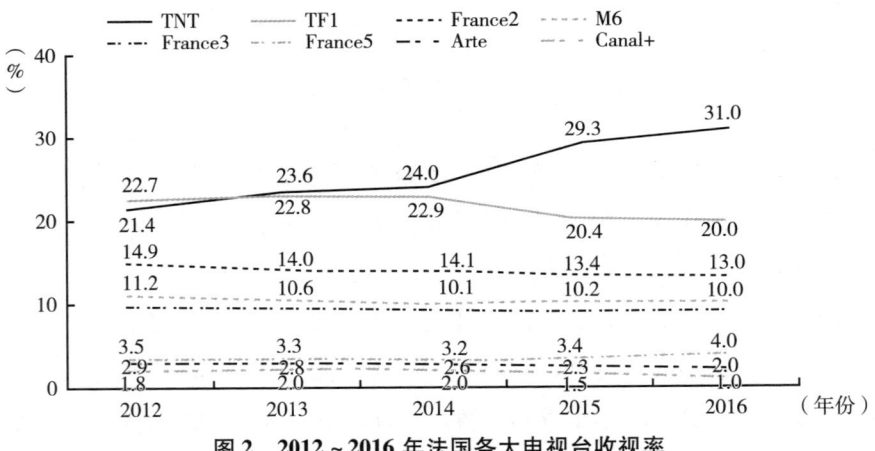

图2 2012~2016年法国各大电视台收视率

数据来源：*Chiffres Clés Statistique de la Culture et de la Communication*，2014-2016.

三 互联网业

截至2017年，12岁及以上法国居民的互联网使用率达88%，同比增长

1个百分点。2017年度，78%的互联网用户（超过15岁）均有付费购买服务的行为，比2016年同期增加8个百分点。

2017年度法国电商站点相较于2016年增长10个百分点，在购买力方面，每10个超过12岁的法国人中就有6人购买过互联网产品，每个消费者每年在网上平均进行三次购物，人均消费2200欧元，相比于2007年（763欧元）增长了接近3倍。18~24岁、25~39岁年龄段的互联网用户消费比例较其他年龄段的高（见图3）。

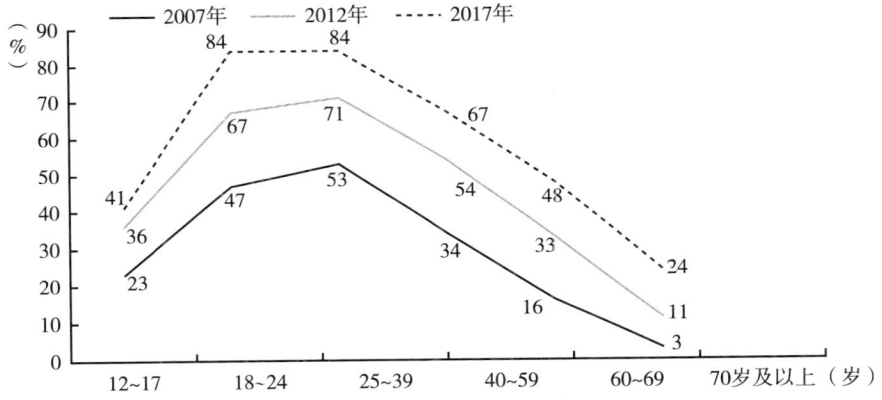

图3　2007年、2012年、2017年不同年龄阶段互联网月户消费情况

数据来源：Ministère de la Culture et de la Communication, *Chiffres Clés Statistique de la Culture et de la Communication*, DEPS, Paris, 2018, p. 232.

2017年度，Google在法国的市场占有率为92%，比上一年度减少了1%。搜索引擎Bing（5%）增长3个百分点，紧随其后的是Yahoo（2%）。在网页浏览器的使用方面，Chrome占据50%的市场份额，紧随其后的是Safari（22%）和Firefox（12%）。在智能手机用户端，Safari则表现亮眼，拿到37%的市场份额，比2016年同期增长3个百分点，三星初露锋芒占据9%的市场份额。

2017年度，互联网广告投放量持续增长，超过电视广告7个百分点，电视、报刊等传统媒体广告数额持续下滑（见图4）。

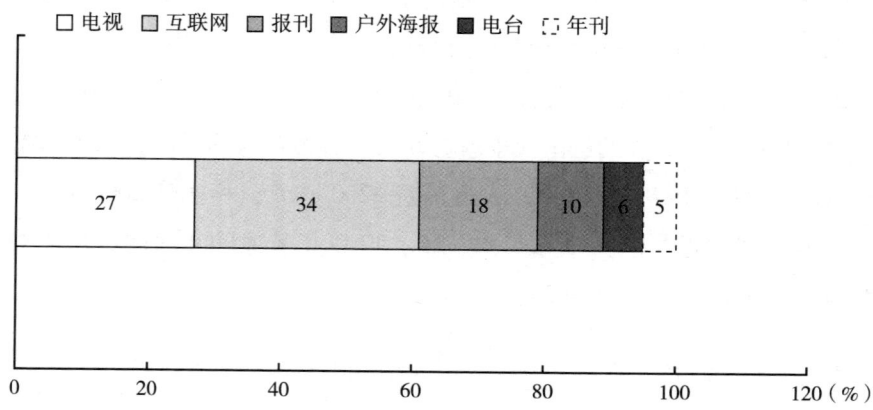

图4 2017年法国媒体广告投放情况

数据来源：Ministère de la Culture et de la Communication, *Chiffres Clés Statistique de la Culture et de la Communication*, DEPS, Paris, 2018, p.197.

B.42
2018年日本传媒产业发展报告

林杨*

摘　要： 2017年日本广告市场整体保持良好增长势头，视频广告的进一步发展和用户的移动化为广告市场带来了新的增长点。传统纸媒受用户习惯变化等多方因素影响，2017年依然处于较为艰难的状态，但是不少拥有优质内容的传统纸媒企业在数字业务方面迎来了新的增长。电影方面，由于日本国产片未能出现大热作品，整体表现差强人意，进口片无论在数量上还是票房收入上均高于前几年。

关键词： 日本传媒产业　日本广告市场　日本广播电视

日本内阁府公布的《平成29年度国民经济计算年次推计》显示，2017年日本名义GDP（货币GDP）为547.4万亿日元，同比增长2.0%，连续6年实现增长。受海外经济整体复苏影响，日本企业的出口及生产情况有所改善，名义GDP及企业收益均增长至历史最高，雇佣环境和国民收入有所提升。

一　报纸与出版

日本报业协会公布的数据显示，2017年，日本全国报纸总销售收入为

---

* 林杨，清华-日经传媒研究所助理研究员。

17123亿日元,同比减少3.14%。其中,报纸销售收入为9900亿日元,同比减少3.03%;广告收入3551亿日元,同比减少6.58%;其他收入3672亿日元,同比增加0.11%(见图1)。

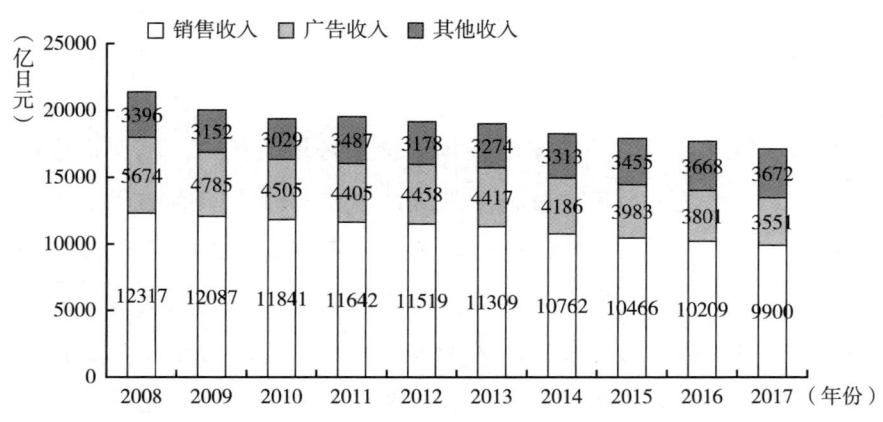

图1 报纸总销售额细目

数据来源:日本报业协会。

2017年日本报纸的总发行量为4212.8万份,同比减少2.65%。平均每户订阅报纸份数0.75份,持续缩减(见图2)。与10年前相比,发行量减少约1000万份,每家每户至少订阅一份报纸(每户订阅份数1.01份)的光景已不复存在。

日本报业协会广告委员会发布的2018年《报纸受众调查》[①]显示,无论是否订阅报纸,通过包括电视和互联网等途径在内接触报纸报道或广告的人群均超过九成,其中每天都有接触的受众人群为53.6%,每周至少有1次接触的为15.9%;通过电视接触报纸报道或广告的人群为83.2%,通过网络接触的为63.3%。该调查结果还显示,日本国民对报纸的印象

---

① 《报纸受众调查》是日本报业协会广告委员会开展的关于报纸受众的调查,自2017年11月起开始每年实施。该调查旨在了解包括非订阅用户不定期阅读报纸或通过SNS等新渠道阅读源自报纸信息的受众人群情况,使"报纸受众"的定义更加立体多样。2018年《报纸受众调查》以日本全国15~79岁的男性和女性共1200人作为调查对象,调查实施时间为2017年11月。

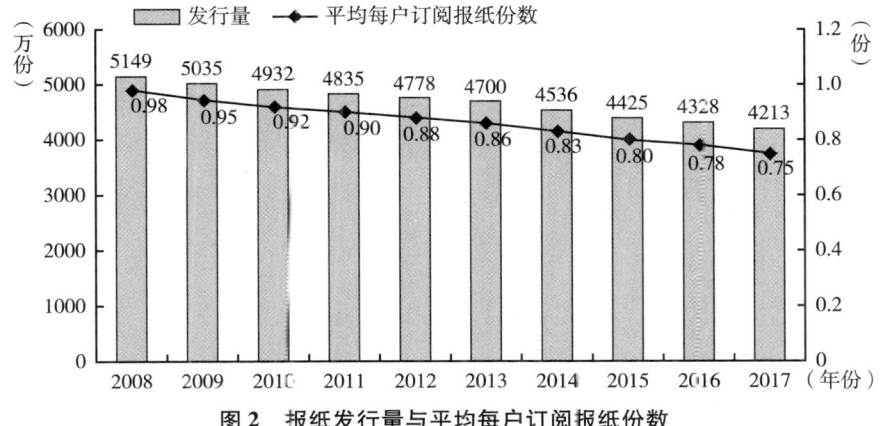

图 2　报纸发行量与平均每户订阅报纸份数

数据来源：日本报业协会。

评价在"知识性""能放心""信息正确""可信赖性高"等方面远超其他媒体。

出版科学研究所公布的数据显示，2017年日本传统图书期刊出版行业市场规模（推算销售金额）约为13700亿日元，同比减少6.9%。其中纸质图书市场规模为7152亿日元，同比减少3.0%；纸质期刊市场规模缩减至6548亿日元，同比减少10.8%（见图3）。

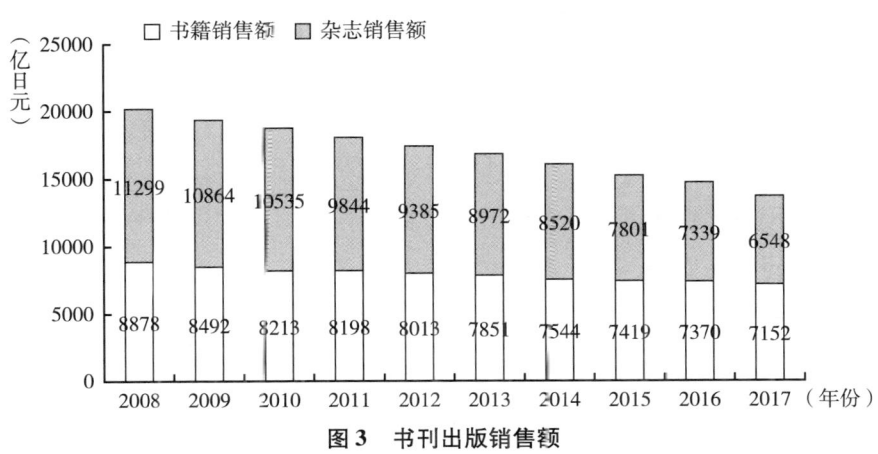

图 3　书刊出版销售额

数据来源：出版科学研究所，《出版指标年报》2008～2019年度版。

纸质期刊方面，市场规模连续20年缩小，并于2017年首次出现超过10%的降幅。漫画类期刊市场大幅缩减加剧了纸质期刊市场的缩小；代表性杂志停刊及部分杂志从纸质出版过渡至电子出版，从而导致市场进一步缩小。

根据Impress R&D的统计，2017年日本电子出版市场总规模为2556亿日元，其中电子书市场2241亿日元，同比增长13.4%，电子杂志市场315亿日元，同比增长4.3%，二者增长率同比均有所放缓（见图4）。

图4 电子出版市场规模

数据来源：Impress综合研究所，《电子书籍商业调查报告书2018》。

从电子出版物的类别来看，漫画内容市场规模达到1845亿日元，同比增长14.1%；文字类等内容市场规模增长至396亿日元，同比增长17.7%。Impress的用户调查显示，日本电子书市场约有17.7%的付费用户；免费漫画APP的使用率为28.4%，其广告市场规模约100亿日元，利用率较高的漫画APP有"LINE漫画免费连载"、"少年JUMP+"、"comico"等。

二 广播电视

据日本总务省信息通信统计数据库数据及NHK业务报告书显示，2017

年日本电视市场规模为39202亿日元,同比增长0.7%。其中民营电视台地面电视市场规模为23336亿日元,同比减少1.3%;NHK经常事业收入7177亿日元,同比增长1.9%;有线电视市场规模4992亿日元,同比减少0.8%;卫星电视市场规模3697亿日元,同比增长6.8%(见图5)。

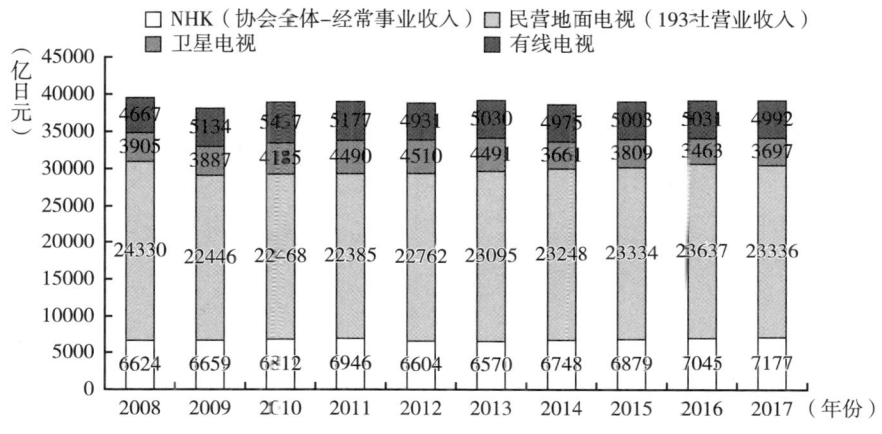

图 5　电视市场规模

数据来源:日本总务省信息通讯统计数据库;NHK业务报告书2008～2017各年度。

从市场整体规模来看,近3年的日本电视市场规模总体保持平稳,以付费电视为主的卫星电视和有线电视虽然在体量上还无法与五大民营电视台及NHK相比,但基本保持了较为平稳的发展,卫星电视的逆势增长尤为显著。

广播方面,日本民间放送联盟发布的《电视广播收入预测》显示,2017年日本地面广播行业全体营业收入1425亿日元,同比减少2.2%。其中中短波营业收入798亿日元,同比减少2.4%;FM营业收入627亿日元,同比减少1.9%。

三　电影

据日本电影制作者联盟统计,2017年日本电影市场年观影人次1.74亿人次，同比下降3.2%；全年票房收入2286亿日元，同比减少3.0%；其中国产片票房收入1255亿日元，同比减少15.6%；进口片票房1031亿日元，同比增长18.6%（见图6）。在上映作品数方面，全年共上映1187部电影，其中国产片594部，进口片593部，数量基本持平。

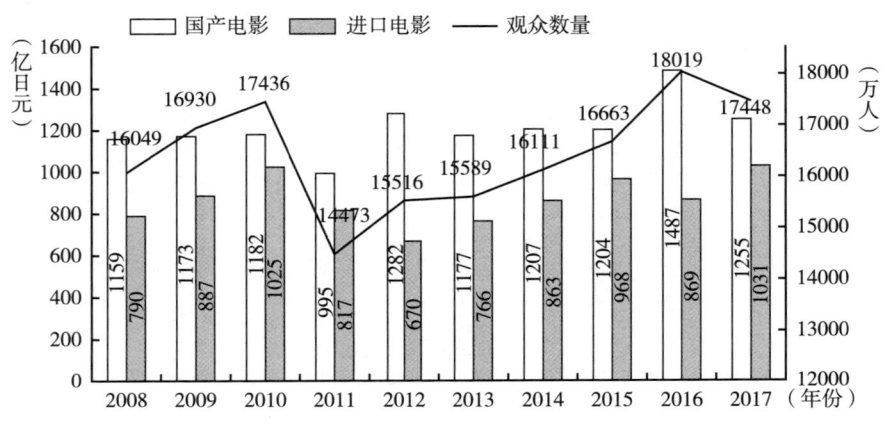

图6　电影票房收入及观影人次

数据来源：日本电影制作者联盟。

从票房表现上来看，2017年日本国产片主要依靠长年卖座的经典IP或人气漫画小说的改编，且全年未能有表现优秀的大热作品。从单片票房成绩来看，全年票房TOP10有8部进口片和2部国产片，其中两部国产片《名侦探柯南：唐红的恋歌》（68.9亿日元）《电影哆啦a梦：大熊的南极冰冰凉大冒险》（44.3亿日元）分列第4和第9，全年票房前三名均为进口片，分别是《美女与野兽》（124.0亿日元）、《神奇动物在哪里》（73.4亿日元）和《神偷奶爸3》（73.1亿日元）。

四　音像

根据日本唱片协会的统计，2017年日本音像市场规模约为2894亿日元，同比减少3.1%。其中非数字音像制品约为2321亿日元，同比减少

5.5%；网络付费下载及增值服务573亿日元，同比增长8.3%，连续4年实现增长，但增幅开始减缓（见图7）。

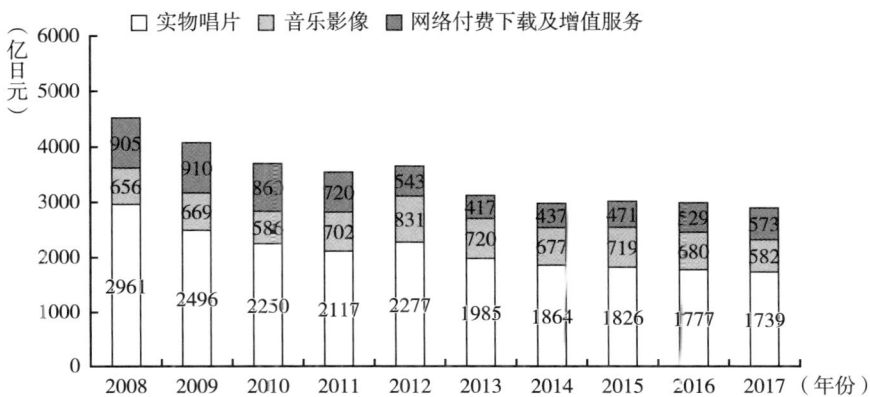

图7 音像制品销售规模（仅包括实物光盘、网络付费下载及增值服务）

数据来源：日本唱片协会。

2017年的日本音像市场，实物唱片及影像制品无论在发行数量还是销售额上都有所减少；在网络付费下载及增值服务方面，付费下载数量及金额略有减少，付费在线收听成长显著，从付费金额来看，付费下载约占市场整体的47%，付费收听约占市场整体的46%。在音乐作品方面，2017年共有5张实物专辑、4张实物单曲和1张数字专辑、5张数字单曲销量超过百万。

五 互联网

根据日本总务省的调查统计，2017年日本互联网普及率为80.9%，较上一年度（83.5%）相比有明显下降，总务省将其归结为参加统计的老龄人口（70~79岁、80岁及以上）增加，从统计的角度来看数据横向比较意义不大。

从互联网的接入终端来看，不同年龄段的日本网民接入互联网的方式表现出了较为明显的差异，13~49岁的网民使用智能手机及电脑接入互联网的比例较高，有相当一部分老龄网民依然在使用非智能手机接入互联网，在6～12岁的低龄网民当中，则更多通过家用游戏主机来接入互联网。

六 广告

根据日本电通广告公司的统计，2017年日本广告市场规模为63907亿日元，同比增长1.6%，日本广告市场连续6年出现增长，其中互联网广告媒体费连续4年增长率超过10%（见表1）。

2017年，在全球经济回暖、企业经营扩大、雇佣情况得到改善以及日元贬值等一系列经济复苏的环境下，企业在广告费的投入意愿也有所提升。在经历了2008年的次贷危机和2011年的东日本大地震后，从2012年至今迎来了连续6年的增长。从不同媒体渠道的广告费规模来看，广告市场内部呈现出了两极分化的状态，互联网广告保持了良好的发展势头，广播广告体量虽然不大但也稳中有升，但除此之外的各行业广告费都出现了不同程度的缩水。

表1 2010～2017年各媒体广告费

单位：亿日元

媒体类型\年份	2010	2011	2012	2013	2014	2015	2016	2017
报纸	6396	5990	6242	6170	6057	5679	5431	5147
杂志	2733	2542	2551	2499	2500	2443	2223	2023
广播	1299	1247	1246	1243	1272	1254	1285	1290
电视	17321	17237	17757	17913	18347	18088	18374	18178
卫星媒体	784	891	1013	1110	1217	1235	1283	1300
互联网	7747	8062	8680	9381	10519	11594	13100	15094
其他推销广告	22147	21127	21424	21446	21610	21417	21184	20875

数据来源：电通，《日本的广告费》各年度版。

传媒市场动态

Media Market Trends

B.43
2018年中国广告市场数据*

全国2018年广告花费——媒体

单位：%

媒 体	广告花费同比变化	广告资源同比变化
电 视	-0.4	-8.1
报 纸	-30.1	-34.0
杂 志	-8.3	-13.5
广 播	5.9	-5.1
传统户外	-14.2	-19.1
合 计	-1.5	—

---

* 中国广告市场数据来源：CTR 媒介智讯（CTR Media Intelligence 01/2017-12/2018）。统计范围以CTR媒介智讯2017年的监测范围为基准；花费统计以媒体公开报价为标准，不含折扣和免费项目；电视频道监测时间为17:00~24:00；"New"代表本次新上榜。

全国2018年广告花费——品类/品牌

单位：%

2018	品类	同比变化	品牌	同比变化
1	饮料	3.8	鸿茅	-51.3
2	药品	-4.4	同溢堂	73.3
3	食品	-2.2	葛洪	68.9
4	化妆品/浴室用品	-19.6	兰蔻	82.2
5	酒精类饮品	-14.9	养无极	26.6
6	商业及服务性行业	-10.9	陈李济	-23.7
7	娱乐及休闲	12.5	伊利	9.8
8	家居用品	16.1	天地和	36.2
9	邮电通讯	-2.2	雅诗兰黛	70.9
10	活动类	16.7	旺旺	5.2

全国2018年电视广告花费——品牌

单位：%

2018	品牌	同比变化	2018	品牌	同比变化
1	鸿茅	-52.7	6	兰蔻	90.5
2	同溢堂	73.3	7	伊利	9.1
3	葛洪	79.5	8	天地和	39.1
4	养无极	26.3	9	雅诗兰黛	76.3
5	陈李济	-23.8	10	旺旺	5.2

全国2018年央视、省级卫视广告花费——品牌

单位：%

2018	央视广告花费-品牌		省级卫视广告花费-品牌	
	品牌	同比变化	品牌	同比变化
1	足力健	166.5	同溢堂	274.2
2	小罐	64.5	王老吉	76.1
3	君乐宝	332.7	伊利	8.3
4	8848	25.0	兰蔻	68.0
5	苏宁易购	>1000	旺旺	28.3
6	京东商城	11.0	均瑶	1.0
7	鲁花	3.1	豆本豆	-22.1
8	恒大	171.5	益达	92.8
9	广汽传祺	228.2	蒙牛	27.0
10	碧桂园	36.0	雪碧	36.1

全国2018年报纸、杂志广告花费——品牌

单位：%

2018	报纸		杂志	
	品牌	同比变化	品牌	同比变化
1	恒大	-23.8	兰蔻	-6.2
2	中国移动通信	-9.7	香奈儿	-4.6
3	中国福利彩票	-7.9	克丽斯汀迪奥	-0.9
4	中国工商银行	-2.3	迪奥	-9.1
5	中国银行	-7.7	阿玛尼	17.9
6	苏宁易购	-41.3	路易威登	-16.7
7	中国农业银行	-14.1	欧米茄	44.4
8	茅台	-16.8	雅诗兰黛	-33.4
9	中国电信	14.0	阿迪达斯	-5.7
10	广汽传祺	-25.5	卡地亚	-10.3

全国2018年广播、传统户外广告花费——品牌

单位：%

2018	广播		传统户外	
	品牌	同比变化	品牌	同比变化
1	燕之屋	28.2	苏宁易购	39.9
2	中国移动通信	-1.7	天猫	3.3
3	中国电信	1.7	广州地下铁道总公司	11.9
4	鸿茅	10.3	京东商城	-25.3
5	快贷	75.1	华为	80.7
6	好视力	-23.1	全景	25.9
7	小罐	924.7	小米	-5.6
8	上汽大众	3.2	腾讯	69.5
9	一汽大众	12.6	中国移动通信	43.3
10	中国联通	-10.9	OPPO	-1.2

北京/上海/广州/深圳 2018 年广告花费——媒体

单位：%

媒体	北京		上海		广州		深圳	
	广告花费同比变化	广告资源同比变化	广告花费同比变化	广告资源同比变化	广告花费同比变化	广告资源同比变化	广告花费同比变化	广告资源同比变化
电视	-20.5	-20.4	23.2	16.7	-11.8	-21.7	-7.0	-16.8
报纸	-22.0	-28.4	-31.0	-29.2	-24.2	-29.2	-41.4	-53.5
杂志	27.0	3.9	-2.6	-10.9	-9.5	-18.9	2.7	-4.8
广播	26.5	37.5	6.7	14.7	-8.0	-9.7	-46.4	-56.8
传统户外	-5.4	-6.1	0.3	-24.9	-9.6	-8.1	1.9	-9.0
合计	-13.8	—	13.7	—	-11.6	—	-11.0	—

北京/上海/广州/深圳 2018 年广告花费——品类

单位：%

2018	北京		上海		广州		深圳	
	品类	同比变化	品类	同比变化	品类	同比变化	品类	同比变化
1	邮电通讯	-15.7	邮电通讯	11.9	药品	-6.6	化妆品/浴室用品	7.4
2	食品	-11.4	饮料	14.7	饮料	2.6	饮料	-8.9
3	饮料	4.5	活动类	147.9	食品	-15.5	食品	-25.8
4	商业及服务性行业	-9.2	娱乐及休闲	20.0	酒精类饮品	-10.6	药品	-14.7
5	娱乐及休闲	-6.8	食品	24.4	化妆品/浴室用品	-17.6	娱乐及休闲	34.2
6	交通	-29.8	商业及服务性行业	3.4	娱乐及休闲	-0.9	家居用品	66.5
7	药品	-9.5	化妆品/浴室用品	-17.9	交通	-10.6	商业及服务性行业	-9.5
8	活动类	-10.0	交通	-3.6	商业及服务性行业	-9.3	交通	-29.7
9	酒精类饮品	-13.8	个人用品	16.5	邮电通讯	-31.8	活动类	-12.4
10	家居用品	-1.8	药品	-9.8	活动类	-10.2	邮电通讯	-44.3

北京/上海/广州/深圳 2018 年广告花费——品牌

单位：%

2018	北京		上海		广州		深圳	
	品牌	同比变化	品牌	同比变化	品牌	同比变化	品牌	同比变化
1	足力健	622.3	2018中国国际进口博览会	New	天草	-8.8	雅诗兰黛	114.6
2	伊利	5.4	沪佳	15.8	葛洪	141.5	兰蔻	>1000
3	北京地铁运营有限公司	-41.1	拼多多	>1000	陈李济	41.0	天草	-5.5
4	天猫	-45.8	肯德基	58.4	同溢堂	40.0	麦当劳	63.8
5	京东商城	-16.5	鸿茅	-52.1	鸿茅	-60.2	欧莱雅	-1.2
6	鸿茅	-59.0	VIVO	185.4	好易康	>1000	葛洪	-16.1
7	牛栏山	-7.3	光明	-2.5	养无极	-26.8	金号	>1000
8	苏宁易购	61.3	中国上海	14.9	伊利	6.6	豆本豆	-9.4
9	德芙	26.0	全景	25.6	广州地下铁道总公司	11.4	乐百氏	-11.0
10	腾讯	94.4	葛洪	New	惠氏	25.1	飞科	-2.1

北京/上海/广州/深圳 2018 年电视广告花费——品牌

单位：%

2018	北京		上海		广州		深圳	
	品牌	同比变化	品牌	同比变化	品牌	同比变化	品牌	同比变化
1	足力健	622.3	2018中国国际进口博览会	New	天草	-15.3	雅诗兰黛	114.6
2	伊利	-4.2	沪佳	10.4	葛洪	249.6	兰蔻	>1000
3	鸿茅	-59.0	拼多多	>1000	陈李济	37.7	天草	-5.5
4	德芙	26.0	肯德基	64.8	同溢堂	40.0	麦当劳	63.9
5	牛栏山	-7.7	鸿茅	-52.3	好易康	>1000	欧莱雅	-1.2
6	三元	446.8	中国上海	14.7	养无极	-26.8	葛洪	-16.1
7	养无极	-19.1	VIVO	423.0	鸿茅	-68.2	金号	>1000
8	阿尔卑斯	4.8	葛洪	New	惠氏	25.2	豆本豆	-7.9
9	健达	-8.6	尚海	>1000	伊利	7.1	乐百氏	-10.2
10	同溢堂	148.5	飞科	47.4	旺旺	-6.6	飞科	-2.1

北京/上海/广州/深圳 2018 年报纸广告花费——品牌

单位：%

2018	北京		上海		广州		深圳	
	品牌	同比变化	品牌	同比变化	品牌	同比变化	品牌	同比变化
1	中诺	47.5	聚通	193.7	广汽传祺	-1.0	广东深圳	106.6
2	美观天下	27.9	上汽通用雪佛兰	100.5	长隆	-13.1	深圳龙岗	157.4
3	海德堡	81.2	上汽通用凯迪拉克	107.2	路易威登	-6.4	深圳宝安区	35.6
4	北京青年旅行社	353.9	上汽大众	-14.1	香奈儿	7.7	深圳坪山新区	89.7
5	拜博	29.8	红星美凯龙	-32.7	广汽本田	26.5	中国平安人寿保险	8.6
6	德贝	-20.8	劳力士	-19.3	南湖	-6.1	深圳光明新区	235.4
7	国家大剧院	-35.1	进念	26.4	广汽	19.4	深圳福田	102.4
8	东方	-1.6	百姓	10.4	中德	2.6	深圳南山区	71.0
9	冠美	>1000	中国光大银行	100.0	广东广州	176.1	中国银行	-4.5
10	北京劲松口腔医院	-56.9	恒大	546.8	碧桂园	144.9	深圳龙华新区	66.0

北京/上海/广州/深圳 2018 年杂志广告花费——品牌

单位：%

2018	北京		上海		广州		深圳	
	品牌	同比变化	品牌	同比变化	品牌	同比变化	品牌	同比变化
1	香奈儿	34.8	香奈儿	-7.3	香奈儿	6.2	玛莎拉蒂	-15.8
2	迪奥	50.8	兰蔻	16.9	茅台	132.1	碧欧泉	New
3	梅赛德斯-奔驰	37.6	路易威登	-13.3	克丽斯汀迪奥	12.0	中国工商银行	900.0
4	PLEATS PLEASE	New	克丽斯汀迪奥	6.2	一汽大众	-55.2	琮通	-52.5
5	路易威登	105.0	迪奥	-4.0	阿玛尼	30.0	DRIVEPRO	New
6	欧米茄	21.9	阿玛尼	48.1	麦弗逊	10.2	美宝莲	25.3

2018	北京		上海		广州		深圳	
	品牌	同比变化	品牌	同比变化	品牌	同比变化	品牌	同比变化
7	卡地亚	-3.0	雅诗兰黛	-18.3	燕之屋	>1000	玉兰油	15.9
8	克丽斯汀迪奥	25.4	BURBERRY	-15.5	兰蔻	-6.6	观澜湖	-19.0
9	爱马仕	137.9	GUCCI	2.9	雅诗兰黛	4.4	RIMOWA	-2.9
10	BURBERRY	4.5	一汽大众	92.5	欧米茄	68.6	小牛	New

北京/上海/广州/深圳2018年广播广告花费——品牌

单位：%

2018	北京		上海		广州		深圳	
	品牌	同比变化	品牌	同比变化	品牌	同比变化	品牌	同比变化
1	全包圆	128.4	光明	-15.0	燕之屋	-3.5	深圳前海交广微贷易金融服务有限公司	-36.7
2	燕之屋	>1000	有腔调	New	天草	35.3	中国工商银行	-6.1
3	董酒	New	爱回收	27.6	好视力	-34.6	中国农业银行	-42.4
4	北京广播大厦酒店	>1000	上汽大众	3.7%	小罐	New	易贷	-80.3
5	业之峰	240.8	君银	>1000	南湖	65.6	中国银行	8.9
6	同仁堂	-2.7	2018中国国际进口博览会	New	吉盛伟邦	26.2	润	-9.4
7	中国人民财产保险	-9.6	沪佳	282.3	鸿茅	New	天地和	>1000
8	华医	New	平行	-50.2	长春益寿膏	>1000	保时捷	-20.3
9	五粮液	>1000	天天拍车	32.8	易贷	372.0	一汽大众奥迪	8.1
10	2018 V蓝北京我的环保日记	New	沪尚茗居	New	傅山	>1000	途虎养车	62.9

北京/上海/广州/深圳 2018年传统户外广告花费——品牌

单位：%

2018	北京		上海		广州		深圳	
	品牌	同比变化	品牌	同比变化	品牌	同比变化	品牌	同比变化
1	北京地铁运营有限公司	-41.1	全景	25.6	广州地下铁道总公司	11.9	深圳地铁有限公司	37.8
2	天猫	-20.2	天猫	49.7	苏宁易购	25.0	港铁	10.0
3	苏宁易购	110.9	苏宁易购	64.5	曼秀雷敦	-2.6	天猫	26.8
4	京东商城	-23.8	京东商城	13.3	天猫	-10.6	中国移动通信	161.3
5	腾讯	93.0	腾讯	133.8	京东商城	-45.6	地铁购	-24.4
6	小米	30.1	巴士	>1000	华为	83.3	麦当劳	60.5
7	华为	203.9	中国银联	156.8	小米	-23.3	OPPO	67.7
8	中国移动通信	80.1	上海农商银行	40.5	OPPO	69.2	肯德基	20.9
9	三星	116.2	中国移动通信	49.4	联投	-53.0	华为	88.1
10	OPPO	14.7	伊利	353.0	瓜子二手车直卖	651.9	京东商城	-37.3

B.44
2018年中国媒介市场数据*

全国2018年网站日到达人数及日到达率TOP10

单位：人，%

排名	网站	日到达人数	日到达率
1	腾讯网 www.qq.com	45765302	30.8
2	百度 www.baidu.com	35743149	24.0
3	新浪网 www.sina.com.cn	34870881	23.5
4	搜狐 www.sohu.com	25161194	16.9
5	淘宝网 www.taobao.com	24320456	16.4
6	爱奇艺 www.iqiyi.com	20835878	14.0
7	网易 www.163.com	18378552	12.4
8	腾讯视频 v.qq.com	18212628	12.3
9	新浪微博 weibo.com	15655469	10.5
10	优酷 www.youku.com	15220945	10.2

全国2018年广播频率日到达人数及日到达率TOP10

单位：人，%

排名	广播频率	日到达人数	日到达率
1	中央人民广播电台中国之声（一套）	1798660	1.2
2	中央人民广播电台经济之声（二套）	1219430	0.8
3	中央人民广播电台音乐之声（三套）	1190687	0.8
4	北京人民广播电台-交通广播FM103.9/CFM95.6	833283	0.6
5	中央人民广播电台中华之声（五套）	772211	0.5
6	中央人民广播电台华夏之声	769629	0.5
7	中央人民广播电台文艺之声（第九套）	685363	0.5
8	中央人民广播电台神州之声（六套）	652455	0.4
9	江苏音乐广播FM89.7	643086	0.4
10	中央人民广播电台民族之声（八套）	615872	0.4

* 中国媒介市场数据来源：CTR中国城市居民调查（CTR CNRS - TGI 01/2018 - 12/2018）。

全国2018年报纸平均每期阅读人数及平均每期阅读率TOP10

单位：人，%

排名	报纸	平均每期阅读人数	平均每期阅读率
1	《南方周末》	2249470	1.5
2	《广州日报》	2243831	1.5
3	《新民晚报》	1876650	1.3
4	《参考消息》	1600418	1.1
5	《中国青年报》	1566971	1.1
6	《北京晚报》	1372200	0.9
7	《文摘报》	1167213	0.8
8	《健康报》	1143096	0.8
9	《环球时报》	1135420	0.8
10	《成都商报》	1129505	0.8

全国2018年新闻时政类杂志平均每期阅读人数及平均每期阅读率TOP10

单位：人，%

排名	杂志	平均每期阅读人数	平均每期阅读率
1	《环球人物》	1145554	0.8
2	《半月谈》	1099207	0.7
3	《看世界》	1031424	0.7
4	《环球》	909351	0.6
5	《海外文摘》	798223	0.5
6	《凤凰周刊》	777815	0.5
7	《新周刊》	685865	0.5
8	《瞭望东方周刊》	672109	0.5
9	《世界博览》	505092	0.3
10	《南风窗》	477128	0.3

全国2018年时尚类杂志平均每期阅读人数及平均每期阅读率TOP10

单位：人，%

排名	杂志	平均每期阅读人数	平均每期阅读率
1	《瑞丽服饰美容》	4345704	2.9
2	《时尚COSMOPOLITAN》	3965804	2.7
3	《时尚芭莎BAZAAR》	3613915	2.4
4	《VOGUE服饰与美容》	3600373	2.4

续表

排名	杂志	平均每期阅读人数	平均每期阅读率
5	《瑞丽伊人风尚》	2960271	2.0
6	《时尚健康．女士》	2634956	1.8
7	《ELLE 世界时装之苑》	2530608	1.7
8	《YOHO！GRIL》	1964079	1.3
9	《嘉人》	1888961	1.3
10	《男人装》	1865937	1.3

全国 2018 年财经管理和商业经济类杂志平均每期阅读人数及平均每期阅读率 TOP10

单位：人，%

排名	杂志	平均每期阅读人数	平均每期阅读率
1	《商业周刊》（中文版）	996898	0.7
2	《财经》	833219	0.6
3	《环球财经》	511167	0.3
4	《中国经济周刊》	504713	0.3
5	《新财富》	342041	0.2
6	《胡润百富》	293669	0.2
7	《中国财富》	282984	0.2
8	《中国企业家》	238562	0.2
9	《证券市场周刊》（周六版）	222151	0.2
10	《财富》	201374	0.1

北京 2018 年网站日到达人数及日到达率 TOP10

单位：人，%

排名	网站	日到达人数	日到达率
1	百度 www.baidu.com	3350249	26.4
2	新浪网 www.sina.com.cn	3261243	25.7
3	腾讯网 www.qq.com	3223687	25.4
4	爱奇艺 www.iqiyi.com	2274352	17.9
5	搜狐 www.sohu.com	2224144	17.5
6	淘宝网 www.taobao.com	1865573	14.7
7	腾讯视频 v.qq.com	1845764	14.5
8	京东商城 JD.com	1560751	12.3
9	新浪微博 weibo.com	1470057	11.6
10	网易 www.163.com	1459989	11.5

北京2018年广播日到达人数及日到达率广播TOP10

单位：人，%

排名	广播频率	日到达人数	日到达率
1	北京人民广播电台-交通广播FM103.9/CFM95.6	833283	6.6
2	北京人民广播电台-新闻广播FM100.6/AM828	495724	3.9
3	北京人民广播电台-音乐广播FM97.4/CFM94.6	450074	3.5
4	北京人民广播电台-文艺广播FM87.6/CFM93.8	336469	2.7
5	北京人民广播电台-长书广播CFM104.3	242417	1.9
6	北京人民广播电台-新闻广播FM100.6/AM828/CFM90.4	235152	1.9
7	中央人民广播电台音乐之声（三套）	227448	1.8
8	中央人民广播电台经济之声（二套）	200661	1.6
9	中央人民广播电台中国之声（一套）	172081	1.4
10	中央人民广播电台娱乐广播（十二套）	149546	1.2

北京2018年报纸平均每期阅读人数及平均每期阅读率TOP10

单位：人，%

排名	报纸	平均每期阅读人数	平均每期阅读率
1	《北京晚报》	1372200	10.8
2	《法制晚报》	573659	4.5
3	《北京青年报》	568708	4.5
4	《北京日报》	535605	4.2
5	《新京报》	527606	4.2
6	《南方周末》	435298	3.4
7	《体坛周报》	342311	2.7
8	《北京晨报》	293666	2.3
9	《参考消息》	266369	2.1
10	《足球》	234898	1.9

北京2018年杂志平均每期阅读人数及平均每期阅读率TOP10

单位：人，%

排名	杂志	平均每期阅读人数	平均每期阅读率
1	《读者》	893667	7.0
2	《瑞丽服饰美容》	562974	4.4
3	《周末画报》	541099	4.3
4	《VOGUE服饰与美容》	479719	3.8
5	《青年文摘》	476270	3.8
6	《优家画报》	462736	3.6

续表

排名	杂志	平均每期阅读人数	平均每期阅读率
7	《时尚芭莎BAZAAR》	441650	3.5
8	《时尚COSMOPOLITAN》	439382	3.5
9	《意林》	379544	3.0
10	《时尚健康·女士》	371252	2.9

上海2018年网站日到达人数及日到达率TOP10

单位：人，%

排名	网站	日到达人数	日到达率
1	百度 www.baidu.com	3566589	23.8
2	腾讯网 www.qq.com	3428993	22.9
3	淘宝网 www.taobao.com	3191953	21.3
4	新浪网 www.sina.com.cn	3152625	21.0
5	京东商城 JD.com	2242327	15.0
6	爱奇艺 www.iqiyi.com	2000202	13.3
7	优酷 www.youku.com	1824392	12.2
8	腾讯视频 v.qq.com	1660098	11.1
9	搜狐 www.sohu.com	1634611	10.9
10	网易 www.163.com	1626232	10.8

上海2018年广播日到达人数及日到达率TOP10

单位：人，%

排名	广播频率	日到达人数	日到达率
1	上海人民广播电台-流行音乐广播（动感101）FM101.7	489642	3.3
2	上海人民广播电台-AM990/FM93.4	439350	2.9
3	上海人民广播电台-交通广播AM648/FM105.7	363836	2.4
4	上海流行音乐广播 Love Radio FM103.7	310335	2.1
5	上海人民广播电台-东广新闻台AM1296/FM90.9	268063	1.8
6	上海人民广播电台-经典音乐广播（经典947）FM94.7	238800	1.6
7	上海人民广播电台-第一财经广播FM97.7	218338	1.5
8	上海人民广播电台-东方都市广播AM792/FM89.9	194004	1.3
9	上海人民广播电台-五星体育广播FM94	155371	1.0
10	中央人民广播电台中国之声（一套）	146676	1.0

上海 2018 年报纸平均每期阅读人数及平均每期阅读率 TOP10

单位：人，%

排名	报纸	平均每期阅读人数	平均每期阅读率
1	《新民晚报》	1792228	12.0
2	《新民晚报》（社区版）	375735	2.5
3	《解放日报》	360188	2.4
4	《新闻晨报》	342652	2.3
5	《上海证券报》	304757	2.0
6	《中国青年报》	298481	2.0
7	《南方周末》	292437	2.0
8	《青年报》	262084	1.8
9	《文汇报》	250275	1.7
10	《扬子晚报》	244653	1.6

上海 2018 年杂志平均每期阅读人数及平均每期阅读率 TOP10

单位：人，%

排名	杂志	平均每期阅读人数	平均每期阅读率
1	《读者》	700834	4.7
2	《VOGUE 服饰与美容》	538594	3.6
3	《瑞丽服饰美容》	509276	3.4
4	《智族 GQ》	484585	3.2
5	《时尚 COSMOPOLITAN》	449223	3.0
6	《时尚先生 Esquire》	445497	3.0
7	《男人装》	407004	2.7
8	《时尚芭莎 BAZAAR》	377772	2.5
9	《周末画报》	358701	2.4
10	《时尚健康·女士》	351639	2.3

广州 2018 年网站日到达人数及日到达率 TOP10

单位：人，%

排名	网站	日到达人数	日到达率
1	腾讯网 www.qq.com	3601529	44.9
2	新浪网 www.sina.com.cn	3347460	41.8
3	百度 www.baidu.com	2503254	31.2
4	搜狐 www.sohu.com	2142963	26.7
5	新浪微博 weibo.com	1752164	21.9
6	淘宝网 www.taobao.com	1490694	18.6

续表

排名	网站	日到达人数	日到达率
7	网易 www.163.com	1190303	14.9
8	爱奇艺 www.iqiyi.com	1122267	14.0
9	京东商城 JD.com	975630	12.2
10	优酷 www.youku.com	928920	11.6

广州2018年广播日到达人数及日到达率TOP10

单位：人，%

排名	广播频率	日到达人数	日到达率
1	广东广播电视台-羊城交通广播台FM105.2	303945	3.8
2	广州新闻电台FM96.2	196036	2.5
3	广州交通电台FM106.1	195970	2.5
4	广东广播电视台珠江经济广播电台（E FM财富974）	188289	2.4
5	广东广播电视台-音乐之声FM99.3	169787	2.1
6	广州电台-金曲1027汽车音乐广播FM102.7	164645	2.1
7	广东广播电视台-新闻广播FM91.4/AM648	142330	1.8
8	广东广播电视台-城市之声FM103.6	119970	1.5
9	广东广播电视台-文体广播（经典1077）	111467	1.4
10	广东广播电视台-股市广播（FM95.3财经广播）	104253	1.3

广州2018年报纸平均每期阅读人数及平均每期阅读率TOP10

单位：人，%

排名	报纸	平均每期阅读人数	平均每期阅读率
1	《广州日报》	2025359	25.3%
2	《南方都市报》	585809	7.3%
3	《羊城晚报》	573858	7.2%
4	《南方日报》	304329	3.8%
5	《新快报》	172833	2.2%
6	《羊城地铁报》	124282	1.6%
7	《南方周末》	100595	1.3%
8	《老人报》	96029	1.2%
9	《信息时报》	83666	1.0%
10	《中国青年报》	81256	1.0%

广州 2018 年杂志平均每期阅读人数及平均每期阅读率 TOP10

单位：人，%

排名	杂志	平均每期阅读人数	平均每期阅读率
1	《读者》	573211	7.2
2	《周末画报》	466603	5.8
3	《优家画报》	346698	4.3
4	《瑞丽服饰美容》	326933	4.1
5	《时尚芭莎 BAZAAR》	262417	3.3
6	《时尚 COSMOPOLITAN》	209645	2.6
7	《VOGUE 服饰与美容》	201465	2.5
8	《红秀 Grazia》	201138	2.5
9	《男人装》	194226	2.4
10	《青年文摘》	188488	2.4

深圳 2018 年网站日到达人数及日到达率 TOP10

单位：人，%

排名	网站	日到达人数	日到达率
1	腾讯网 www.qq.com	2597856	28.8
2	百度 www.baidu.com	2412370	26.7
3	新浪网 www.sina.com.cn	2376160	26.3
4	淘宝网 www.taobao.com	1753738	19.4
5	网易 www.163.com	1308734	14.5
6	爱奇艺 www.iqiyi.com	1259206	13.9
7	新浪微博 weibo.com	1259171	13.9
8	搜狐 www.sohu.com	1173729	13.0
9	京东商城 JD.com	1145318	12.7
10	优酷 www.youku.com	1047985	11.6

深圳 2018 年广播日到达人数及日到达率 TOP10

单位：人，%

排名	广播频率	日到达人数	日到达率
1	深圳广播电台 - 交通频率 FM106.2	160513	1.8
2	深圳广播电台 - 私家车广播 FM94.2	103646	1.2
3	中国华艺广播电台 - FM107.1	92779	1.0
4	深圳广播电台 - 音乐频率 FM97.1	82945	0.9
5	中央人民广播电台音乐之声（三套）	78521	0.9
6	深圳广播电台 - 新闻频率 FM89.8	75414	0.8

续表

排名	广播频率	日到达人数	日到达率
7	广东广播电视台珠江经济广播电台(E FM 财富 974)	65426	0.7
8	广东广播电视台－羊城交通广播台 FM105.2	64857	0.7
9	中央人民广播电台华夏之声	60468	0.7
10	广东广播电视台南粤之声(汽车优悦广播)FM105.7	57244	0.6

深圳2018年报纸平均每期阅读人数及平均每期阅读率TOP10

单位：人，%

排名	报纸	平均每期阅读人数	平均每期阅读率
1	《南方都市报》	371979	4.1
2	《深圳特区报》	102827	1.1
3	《羊城晚报》	96086	1.1
4	《深圳都市报》	57475	0.6
5	《中国商报》	54791	0.6
6	《证券时报－财经周刊》	51430	0.6
7	《深圳晚报》	51254	0.6
8	《健康报》	51138	0.6
9	《文萃报》	47758	0.5
10	《南方日报》	47368	0.5

深圳2018年杂志平均每期阅读人数及平均每期阅读率TOP10

单位：人，%

排名	杂志	平均每期阅读人数	平均每期阅读率
1	《读者》	486736	5.4
2	《周末画报》	387565	4.3
3	《优家画报》	349676	3.9
4	《瑞丽服饰美容》	302024	3.3
5	《时尚 COSMOPOLITAN》	241074	2.7
6	《时尚芭莎 BAZAAR》	223243	2.5
7	《瑞丽伊人风尚》	212428	2.4
8	《时尚健康·女士》	175703	1.9
9	《VOGUE 服饰与美容》	168595	1.9
10	《Ok！Baby？》	143778	1.6

B.45
2018年中国快速消费品市场消费数据[*]

全国2018年快速消费品品类、平均家庭花费及零售渠道TOP10
（16城市总体）

排名	快速消费品品类TOP10		快速消费品类平均家庭花费TOP10		快速消费品零售渠道TOP10	
	品类	市场份额（%）	品类	平均花费（元）	零售店	市场份额（%）
1	护肤品	11.7	护肤品	1083.1	京东	3.7
2	液态奶	6.1	婴儿纸尿裤	986.2	华润万家	3.6
3	酸奶	5.9	营养保健品	876.2	永辉	2.8
4	白酒	5.1	白酒	750.4	淘宝	3.3
5	食用油	5.1	奶粉	746.6	家乐福	3.3
6	营养保健品	4.9	液态奶	558.3	天猫	3.1
7	奶粉	4.5	酸奶	535.3	沃尔玛	2.9
8	饼干	4.2	宠物食品	523.0	大润发	2.4
9	香肠	2.7	食用油	474.7	物美	2.2
10	洗发水	2.4	红酒	437.4	华润苏果	1.4

[*] 中国消费市场数据来源：Kantar Worldpanel | a CTR Service in China（01/2017－12/2018）。凯度（Kantar）消费者指数在2018年底根据新收集方法完成电商渠道校正模型，并从2019年开始应用以及追溯历史数据，因此各占比因渠道结构变化而有所不同。

北京/上海/广州/深圳 2018 年快速消费品品类 TOP10

单位：%

排名	北京		上海		广州		深圳	
	品类	市场份额	品类	市场份额	品类	市场份额	品类	市场份额
1	护肤品	10.9	护肤品	9.7	护肤品	11.8	护肤品	15.0
2	酸奶	6.2	液态奶	7.2	奶粉	7.4	奶粉	6.2
3	白酒	6.1	酸奶	6.8	饼干	6.4	酸奶	5.4
4	液态奶	6.0	饼干	5.4	营养保健品	5.1	食用油	5.2
5	食用油	4.7	营养保健品	5.0	食用油	4.5	液态奶	4.7
6	营养保健品	4.5	食用油	4.0	液态奶	4.2	营养保健品	4.7
7	香肠	4.1	奶粉	3.5	酸奶	4.1	饼干	4.5
8	饼干	3.8	白酒	3.0	冷冻食品	2.5	白酒	2.6
9	奶粉	3.0	冷冻食品	2.8	洗发水	2.5	洗发水	2.6
10	洗发水	2.1	香肠	2.6	巧克力	2.4	巧克力	2.3

北京/上海/广州/深圳 2018 年快速消费品类平均家庭花费 TOP10

单位：元

排名	北京		上海		广州		深圳	
	品类	平均花费	品类	平均花费	品类	平均花费	品类	平均花费
1	护肤品	1205.9	护肤品	985.3	护肤品	1108.3	护肤品	1314.0
2	婴儿纸尿裤	1069.7	婴儿纸尿裤	936.1	奶粉	1094.5	奶粉	1031.9
3	营养保健品	1030.0	营养保健品	862.0	婴儿纸尿裤	1057.1	婴儿纸尿裤	1004.4
4	白酒	903.8	液态奶	716.3	营养保健品	778.9	营养保健品	788.7
5	酸奶	671.8	酸奶	679.4	洋酒	687.1	红酒	583.0
6	液态奶	659.0	奶粉	591.2	饼干	587.6	洋酒	567.3
7	宠物食品	657.8	饼干	537.6	食用油	426.2	白酒	540.3
8	奶粉	619.6	白酒	506.3	葡萄酒	420.2	宠物食品	528.4
9	食用油	530.2	宠物食品	491.1	宠物食品	405.4	食用油	467.1
10	香肠	461.2	红酒	459.3	液态奶	395.0	酸奶	467.1

北京/上海/广州/深圳 2018 年快速消费品零售渠道 TOP10

单位：%

排名	北京		上海		广州		深圳	
	零售店	市场份额	零售店	市场份额	零售店	市场份额	零售店	市场份额
1	物美	11.0	家乐福	5.5	华润万家	8.3	沃尔玛	11.0
2	京东	6.3	大润发	5.4	京东	4.5	华润万家	8.6
3	永辉	5.3	天猫	4.6	天猫	3.9	天虹超市	5.8
4	京客隆	4.8	京东	4.1	永旺超市	3.4	天猫	2.6
5	淘宝	3.9	联华	3.5	淘宝	3.2	京东	2.6
6	天猫	3.6	苏宁小店	3.5	百佳	3.2	淘宝	2.2
7	家乐福	3.2	农工商	3.2	沃尔玛	3.2	家乐福	2.1
8	美廉美	2.8	淘宝	3.2	家乐福	2.4	人人乐	1.6
9	超市发	1.6	卜蜂莲花	3.2	大润发	2.0	永旺超市	1.2
10	欧尚	1.4	欧尚	3.2	卜蜂莲花	1.7	屈臣氏	1.0

B.46
2018年中国电视收视数据*

2018年全国样本城市及北上广深收视调查网人均收视时间

单位：分钟

地区	人均收视时间
全国	129
北京(M)	155
广州(M)	131
上海(M)	144
深圳(M)	100

说明：（1）全国——2018年包括116个样本城市；（2）标有（M）的城市为采用测量仪调查城市。

2018年全国样本城市及北上广深收视调查网人均直播、时移收视时间

单位：分钟，%

地区	人均时移收视时间	人均直播收视时间	人均时移收视时间与人均直播收视时间的比值
全国	5.0	128.5	3.9
北京(M)	6.7	148.3	4.5
广州(M)	4.4	126.5	3.5
上海(M)	6.9	137.2	5.0
深圳(M)	3.4	96.9	3.5

说明：全国——2018年包括52个样本城市。

---

* 中国电视收视数据来源：中国广视索福瑞媒介研究（CSM）。

2018年全国样本城市各目标观众人均收视时间

单位：分钟

目标观众		人均收视时间	目标观众		人均收视时间
4岁及以上所有人		129			
性别	男	127	职业类别	干部/管理人员	97
	女	132		个体/私营企业人员	111
年龄	4~14岁	105		初级公务员/雇员	92
	15~24岁	61		工人	102
	25~34岁	77		学生	76
	35~44岁	95		无业	217
	45~54岁	163		其他	169
	55~64岁	229	个人月收入	0~600元	113
	65岁及以上	275		601~1200元	186
教育程度	未受过正规教育	134		1201~1700元	168
	小学	163		1701~2600元	159
	初中	153		2601~3500元	136
	高中	127		3501~5000元	123
	大学及以上	91		5001元及以上	104

2018年全国样本城市所有频道及各类频道观众构成

单位：%

目标观众		所有频道	中央电视台频道	中国教育台频道	省级卫视频道	其他频道
4岁及以上所有人		100.0	100.0	100.0	100.0	100.0
性别	男	50.3	54.2	52.7	46.4	50.1
	女	49.7	45.8	47.3	53.6	49.9
年龄	4~14岁	7.1	5.5	5.1	9.0	10.4
	15~24岁	6.7	5.9	7.5	7.3	8.2
	25~34岁	14.1	10.6	12.9	15.7	19.3
	35~44岁	11.8	11.2	10.6	12.5	15.2
	45~54岁	22.6	22.2	24.8	22.1	22.2
	55~64岁	18.4	19.7	18.2	16.9	13.9
	65岁及以上	19.3	24.9	21.0	16.4	10.8

续表

目标观众		所有频道	中央电视台频道	中国教育台频道	省级卫视频道	其他频道
教育程度	未受过正规教育	4.3	4.0	3.3	5.0	4.5
	小学	16.2	15.8	18.1	15.9	14.3
	初中	32.6	33.9	33.6	31.8	28.1
	高中	27.6	28.2	27.3	27.7	28.2
	大学及以上	19.2	18.2	17.6	19.6	24.9
职业类别	干部/管理人员	2.3	2.3	2.0	2.3	3.0
	个体/私营企业人员	11.7	11.6	13.2	11.4	13.4
	初级公务员/雇员	18.0	15.9	16.9	18.2	22.3
	工人	12.8	12.0	12.6	12.6	13.0
	学生	7.7	6.4	7.5	9.2	10.8
	无业	43.0	47.2	42.7	42.0	34.6
	其他	4.4	4.6	5.1	4.2	2.9
个人月收入	0~600元	22.5	19.7	22.0	25.6	26.1
	601~1200元	4.3	4.5	4.6	4.2	2.9
	1201~1700元	4.7	5.3	4.9	4.6	3.2
	1701~2600元	19.8	21.8	18.5	18.9	15.4
	2601~3500元	19.5	20.6	18.5	18.6	17.8
	3501~5000元	17.3	17.0	19.0	16.4	18.4
	5001元及以上	11.9	11.0	12.5	11.8	16.1

2018年全国样本城市电视收视市场各类频道的市场占有率

单位：%

频道类别	市场占有率
中央电视台频道	30.2
中国教育台频道	0.2
省级卫视频道	26.4
其他频道	43.2

2018年各类频道在全国样本城市各目标观众中的市场占有率

单位：%

目标观众		中央电视台频道市场占有率	省级卫视频道市场占有率	中国教育台频道市场占有率
4岁及以上所有人		30.2	26.4	0.2
性别	男	32.5	24.4	0.2
	女	27.8	28.5	0.1

续表

目标观众		中央电视台频道市场占有率	省级卫视频道市场占有率	中国教育台频道市场占有率
年龄	4~14岁	23.1	33.5	0.1
	15~24岁	26.2	28.5	0.2
	25~34岁	22.7	29.6	0.1
	35~44岁	28.8	28.1	0.1
	45~54岁	29.6	25.8	0.2
	55~64岁	32.3	24.3	0.2
	65岁及以上	39.0	22.5	0.2
教育程度	未受过正规教育	27.5	30.3	0.1
	小学	29.4	25.8	0.2
	初中	31.3	25.8	0.2
	高中	30.8	26.6	0.2
	大学及以上	28.5	27.0	0.1
职业类别	干部/管理人员	29.8	26.5	0.1
	个体/私营企业人员	29.7	25.7	0.2
	初级公务员/雇员	26.6	26.7	0.1
	工人	28.2	26.1	0.2
	学生	25.1	31.7	0.2
	无业	33.1	25.7	0.2
	其他	32.0	25.6	0.2
个人月收入	0~600元	26.5	30.1	0.2
	601~1200元	31.2	25.5	0.2
	1201~1700元	34.1	25.6	0.2
	1701~2600元	33.2	25.2	0.1
	2601~3500元	31.9	25.2	0.1
	3501~5000元	29.8	25.1	0.2
	5001元及以上	27.8	26.0	0.2

2018年全国样本城市市场各类频道在各时段的市场占有率

单位：%

时段	中央电视台频道市场占有率	省级卫视频道市场占有率	中国教育台频道市场占有率
02:00~03:00	29.2	24.9	0.2
03:00~04:00	30.4	23.4	0.2

续表

时段	中央电视台频道市场占有率	省级卫视频道市场占有率	中国教育台频道市场占有率
04:00~05:00	30.6	23.7	0.2
05:00~06:00	36.3	24.8	0.2
06:00~07:00	45.6	21.4	0.1
07:00~08:00	42.8	21.1	0.2
08:00~09:00	40.0	24.0	0.3
09:00~10:00	35.6	29.1	0.3
10:00~11:00	34.0	30.8	0.3
11:00~12:00	35.5	29.7	0.2
12:00~13:00	36.3	27.0	0.1
13:00~14:00	32.1	30.5	0.2
14:00~15:00	30.7	33.3	0.3
15:00~16:00	31.1	33.7	0.3
16:00~17:00	31.9	32.5	0.3
17:00~18:00	29.8	27.4	0.2
18:00~19:00	28.4	16.0	0.1
19:00~20:00	30.5	20.6	0.1
20:00~21:00	25.9	29.2	0.1
21:00~22:00	27.1	25.9	0.1
22:00~23:00	25.1	26.8	0.1
23:00~24:00	27.4	28.1	0.1
24:00~25:00	29.2	24.6	0.2
25:00~26:00	28.1	25.0	0.2

2018年各月全国样本城市市场各类频道的市场占有率

单位：%

月份	中央电视台频道市场占有率	中国教育台频道市场占有率	省级卫视频道市场占有率	其他频道市场占有率
1月	30.3	0.2	26.8	42.7
2月	32.3	0.1	27.4	40.2
3月	29.8	0.1	26.8	43.3
4月	30.5	0.2	26.2	43.1
5月	31.0	0.2	26.0	42.8
6月	33.7	0.2	25.1	41.0

续表

月份	中央电视台频道市场占有率	中国教育台频道市场占有率	省级卫视频道市场占有率	其他频道市场占有率
7月	30.3	0.1	27.6	42.0
8月	30.0	0.2	26.9	42.9
9月	29.3	0.2	26.2	44.3
10月	28.7	0.2	26.4	44.7
11月	28.4	0.2	25.5	45.9
12月	27.6	0.2	26.0	46.2

2018年全国样本城市市场份额排名前二十位频道

单位：%

名次	频道名称	市场份额
1	中央电视台综合频道	4.5
2	中央台四套	3.8
3	中央台八套	3.4
4	中央台六套	3.3
5	中央台三套	2.7
5	中央台五套	2.7
5	湖南卫视	2.7
8	中央电视台新闻频道	2.4
9	浙江卫视	2.2
10	北京卫视	2.1
10	上海东方卫视	2.1
12	江苏卫视	2.0
13	中央电视台少儿频道	1.6
14	湖南电视台金鹰卡通频道	1.5
15	山东卫视	1.2
16	安徽卫视	1.0
16	中央台十套	1.0
16	中央台二套	1.0
19	北京卡酷少儿频道	0.9
20	中央台十二套	0.8

2018 年全国样本城市市场、中央电视台、省级卫视各类节目的播出份额与收视份额

单位：%

节目类别	全国样本城市市场		中央电视台		省级卫视	
	播出份额	播出份额	收视份额	播出份额	收视份额	收视份额
新闻/时事	10.5	13.3	12.7	16.4	8.8	7.1
综艺	5.6	11.2	8.6	11.6	6.1	15.1
电视剧	28.2	31.9	13.4	18.6	34.5	41.0
体育	2.5	4.2	11.3	8.4	1.0	0.4
专题	8.7	6.2	18.0	10.4	14.2	3.2
教学	0.3	0.1	0.3	0.1	0.3	0.0
外语	0.1	0.0	0.4	0.0	0.0	0.0
青少	4.6	5.5	3.6	4.0	9.3	9.8
音乐	1.0	1.0	4.1	2.3	0.5	0.3
电影	3.1	4.7	5.3	9.2	1.5	1.8
戏剧	0.7	0.4	2.3	0.8	0.6	0.1
财经	1.1	0.7	3.0	1.4	0.3	0.2
生活服务	13.3	7.1	4.6	4.3	7.3	8.0
法制	1.5	1.3	1.9	1.9	0.4	0.3
其他	19.0	12.5	10.4	10.8	15.2	12.8

2018 年全国样本城市市场所有节目收视率 TOP20

单位：%

名次	节目名称	节目类别	播出频道	平均收视率	平均占有率
1	2018 中央电视台春节联欢晚会	综艺	中央电视台综合频道	8.1	23.5
2	2018 年俄罗斯世界杯足球赛决赛（法国 VS 克罗地亚）	体育	中央台五套	5.9	45.4
3	开学第一课	青少	中央电视台综合频道	4.8	15.9
4	欢乐吉祥闹元宵	综艺	中央电视台综合频道	4.7	15.2
5	第 18 届亚运会男子 400 米决赛	体育	中央台五套	2.5	8.9
6	一年又一年	专题	中央电视台综合频道	2.4	11.2
7	天气预报	生活服务	中央电视台综合频道	2.4	8.9
8	2018 年中央广播电视总台中秋晚会	综艺	中央电视台综合频道	2.3	8.8
9	战狼二（5 月 1 日）	电影	中央台六套	2.3	8.6

续表

名次	节目名称	节目类别	播出频道	平均收视率	平均占有率
10	2018年乒乓球团体世界锦标赛男团决赛	体育	中央台五套	2.2	8.4
11	相声大联欢	综艺	中央台三套	2.2	8.1
12	新春喜剧之夜	综艺	中央台三套	2.2	7.6
13	2018年世界女排锦标赛第三阶段H组第三轮（荷兰队VS中国队）	体育	中央台五套	2.1	9.6
14	奔跑吧	综艺	浙江卫视	2.0	8.7
15	妖猫传（2月18日）	电影	中央台六套	2.0	7.8
16	中国好声音（7月27日）	综艺	浙江卫视	1.9	8.7
16	新闻联播	新闻	中央电视台综合频道	1.9	8.1
18	红海行动（10月1日）	电影	中央台六套	1.9	7.9
19	2018春晚北京电视台春节联欢晚会	综艺	北京卫视	1.9	7.0
20	奇门遁甲（2月20日）	电影	中央台六套	1.9	6.9

2018年全国样本城市市场电视剧收视率TOP20

单位：%

名次	节目名称	播出频道	平均收视率	平均占有率
1	娘亲舅大	中央台八套	1.4	5.4
2	岁岁年年柿柿红	中央电视台综合频道	1.4	5.3
3	娘道	北京卫视	1.4	5.1
4	最美的青春	中央电视台综合频道	1.4	5.0
5	天下粮田	中央电视台综合频道	1.4	4.8
6	换了人间	中央电视台综合频道	1.4	4.7
6	谈判官	湖南卫视	1.4	4.7
8	恋爱先生	上海东方卫视	1.4	4.6
9	风筝	上海东方卫视	1.4	4.4
9	风筝	北京卫视	1.4	4.4
11	初婚	中央台八套	1.3	5.1
12	楼外楼	中央电视台综合频道	1.3	5.0
13	一千零一夜	湖南卫视	1.3	4.8
14	我的继父是偶像	中央台八套	1.3	4.6

续表

名次	节目名称	播出频道	平均收视率	平均占有率
15	正阳门下小女人	北京卫视	1.3	4.5
16	灵与肉	中央台八套	1.2	4.7
17	老男孩	湖南卫视	1.2	4.5
18	香蜜沉沉烬如霜	江苏卫视	1.2	4.3
18	初心	中央电视台综合频道	1.2	4.3
20	亲爱的她们	湖南卫视	1.2	4.2

2018年全国样本城市市场新闻类节目收视率TOP20

单位：%

名次	节目名称	播出频道	平均收视率	平均占有率
1	新闻联播	中央电视台综合频道	1.9	8.1
2	焦点访谈	中央电视台综合频道	1.2	4.3
3	海峡两岸	中央台四套	1.2	4.2
3	上海合作组织青岛峰会特别报道	中央电视台综合频道	1.2	4.2
5	今日关注	中央台四套	1.0	4.2
6	中国舆论场	中央台四套	1.0	3.6
7	国务院总理会见中外记者并回答提问	中央电视台综合频道	1.0	3.3
8	新闻直播间（3月18日）	中央台四套	0.9	7.0
9	中国新闻	中央台四套	0.9	3.4
10	今日亚洲	中央台四套	0.9	3.3
11	改革开放再出发	中央电视台综合频道	0.8	9.1
12	李克强总理会见中外记者特别报道	中央台四套	0.8	8.5
13	新闻30分	中央电视台综合频道	0.8	7.3
14	共同关注	中央电视台新闻频道	0.6	3.3
15	深度国际	中央台四套	0.6	2.9
16	十三届全国人大一次会议第七次全体会议	中央电视台新闻频道	0.5	6.1
17	相逢在伟大时代	中央电视台综合频道	0.5	4.3
18	春节传奇中国节	中央台四套	0.5	2.7

续表

名次	节目名称	播出频道	平均收视率	平均占有率
19	庆祝改革开放40周年大会	中央台四套	0.4	6.5
20	奋进新时代	中央电视台综合频道	0.4	5.2

2018年全国样本城市市场电影类节目收视率TOP20

单位：%

名次	节目名称	播出频道	平均收视率	平均占有率
1	战狼二(5月1日)	中央台六套	2.3	8.6
2	妖猫传(2月18日)	中央台六套	2.0	7.8
3	红海行动(10月1日)	中央台六套	1.9	7.9
4	奇门遁甲(2月20日)	中央台六套	1.9	6.9
5	空天猎(2月17日)	中央台六套	1.6	6.1
6	澳门风云二(3月25日)	中央台六套	1.6	6.0
7	战狼(2月10日)	中央台六套	1.6	5.2
8	少林寺(6月3日)	中央台六套	1.5	5.5
9	绣春刀二修罗战场(2月21日)	中央台六套	1.5	5.3
10	功夫瑜伽(2月11日)	中央台六套	1.5	5.2
10	机器之血(2月26日)	中央台六套	1.5	5.2
10	盗墓笔记(2月13日)	中央台六套	1.5	5.2
13	侠盗联盟(2月27日)	中央台六套	1.5	5.1
13	举起手来之二追击阿多丸(1月7日)	中央台六套	1.5	5.1
15	追捕(10月3日)	中央台六套	1.4	5.7
16	太极张三丰(10月19日)	中央台六套	1.4	5.4
16	欢乐喜剧人(2月21日)	中央台六套	1.4	5.4
18	龙之战(1月1日)	中央台六套	1.4	5.2
19	非凡任务(2月22日)	中央台六套	1.4	5.1
20	黄金大劫案(1月28日)	中央台六套	1.4	4.7

注：多次播出电影取收视率最高值参与排名，括号中为播出日期。

2018年全国样本城市市场综艺节目收视率TOP20

单位：%

名次	节目名称	播出频道	平均收视率	平均占有率
1	2018中央电视台春节联欢晚会	中央电视台综合频道	8.1	23.5
2	欢乐吉祥闹元宵	中央电视台综合频道	4.7	15.2

2018年中国电视收视数据

续表

名次	节目名称	播出频道	平均收视率	平均占有率
3	2018年中央广播电视总台中秋晚会	中央电视台综合频道	2.3	8.8
4	相声大联欢	中央台三套	2.2	8.1
5	新春喜剧之夜	中央台三套	2.2	7.6
6	奔跑吧	浙江卫视	2.0	8.7
7	中国好声音(7月27日)	浙江卫视	1.9	8.7
8	2018春晚北京电视台春节联欢晚会	北京卫视	1.9	7.0
9	拥抱新时代祝福你中国中国梦祖国颂2018国庆特别节目	中央电视台综合频道	1.8	7.0
10	2018湖南卫视春节联欢晚会	湖南卫视	1.7	6.8
11	挑战不可能(1月14日)	中央电视台综合频道	1.6	5.4
11	越战越勇(2月28日)	中央台三套	1.6	5.4
13	2018元宵喜乐会	湖南卫视	1.5	5.6
14	欢乐喜剧人(2月4日)	上海东方卫视	1.5	4.9
15	星光大道(2月13日)	中央电视台综合频道	1.4	5.5
16	歌手歌王之战(4月13日)	湖南卫视	1.4	5.1
17	欢乐中国人(2月11日)	中央电视台综合频道	1.4	4.6
18	我要上春晚CCTV2017(1月6日)	中央台三套	1.4	4.3
19	2018辽宁卫视春节联欢晚会	辽宁卫视	1.3	6.9
20	2018东南西北贺新春	中央台三套	1.3	5.6

北京/上海/广州/深圳2018年各类频道的市场占有率

单位：%

北京		上海		广州		深圳	
频道类别	市场占有率	频道类别	市场占有率	频道类别	市场占有率	频道类别	市场占有率
中央台频道	29.2	中央台频道	17.6	中央台频道	14.8	中央台频道	22.5
中国教育台频道	0.4	中国教育台频道	0.1	中国教育台频道	0.1	中国教育台频道	0.2
北京台频道	32.0	上海市级频道	46.9	广东广播电视台	32.8	广东省级台	6.7
其他省级卫视频道	19.3	其他省级卫视频道	13.4	广州台频道	11.4	深圳市级台	25.6

续表

北京		上海		广州		深圳	
频道类别	市场占有率	频道类别	市场占有率	频道类别	市场占有率	频道类别	市场占有率
其他频道	19.1	其他频道	22.0	其他省级卫视频道	15.6	境外频道	3.1
—	—	—	—	境外频道	7.1	其他省级卫视频道	20.9
—	—	—	—	其他频道	18.2	其他频道	21.0

北京/上海/广州/深圳 2018 年频道收视份额 TOP10

单位：%

名次	北京		上海		广州		深圳	
	频道名称	收视份额	频道名称	收视份额	频道名称	收视份额	频道名称	收视份额
1	北京卫视	13.4	上海电视台新闻综合频道	11.7	广东广播电视台珠江频道	9.4	深圳电视台二套（电视剧频道）	9.4
2	北京电视台影视频道	5.7	上海东方卫视	8.4	广东广播电视台南方卫视	5.2	深圳电视台一套（都市频道）	7.2
3	中央台四套	4.4	上海电视台电视剧频道	5.9	广州市广播电视台综合频道	4.7	中央电视台综合频道	4.4
4	中央台八套	3.6	上海东方电影频道	4.4	广东广播电视台影视频道	3.9	湖南卫视	3.6
5	中央台五套	3.3	上海电视台五星体育频道	4.2	广州市广播电视台影视频道	3.8	浙江卫视	3.1
6	中央电视台综合频道	3.2	上海电视台娱乐频道	4.1	广东广播电视台公共频道	3.4	深圳电视台六套（少儿频道）	2.9
7	北京电视台科教频道	2.7	中央台四套	3.6	广东广播电视台体育频道	2.9	广东广播电视台嘉佳卡通频道	2.6
7	中央台六套	2.7	上海电视台星尚频道	2.8	中央电视台综合频道	2.7	中央电视台少儿频道	2.5
9	北京电视台体育频道	2.6	中央台五套	2.1	市网翡翠台（中文）	2.5	江苏卫视	2.5
10	中央电视台新闻频道	2.5	中央电视台新闻频道	1.9	湖南卫视	2.1	深圳电视台七套（公共频道）	2.4

北京/上海/广州/深圳 2018 年各类节目的播出份额和收视份额

单位：%

节目类别	北京 播出份额	北京 收视份额	上海 播出份额	上海 收视份额	广州 播出份额	广州 收视份额	深圳 播出份额	深圳 收视份额
财经	1.9	0.7	1.9	1.0	1.2	0.4	1.3	0.5
电视剧	20.6	30.6	20.6	31.9	21.6	31.9	21.8	36.4
电影	4.0	3.5	4.5	4.4	3.8	3.2	3.7	2.7
法制	1.4	1.1	0.8	0.9	1.0	0.2	0.7	0.5
教学	0.4	0.0	0.4	0.0	0.3	0.0	0.2	0.1
青少	6.5	3.0	7.1	1.8	7.1	5.9	7.3	7.5
生活服务	8.7	9.1	9.6	9.1	3.6	8.2	8.8	6.2
体育	4.0	5.4	4.1	8.1	4.6	6.0	4.3	4.2
外语	0.1	0.0	0.2	0.0	0.2	0.0	0.2	0.0
戏剧	0.7	0.4	1.7	0.4	0.6	0.0	0.6	0.1
新闻/时事	14.9	12.6	13.9	15.4	15.7	16.2	16.6	14.3
音乐	1.4	0.7	1.4	0.8	1.4	0.8	1.2	0.8
专题	15.2	7.6	14.1	5.2	13.4	5.5	12.6	5.1
综艺	8.2	13.5	7.7	10.1	7.6	7.3	7.5	9.1
其他	11.9	10.8	12.0	10.9	12.9	14.2	13.2	12.5

北京 2018 年所有节目收视率 TOP20

单位：%

名次	节目名称	节目类型	播出频道	平均收视率	平均占有率
1	2018 春晚北京电视台春节联欢晚会	综艺	北京卫视	12.8	40.6
2	2018 年俄罗斯世界杯足球赛决赛（法国 VS 克罗地亚）	体育	中央台五套	11.9	52.8
3	风筝（26~46 集）	电视剧	北京卫视	10.2	30.4
4	一年又一年	专题	北京卫视	9.5	30.5
5	正阳门下小女人	电视剧	北京卫视	9.3	29.7
6	娘道	电视剧	北京卫视	9.2	30.9
7	2018 中央电视台春节联欢晚会	综艺	北京卫视	9.2	26.1
8	大江大河	电视剧	北京卫视	8.7	25.9
9	天气预报	生活服务	北京卫视	7.9	33.5
10	幸福一家人	电视剧	北京卫视	7.6	22.7

续表

名次	节目名称	节目类型	播出频道	平均收视率	平均占有率
11	跨界喜剧王（10月6日）	综艺	北京卫视	7.5	22.8
12	美好生活	电视剧	北京卫视	7.1	22.4
13	2018年俄罗斯世界杯闭幕式	体育	中央台五套	6.6	28.5
14	转播中央台新闻联播	新闻	北京卫视	6.3	24.4
15	2019环球跨年冰雪盛典（12月31日）	综艺	北京卫视	5.8	20.9
16	面具（7月6日~7月27日）	电视剧	北京卫视	5.7	19.5
17	开学第一课	青少	中央电视台综合频道	5.7	17.3
18	欢乐吉祥闹元宵	综艺	中央电视台综合频道	5.7	16.5
19	真爱的谎言之破冰者	电视剧	北京卫视	5.5	19.3
20	好久不见	电视剧	北京卫视	5.4	18.0

上海2018年所有节目收视率TOP20

单位：%

名次	节目名称	节目类型	播出频道	平均收视率	平均占有率
1	追球世界杯:2018年俄罗斯世界杯决赛（法国VS克罗地亚）	体育	上海电视台五星体育频道	9.8	36.4
2	2018中央电视台春节联欢晚会	综艺	上海东方卫视	8.1	24.9
3	剧耀东方2018电视剧品质盛典	综艺	上海东方卫视	7.5	23.2
4	春满东方2018东方卫视春节晚会	综艺	上海东方卫视	7.0	25.0
5	风筝	电视剧	上海东方卫视	7.0	21.3
6	同心协力倾情履职谱写中国梦上海新篇章十二届上海市政协履职纪实	专题	上海电视台新闻综合频道	6.9	20.0
7	新闻透视	新闻/时事	上海电视台新闻综合频道	6.6	29.2
8	观众中来	新闻/时事	上海电视台新闻综合频道	6.5	28.2
9	千灯夜放海上迎春豫园灯会	新闻/时事	上海电视台新闻综合频道	6.3	22.2
10	恋爱先生	电视剧	上海东方卫视	6.0	17.9
11	2019梦圆东方跨年盛典	综艺	上海东方卫视	5.9	24.4

续表

名次	节目名称	节目类型	播出频道	平均收视率	平均占有率
12	新闻报道	新闻/时事	上海电视台新闻综合频道	5.7	27.7
13	追踪者	电视剧	上海电视台新闻综合频道	5.6	16.7
14	欢乐喜剧人(2月4日)	综艺	上海东方卫视	5.6	15.8
15	向更高质量再出发	专题	上海电视台新闻综合频道	5.5	26.0
16	天籁之战(1月6日)	综艺	上海东方卫视	5.3	16.4
17	不忘初心履职为民上海市第十四届人大常委会履职纪实	专题	上海电视台新闻综合频道	5.2	18.2
18	美好生活	电视剧	上海东方卫视	5.2	15.8
19	我和春天有个约会SMG主持人歌会	音乐	上海东方卫视	5.2	15.0
20	猎毒人	电视剧	上海东方卫视	5.0	17.2

广州2018年所有节目收视率TOP20

单位：%

名次	节目名称	节目类型	播出频道	平均收视率	平均占有率
1	世界杯赛场:2018年俄罗斯世界杯F组第一轮(瑞典VS韩国)	体育	广东广播电视台体育频道	8.4	23.3
2	2018年中国平安中国足球协会超级联赛第28轮(广州恒大淘宝VS上海上港)	体育	广东广播电视台体育频道	5.6	19.0
3	第二次人生	电视剧	广东广播电视台珠江频道	5.2	17.2
4	繁星四月	电视剧	广东广播电视台珠江频道	5.1	16.7
5	珠江欢腾旺旺年2018广东广播电视台狗年春节晚会	综艺	广东广播电视台珠江频道	5.1	15.6
6	继承人(36~39集)	电视剧	广东广播电视台珠江频道	5.0	17.5
7	开学第一课	青少	中央电视台综合频道	4.9	13.8

续表

名次	节目名称	节目类型	播出频道	平均收视率	平均占有率
8	情定三生	电视剧	广东广播电视台珠江频道	4.8	15.9
9	遇见爱情的利先生	电视剧	广东广播电视台珠江频道	4.6	16.4
10	暖爱	电视剧	广东广播电视台珠江频道	4.4	15.1
11	天气预报	生活服务	广东广播电视台珠江频道	4.3	18.1
12	真爱之百万新娘	电视剧	广东广播电视台珠江频道	4.3	14.5
13	如果爱	电视剧	广东广播电视台珠江频道	4.2	13.7
14	望夫成龙	电视剧	广东广播电视台珠江频道	4.0	13.1
15	鸡毛飞上天(1~26集)	电视剧	广东广播电视台珠江频道	3.9	13.9
16	欢乐颂	电视剧	广东广播电视台珠江频道	3.9	13.5
17	现场直播:2018年亚洲足联冠军联赛G组第3轮(广州恒大VS济州联)	体育	中央台五套	3.9	12.2
18	第18届亚运会男子100米决赛	体育	中央台五套	3.8	14.4
19	最好的遇见	电视剧	广东广播电视台珠江频道	3.8	12.9
20	2018年俄罗斯世界杯闭幕式	体育	广东广播电视台体育频道	3.7	15.9

深圳2018年市场所有节目收视率TOP20

单位:%

名次	节目名称	类型	播出频道	平均收视率	平均占有率
1	我爱世界杯:2018年俄罗斯世界杯足球赛决赛(法国VS克罗地亚)	体育	中央台五套	6.9	39.0
2	开学第一课	青少	中央电视台综合频道	4.8	17.4

2018年中国电视收视数据

续表

名次	节目名称	类型	播出频道	平均收视率	平均占有率
3	猎狼人	电视剧	深圳电视台二套（电视剧频道）	4.2	24.9
4	杀出黎明	电视剧	深圳电视台二套（电视剧频道）	3.8	20.5
5	猎金行动	电视剧	深圳电视台二套（电视剧频道）	3.7	21.8
6	追风行动	电视剧	深圳电视台二套（电视剧频道）	3.7	21.2
7	樱桃红之袖珍妈妈	电视剧	深圳电视台一套（都市频道）	3.7	17.9
8	铁血武工队传奇	电视剧	深圳电视台二套（电视剧频道）	3.5	20.0
9	摧毁	电视剧	深圳电视台二套（电视剧频道）	3.5	19.6
10	誓盟(1~12集)	电视剧	深圳电视台二套（电视剧频道）	3.5	15.3
11	云水怒	电视剧	深圳电视台二套（电视剧频道）	3.4	21.3
12	蜂鸟	电视剧	深圳电视台二套（电视剧频道）	3.4	19.5
13	绽放吧百合	电视剧	深圳电视台一套（都市频道）	3.4	17.2
14	中国好声音(9月7日)	综艺	浙江卫视	3.4	15.8
15	雪地娘子军	电视剧	深圳电视台二套（电视剧频道）	3.3	16.0
16	2018中央电视台春节联欢晚会	综艺	中央电视台综合频道	3.3	15.7
17	红线	电视剧	深圳电视台二套（电视剧频道）	3.2	18.0
18	我的父亲我的兵	电视剧	深圳电视台二套（电视剧频道）	3.2	17.9
19	第18届亚运会男子400米决赛	体育	中央台五套	3.2	13.8
20	欢乐吉祥闹元宵	综艺	中央电视台综合频道	3.2	12.9

社会科学文献出版社　　**皮书系列**

❖ 皮书起源 ❖

"皮书"起源于十七、十八世纪的英国,主要指官方或社会组织正式发表的重要文件或报告,多以"白皮书"命名。在中国,"皮书"这一概念被社会广泛接受,并被成功运作、发展成为一种全新的出版形态,则源于中国社会科学院社会科学文献出版社。

❖ 皮书定义 ❖

皮书是对中国与世界发展状况和热点问题进行年度监测,以专业的角度、专家的视野和实证研究方法,针对某一领域或区域现状与发展态势展开分析和预测,具备原创性、实证性、专业性、连续性、前沿性、时效性等特点的公开出版物,由一系列权威研究报告组成。

❖ 皮书作者 ❖

皮书系列的作者以中国社会科学院、著名高校、地方社会科学院的研究人员为主,多为国内一流研究机构的权威专家学者,他们的看法和观点代表了学界对中国与世界的现实和未来最高水平的解读与分析。

❖ 皮书荣誉 ❖

皮书系列已成为社会科学文献出版社的著名图书品牌和中国社会科学院的知名学术品牌。2016年,皮书系列正式列入"十三五"国家重点出版规划项目;2013~2019年,重点皮书列入中国社会科学院承担的国家哲学社会科学创新工程项目;2019年,64种院外皮书使用"中国社会科学院创新工程学术出版项目"标识。

中国皮书网

（网址：www.pishu.cn）

发布皮书研创资讯，传播皮书精彩内容
引领皮书出版潮流，打造皮书服务平台

栏目设置

关于皮书：何谓皮书、皮书分类、皮书大事记、皮书荣誉、
皮书出版第一人、皮书编辑部

最新资讯：通知公告、新闻动态、媒体聚焦、网站专题、视频直播、下载专区

皮书研创：皮书规范、皮书选题、皮书出版、皮书研究、研创团队

皮书评奖评价：指标体系、皮书评价、皮书评奖

互动专区：皮书说、社科数托邦、皮书微博、留言板

所获荣誉

2008年、2011年，中国皮书网均在全国新闻出版业网站荣誉评选中获得"最具商业价值网站"称号；

2012年，获得"出版业网站百强"称号。

网库合一

2014年，中国皮书网与皮书数据库端口合一，实现资源共享。

权威报告·一手数据·特色资源

皮书数据库
ANNUAL REPORT(YEARBOOK) DATABASE

当代中国经济与社会发展高端智库平台

所获荣誉

- 2016年，入选"'十三五'国家重点电子出版物出版规划骨干工程"
- 2015年，荣获"搜索中国正能量 点赞2015""创新中国科技创新奖"
- 2013年，荣获"中国出版政府奖·网络出版物奖"提名奖
- 连续多年荣获中国数字出版博览会"数字出版·优秀品牌"奖

成为会员

通过网址www.pishu.com.cn访问皮书数据库网站或下载皮书数据库APP，进行手机号码验证或邮箱验证即可成为皮书数据库会员。

会员福利

- 已注册用户购书后可免费获赠100元皮书数据库充值卡。刮开充值卡涂层获取充值密码，登录并进入"会员中心"—"在线充值"—"充值卡充值"，充值成功即可购买和查看数据库内容。
- 会员福利最终解释权归社会科学文献出版社所有。

社会科学文献出版社 皮书系列
卡号：878974764624
密码：

数据库服务热线：400-008-6695
数据库服务QQ：2475522410
数据库服务邮箱：database@ssap.cn
图书销售热线：010-59367070/7028
图书服务QQ：1265056568
图书服务邮箱：duzhe@ssap.cn

S 基本子库
SUB DATABASE

中国社会发展数据库（下设 12 个子库）

全面整合国内外中国社会发展研究成果，汇聚独家统计数据、深度分析报告，涉及社会、人口、政治、教育、法律等 12 个领域，为了解中国社会发展动态、跟踪社会核心热点、分析社会发展趋势提供一站式资源搜索和数据分析与挖掘服务。

中国经济发展数据库（下设 12 个子库）

基于"皮书系列"中涉及中国经济发展的研究资料构建，内容涵盖宏观经济、农业经济、工业经济、产业经济等 12 个重点经济领域，为实时掌控经济运行态势、把握经济发展规律、洞察经济形势、进行经济决策提供参考和依据。

中国行业发展数据库（下设 17 个子库）

以中国国民经济行业分类为依据，覆盖金融业、旅游、医疗卫生、交通运输、能源矿产等 100 多个行业，跟踪分析国民经济相关行业市场运行状况和政策导向，汇集行业发展前沿资讯，为投资、从业及各种经济决策提供理论基础和实践指导。

中国区域发展数据库（下设 6 个子库）

对中国特定区域内的经济、社会、文化等领域现状与发展情况进行深度分析和预测研究层级至县及县以下行政区，涉及地区、区域经济体、城市、农村等不同维度。为地方经济社会宏观态势研究、发展经验研究、案例分析提供数据服务。

中国文化传媒数据库（下设 18 个子库）

汇聚文化传媒领域专家观点、热点资讯，梳理国内外中国文化发展相关学术研究成果、一手统计数据，涵盖文化产业、新闻传播、电影娱乐、文学艺术、群众文化等 18 个重点研究领域。为文化传媒研究提供相关数据、研究报告和综合分析服务。

世界经济与国际关系数据库（下设 6 个子库）

立足"皮书系列"世界经济、国际关系相关学术资源，整合世界经济、国际政治、世界文化与科技、全球性问题、国际组织与国际法、区域研究 6 大领域研究成果，为世界经济与国际关系研究提供全方位数据分析，为决策和形势研判提供参考。

法律声明

"皮书系列"(含蓝皮书、绿皮书、黄皮书)之品牌由社会科学文献出版社最早使用并持续至今,现已被中国图书市场所熟知。"皮书系列"的相关商标已在中华人民共和国国家工商行政管理总局商标局注册,如LOGO( )、皮书、Pishu、经济蓝皮书、社会蓝皮书等。"皮书系列"图书的注册商标专用权及封面设计、版式设计的著作权均为社会科学文献出版社所有。未经社会科学文献出版社书面授权许可,任何使用与"皮书系列"图书注册商标、封面设计、版式设计相同或者近似的文字、图形或其组合的行为均系侵权行为。

经作者授权,本书的专有出版权及信息网络传播权等为社会科学文献出版社享有。未经社会科学文献出版社书面授权许可,任何就本书内容的复制、发行或以数字形式进行网络传播的行为均系侵权行为。

社会科学文献出版社将通过法律途径追究上述侵权行为的法律责任,维护自身合法权益。

欢迎社会各界人士对侵犯社会科学文献出版社上述权利的侵权行为进行举报。电话:010-59367121,电子邮箱:fawubu@ssap.cn。

社会科学文献出版社